瀬戸内の中世2

生産・流通・港津

鈴木康之
本多博之 編

高志書院刊

はじめに

本書『瀬戸内の中世2　生産・流通・港津』では、中世の瀬戸内地域における生産と流通に関する問題を取り上げる。シリーズのもう一冊『瀬戸内の中世1　権力・城館・宗教』が、おもに領主・宗教勢力による地域支配に関わる事象を取り上げるのに対して、本書では社会経済史の視点から、地域に暮らす人々の生活を支えた生産と流通が地域社会をどのように形づくっていたのかに焦点をあてる。

あらためて指摘するまでもなく、中世瀬戸内地域をめぐる社会経済史研究は、文献史学と考古学、さらには歴史地理学や民俗学など多くの分野が連携した学際研究が活発に取り組まれており、多くの成果を上げてきた。文献史学による荘園史、交通・流通史研究を基盤に、一九七〇年代以降は瀬戸内海沿岸各地で生産・消費遺跡の発掘調査が進展し、一九九〇年代以降には文献史学と考古学の研究成果を総合化する研究が進められてきた。二〇〇〇年代以降になると、『中世西日本の流通と交通』（橋本久和・市村高男編、高志書院、二〇〇四年）、『中世瀬戸内海の流通と交流』（柴垣勇夫編、塙書房、二〇〇五年）、『考古学と室町・戦国期の流通』（日本中世土器研究会編、高志書院、二〇一一年）などの優れた成果が刊行されている。本書もこうした成果を継承しつつ、近年の調査・研究の動向などもまじえながら、当該領域の研究のさらなる進展をめざすものである。

まず「第1部　流通体系の交錯」では、瀬戸内海沿岸各地に立地する流通・交易の拠点となる港津に注目し、それらの流通・交易機能が地域社会の形成にどのような役割を果たしていたかを明らかにする。綿貫友子「瀬戸内海東部の流通をめぐって」は、『兵庫北関入船納帳』の再検討をとおして周辺の諸港湾との関係を描き出し、摂津国兵庫津を核とする瀬戸内海東部の経済圏が、より広範な経済圏へといかに連鎖していくかを復元する。本多博之「中近世移行期の厳島門前町と町衆」は、安芸国厳島神社の門前町が瀬戸内海流通の拠点として果たした役割を示すとともに、その担い手であった町衆の活動に大名権力や海賊衆がどのように関与したかを論じる。前田徹「中世播磨の港津と物流―英賀と書写坂本―」は、播磨国姫路を核とする水陸交通の展開を復元するなかから、地域経済圏の具体的な姿を描き出している。大上幹広「瀬戸内海の海賊衆と室町・戦国期の流通」は、芸予諸島を拠点に活動した海賊衆の流通への関与と、権力との関係を概観する。

つづく「第2部　港湾と流通」では、備後国の尾道・草戸、伊予国の今治という港湾を取り上げ、それぞれの港湾をとりまく流通のあり方を探る。西井亨「中世尾道における瓦の流通」は、瀬戸内海を代表する港湾である尾道および周辺地域の中世寺院で使用された瓦の型式分類に基づき、瓦の広範囲におよぶ需給の実態を明らかにし、工人や製品が移動する実態を示す。鈴木康之「草戸千軒町遺跡と土器・陶磁器の流通」は、芦田川河口の港湾集落遺跡として知られる草戸千軒町遺跡における土器・陶磁器の出土比率を分析し、この集落にもたらされた消費財の変遷と、そこから復元できる瀬戸内地域における流通体制の変化を論じる。藤本誉博「中世の今治」は、伊予府中の地域構造を空間的に分析し、今治という港湾に多様な地域勢力が競合しつつ関与する姿を描き出している。

最後の「第3部　鉄と焼き物」では、瀬戸内海を行き交った物資のなかから鉄と焼き物を取り上げ、その生産と流通の検討をとおして瀬戸内地域の特質を描き出す。安間拓巳「中国地方における鉄の生産と流通」は、近年その研究が大きく進展した中国山地における中世の鉄生産の発展過程を概観するとともに、工人集団と領主権力との関係、さらには生産された鉄素材の流通に関する問題を論じる。亀澤一平「鉄製品の流通と鍛冶遺構―河後森城跡出土鉄製品を中心に―」は、河後森城跡(愛媛県松野町)から出土した鍛冶関係遺物を含む鉄製品の分析結果を紹介し、作事のための鉄素材として砲弾が城内に持ち込まれたこと、その流通の背景に豊後・大友氏との関係があった可能性を論じる。石井啓「備前焼の生産と流通」は、中世後期を中心に広く列島に流通した備前焼の窯跡の分布や窯構造の変遷をたどり、中世社会に備前焼が果たした役割を考察する。首藤久士「瀬戸内地域における瓦質土器の生産と流通」は、瀬戸内海沿岸各地に分布する瓦質土器の系譜を窯跡の構造や製品の分布から考察し、その地域的特質を描き出す。

さて、中世瀬戸内海の流通をめぐっては、畿内を中心とする求心的な流通構造が佐々木銀弥氏、脇田晴子氏らによって提示される一方(佐々木銀弥『中世商品流通史の研究』法政大学出版局、一九七二年、脇田晴子『日本中世商業発達史の研究』校倉書房、一九六九年)、鈴木敦子氏によって地域拠点を核とする経済圏が成立していたことが論じられた(鈴木敦子『日本中世社会の流通構造』校倉書房、二〇〇〇年)。さらに、その後の中世考古学研究の進展は、窯業製品に代表される広域流通の実態を提示し、求心しない物資の流通網が列島全域を覆っていたことを明らかにした。現在では、求心的経済構造と地域経済圏とは相互に連鎖・補完しながら列島の経済を構成していたとする理解が一般的であろう。現状での課題としては、個別の地域経済圏の具体的なあり方や、そうした地域経済圏が相互にどのように関連しながら広域流通圏へと連鎖し、列島の流通圏を構成したのかを明らかにするとともに、そこに求心的な流通を位置づけること、さらにはその時期的変遷、あるいは流通に関与した人々の活動の実態や権力との関係などの諸点を挙げることができる。

文献史学と考古学などの協働は多様な成果をもたらしたが、それらの成果が必ずしも焦点の合った流通のイメージを描き出しているわけでもない。たとえば、文献史学の立場から流通を論じる場合、残存する史料の密度から、時代的には中世後期に軸足を置く議論が中心になりがちである。一方の考古学においても、中世前期には広域に流通する製品のダイナミックな動きを追うことが可能であるが、中世後期には地域ブロックごとの多様な製品の存在は確認できるものの、産地が同定できない製品も多く、具体的な流通構造の復原に向けては課題も多い。

これらの課題を克服するためには、まずは時代ごと、地域ごとの物資の生産・流通の実態を丹念に復元する作業の蓄積が不可欠かと思われる。本書においても、兵庫津・厳島・姫路・尾道・草戸・今治といった地域の拠点を取り上げ、それらの拠点が周辺地域とどのような関係を取り結んでいたかを検討している。さらには、地域経済圏の領域を越えて広がるネットワークとの関係を探求することができれば、列島全域に連鎖していく流通網を復元するための手がかりを得ることができるだろう。

さらには『瀬戸内の中世1』とも関連するテーマであるが、権力による流通への関与のあり方も重要な課題である。とくに瀬戸内海においては陸上の領主の原理のみならず、海賊に代表される海の領主の原理が存在していたことが本書でも論じられており、瀬戸内海流通の特質を論じるに際しては避けることのできない課題である。

いずれにせよ、瀬戸内海をめぐる中世の生産・流通は、特定の拠点に流通網が集約される単純な構造ではなく、複数の拠点が相互に補完、あるいは競合しながら地域社会を支える多面的・複合的なものであったと考えざるをえない。その複雑さに対して、ここで言及できた点はきわめて限定されたものに過ぎないが、本書の成果が今後のさらなる研究の契機となることを期待したい。

二〇二五年三月

鈴木　康之

目　次

第1部　流通体系の交錯

瀬戸内海東部の流通をめぐって

綿貫 友子

はじめに

前近代の流通に関しては、その詳細を具体的に伝える史料が多く残されているとは言えない。そのなかで、関銭徴収に関連して輸送手段、経路、貨物の品目と量、関係者名、職掌名など、複数の情報が記された一部の史料は、流通の一端を具体的に把握するうえでの重要な手掛かりとなる。

関(関所)は、水陸交通の要衝に設けられ、設置相応の通行量を前提に、交通施設の保守管理を担うとともに、そこを通過しようとする船荷や荷駄、通行者を臨検し、関銭としての通行(航)税や貨物税を徴収したり、治安の保全を図ったりする施設である。

中世の関は概ね、関を含む一帯の停泊地や通路の補修・管理費に充てるための通行税・貨物税徴収を目的とした経済関である。そのなかには、期限を定め、徴収総額から関一帯の補修・管理費を除いた差額分がその地域を直轄領としているわけではない所定の寺社の造営・修復費に充てることを公認され、造営料所とされたものもある。関銭は異なる領域=異界に足を踏み入れる際、その地をつかさどる神仏への畏敬を表し奉納した初穂に由来するとみられ、その慣行がやがて境界域での越境に際して関銭の賦課・徴収に転じ、具体的な徴収目的や使途が不特定多数の負担者の受益に関わる公共性をもって示されることで、徴収の正当性が担保されたと考えられる。水域での関は、税賦課の対象となる多数の船の通航が恒常的に期待できる立地、ひいては経済活動の重要拠点となる湊津が所在することの指標とみなすことができるだろう。

瀬戸内海東部（おおよそ播磨灘以東、紀淡海峡以北の、広義の大物浦を想定）の海運を主対象に中世の流通について論じることが所与の課題である。この海域は、古代以来の都が旧淀川・旧大和川の両水系によって海路と結節する河尻・一洲（神崎）・渡辺・難波といった外港に相当する地域を含み、貢納物輸送の基幹航路となっただけでなく、中世以降、全国屈指の港町とされ、対外交易の拠点にもなった兵庫・堺に臨む海域であり、政治・経済上きわめて重要な意味をもった。関銭徴収にかかる史料で摂津国兵庫津をはじめ播磨国以東、和泉国にかけての臨海地や河川流域の地が記されているのは、そこに商品を積載した船＝廻船が徴収額を期待される数で通航していたことを物語る。

管見で、当該地域において中世に関が確認されるのは福泊・兵庫・西宮・尼崎・河尻・一洲（神崎）・渡辺・堺である。そのうち関係史料が最も多く伝来するのは兵庫である。なかでも、文安二年（一四四五）正月から翌年正月十日（ただし、この文安三年正月以降の記載については全紙にわたり抹消）分まで、厳密には正月二日から二月九日分までが東京大学文学部蔵、三月三日から翌年正月十日分まで（ただし、正月分については墨線で抹消）が燈心文庫／京都市立歴史資料館蔵、双方を併せ『兵庫北関入船納帳』（以下、『入船納帳』と略記する）と称される帳簿は、前近代を通して国内物流の基幹航路であった瀬戸内海で中世海運の活況を如実に伝え、その展開を考えるうえで最も示唆に富む出色の史料である。翻刻書［林屋 一九八一］刊行を大きな契機に、同書の解説に収められた論稿をはじめ、兵庫津や瀬戸内海流通に関する研究が進展した。

『入船納帳』には当該期間に兵庫北関を通過した一九六四艘（文安二年に限定すると一九三七艘）の船について、日次で行ごとに1．地名、2．品目とその量、3．税額と日付、4．人名、5．人名という形式で記される。1は入港船の船籍地(本拠地とする湊津名)、2は積荷とその数量、3は関税額と納入年月日、4は船主(船持)名、5は関係する問丸名で、1と2には納税を認証した印と解される合点が付されている。なお、3は先行研究で、関税のなかでも米換算値で積載物の量目一石につき一升(一%)を賦課したとされる升米と解す説、記載内容が一%に相当しない例がほとんどであることから疑義を示し、升米と置石の合算とみる説もある。断定には至っておらず、別の解釈の可能性についても探る必要があり、ここでは暫定的に関税としておく。また、4を船主名ではなく船頭名とする先行研究があるが、後述するように同一の人名で1の地名も一致し、同一人とみなされる人物の船が同じ日付で二艘通関している例が複数確認され、複数の操船は現実的ではないことから船主(船持)名とみなくてはならない。

研究が進んだとはいえ、検討が不十分なままに残された課題も多い。『入船納帳』に記されているのは当該期間に兵庫北関で「通関を確認され、記録された船」、つまり船籍やその船主、積荷が北関で確認され、関銭賦課の有無や納税額が決められた対象にとどまる。関銭の納入が確認された場合にはその日付が追記され、合点が付された。北関の具体的な位置は特定されておらず、ひろく通航船を管理しうる兵庫津の一画に所在したにせよ、通関船の全てが兵庫津を往路の終着地とし、商品として積載物の全てを荷揚げしたとは限らない。通関船の到着(目的)地が明示されているわけではないにもかかわらず、中世を代表する港町であったが故か、航行する廻船の求心地としての兵庫津が自明の前提であるかのように、そこに集まる船と物資、問、それも荷受け先という一面に偏って流通が捉えられてきた状況は否めない。兵庫津を通過・経由地とした、あるいは起点とした船の活動を検討する余地があり、その展開を追究することは細部が明らかにされているとはいえない当該期瀬戸内海東部の流通の内実解明に向けて欠かせない作業でもある。

応仁・文明の乱による混迷の時期を目前に、中世で最盛期にあった瀬戸内海流通が集約的に記された『入船納帳』を主に、同時期に作成された『兵庫北関雑船納帳』(以下、『雑船納帳』と略す)他の関係史料を探りつつ考えてゆくことする。

1　兵庫北関の通関船と瀬戸内海東部の湊津

『入船納帳』に記された文安二年の兵庫北関の通関船数は、船籍地が属する国名順にその数を挙げると、摂津四四九、播磨三一七、讃岐二三三、備前二四六、備後一一九、淡路二〇八、阿波一二二、安芸一〇一、備中六一、土佐四一、伊予三七、周防一五、豊前七、和泉五、長門二、不明二艘となる。(1)

ただし、東大所蔵分は二月九日分の途中以降、燈心文庫／京都市立歴史資料館蔵分は三月二日以前の分を欠いている。また、地名では淡路国と紀伊国とに同一名がある由良、備後国と淡路国とに同一名がある三原について、いずれの国に属すのかという判断が難しい。三原については字体の類似から三庄(備後国)と誤読した可能性もある。あるいは堺のように摂津・和泉国の境界域をはさんで所在する津の場合、十一月二日に入船した堺の船は船主が「南庄源三郎」とあるので堺南荘が所在する和泉国の船と解されるが、十二月二十七日に入船した堺の船は「堺」の記載だけで摂津・和泉国のいずれに属するか不明である、などの事情から前掲の船数はあくまでも概算にとどまる。ちなみに由良の船は三十四艘、三原の船は十九艘、三庄の船は六艘含まれるが、由良の場合、積荷のほとんどが塩で、その大生産地は淡路国内と考えられること、三原の場合、その船数の増減によって先述した通関船所属の国の順位に影響を与えるものではないことから、拙稿では、三原と由良をいずれも淡路国の地名として、また堺については和泉国として換算した。

このうち瀬戸内海東部海域に臨む、あるいは兵庫北関までの航路として瀬戸内海東部海域の通航が必然となる播磨・淡路・讃岐・阿波・摂津・和泉・土佐国に関わる記載地名(＝船籍地)は以下の通りである。先述した関の所在地を太字で示した。〔　〕内は『入船納帳』での原表記。

播磨国…赤穂・中庄・坂越・那波・室・伊津・網干〔アホシ〕・英〔阿〕賀・今在家・飾磨〔万〕津・松原・福泊・二見・魚住〔伊保角〕・松江・林・船上・垂水・興浜・家島

讃岐国…庵治・引田・宇多津・観音寺・三本松・多度〔々〕津・志度・潟元〔方本〕・野原・平山・塩飽・小豆島〔嶋〕・香西・靏箸・佐嗚嶋〔さなき〕・手嶋

淡路国…室津・与井・都志・三原・阿那賀・由良・洲〔須〕本・炬〔竹〕口・岩屋

阿波国…土佐泊・撫養・別宮・平嶋・橘・牟岐〔麦井〕・海部・宍喰〔完咋〕

＊他に吉野川水系流域で惣寺院

摂津国…須磨・**兵庫**〔地下〕・魚崎・**西宮**・別所・**尼崎**・梶島・杭瀬・今郷・堺

和泉国…**堺**

土佐国…甲浦・先〔前〕浜・奈半利〔なわり／直利〕・安田

多くの船籍地があり、その多寡は概ね先述した国ごとの通関船数と相関関係をなす。播磨国沿岸に等間隔で点在することや摂津国では兵庫津から旧淀川水系河口域にかけての一帯に密集することも特徴的である。記載船籍地の東端は和泉国堺、南端は土佐国前浜で、瀬戸内海海域にとどまらず、旧淀川水系あるいは太平洋と接続する運航船、湊津と連絡する陸路を交えて瀬戸内海東部の流通は展開した。塩・木材・米を代表的商品として、表1に示される多様な品々が船荷として積載され、兵庫北関で記録されることとなった。

塩の場合、産地名由来と思しき異なる名称の品々があり、木材についても製材の規格、用途や樹種が細かく区別されている。穀物でも「米」だけではなく「赤米」や「新米」と記されたもの、「豆」も同様に「大豆」「小豆」と区別されたもの、その他にも保存目的ではあれ、栗を乾燥させた搗栗、魚介でも塩鯛、干鯛、フグの干物など加工品が含まれていることも注目される。また、陶器も大小や器種だけでなく、会所の文化に関わるものか「古壺」も商品とされている。苧や藍は汎用品としての衣類に関わるものとして、砥石や牛皮(革)も刀剣や工具、武具との関わりにおいて重要な品でありながら商品として史料に記されることは稀有であり、当時の衣食住に関わる多彩な品目が通関品であったことが注目される。

2　通関船に関する所見

(1) 通関船の類型

通関を記録された船は、免税対象となる国料船や過書船を除き、税を負担してなお往路ないし復路上(航行地によっては往復ともに)、兵庫北関を通過する必然性がある船ということになる。地下船三百艘のほか、記載期間内に一〇六ヵ所の船籍地からのべ二千艘余の船が兵庫北関を通過した。

通関船の類型としては以下①~④が想定される。

① 兵庫津が船籍地(地下船)であり、出航・帰航時に通関が不可避。

② 地下船ではなく、兵庫津への商品輸送や同津での仕入れが主要な航行目的である。

表1　『入船納帳』中に記載された品目　(　)内は現表記

品　目	内　容
塩	阿波・三原・タクマ(詫間)・塩飽・方本(潟元)・阿(英)賀・嶋(小豆島)・東山・備後・手嶋・周防・引田・かうのシマ・にし・小(児)島
木材及び加工品	材木・榑・板・前(先)浜板・杉桁・杉梁・松・柾・檜木物・朴木
穀物	米・赤米・新米・豆・大豆・小豆・大麦・小麦・蕎麦・山崎胡麻・胡麻
穀物以外の作物・収穫物・加工品	栗・搗栗・藍・紙・布・苧・莚・荒巻莚・籾
魚介及びその加工品	ナマコ・クラゲ(海月)・カニ(蟹)・いか・塩鯛・干鯛・海老・ふく(河豚)の干物・大鰯・小鰯・鰯・サハ(鯖)・ホラ(鯔)・あい物・若布・アラメ
鉱産物	カネ(金)・銕
陶器	古壺・壺大小・スリ鉢
その他	砥石・牛皮・皮クツ・ニコ見(ニコミ)＊　＊はどのようなものか不明

③ 地下船ではなく、兵庫津以外での商取引が主要な航行目的であるが、兵庫津を中継地の一つとして一定期間停泊する。

④ 地下船ではなく、兵庫北関での通関後、直ちに（兵庫津で中継することなく）目的地に向かう。

兵庫津には①〜③の船でさまざまな商品が集荷され、兵庫津の町場で売買されるだけでなく、再び①〜③の船で、あるいは陸路を介し他地域に向けて出荷されることになる。船籍地が必ずしもその後背地や近隣地域で生産、収穫（獲）された商品や貢納物の積出地であるとは限らないということに注意しなくてはならない。

たとえば、あか（＝阿賀塩）を積載した通関船についてみると、英賀の船が積載している十一月十八日の例はあるが、あか十石[2]のほかに米三十石との混載であり、文安二年分の記載に、あかのみを積んで通関した英賀船の事例は確認できない。それに対して、八月十一日に五十五石を積載した地下船、同月十三日には五十石を積載した網干の船、九月七日には十石を積載した尼崎の船が記されている。ほかにも杭瀬・今在家・中庄他の船が積載していたことが確認される。

東山（＝東山塩、東山は播磨国飾東郡松原荘内、八家川中流域の地名、現姫路市）についても、五月十六日に七十石を積んだ地下船の記載があり、六月五日には十五石を積載した堺の船が記され、七月二十九日には三十石を積載した尼崎の船が記されている、といった事例は、特定の生産地の塩の流通に複数の地域の船が関わっていたことを示している。

(2) 問記載のない船

兵庫津に①〜③の船で集荷された商品は、問を介し、あるいは船主自身による商取引を経て、畿内の消費需要に応えるとともに、①〜③の船は、新たに荷を積み替え、畿内とは限らない次の航行先との間で商取引をおこなうことになる。

船主自身による商取引、とみたのは、以下の理由による。『入船納帳』には、国料船や過書船、淀十一艘など[3]、いずれも関銭の免税対象の船ではないにもかかわらず、問の記載がない通関船が複数みられる。そのほとんどが地下船か尼崎・杭瀬・魚崎・西宮といった兵庫津から近距離にある停泊地を船籍地とする船である。記載漏れではないことを前提に、問の介在を必要としないということは、船主自らが問と同様の役割を担いうる、問（ないしその帰属者）であるか、問を通さずに積荷を捌くことのできる商人であるかのいずれかと解される。

表2　地下船で船主が問ないし問関係者とみられる主な事例

問名	船主名	通関月日（関銭支払月日）と積荷
豊後屋（ふんこや／豊後や）	〈ふんこや〉衛門三郎	3/29（5/21）三原35石・5/1（6/27）三原40石・6/27（6/27）大麦6石・小麦6石・7/22（7/27）苧30束・7/28（8/7）苧65束・9/2（11/2）苧25束・9/4（11/2）苧60束・11/27（1/27）コマ20石・マメ35石・11/27（1/27）コマ15石・マメ米15石・ソハ5石
	〈豊後や／ふんこや〉二郎衛門	5/7（8/27）榑60石メ・5/19（8/27）備後180石・6/21（9/1）アラメ50石メ・8/27（9/16）三ハら25石・9/12（2/1）備後180石・11/2（11/27）コマ40石・米38石・スリはち50束　＊1
	〈ふんこや〉衛門五郎	9/16（2/1）備後45石
	〈豊後屋枝舟〉兵衛二郎	文安3・1/5（記載無）・三原18石
道念	〈道念〉二郎四郎	3/29（4/11）三原30石・アラメ10石メ・4/24（記載無）三原100石・7/3（7/16）小麦5石（5斗俵）・アカ55石・7/16（7/28）三原90石
	〈道念〉馬二郎　＊2	7/28（8/5）榑35石メ・8/19（10/20）あか40石・12/20（記載無）ナマコ200合
	〈道念〉馬次郎　＊3	6/10（記載無）アラメ35石メ
	〈道念〉大郎二郎	10/[1]（記載無）アカ50石
	道念	4/25（7/5）米50石・備後100石・4/25（記載無）アツキ3石・備後25石・10/3（記載無）備後170石
	〈道念枝舟〉大夫三郎	11/18（12/20）米5石・大豆15石

道念	いもし(辻子)大夫三郎 道念南行舟	10/20(10/20)大豆27石
道祐	〈道祐ノ〉衛門五郎	8/6(記載無)備後170石
あわや/阿波屋	〈あわや〉右衛門五郎 ＊4	12/1(12/28)米55石
	〈あわや/阿波屋〉左衛門五郎	4/5(4/9)三原60石・4/9(4/24)備後170石・4/30(5/16)小島80石・5/16(5/28)東山70石・5/28(6/15)阿賀75石・6/15(6/21)備後140石・米20石・材木10石メ・6/26(7/21)アカ80石・7/29(8/17)三原90石・8/6(8/17)備後170石・8/18(8/26)あか80石・8/27(9/22)米40石・9/22(10/14)小麦10石・米35石・10/14(記載無)米55石・11/12南禅寺領矢野之年貢内 米53石・11/21南禅寺過書物米56石・12/28淀十一艘之内 記載無
	〈あわや枝舟〉左衛門五郎	3/26(4/9)塩飽100石・5/16(5/28)東山70石
	〈あわや〉大夫三郎	6/10(記載無)アラメ40石メ
	〈あわや〉三郎五郎	9/7(9/22)あか70石
木や(木屋)	木や	5/1(5/6)三原16石
生子や	衛門四郎	10/25(10/25)大豆25石・12/20(2/22)ナマコ250合 ＊5
	〈生子ヤ〉衛門三郎	3/6(6/29)米10石・備後170石・3/19(6/29)小島15石・紙2駄・6/29(8/14)榑110石メ・アラメ70石メ・7/12(8/14)アラメ35石メ・8/13(8/24)榑180石メ・9/1(10/21)引田塩5石・9/20(10/21)榑200石メ
	〈磯〉彦次郎 ＊6	10/8(11/1)米35石
道観	〈嶋本〉道観	4/9(5/12)手嶋50石・5/29(記載無)アカ35石・7/2(8/21)あかう塩35石・8/20(9/16)三原50石・9/16(9/25)アカ30石・10/8(10/22)アカ40石・11/7(記載無)米40石・11/7(記載無)米20石 ＊7
	道観 ＊8	5/12(5/12)カニ4駄・12/2(12/2)米30石・12/3(12/28)米26石・12/28(5/1)米30石

＊1 二郎衛門の名の右肩に「枝舟」とあり

＊2　「雑船納帳」の同年7／1記載に「四十五文　木舟　馬二郎　木五十八　地下道念」とあり
＊3　馬二郎と馬次郎は表記上の音通で、同一人物の可能性
＊4　右衛門五郎は左衛門五郎の可能性あり
＊5　12／20の船主衛門四郎の右肩に「生子屋枝舟」の記載
＊6　〈磯〉彦次郎の左に「生子ふ(やヵ)舟」の記載
＊7　枝舟
＊8　〈嶋本〉道観と同一人物か

表2に整理したように、事実、問名として『入船納帳』に複数の記載が確認される「あわや／阿波屋」・「豊後や／豊後屋／ふんこや」・「道念」・「道祐」の表記(以下〈　〉で示す)が右肩に付された〈あわや〉右衛門五郎、〈あわや〉左衛門五郎、〈あわや〉大夫三郎、〈ふんこや〉衛門三郎、〈道念〉二郎四郎、〈道念〉馬二郎、〈道念〉馬次郎(二二と「次」を音通とみると馬二郎と馬次郎は同一人か)、〈道祐〉衛門五郎という船主名がみえる。問名と同じ「道念」、「木や／木屋」とのみ記された船主名もある。また、船主で、名前の右肩に屋号と思しき表記が付された〈生子ヤ／生子屋〉衛門三郎、〈生子ヤ〉衛門四郎、〈生子屋枝舟〉衛門四郎がおり、いずれも生子ヤの関係者とみられるが、衛門四郎の名も問名のうちに確認される。[4]

以上はいずれも地下船である。各地から兵庫に集まった物資を保管・中継する本来的な機能に加えて、自らも船を所有し、あるいは雇うか、借用するかして運航させ、商品を輸送している。そうした船での通関回数は文安二年にあわや(阿波屋／阿波や)関連では十八回、豊後屋の場合は十六回、道観関連では十二回おこなわれている。あわやについては、それとは別に都合三回、南禅寺の貢納物輸送や淀十一艘のうちの一艘として石清水八幡宮への貢納物輸送もおこなっている。淀十一艘のうちの一艘とされているのは、淀川水運に特権的な役割を果たした石清水綱引神人との関わりが推定され、それについては後述する。積載品が単品である例は少なく、単品のみの積載であっても、その運航回に限られ、別の航海では複数の品を混載している。寄港船との間で商品中継をするだけでなく、品目、産地を特

定せず、各地の塩・魚介・穀物・木材・苧など、複数品目の商品を自らの船で仕入れる(船持商人を兼ねる)問が複数存在したと考えられる。

また、問としての記載は確認できないが、問記載がなく、いずれも地下船で、船主名が屋号と思しき名称を冠して記されているものも以下のように散見される。

〈北中辻子〉衛門五郎　二月四日に三原(塩)七十石
〈日銭や〉三郎二郎　同日、三原(塩)六十石、三月十五日、小(=児)嶋(塩)十石・米五石
〈桶屋辻子〉大郎九郎　四月十三日、藍二十二石
〈塩屋〉衛門九郎　四月十四日、備後(塩)五十五石
〈十文銭〉兵衛太郎　五月十七日、藍六石・大麦一石、六月二十日、大麦三十五石・小麦二十五石・藍十石、九月二十二日、藍三十石
〈油や〉四郎大郎　七月六日、榑百石メ、九月十八日、榑百石メ
〔材木一石は約一〇立方尺=一尺×一尺×一〇尺=〇・二八㎥〕
〈焼魚〉大　郎　八月十一日、榑六十石メ

〈日銭や〉に関連しては、八月二十日に藍三十五石を積載し、通関した地下船の船主に「いくわ(=育波)三郎　日銭や船也」の記載もある。こうした人物については、自らが運航する船(枝舟もあることから複数所有の場合ないし雇用船、借船も含)で商品を運び、問を通すことなく商売する商人であったことが推定される。

『雑船納帳』の同年三月二十三日の記載には「四十五文　木船百把　地下四郎大郎」があり、〈油や〉四郎大郎に比定され、木船と称される船で百把の薪材を、九月二十二日の「四十五文　しをや衛門九郎　大木四十八」の記載から〈塩屋〉衛門九郎に比定される人物は、備後塩だけでなく、大木(「たいぼく」ではなく「小木」に対しての「大木」で、規

格の大きい薪材の意か）も輸送していたことが知られる。

(3) 尼崎・杭瀬の船主と問

前項で『入船納帳』中に、問の記載のない通関船のほとんどが地下船か、それ以外では尼崎・杭瀬・魚崎（現神戸市東灘区内所在地の旧地。表3中23の魚崎は尼崎を船籍地とする船の船主の屋号であり、別物）・西宮といった兵庫津から近距離に船籍地がある船とした。表3は、船籍地を尼崎・杭瀬とする船主名、通関日、納税日、積載物と量目につい

表3　尼崎・杭瀬を船籍地とする船主名、通関日、納税日、納税額、積載物と量目

尼崎	船主名	通関日	納税日	納税額（文）	積載物と量目	備考
1	〈大物〉左近五郎	4/29	5/2	二〇〇	三原（塩）50石	
		10/25			淀十二（一ヵ）艘過書内	
	〃	11/26	11/26	五四五	米50石	
	〃	〃	〃	三四五	米30石	左近五郎が借船（雇主）か
	〃〈松江形部二郎船〉	〃	〃	五〇〇	米45石	同上
	〃〈室衛門二郎船〉	〃	〃	三八〇	米35石	
2	左（近五）郎	11/17	11/21	五五〇	米31石	
3	三郎大郎	7/28	7/28	一一〇	三原（塩）27石	
	〃	11/4			淀十一艘の内	
4	三郎二郎	12/12			（九郎兵衛舟300石内）33石	納税日・納税額・品目不明
	〃	12/27	12/27	二二〇	米18石	
5	左近四郎	11/26	11/26	七四五	米70石	
	〃	〃	〃	四四五	米40石	
6	衛門三郎	8/3	8/3	一一〇	三原（塩）22石	

7	十郎	8/4	8/4	一八〇	三原(塩)48石	
	〃 枝舟	〃	〃	一二〇	東山(塩)15石・新米5石	
	〃	8/13	8/13	一六〇	東山(塩)15石・新米5石	
	〃	8/24	9/22	三〇〇	米20石・大麦10石	
	〃	9/22	〃	三〇〇	米26石	
	〃	10/17	10/17	二五〇	米20石	問 衛門大郎の記載
	〃 枝舟	10/17	10/17	三〇〇	あか15石・米20石	同上
	〃 枝舟	10/17	10/17	三三〇	赤米15石・米15石	同上
	〃	12/2	12/2	三八〇	赤米10石・米25石	
	〃 枝舟	12/2	12/2	三三〇	赤米15石・米15石	
	〃 〃	〃	〃	四二〇	赤米15石・米25石	
	〃	12/27	12/27	二三〇	米19石	
8	六郎	8/23	8/23	一四〇	三原(塩)35石	
9	六郎二郎	11/26	11/26	四二〇	赤米20石・米10石	
	〃	〃	〃	三〇〇	米大豆27石	
10	六郎大郎	11/8	11/9	七〇〇	米40石	
	〃 枝舟	〃			(枝舟マチ合)米10石	
11	二郎三郎	9/11	9/11	二四五	米17石・あか(塩)15石	
	〃	10/5	10/18	三八〇	米22石	
	〃	11/16			米32石	南禅寺過書 播州矢野年貢500石の内 普広院殿300石過書の内、別所の二郎・衛門大郎船、松原二郎大郎船とで運ぶ
	〃	11/27			米32石5斗	
12	五郎	9/22	9/22	三三〇	米30石	
	〃	〃	〃	四三〇	米38石	
	〃	10/5	10/5	二三〇	米20石	明石斗
	〃 枝舟	〃	〃	四一〇	米37石	
	〃	12/4			(淀脱カ)十一艘船	

	〃	12/12		四〇〇	(九郎兵衛三百石内)米40石	
13	大夫三郎	2/2	2/3	一七〇	三原40石	問の衛門大郎の記載
	〃	10/15	10/15	四〇〇	米25石	明石斗
	〃	11/10			南禅寺千石内大塩年貢　米45石	
	(〃)	12/15			南禅寺大塩年貢　米42石	
	(〃)	〃			同上　米45石	
14	〈市庭〉二郎三郎	7/28	7/28	一四五	三原(塩)36石	
	〃	8/23		二〇〇	米5石・三原30石	
	〃	9/7	9/7	二八〇	あか10石・米18石	
		10/28			淀十一艘内	杭瀬にも船を置くか
15	〈辰巳〉二郎大郎	7/29	7/29	一六〇	東山(塩)30石	
	〃	9/11	9/11	三六〇	米30石・アカ(塩)15石	
	(二)郎大郎	10/8	10/24	八二〇	米50石	
16	衛門九郎	9/24	□/1	四〇〇	備後(塩)70石	
	〃	11/2			大豆20石・備後(塩)70石	大豆は3斗俵
	〃	11/27	12/12	二八〇	米10石・マメ10石	米は5斗俵
17	浄用	10/17	11/3	三五〇	米20石	
18	二郎衛門	11/7			淀十一艘の内	
	〃	12/12			(九郎兵衛舟三百石内)米59石	
19	〈妙仙〉二郎	10/19			淀十一艘過書内	
20	衛門	12/28			マメ20サウ・シマ100石	
21	〈妙行〉二郎大郎	11/26	11/26	五四五	米50石	
	〃	〃	〃	二〇〇	米16石	
	〃　枝舟	〃	〃	六〇〇	米55石	

No.	船頭	月日	月日	数	積荷	備考
	〃 〃	〃	〃	〃	米55石	
22	〈覚仙／かくせん〉衛門二郎	11/21			米75石 南禅寺過書物	
	〃	12/9			米68石 南禅寺矢野年貢	
23	〈魚崎〉三郎	12/7			淀十一艘分 南禅寺過書播州矢野年貢500石の内	
24	五郎二郎	11/16			米58石	
	〃	12/12			九郎兵衛三百石内(米)45石	
25	衛門九郎	12/12	12/12	一五〇	備後(塩)20石	〈辰巳〉衛門九郎と同一人か
26	二郎大郎	12/14	12/15	二五〇	米20石	
	〈松原二郎大(郎)〉二郎大(郎ヵ)	〃	〃	五五〇	米50石	
27	右馬	12/15			八幡松原年貢 米80石5斗	松原の太郎二郎の船と尼崎の4艘での八幡松原年貢輸送 大郎二郎の船の分、米34石と併せて390石5斗、衛門二郎は〈覚仙〉衛門二郎と同一人か
28	大郎二郎	〃			〃 米167石	
29	衛門二郎	〃			〃 米64石	
30	六郎二郎	〃			〃 米20石・シヲ25石	
31	二郎三郎	12/29	12/29	三〇〇	米22石	4斗俵 〈大物〉あるいは〈市庭〉二郎三郎と同一人か
32	二郎四郎	7/13	7/13	一三〇	三原35石	
	〃 枝舟	7/13	7/13	一一〇	三原23石	
33	衛門	12/28			マメ20石サウ・シマ100石	
34	左近五郎	2/4			八幡宮領舟曳年貢物 米8石	〈大物〉左近五郎と同一人か
	〃	5/13	(5/13)	一八〇	三ハら45石	
	〃	6/23			八幡領播磨船曳年貢内 大豆42石	同上

杭瀬						
35	衛門大郎	11/7			淀十一艘の内	〈辰巳〉二郎衛門・〈別所〉衛門大郎も同日付で淀十一艘の内
36	衛門四郎	11/17			南禅寺過書内　米45石	同日、地下の衛門九郎（米90石）とともに南禅寺年貢輸送か
37	衛門二郎	10/24			下庄年貢内　米75石	
	〃	11/30			六条八幡宮領山田年貢（米ヵ）30石	地下の衛門九郎（米100石）・浄仙（米50石）とともに六条八幡宮領山田年貢を輸送
38	（〃ヵ）	12/6			下庄過書物　米36石	
39	五郎二郎	11/13			山田物　米15石5斗	六条八幡宮領山田年貢か
40	左衛門四郎	12/4			普広院大田庄年貢内　米56石	
	〃　枝舟	12/2	2/8	二〇〇	〃　米22石	
41	小衛門二郎	2/8	2/8	一八〇	アラメ60石メ	左衛門二郎の可能性
	〃	4/5	4/5		三原45石	同上
42	左衛門二郎	12/16			南禅寺三成年貢内　大塩7石余分 百文余公事今日納　米70石	
43	祐善	10/24			下庄年貢内　米57石	衛門二郎とともに同庄年貢輸送
44	五郎	10/29			淀十一艘内	
	〃　枝舟	10/29			枝舟　〃	
45	二郎三郎	10/28				同日、尼崎〈市庭〉二郎三郎船も淀十一艘内に。杭瀬にも船を置いたか
46	二郎大郎	10/28			淀十一艘内	
	〃	12/19	12/19	七〇	〃　米53石5斗	九郎兵衛過書内皆納了、1石5斗公事在之
47	三郎	9/13	9/13	三七〇	米35石	
	〃	9/27	9/27	四五〇	赤米20石・米23石	
	〃	10/4	10/4	四四〇	米30石・赤米10石	
	〃	10/14	10/14	二八〇	米25(石)・あか15石	
	〃　枝舟	〃	〃	二五〇	米10石・あか10石	
	〃　枝舟	〃	〃	二四五	米15石・あか15石	
48	末光三郎	11/7	11/7	三八〇	米35石	
49	大夫大郎	10/24			あか15石・米10石	

て整理したものである（西宮を船籍地とする船の船主は一名、魚崎を船籍地とする船の船主は二名と少ないことから省略）。

尼崎では大物・市庭・辰巳などの小字名由来と解される付記をもつ船主二十三名をはじめ、のべ三十四名（表の備考に示した通り重複人の可能性も含む）、杭瀬では十三名が確認される。大物・市庭・辰巳・杭瀬はいずれも現在、尼崎市域内に所在する地名で、旧淀川水系、神崎川河口に近く、海上交通との接続が容易な立地にある。尼崎には建武五年（一三三八）の大法師賢幸尼崎関雑掌職口入契約状（『東大寺文書』二―一四六二）から、それ以前にさかのぼって関が所在し相応の通航実態があったことが知られる。

例外的に7で十月十七日、〈大物〉十郎の船が本船で米二十石、枝舟二艘であか（＝英賀塩）十五石・米二十石と赤米十五石・米十五石をそれぞれ積載し、問の衛門大郎を利用し、13で二月二日、大夫三郎の船が三原（塩）四十石を積載し、同じく問の衛門大郎を利用している。管見では四件にとどまる。

兵庫津で問との関係を必要としない、ということは、(1)で述べたのと同様、船主自体が兵庫津の問利用を必要としない問ないし商人だったということを意味するのではないだろうか。これらの船は先に示した通関船の類型②～④に該当するが、例外として挙げた例が該当するのは、②の兵庫津での荷揚げが必要な場合である。彼ら自身が問なり商人であったとすれば、船籍地は兵庫津と二〇キロ圏内の近距離にあって、④のように通関後、直航し、船籍地で彼ら自身が荷を中継するということになる。紙幅の関係から詳しい分析は省かざるを得ないが、直航というのは表3中で、通関と納税が同日中におこなわれている事例がほとんどであることでも補完されるのではないか。

『雑船納帳』では尼崎の衛門九郎（表3―16）が、五月十七日に「大木百把」、六月二十五日に「木百把」、八月二十九日に「百把」、十月二十八日に「木百ハ」を積載して入津し、『入船納帳』には一件しか記載されていない西宮の船の通関が、ほぼ連日、「木船」や「人船」あるいは積載品の記載もなく「西宮船」ないし「西宮船主名船」として記されている。西宮では、和歌の詞書から、十二世紀初めに広田社南宮が宮前を通航する柴舟（薪材を積んだ船）から風祭の用途に充てる幣料を徴収していたことが知られ、延慶二年（一三〇九）には南宮の境内に市庭が所在し、津料の徴収がおこなわれている（「温故雑帳」『西宮市史』4）など、古くから多くの商品を積載した船が行き交った。『雑船納帳』に記載されたのは、日常消費財としての商品と旅客の輸送を兼ねた小型船が、近距離間を頻繁に往来していた古来以来の通交状況の一端といえる。それに対し、『入船納帳』記載分の船については、②では船荷の荷揚げが主で、④の要素が強いように思われる。

また、関銭の免除対象となる権門寺社（南禅寺・石清水八幡宮・六条八幡宮）の貢納物輸送も担った船主が複数確認されることも特徴的である。淀十一艘は、淀魚市居住の石清水八幡宮綱引神人（淀川水運で船の曳航も含め運航を担い石清水八幡宮に奉仕）を船主とし、幕府が毎月十一艘に限定し、免税を保障した船とされる（『建内記』文安元年二月十五日条）。その船が表3―3・12・14・18・19・23・35・44～46のように尼崎や杭瀬に複数配置されているということは、その船主自身が石清水八幡宮綱引神人であったか、それを代行する支店／代理店的なものが尼崎や杭瀬に置かれていたということになる。兵庫津においても表2に示したように問の阿波屋に関し、左衛門五郎が淀十一艘の運航に関わっており、淀十一艘は淀川水系内での運航に止まらず、河口部から杭瀬・尼崎・兵庫といった重要な海運拠点との間で稼働する船だったと解される。

時期はさかのぼるが、正和四年（一三一五）、東大寺の関支配への不満から兵庫嶋を襲撃し、悪党交名注進状案（内閣文庫所蔵「摂津国古文書」）に列挙されたなかに西宮・尼崎・加嶋・淀など、兵庫以東、淀川水系沿岸を居処とする者が多数おり、兵庫津への通航を不可欠とする関銭徴収にかかる利害関係者とみられる。同時期の関連史料からすれば、兵庫津を経由し、畿内以東、水陸路を介し運ばれる木材・荏胡麻・塩・魚介など、兵庫津との通交、そこでの商品の仕入れや荷継ぎは重要な意味をもっていたと考えられる。石清水八幡宮への貢納物のほか、その需要に応え物流を担う輸送人であるとともに商人を兼ねた綱引神人にとって、杭瀬・尼崎・兵庫は彼らが本拠を置く淀だけでなく淀以東、とりわけ京方面への物流を展開するうえでの主要な中継拠点とみなされ、それが支店／代理店的な船主の所在につながったことが考えられる。

大物についてはこれより時期がさかのぼるが、尼崎市大物町での発掘調査で、十二世紀後半から十三世紀後半にかけて営まれた港湾集落の存在が確認されている。大物遺跡と命名されたこの遺跡からは中世白磁・青磁・施釉陶器類など、貿易により国外からもたらされた陶磁器をはじめ、輸送に関わる人の移動にともない携行品として持ち込まれたとみられる日用品としての各地産の瓦器類・土師器類が大量に発見された。[5]大物が十二世紀後半以前にさかのぼって貿易陶磁器が中継され都に居住する権門の需要を満たす重要な物流拠点であったことは明らかである。

時期を隔ててはいるが、応永二十七年(一四二〇)三月、天龍寺の塔頭である寿寧院所領目録のなかに「年貢運上入目　尼崎より淀に至る分の運賃　一斛別六升宛　川関賃一ヶ処分　斛別五合」とあることや『入船納帳』中に大物に関わる十三名の船主が記され、彼らのなかに商品輸送だけでなく石清水八幡宮や南禅寺といった権門への貢納物輸送を担った者が複数確認されることから、『入船納帳』作成時においても、都との物流を水運を介し中継する要地としての機能は継続していたと解される。

辰巳に関しても、尼崎市東本町所在、辰巳橋西北詰、左門殿川右岸一帯での発掘調査により十四〜十九世紀の集落跡が確認され、辰巳橋遺跡と命名されている。十四〜十六世紀の遺物では瓦器・土師器・羽釜・土鍋・土錘・銅銭などのほか、磁器・青磁・白磁・黄瀬戸などが大量に出土し、大物遺跡と同様、港湾集落跡とみなされ、辰巳に関わる七名(表3—15〜20)の船主も、十五世紀中期以降、付近を居処として活動したものと推定される。

市庭については、地名自体が商取引の場を示唆するものであるが、詳細は不明である。時代は下るが、元亀三年(一五七二)の長遠寺建立付条々に「摂津国尼崎内市場巽長遠寺法花寺建立付条々」(長遠寺文書／『尼崎市史』第四巻—四七二)と記され、辰巳は方角の南東を示す巽を意味し、辰巳が市場＝市庭の南東に位置していたことがうかがわれる。旧来からの社地に所在するかどうかは不明だが、尼崎市西本町に市庭戎社が現存し、辰巳はその南東に位置している。

寛正二年(一四六一)の尼崎問丸請文案文(「東大寺文書」『神戸市史』資料編一)から、尼崎別所に問三郎衛門丞友久がおり、『入船納帳』記載の問道祐の推挙を得て東大寺領防州国衙正税送物等問職に任じられ、道祐とともに問料一石を徴収し、東大寺油倉による関の管理を代行し、正税物の着津分を引当てに油倉への融資をおこなっていたことが先行研究で明らかにされている[鈴木 一九九二]。『入船納帳』に記された別所の船主は五郎衛門と四郎の二人のみであるが、このような尼崎別所の問と兵庫津問との関わりがつくられ、要務を担うことになる背景の一因に、上述のような尼崎や杭瀬の船主にして問なり商人としての兵庫津との関わりがあったように思われる。

3　中継地としての兵庫津

2節の(2)で、石清水八幡宮綱引神人が尼崎・杭瀬・兵庫津に船を配し、支店もしくは代理店的な居処を置いていた可能性を指摘し、彼らがそれらの地を、本拠を置く淀だけでなく淀以東、とりわけ京方面への物流を展開するうえでの主要な中継拠点とみなしたが故の配置ではなかったかとみた。支店もしくは代理店ということで注目したいのは、地下船の船主である堺三郎なる人物(後掲表5参照)である。同人の船については『入船納帳』中に十三件の通関が確認される。『入船納帳』に列記される船主名では、右肩に「大物」「嶋本」といった地名や「日銭や」「あわや」といった屋号と思しき名称が付されたもの、あるいは「大夫三郎」「刑部二郎」のように官途付の名前もあるが、表3—48の末光三郎と堺三郎を除き、いずれも姓(苗字)はない。堺三郎と一行に書かれているが、記載中稀少な有姓の、あるいは特別に姓が記された階層上、別格の人物とは考えにくい。ほかの船主同様、姓はないとすると、(下の)名前の読みが「さかいさぶろう」あるいは「かいさぶろう」というのも奇異である。「堺の三郎」を意味する通称が記されたとみるのが穏当な解釈なのではないか。地下船の船主ではあるが、堺を出自の地とする、あるいは堺に居所はありつつも兵庫に駐在し、兵庫津に置いた船を稼働させ、地下の者として活動している三郎として、『入船納帳』の記主に認識されていたことに因むとは考えられないだろうか。地下船だが、たとえば八月二十日通関の船主のなかに〈中嶋〉二郎四郎や〈いくわ〉三郎のように、名前の右肩に中嶋(摂津国西成郡)や育波(淡路国)といった、地元(兵庫)とは異なる居処(本拠地)が付された船主は、ほかにも多数いる。地下船の船主の本貫地が必ずしも兵庫であるとは限らない。

堺との関係に注目するのは、堺浦が応安六年(一三七三)五月九日付の和泉国堺浦関所文書案を初出に、要検討の二通を含め九通の史料中で東大寺八幡宮をはじめ寺社造営料に充てる関銭(泊船目銭)徴収の対象地とされ、賦課が命じられ、収益が期待される数の停泊船ひいては通航船があったとみられることがある。さらに、後述するが、永享十一年(一四三九)九月分から文安四年(一四四七)三月分までが記された高野山領備後国太田荘の年貢引付(『高野山文書』金剛峯寺文書㈡ 一六五)には、同荘の年貢が、尾道他の船籍地の船で堺に輸送され、問を介し、時の相場(和市)で売却され、現銭が高野山に納められたことが記されている。

やや時期が下るが、文明七年(一四七五)六月、堺を襲った高潮被害では「在家数千間」(軒)とともに、「船数百艘」が人民数百人とともに大流に引かれ、跡形なく消失したことが伝えられ(『大乗院寺社雑事記』文明七年八月十四日条)、実際の数値はともかく、堺が停泊・繫留中の船が多数ある臨海地であったことは間違いない。

通説的にも中世、博多津や兵庫津とならぶ国内屈指の海運拠点と認識されているにもかかわらず、『入船納帳』では船籍地が堺である船を意味する「堺船」の記載は表4に示したようにわずか五件にとどまる。「南庄」の船主が記されることから五件のうち少なくとも二艘は南庄の所在する和泉国堺の船と解されるにせよ、兵庫北関を通過した記載船総数の〇・一%と、兵庫とともに名の挙がる中世の代表的港町の船にしては意外に感じられる数値である。兵庫津との距離では和泉よりさらに隔たる阿波国の船が一一二艘、土佐国の船が四十二艘通関しているにも関わらず、である。暦応三年(一三四〇)、北朝の命を受け、周防国竈門関から摂津国尼崎までの間で西国運送船と廻船等の警固を担い、兵粮料足として兵庫島で櫓別銭賃百文の権利を担った泰地・塩崎一族のような熊野海賊と総称される海業従事者が多数存在し、廻船の活動が盛んであったとみられる紀伊国の船にいたっては記載が皆無である。古くは建久七年(一一九六)六月三日付太政官符案では、南都復興事業に際し、東大寺造営大勧進職にあった重源の請願を受け、造営資材の中継地として活用すべく、摂津国司に摂津国魚住・大輪田両泊の修復を命じ、両泊を利用する受益者として補修費負担を期待されたなかに、和泉・摂津・播磨・備前・備中・紀伊・伊勢・淡路・讃岐・阿波の十ヵ国が挙げられており、和泉にせよ紀伊にせよ元来、通航自体が稀だったということはない。

阿波・土佐両国をはじめ、最遠は豊後国からの船の通関が記載されていることからすれば、距離的な遠隔が問題ではない。船稼ぎをするうえで、国衙が運航した国料船や権門から過書を発給され、免税対象とされる過書を帯した過書船を除けば、いずれの船にとっても関銭の賦課は経済的負担である。徴税を忌避し、兵庫北関の所管にかからない(兵庫津に至らない)海域で船稼ぎをした、というのであれば、和泉国や紀伊国以外を本拠地とする船であってもその選択をするだろう。実際に「落船」「逃船」「漏船」と称され、操船者の作為や関所側の遺漏により、結果的に(本来は支払うべき)納税を免れた船もある。だが、関の所在は兵庫北関に限らない。嘉吉の乱を経て幕府の統制力が弛緩してゆく時期、通航上の要路には水陸を問わず恣意的、私的な関が濫立し、そこを外れた地を特定し、巧妙に航路を定め、関銭支払を免れ続けることが現実的に容易であるとは考え難い。

4　堺を船籍地とする船・堺三郎の船

表4　堺を船籍地とする通関船に関する記載内容

No.	通関日	納税日	積載物と税額	船主名	問名
1	6/5	6/5	東山15石・100文	三郎次郎	記載無
2	8/24	8/24	苧6束・120文	源三郎	記載無
3	9/8	12/17	小シマ（児島ヵ）20石・苧3束・ツホ（壺）大小100・345文	三郎	木や
4	11/2	記載無	苧12束・記載無	南庄源三郎	衛門四郎
5	12/27	12/28	米3石・80文	三郎	記載無

『入船納帳』で船籍地に「堺」と記された船に関する情報は表4の通りである。

No.1の東山は東山塩で、通関当日に関銭が支払われており、問の記載がないのは兵庫津で問を利用せず(荷下ろしをしなかったか、船主自身が問ないし商人)で長時間停泊することなく目的地(堺である可能性が高いか)に向かったとみられる。北関で即座に計量ができた、さらに代銭での関銭納入ということは、さまざまな産地と品種からなる積載物一石の価格(しかも和市＝時の相場)を把握していたためであろうか。

No.2は生産(あるいは出荷)地不明。苧一束あたり関税二十文が賦課され[6]、通関日のうちに支払われた。No.1と同様、問の記載がなく、兵庫津には長時間停泊せずに目的地に向かったか。

No.3は児島産の塩二十石、苧三束(産地不明)、壺大小百個(備前国伊部産の焼物、いわゆる備前焼か)が混載され、備前焼輸送の一端がうかがわれる。苧も同国産とみるのが合理的だろう。No.2やNo.4の苧産地との関係は不明である。問として木屋が介在しており、通関日と納税日との間に三ヶ月余の間隔がある。三郎の船は兵庫津に入港、滞在し、木屋も介在し、取引をしたとみなされる。この三郎は、地下の船主である堺三郎と同一人物の可能性があるのではないか。納税までに三ヶ月余りの猶予が可能だったのは問が支払いを担保した(問が担保者となった)ためだろうか。その間、船は稼働していなかったのだろうか。三郎が堺三郎と同一人であれば、堺三郎が兵庫津(地下)在住の船主でもあることでの信用から支払いが担保されたからではないのか。No.5の船主と同一人とみられる。

No.４も産地不明の苧が積荷で、十二束はNo.３や後述する堺三郎が一度の運航時に積載していた(後掲の表5―No.７の苧五十束や苧二十束)に比べると少ない。関銭額・納入日の記載がないが、過書(所)船等の記載もみられないことから税は未収で、商品を積載した船、船主名の右肩に南庄とあることから和泉国堺南庄(荘)の船と考えられる。問衛門四郎が介在していることから、船主堺南庄の源三郎は、兵庫津に入港し、ある期間停泊し、衛門四郎の問を中継して苧を商っていたと考えられ、関銭の支払日が記されていないのは、『入船納帳』が書きとどめる(抹消部)文安三年正月段階でも未払いで(まだ、兵庫津に停泊中か)、衛門四郎が支払いを担保したものだろうか。積荷の品目も同じく苧で、船主はNo.２と同一人の可能性もある。

No.５は産地不明の米三石で一石につき二六・七文の賦課がなされた。通関翌日に関銭が支払われており、問の記載がない。短期間、兵庫津に停泊した可能性がある。No.３の船主と同一人物か。この三郎がさらに(地下の)堺三郎と同一人物であるとすれば、兵庫津に入港・停泊し、荷の積替えがおこなわれた可能性も考えられ、翌日に別の地に向けて出航した可能性も考えられる。積載物のうちほぼ特定される生産地が播磨・備前国で、いずれの船も兵庫北関を通る必然性があったということは、船籍地堺から兵庫津に向けて航行していたのではなく、兵庫津より西の津泊を出航し、兵庫北関を経由し、兵庫津以東に航行することが予定され、堺が帰港地と考えるのが自然である。問が記載されたNo.３とNo.４は、兵庫津で問を介した中継、つまり荷に部分的移動(一部あるいは全部)があったことを意味するのではないか。文安二年に限られた内容ではあるが、同じ船主の船(ただし船は同一かどうか不明。複数所有の可能性も)であっても、播磨・備前と、航行時によって集荷地は異なり、積載品も一定ではない。兵庫北関通過後に堺船が兵庫津から堺に直航したかどうかは不明で、経路上の寄港地での取引も顧慮しなくてはならないが、上述した五件の内容は、廻船で堺にもたらされた商品の品目と産地、数量、混載品などを考えるうえでの有効な手掛かりにはなるだろう。

また、『雑船納帳』にも堺を船籍地としたとみられる船の通関五件が確認され、文安二年四月二十六日に堺二郎三郎、十月九日に堺三郎二郎、十月十四日にきやうふ太夫さかい船が、十一月七日に堺南庄衛門三郎と堺刑部大夫の船が記されている。いずれも税額が百一文と、雑船のなかでは中規模の船と推定され、積荷は堺三郎二郎のみ「ふゑん」[7]とあるが、それ以外は記載がない。堺三郎二郎は表4—№1と音通の名で、同一人の可能性がある。

堺船籍の船について表4で概観したところで、堺三郎の船の通関に関する記録を確認しておきたい。同人の船による活動は表5№1～13の通りである。いずれも問の記載はない。

堺三郎は表5№7から本船のほかに枝船も所有していることがわかる。「二艘分」というのは本船・枝船併せて二艘を意味すると解したが、枝船が二艘分という解釈の余地もある。なお、枝船については小林保夫氏が論稿〔小林 二〇〇八〕で「主として本船の供船として用いられ」として、辞典類の説明にある「艀」や「供船」とみなし、「供船」が本船(親船)に曳航もしくは搭載され、入港時に艀として用いられる小船を想定されている。だが、本船と同じ日に通関していない枝船の事例は複数あり、曳航されたり搭載されたりしているというのであれば矛盾する。また、本船より枝船の搭載量が多い事例も確認され、小船に限定されてはいないことなどから、本船とは独立して航行する別の船で、護送船団的に本船とともに複数の船で船団を構成し、航行した本船に対する支船(親船に対しての子船)と理解するのが妥当だろう。

さらに小林氏が船頭と解した記載名は、枝船が曳航船でも搭載船でもないとすると、同一人である船頭が複数の船を操船し同日のうちに通関するのは不可能であるから、船主と解さざるを得ない。この時は、枝船とそれより大型の本船とで七十束(＝七百把か)と大量の苧を運んでいる。同じ積出地からの航行であろう。また、№5と№6も同日に通関した堺三郎の船である。しかし、本船と枝船とはされてはおらず、異なる積出地から航行してきたのが、たまたま同日に通関したということであろう。№6にある大郎三郎は、堺三郎の配下ないしは提携関係にある(雇用したか借船によるか)船頭(梶取)ではないか。

所　見
積載物1石につき10文の税賦課
1石につき14.4文の賦課(③の大麦3石で65文に準じるなら、豆8石と小麦7石で195文の賦課　1石につき13文) 通関日から関銭支払まで2日　→　短期間兵庫津に寄港？
大麦1石につき21.7文の賦課　サヌキ斗を用いた計量→サヌキ斗使用地域からの輸送か 通関日のうちに納税→兵庫津に寄らず目的地に向かったか
積載量10石　胡麻1石につき26文の賦課　サヌキ斗を用いた計量→サヌキ斗使用地域からの輸送か。通関日から関銭支払まで4日　→　短期間兵庫津に寄港？
積載総量28石　積載物は穀物18石と(あか/英賀産ヵ)塩　1石につき7.14文　No.3に準えるなら大豆13石だけで282文の賦課になる。産地、或いは和市で賦課額は変動か？升米なら容量に対する賦課か…サヌキ斗を用いた計量でサヌキ斗使用地域からの輸送 通関日から関銭支払まで3日　→　短期間兵庫津に寄港？ 積荷が入れ替えられた場合、関銭額はどうなるのか(入津時と出港時の合算)？
〈堺三郎〉大郎三郎とあり、No.5が本船でNo.6は堺三郎の枝船か。大郎三郎は堺三郎が雇った、あるいは配下/提携関係にある鞆か塩飽の船主か。積載物は児島産塩か。1石につき15文の税賦課。通関日のうちに納税。No.5の枝船であるが兵庫津に短時間寄港か寄港せずに航行か
本船と枝船の2艘分か。本船で苧50束、枝船で苧20束。積載量　苧50束と苧20束　1束あたり15文の賦課。産地(積出港)不明 　短期間兵庫津に寄港？積荷が入れ替えられた場合、関銭の額はどうなるのか(入津時と出港時の合算)？
全て陶器　全重量不詳　壺大小合計15個　1個につき4.3文の賦課　産地は伊部か。通関日から関銭納入まで1.5か月。この間、兵庫津に寄港、停泊？あるいは堺三郎であることで支払い猶予が担保された(地下居住、あるいは問だから？)積荷が入れ替えられた場合、関銭の額はどうなるのか(入津時と出港時の合算)？
阿波産塩60石　1石につき25.8文の賦課　児島産より高価 通関同日に納税。兵庫津に寄港せず目的地に向かったか
産地(積出港)不明の胡麻20石　1石につき27.3文の賦課。 短期(8日)間兵庫津に停泊(積荷の入れ替え)後、他所に出航か。積荷が入れ替えられた場合、関銭の額はどうなるのか(入津時と出港時の合算)？
備後産塩20石　1石につき7文の賦課。通関から2日後に関銭支払。短期間(2日)兵庫津に停泊(積荷の入れ替え)後、他所に出航か
産地不明の豆3石とアカ(英賀)塩1石か。1石につき25文の賦課。1週間、兵庫津に停泊(積荷の入れ替え)後、他所に出航か。積荷が入れ替えられた場合、関銭の額はどうなるのか(入津時と出港時の合算)？
塩飽塩15石　　77石を堺三郎以外の者(関雑掌？徴税請負人)が代替し、本人が翌年正月27日に納入したか。　塩飽塩1石につき5.1文。塩飽塩に関する賦課は11月2日の大蔵左衛門の船(問は三郎二郎)では230石に対し520文で、2.2文と異なる。

表 5　堺三郎の船の活動

No.	通関日	納税日	積荷と量目	納税額（文）
1	3/15	7/ 11	アラメ 10 石〆・若布 5 石〆	150
2	5/23	5/25	マメ 8 石・小麦 7 石・大麦 3 石	260
3	6/18	6/18	大麦 3 石[サヌキ斗]	65
4	6/22	6/26	胡麻 10 石[サヌキ斗]	260
5	7/11	7/14	大麦 13 石[サヌキ斗]・小麦 5 石・あか 10 石	200
6	7/11	7/11	小島（児島産塩） 4 石	60
7	7/22 〃	7/27 〃	苧 50 束　1 貫 50 文 苧 20 束　2 艘分　枝船	1 貫 50 文
8	8/23	10/9	ツホ大少（小ヵ） 15	80
9	9/2	9/2	アワシホ（阿波塩ヵ） 60 石	155
10	11/8	11/16	胡麻 20 石	545
11	11/18	11/20	備後（塩） 20 石	140
12	12/2	12/9	マメ 3 石・アカ 1 石	100
13	12/22	12/22 正 /27 上	塩飽 15 石	77 代替

積載品には、海藻類(アラメ十石・若布五石)・穀物(豆・大麦・小麦・米・胡麻)・各地で生産された塩・苧・壺があり、複数の地域との間で、複数の品目を扱っている。穀物の産地はサヌキ斗で計量されているものについては、地域升の一つである讃岐升が使用された地域と考えられる。『入船納帳』記載で積荷の計量に讃岐升が使用されている地域は、伊予国を除く全ての瀬戸内海沿岸諸国に及ぶとされる[武藤 一九八一]。石表示がなされた小島は備前児島産、アワシホは阿波産、備後は備後産、塩飽は塩飽島産塩で、「アカ/あか」は播磨国英賀(阿賀の表記も。現姫路市)、あるいは七月二日の入船では地下船が積載した「あかう塩卅五石」の記載があり、同国赤穂、いずれか産の塩ではないか。税率がそれぞれ異なり、産地(銘柄)による価格の差に起因するものだろうか。壺は備前国伊部産である蓋然性が高い。№4と№10の積載品である胡麻も税率を異にしており、計量に用いられた升の違いによるのか、生産地の違いによるのか、品質の差によるのか、和市によるのかはわからない。胡麻は今日呼称しているのと同じく食用(含調理用油)を主とする種子と解した。三月二十六日入船の観音寺や塩飽の船の積荷には「山崎コマ(=胡麻)」の記載があり、これは山崎神人が商った荏胡麻油の原料とみられ、記載の違いから胡麻とは別物とみなす。

『雑船納帳』文安二年二月九日には「四十五文　地下サカイ三郎　木十八」とあり、堺三郎と同一人が、小型の船で薪とみられる木十把を積んだ船で通関している。以上のことから、堺三郎は雑船と称される小型の船での日用品の輸送から『入船納帳』に記された十三件、最大容量では№9の六十石積載可能な規模の船も有し、穀物・塩・胡麻・苧・焼物など多岐にわたる品を輸送し、商っていたと考えられる。堺船籍の船より堺三郎の船での運航件数が多く、各地からの物資が集散する兵庫津を船籍地とするだけに積載品目が多彩な印象はあるが、塩・米・苧・壺といった品目では異なることはない。

文安二年には枝船、雑船も併せて十四回兵庫北関を通る船稼ぎをしており、『入船納帳』『雑船納帳』の記載であるから、あくまでも入港(通関)時に課され、それも入港船一律にではなく、国料や過書船としての免除対象でもないことから積載物の内容にかかる貨物税と考えられる税を賦課された商船であるが、集荷地(取引/仕入れ先)から地元兵庫津に戻り、荷揚げをして航海が完了したとは限らない。荷の一部ないしは全てを積み替え、あるいは荷解きもしないまま新たな目的地に向かう可能性もある。入港日と関銭納入日が同一もしくは数日以内と比較的短期間に処理される場合と処理までに間隔があいている場合との違い(8)は、当座の支払い能力だけでなく、通関後の兵庫津での荷の動き、船の稼働状況の差異も一因なのかもしれない。兵庫北関通関後に船荷が動く先、船の稼働先の有力な候補地の一つが堺津だったのではないか。堺に出自なり何らかの所縁をもつ者が兵庫津に(支)店を構える、ないしは駐在して兵庫津を本拠に船を稼働させているのであれば、堺を船籍地とする船があえて兵庫津を目指す必要はなく、『入船納帳』に堺を船籍地とする船が五艘記録されるのみである理由を整合的に説明することができるように思う。

4 廻船による物流の展開——むすびにかえて——

石清水八幡宮綱引神人の船が尼崎・杭瀬・兵庫津に配置されていたり、堺に出自なり何らかの所縁をもつ者が兵庫津に(支)店を構える、ないしは駐在して兵庫津を本拠に船を稼働させていたりするという状況は断定に至る史料を欠いているが、堺津への廻船の航行事例を通して、兵庫津も関わる興味深い物流の一端が垣間見られる。

『入船納帳』に収録された期間と重なる文安二年分の記録を含めて堺津への通航に関する情報が記された希少な史料がある。「備後太田庄年貢引付」(『高野山文書』金剛峯寺文書(二)一六五)である。永享十一年(一四三九)九月二十九日付から文安四年(一四四七)三月二十八日付までの高野山大塔領備後国太田荘(現世羅町)の年貢輸送にかかる送状と高野山への注進日を記録したもので、倉敷地である備後国尾道からの積載船のべ一二九艘と四十四名(名前不詳の一名を含む)の船主、積載年貢の内容が具体的に記されている。

ただし、永享十二年正月十八日付で堺から高野山への注進があった送状六通以下、翌年正月二十四日付で注進された送状四通に至る間の送状は都合三十三通あるとみられるが、その具体的な内容の記載(船籍地・船主・年貢の品目と量目)はなく、その期間の前と後の記載とは書きぶりが異なっている。積載船一艘につき一通の送状が作成されたとみられることから、積載船はのべ一六二艘、船主も四十四名以上に及ぶと推定される。「在堺ヨリノ注進」「自堺高野山へ注進在」「和市百文仁七升宛」「現銭五十貫文堺ニテワタサレ候」「船さかいのはまに付候」など、史料中の記載からは、約七年半にわたる期間を通して、いずれの年貢も堺に揚陸され、その多くが和市(時の相場)で銭に換えられ、高野山に納入されたことがわかる。

嘉吉元年(一四四一)五月三日付の堺からの注進状には「米大豆　四十七石上、代銭陸拾貫百三十文」とあり、その傍注に「問料を除」と記されているのをはじめ、同年六月二日の注進には、「合米大豆　十八石十四石一俵米、和市百文七升八合宛、三石大豆、和市百文九升二合宛、代銭貳拾貳貫八百五十文買立、此内三百六十文問料ニ引、沙汰人了善房」、同二年十二月二十一日付の注進には「一　堺高野御問代　三郎五郎　一　米大豆参拾貳石九斗　代銭四拾五貫文　以前諸衆借銭返弁アル也、嘉吉二年十二月三日」とあることから、嘉吉元年には堺に高野山への貢納物を中継する「高野御問」があり、通説的に問の機能とされる荷の保管・中継というよりは、揚陸後の年貢物の売却による換金(代銭化)に介在し、高野山衆徒への銭の融資もおこない、商人、金融業者としての機能も兼ねていたとみられる。

堺での替銭に関しては、半世紀余前の康応元年(一三八九)もしくは翌年のものと推定される東大寺領周防仁井令年貢支配状(『東大寺文書』二二―一四六四)に「九月十八日状に、十一月中旬頃、奈良へ付けおわんぬ。本時方々同前防州仁井令康応元己巳年貢、かつがつ四十貫文到来す。但しこのうち四百文は兵庫より境(=堺)までの舩賃、定銭三十九貫六百文、十二月十四五日頃に境にて商人請取を替えおわんぬ」という記載がある。仁井令の年貢に相当する銭が兵庫経由で堺に届き、商人が受け取って為替を振り出したと解され、十四世紀末以前にさかのぼっておこなわれていたと推定される。

「備後太田庄年貢引付」に名前が記されている船主のうち、六名の尾道(総称で、厳密には尾道のうちでも停泊地を異にする御所崎ないし土堂)船籍船の船主である祐宗・藤五・二郎四郎・二郎左衛門・孫九郎・衛門四郎は、『入船納帳』でも船籍地が尾道である船の船主に同じ名がみられ、史料の記載時期から、それぞれ同じ人物であることが先行研究で指摘されている〔徳仁親王 一九八二〕。管見においては、その六名に加えて、船籍地・船主名が同じで同一人物とみられる船主が『入船納帳』のなかに尾道(と総称するが、前述したように御所崎・土堂を含む)で五名いることを確認した。

〔御所崎〕 左衛門五郎・善(千)福・彦(ひこ/肥後)衛門

〔土　堂〕 源左衛門・四郎左衛門

そのほか、鞆三名…太(大)郎次郎・太(大)郎三郎・三郎四郎、兵庫二名…三郎二郎・衛門九郎、連嶋一名…兵衛二(次)郎もおり、以上の十一名を補足し、都合十七名の船主の船が文安二年に兵庫北関を通関し、それとは別に「備後太田庄年貢引付」の記載期間内に、尾道と堺津の間を航行している。

尾道を船籍地とする船もさることながら、兵庫津や鞆を船籍地とする船が尾道に赴き、そこから堺津に航行していることが注目される。文安元年十月、同年分の年貢九十石のうち「兵庫衛門九郎舟」が米三十石を堺に運んだことが記されている。兵庫衛門九郎とは『入船納帳』で三月五日に「マメ廿石・備後百三十石」と「備後八十石」を二艘の船で、十一月二日に〈磯〉(次郎四郎)の枝舟として「備後百石」を、十一月十七日に南禅寺過書内として「米九十石」を、さらに同月三十日には六条八幡宮領山田年貢の「米百石」を積載し、兵庫北関を通った地下船の船主衛門九郎であり、２節⑵に挙げた〈塩屋〉衛門九郎(四月十四日、備後(塩)五十五石)とも重なる可能性が高い。また、文安元年十一月、同年分年貢の米大豆三十石のうち大豆八十俵と米二十俵が兵庫三郎二郎の船で運ばれており、『入船納帳』で二月四日に「三原六十石」を、三月十五日に「小嶋十石・米五石」を、四月二十四日に「藍五石」を、六月二十三日に

「しわく(=塩飽)三百七十石」を運んだ地下船の船主〈日銭屋〉三郎二郎に比定される。

『入船納帳』では年間二千艘弱と膨大な通関数があり、そのなかでは船籍地と兵庫北関の二地点のつながりが示されはするが、それは「備後太田庄年貢引付」にみられた鞆⇅尾道⇅堺、尾道⇅兵庫⇅堺というように(X⇅尾道⇅鞆⇅兵庫⇅堺⇅Y、X・Yは不特定多数の寄港地ないし停泊地を表す)複数の地域を大小の廻船で結び、広域にわたって展開された通航のうちの一部が切り取られたに過ぎないのである。

註

(1) 船数は今谷[一九八一]での分類をもとに、文安三年正月十日までの分を差し引いた数。今谷氏は魚崎を伊保崎として播磨国とみなすが、拙稿では摂津国魚崎と解し、堺についても摂津国ではなく和泉国とみなした。

(2) 一石は一八〇・三九リットル/重量にして一四〇〜一五〇キログラム、ただし升の容量により差異あり。

(3) 国料船は三管四職家守護の在京用途に充当する官物の輸送船で国衙の船、過書船は権門から過書を発給された船、淀十一艘は淀魚市に居住の石清水八幡宮綱引神人を船主とし、毎月十一艘に限り室町幕府から関銭免除の対象とされる船。

(4) 文安元年十一月十五日から翌年十一月十六日分までの記載がある『雑船納帳』の十二月分中には「此外五貫文ナマコヤより十二月分」という記載があり、ナマコヤは生子や/生子屋と同一とみなされる。

(5) 椀や皿、楠葉型・大和型・和泉型などの畿内系瓦器、瀬戸内海沿岸部を中心に九州から東海地方に至る各地で生産された非畿内系瓦器・土師器。

(6) 苧がすでに繊維に加工されたものなのか、未加工の伐採後の茎状の束なのか不明。一束も稲と同じく十把としてよいかどうか不明。稲の場合、一束は両手の拇指と中指で摑む量、重さ約六〇〇グラム。

(7) 「ふゑん」は不明。あるいは「ゆゑん」、油煙墨の原料か製品か。

(8) 『入船納帳』記載分の関銭支払が同日中におこなわれたのが代替一件も含めて四件、十一件が八日以内。

参考文献
今谷　明　一九八一「瀬戸内制海権の推移と入船納帳」林屋辰三郎編『兵庫北関入船納帳』中央公論美術出版
小林保夫　二〇〇八「『兵庫北関入船納帳』にみる枝船」『立命館文學』六〇五
鈴木敦子　一九九一「中世後期の問丸―港湾都市兵庫における―」『史艸』三二号
徳仁親王　一九八二「『兵庫北関入船納帳』の一考察―問丸を中心にして―」『交通史研究』8
林屋辰三郎編　一九八一『兵庫北関入船納帳』中央公論美術出版
武藤　直　一九八一「中世の兵庫津と瀬戸内海水運」林屋辰三郎編前掲書

〔追記〕　本稿は令和四～六年度科学研究費補助金基盤研究（C）［課題番号 22k00878］の成果の一部である。

中近世移行期の厳島門前町と町衆

本多 博之

はじめに

瀬戸内海は、西国の物流と交通の大動脈であり、年貢や商品、そして贈答品が運ばれる舞台であった。瀬戸内海の各地には港湾都市が誕生し、それぞれ特色を持って歴史的展開を遂げていた。そのなかで安芸国厳島は、もともと島そのものが「御神体」として崇められ、島は神域（聖域）として人の侵入をはばんでいた。やがて宗教者をはじめ商人・職人ら一般人の移住が始まり、鎌倉時代末期には島内の内宮（本宮）に「座主坊」が建てられるなど人々の島内移住が進み、厳島社の西東に門前町（西町・有浦）が出現する［松岡 一九八六］。

天文十年（一五四一）の厳島神主家（友田興藤・藤原広就）の滅亡が関係したのか、鎌倉時代から戦国時代初めまでの古文書・古記録は他の時代と比べると全体的に少ない。しかし、文献資料は乏しいものの、多様な歴史資料を活用することで、「町」としての構造や住民の動向を追うことができる。また、厳島と対岸の廿日市は、かつて鈴木敦子氏が「地域市場」や「地域経済圏」、そして流通の重層性について論じる際に分析対象とした地域であり［鈴木 二〇〇〇］、その研究成果に学びながら、当該地域の流通構造とその展開を再構築する必要をあらためて感じる。

そこで本稿では、中近世移行期の安芸厳島（社）について、藤原神主家から大内氏、陶氏、そして毛利氏へと続く領主・領国主の変遷と、厳島門前町と町衆の動向について、「海賊」村上氏との関係にも触れながら、主に瀬戸内海西部の物流と、その構造的変化の過程を述べたい。

1　藤原神主家と厳島

鎌倉時代前期におこった承久の乱を境に、佐伯姓神主から藤原姓神主（藤原親実）に替わった厳島神主家だが、南北朝時代初め藤原親直の代に安芸国に下向し、以後、廿日市桜尾城を本拠として周辺地域に領主支配を及ぼすことで国人領主化する。すなわち、平安時代末期の平清盛の篤い厳島信仰のもと、神主佐伯景弘と連携することで厳島社の社殿拡張とともに増加した社領を周辺の国人領主（鎌倉時代に獲得した地頭職をもとに安芸国に移住してきた、いわゆる西遷地頭）の侵入を受けながら、神主として安芸国西南部の佐西郡(ささい)を基盤として自身も国人領主化して周辺地域への支配の浸透をはかる。佐西郡は「神領」とも呼ばれ、神主家の一族や被官を出自とする「神領衆」の活動舞台となった。

しかし、先述したように、藤原神主家が滅亡したためか、鎌倉時代から戦国時代初めまでの、すなわち藤原姓神主家時代の文書資料は少なく、厳島島内の宗教施設を含む屋敷や一般住民の様子について具体的なことはわからない。

そのなかにあって、南北朝・正平二十一年（一三六六）三月三日の日付が刻まれた鋳銅製釣灯籠は貴重である。屋根から吊り下げる形のこの灯籠は、傘部分に刻まれた銘文により奉納年月日のほか、「筑前博多講衆等」といった奉納者十二名の名前が確認できる。「講」は、同じ信仰を持つ人々の集まりを指すことが多く、遠く筑前国「博多」から安芸国に来島している様子から、これは瀬戸内海を東西に行き来する博多商人が途中の安芸厳島に立ち寄った際、航海の安全を祈願して厳島社に奉納したものと思われる。銘文が刻んであることから、あらかじめ製造して来島の際に、厳島社に奉納したのであり、博多の人々の厳島寄港はこの時が初めてではなかったろう。旧来、厳島社では、毎年三月に「御戸開節会」の法会が開催されるので、厳島信仰に厚い信者が多数集まることを念頭に、商売繁盛も見込んで参詣・奉納したものと思われる。

また、室町時代中期には、五山文学者として知られる惟肖得巌禅師の厳島神社修造幹縁疏□序には「春の三、秋の九、盛行祀□、東西万里、舟陸□□、泉貨貿□、復資於此神之護国」とある。すなわち、春三月と秋九月の法会（清盛の頃から続く「一切経会」）には、多数の信者が集まり、銭を使って商取引がおこなわれていた様子がうかがえる。

さらに、文安二年（一四四五）のほぼ一年間の兵庫北関の入港船舶への徴税台帳としてよく知られる「兵庫北関入船納帳」では、厳島を船籍とする船は兵庫関に入港していないものの、『臥雲日件録』同四年四月十七日条には城呂座頭・僧伯の参詣の記録があるので、信者を乗せて厳島に渡航する船舶は、その当時決して少なくなかったと思われる。

さて、永正五年（一五〇八）に「流れ公方」と呼ばれた足利義材（のち義尹・義稙）を擁して大内義興の上洛に従った厳島神主の藤原興親は、同年十二月八日に京都で病死、これにより神主家嫡流が途絶える。このため神主職をめぐる抗争が神主家一族の友田興藤と小方加賀守の間で起こるが、それは京都だけでなく地元の安芸佐西郡でも神主職をめぐり、神領衆が二派に分かれて抗争する。

そして四年後の永正九年十月、厳島では僧周歓による多宝塔建立のための勧進（寄付を募る）が始まり、十年余りの歳月を経て大永三年（一五二三）六月に完成した。多宝塔の建立についてこれ以上のことはわからないが、厳島島内で勧進による堂宇の建立がおこなわれた一例である。

同じ年、安芸国内では画期となる大きな事件が起こる。すなわち同三年四月、友田興藤が厳島神主家の居城である桜尾城に安芸の武田光和の後援のもと入城し、神主であることを宣言した。また、出雲尼子氏が六月、突如安芸国西条に侵攻し、大内氏の安芸支配の重要拠点である鏡城（鏡山城）が陥落した。それ以降、大内義興・陶興房が尼子方勢力と攻防戦を繰り広げる。そして翌年まで戦闘が続いたのち、友田興藤が神主を退き、興藤の子藤太郎（のち兼藤）が

①朱採色柱一本旦定珎妙運禅定尼
②採色柱一本旦那山里□□道春禅門
　採色柱一本旦那山里小□林□渡女房
③採色
④採色柱一本旦那當嶌長兵阝(部)女房
⑤採色柱
　一本旦那當國神口嶋安部四郎左衛門女房
⑥採色柱一
　本旦那當社物師三郎大夫女房
⑦採色柱一本
　旦那當國明石川野豊前女房
⑧採色柱一本旦那廿日市山田治部女房
⑨朱柱一本旦那江州観音寺住中藏房
⑩採色柱一本旦那有浦江前与左衛門女房
⑪採色柱一　旦那廿日市鋳物師壱岐女房
⑫朱採色柱一本旦那猫屋□□□□方妙光禅定尼

続いて、四天柱の銘文を次に挙げる。

⑬朱柱一本檀那當所中江四郎左衛門女房
⑭朱柱二本檀那當所古野図書女房
⑮柱一本檀那當國山里山本和泉守泰久女方(ママ)
　脇立普賢旦那當嶌南渡邊式部大…
⑯再興朱柱一本檀那當國佐西郡玉海寺全宋
　脇立文殊旦那當嶋有浦児玉与三衛門本願大願寺尊海脇本願□□
　御本尊釈迦旦那當嶋有浦古野……

新しく神主となることで講和が成立した。

しかし、藤太郎は若くして病死したため、興藤の弟四郎を掃部頭広就と名乗らせ神主とし、同四年から八年まで厳島に滞在していた大内義興は周防国山口に帰り、その年(享禄に改元)の十二月二十日に逝去した。このように、嫡流は途絶えたものの藤原神主家は受け継がれ、藤太郎・広就と交代したが、実権は依然興藤が掌握していた。

さて、その五年後にあたる天文二年(一五三三)に、厳島五重塔の修理がおこなわれる。この五重塔は、和様と禅宗様が融合した建造物としてよく知られ、応永十四年(一四〇七)七月の創建とされるが、その根拠は文政八年(一八二五)の近世地誌『芸藩通志』巻十五に記述があるのみで、詳細は不明である。それに比べて天文二年の修理については『芸藩通志』にも詳しい記述があり、それを裏づける現物も残されている。そこで天文二年の修理内容について具体的に述べ、それに関係した当時の人々について明らかにしたい。

五重塔の修理は、塔の先端部分の金属製の九輪(くりん)(相(そう)

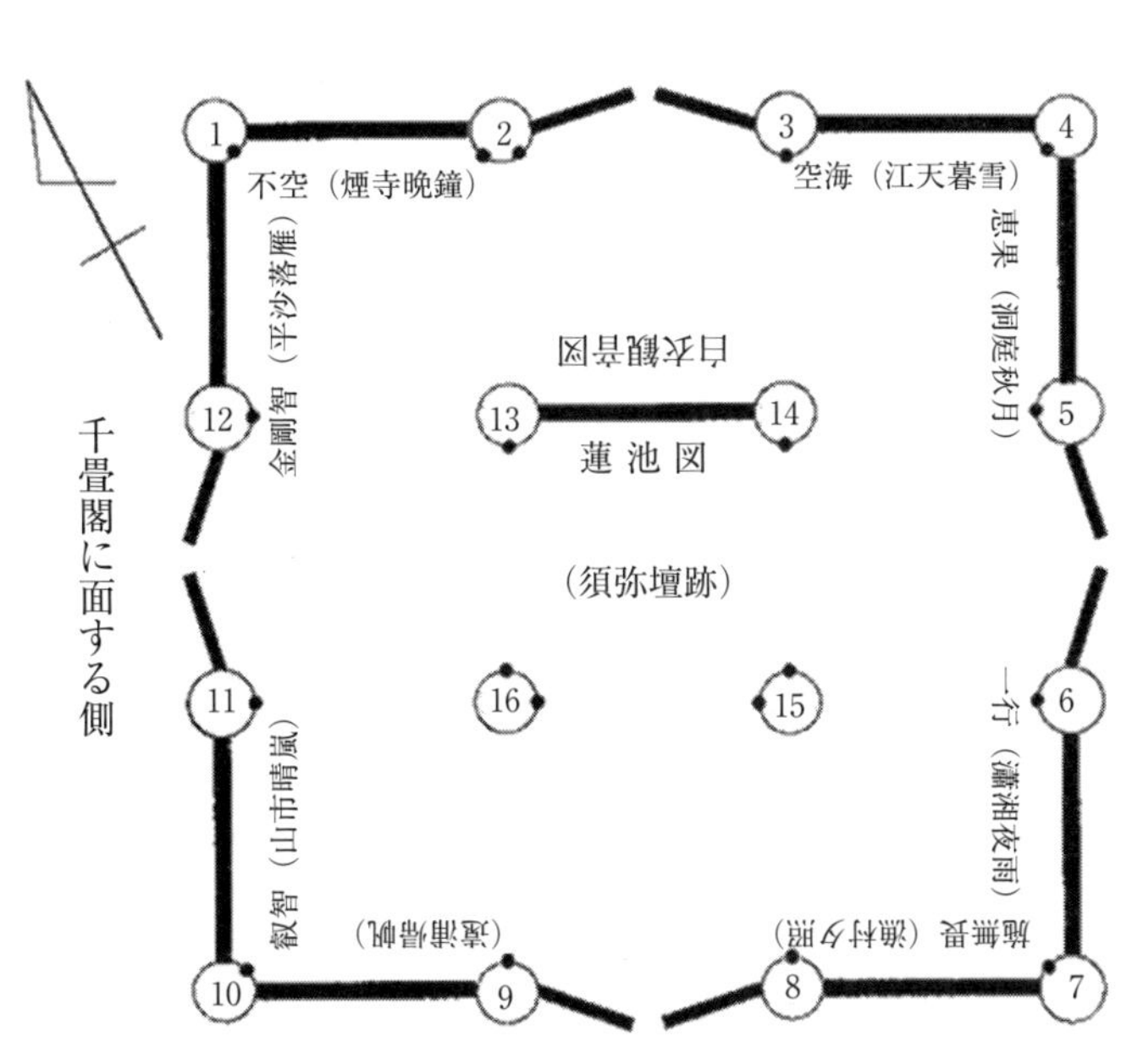

図１　厳島神社五重塔初重の柱と壁画（平面図）（天沼・松下両氏論文をもとに、現地調査をふまえて作成）。なお、•は銘文の位置を示す。

輪（りん）の取り換えと、檜皮による屋根の葺き替えであった。まず前者について露盤下覆鋳鉄板の東面に「全宋・治部」、西面に「尊海・宗歓」、南面に「天文二年三月十七日　藤原興藤・藤原広就　大願寺道本」、そして北面に「鋳物師大工壱岐　同女房」が刻まれている。それにより、修理が天文二年三月におこなわれたこと、当時の神主藤原広就と実力者藤原（友田）興藤の名前が見えている。また、東面の「道本」と西面の「尊海」は社殿の修理・造営を担当する大願寺住持、また西面「宗歓」は多宝塔の勧進僧、そして東面の「全宋」と「治部」は後述するが、初重柱銘に見える「佐西郡玉海寺全宋」「廿日市山田治部女房」、そして北面の「鋳物師大工壱岐　同女房」は柱銘「廿日市鋳物師壱岐女房」に対応する。

一方、後者の檜皮屋根の葺き替えについては、墨書版に「上葺・厳島上野介興藤の時の事也　天文二年三月い（ママ）桧皮大工（中略五人）・桧皮衆以上五人」と見えている。このように、天文二年三月に九輪の取り換えと檜皮による屋根の葺き替えがおこなわれ、それが藤原広就の神主時代であり、実力者の友田興藤の名も見えることが確認できた。

さて、厳島五重塔は修理だけでなく、新たに手が加えられた部分がある。それは五重塔の初層部分に当たる初重内部の飾り付け、いわば荘厳化ともいえる造作である。

まず、初重内部に釈迦三尊像(釈迦如来像、普賢菩薩像、文殊菩薩像)が安置されたこと。そして四方の壁には、瀟湘八景図の八場面を背景とする空海を含む真言八祖図(真言宗の高僧八名の画像)の八枚の絵が取り付けられ、釈迦三尊像の背後の板壁には表面に蓮池図、裏面に白衣観音図が描かれていること。さらに、板扉の両側を含め側柱が十二本、内側に四天柱が四本、計十六本の柱構成は普通だが、厳島五重塔の建築上の特徴として心柱が最上部から二重までで止まり初重に無いため、その分空間が広く感じられ、そこに釈迦三尊像が安置されたものと思われる。明治初期の神仏分離の際にこの釈迦三尊像は大願寺に移されたが、現在も拝観できる。五重塔の内陣にかつてあった須弥壇も、今は取り外されているが、柱の穴がその痕跡を留めている。なお、天井には竜が描かれており、竜神信仰との関係がうかがえる。

そして特に注目されるのは、計十六本の柱すべてに朱漆が塗られ、その上に黒漆で文字が書かれ、「朱彩色柱一本」や「彩色柱一本」という文言とともに奉納者(寄進者)と思われる人名と居住地が記されていることである。それによると、厳島の社家や町衆、廿日市の職人、そして神領衆と推測される人々（その多くが「女房」)の助成によるほか、釈迦三尊像の三体も奉納者の名が判明する。しかも柱銘に見える人々について検討したところ、天文十年の藤原姓厳島神主家が滅亡する以前であることがわかり、おそらく天文二年の相輪修理と屋根の葺き替えに合わせて初重の荘厳化がおこなわれたものと思われる。そしてそれは、厳島島内や対岸の廿日市に居住する多様な人々の浄財によっておこなわれたのであり、このことから、厳島・廿日市における活発な流通経済がもたらしたものと言える。

このように、厳島の多宝塔建立や、五重塔の修理と初重荘厳化は、藤原神主家末期におこなわれた二大事業であり、特に五重塔は、初重柱銘から厳島や廿日市に住む多様な人々（その多くが「女房」で、女人信仰との関連がうかがえる）

の浄財によって実現したことがわかり、当時の厳島・廿日市における活発な流通経済の賜物と言える。

2　大内氏・陶氏の安芸国支配と厳島

(1) 大内氏の安芸国支配と厳島

周防国山口を本拠とする大内氏は、隣国の安芸国に対する支配を「東西条代官」(「西条守護」)を通しておこなったのであり、そのため安芸国佐西郡を支配領域とする厳島神主家とは戦略的にも歴代、大内氏と友好関係にあった。しかし、先述したように、永正五年(一五〇八)に大内氏に従って上洛した本宗家の興親が都で病死してからは、神主家一族の友田興藤と小方加賀守が神主職をめぐって争うようになる。この都の情勢は安芸国にも飛び火し、佐西郡では二派に分かれて戦うことになり、尼子の南下を警戒した大内氏の命によりいち早く安芸国に帰国した武田氏が大内氏に反旗を翻すなど、安芸国の情勢は混とんとすることになった。同十五年に周防に帰国した大内氏は、友田興藤と小方加賀守いずれも神主とは認めず、厳島社領の直接支配をおこなった。

そうしたところ、大永三年(一五二三)に友田興藤が桜尾城に入り厳島神主を宣言、大内氏は、翌年大軍を率いて安芸国に入り、大野門山城を拠点に桜尾城を攻撃した結果、興藤が神主を退いたことは、先述したとおりである。

天文九年(一五四〇)九月、出雲の大名尼子氏(詮久)が、安芸郡山城(こおりやま)の毛利氏を攻める。室町時代以降、安芸国には有力な守護が不在で、幕府将軍と直接関係を結ぶような有力国人も多数おり、その中でも毛利氏は中心的存在であった。当寺、大内氏に敵対する尼子氏にとって大内方の毛利氏は、一度たたいておくべき存在であった。

毛利氏は、多くの領民を率いて郡山城に籠り、時折出撃して尼子氏の攻撃に耐えた(毛利二八六)。越年した天文十年一月、大内義隆が派遣した陶隆房の大軍が南方から現れ、不利となった尼子氏は同十三日に敗走するが、同じ日、友田興藤が反大内方として桜尾城で挙兵する。そしてそれに呼応して「海賊」能島村上氏が厳島に上陸し、占領した。

それに対し、大内氏が家臣の黒川隆尚・小原隆名の軍勢をすぐさま派遣して十五日に厳島を奪還、そのまま駐留する。この時、厳島町衆の児玉与三右衛門尉尚清と豊島内蔵助は黒川隆尚の「被官」になったものと思われ、こののち「隆房被官同前(然)」とまで言われることになる(厳島野坂五八)。

その後、大内氏と毛利氏は桜尾城の友田興藤と、五日市城の神主藤原広就を攻め、四月に自刃させる。さらに五月、反大内方で出雲尼子氏とも連携していた安芸武田氏を銀山(かなやま)城に攻め、自害させる。こうして天文十年四月・五月の厳島神主家と安芸武田氏の滅亡により、佐西郡「神領」の多くは大内氏の支配下に入ることになった。また厳島神主は、かつて友田興藤と神主を争った小方加賀守の娘を妻とした杉隆真(のち佐伯景教)が就任したものの、権限は限られたものであった。

それでは、その後の厳島について大内氏との関係から探ることにしたい。年欠十月二十二日に「御師 棚守左近大夫(房顕)」に宛てた弘中越中守正長が「当町において、唐錦壱端・練くり参十疋分御用に候、急度これを求められ、上進有るべきの由に候、代物においては、房顕参上の時、これを渡し遣わさるべく候、錦はたとい半端候共、御用にあるべく候」という内容の書状を発給している。

すなわち、厳島社との交渉窓口(「社家申次」)をつとめた弘中正長が、厳島門前町で「唐錦」(中国製絹織物)一端と「練くり」(高級生糸)三十疋分を急いで調達して送ってほしいという大内家当主義隆の意向を伝え、代金は棚守房顕が山口に参上した際に渡すというものである(厳島野坂一七六)。

大内氏は当時、博多や赤間関(下関)をおさえる大名であり、本来外国製品を入手しやすい環境にあったと思われるが、厳島では博多・赤間関とまた異なった貿易品が入手できたのか、大内義隆自身の注文だけに興味深い。年欠ではあるが、棚守房顕が大内義隆の「御師」になったのは天文十年なので、少なくともそれ以降であろう。

そのころは、京・堺の上方商人が九州南部地方との間を往復し、厳島はその中継点の役割をはたしていた。年欠五月二十一日に「堺津紅屋五郎右衛門男各中」に宛てた大内氏奉行人（青景隆著・伊田興理・岡部隆景）連署奉書には、「唐荷駄別役銭の事、村上善鶴丸愁訴の条、仰せ付けらるのところ、厳島その外津々浦々において荷物点検の間、迷惑の由、言上の趣披露を遂げ、御心得なされ候、然は堺津において、日向・薩摩唐荷役、旧例のごとく申し付くべきの由、村上に対し堅固に御下知なされ候、煩無く往返の覚悟肝要に候也、仍て状件のごとし」とある（厳島野坂四四）。

すなわち、「唐荷駄別役銭」の賦課・徴収について村上善鶴丸が愁訴してきたので許可したところ、「厳島その外津々浦々」で「荷物点検」をするようになり、堺商人が「迷惑」していると「堺津紅屋五郎右衛門」らが申し立ててきたので、大内義隆に披露したところ了解された。ついては、日向・薩摩の唐荷役は、「旧例」のように、「堺津」で賦課・徴収するよう村上方に厳しく命じ、わずらいなく「往返」させるように、と記している。

これによれば堺商人は、瀬戸内海を往復して薩摩・日向で貿易品を購入・入手していたこと、それに対して「海賊」村上氏が役銭徴収を大内氏に願い出て認められ、厳島ほか各地で賦課したため、堺衆が改善要求をおこない、旧例のように堺津での徴収に戻したというものである。これによると、大内氏は堺商人の南九州における経済活動を認めながらも、瀬戸内海中央の厳島での「海賊」村上氏の役銭徴収も許すという二面性を持っていたことがわかる。したがって、統一政権が誕生する前の戦国時代の瀬戸内海では、警固料を支払うことで安全保障が得られる「海賊」衆の存在は社会的に認められており、大内氏と「海賊」も一種の「共生」関係にあったと言える。

また、大内氏と物流の関係について述べると、年欠五月十日付けで大内氏奉行人（吉田武種・青景隆著・杉宗長）が「厳島大願寺」に対し、「先年箱崎社頭上葺檜皮の事、与（予）州において裁判をもって申し付けられ候、然らば豊前国宇佐宮二　御殿造立候、彼上葺き檜皮の事、先年のごとく、これを申し付けられ、社用に立てられ候わば、一段と神妙たるべきの由、仰せ出られ候、船の事は、銭湯屋ニ仰せ付けられ候、(中略)自然与州に限らず別所においても申し付けらるべく候や」と命じている(大願寺三五)。

すなわち、以前、筑前筥崎宮の屋根を葺いた檜皮を伊予で調達したが、このたび豊前宇佐八幡宮二の御殿の屋根葺きにも先年通り使用したい。「船」については「銭湯屋」に命じる、といったことである。後述するが、「銭湯屋」は厳島町衆の児玉尚清のことと思われるので、大内氏は筑前筥崎宮にならって豊前宇佐宮御殿の上葺きに伊予の檜皮を用いるため、厳島町衆の船で輸送させるというものである。ここに、瀬戸内海を介して国を越えたモノの流れを見ることができる。また、安芸厳島と伊予の日常的な経済交流も推定できる。

このように、大内氏は豊前宇佐宮社殿の屋根葺き替えについて、筑前博多の筥崎宮の前例をふまええ、伊予国の檜皮を使うことを決め、その調達と輸送を厳島町衆の船でおこなわせた。隔地間の物流が広域権力によって実施されていたことが確認できる。また大内氏は、瀬戸内海における「海賊」の活動に対する京・堺商人の訴えを認めたことは確かだが、それは警固料徴収の方法に関するものであって、徴収そのものを否定するものではなかった。

(2) 陶氏の安芸進出と厳島

厳島社の有力社家である棚守房顕が陶隆房(のち晴賢)の偏諱「房」を与えられ、御師となったのは大永八年(一五二八)である。一方、陶隆房の主君である大内義隆が棚守房顕を厳島社の御師としたのは、天文十年(一五四一)であるから、陶隆房より十三年も遅い。それだけ早く厳島には、陶氏の影響力が及んでいたと思われる。

陶氏は、大内氏の重臣であったが、天文十一年から十二年にかけて出雲尼子氏の本拠月山富田城を攻撃したが敗北し、大内義隆はかろうじて帰国したものの、嫡男の恒持(もと晴持)を亡くす。そしてその後も九州遠征をおこなったが、どちらかといえば戦闘よりも文芸に浸ることがしだいに増え、それに呼応するかのように、陶氏との関係も悪化した。

陶隆房は、主人の大内義隆に対して謀反を起こす前年の天文十九年八月、安芸毛利氏と石見益田氏を通じてそれぞれの国の有力国人に大内義隆を討ち、子息の義尊(よしたか)を跡継ぎに立てる意向を伝えている。

さて、この年には、京都東福寺の禅僧梅霖守龍(ばいりんしゅりゅう)が周防国得地保の年貢納入を督促するため、京都と周防山口を往復している。

すなわち、七日間待ってようやく六月十四日に堺津を出発した船は船頭が「塩飽源三」で、大きさは「十一端帆」で「乗者三百余員」(乗員は三百人余り)、船中は空きがなく、順風満帆で兵庫津に到着。その後、讃岐塩飽、備前牛窓を経由して(中略)二十三日卯刻に「芸州厳島」に到着、「小玉与三左衛門」(児玉与三右衛門尉)宅で一泊し、翌日小船に乗り換えて周防小方に上陸、陸路富田を経て山口をめざした。

そして帰りは、山口から陸路を進み、周防小方から借り船一艘で厳島に渡海して島内にいる「陶家被官衆」に奉書一通を渡している。そして二十六日に「室(むろ)ノ五郎大夫船」と契約し、音戸の瀬戸・蒲刈・竹原・尾道・鞆・塩飽・牛窓・室津・兵庫に寄港して堺に帰着した。

このことから、当時、三百人余りが乗る塩飽や室津の大型船が瀬戸内海を往復し、厳島に渡るために対岸の周防小方で小船・借り船に乗り換えていたこと、そして厳島には「陶家被官衆」が居て、周防山口もしくは富田にいる陶氏との間で書状(情報)のやり取りをしていたことがわかる。

さて、翌天文二十年(一五五一)八月末、陶隆房が大内義隆打倒のため挙兵し、九月三日、義隆が長門大寧寺で自刃する。その後はよく知られているように、陶隆房が豊後大友義鎮の実弟晴英に大内家の家督を継がせて大内義長と名乗らせ、自身は陶晴賢(はるかた)を名乗った。そしてこの名乗りから、天文二十一年と推定される四月二十日、陶晴賢が「海賊」衆の村上太郎(能島村上武吉)と今岡伯耆守に宛てた書状写があり、大内義隆までの時代と、大内義長の時代とでは、「海賊」能島村上氏に対する姿勢が明確に異なることを、晴賢自身が述べている（大願寺六七）。すなわち、村上右近大夫隆重が「京・堺の諸商人」から「駄別料」を「芸州厳島」で受け取るよう「先代」（大内義隆）が申し付けたのに対し、「駄別安堵」のことは「いわれなき事」なので、「当代」（大内義長・陶晴賢）は「停止」すると述べている。また、薩摩に向けて堺の浜から往復する商人が、厳島で「駄別料」を村上隆重が受け取ることは、かつて無いことだとも述べている。そして最後に「なお、江良丹後守が申すべく候」とあるように、詳しい説明は江良丹後守房栄がするとある。

この陶氏の時代に、厳島と堺衆の結びつきを示すものとして、現在、厳島神社が所蔵する絵馬（橋弁慶図）がある。天文二十一年三月吉日、「泉州堺住人綾井九郎左衛門尉定友」なる人物が、三月の法会にあわせて奉納したものと思われる。狩野派の絵師によるもので、右に弁慶、左に義経という構図で、二枚一組となっている。

実は、この年二月、陶晴賢の「掟」が制定されている。正確には、陶晴賢の意向をふまえて江良房栄が法令化したものである。二月の厳島「掟」には「社辺在家停止事」の規定が盛り込まれており、このころすでに神社周辺における人家拡張が問題になっていたことがわかる（巻子本三六―一）。また、二月二十八日付けの厳島「掟」では、島内商人の保護と、他国・他地域商人の誘致、そして警固料の賦課・徴収の禁止である（大願寺六五）。先代（大内義隆）と当代（大内義長）とでは、「海賊」への対応が違うことが強調されている。

そこで、こうした陶晴賢の政策が、社会に与えた影響について見ることにしたい。

天文二十一年と推定される八月二十六日、大願寺の住持円海が陶晴賢の家臣伊香賀房明・毛利房継に宛てた書状（大願寺六八）によると、「京・堺の商人駄別安堵料」は「当島の町において諸国上下諸商人衆内談せしめ相調」えるもので、「来たる九月十四日に当町に入る事に候、（略）京・堺商人衆早々着島たるべく候」。「安堵料の儀につき、去る十八日房栄より堺商人衆に対し、延引もってのほかしかるべからざるの由」「さりながら今程賊船多く候（中略）室・

塩飽の舟度々不慮の儀出来候、京・堺の商人衆各々迷惑致すの由、風聞に候」とある。

大内氏から軍事司令官として派遣された陶晴賢は、厳島社の有力社家の一人である棚守房顕と師檀関係を結ぶが、それが陶氏の安芸進出の布石となる。陶晴賢の厳島「掟」は、陶氏の意向を受けて江良房栄(神領衆の寄親)が発給した「掟」であり、島内商人の経済活動を保護するとともに、諸国・諸地域の商人を厳島に誘致する積極的な経済政策と言える。大内氏と陶氏の政策の一番の違いは、「海賊」に対する姿勢であった。すなわち、大内義隆は「海賊」と「共生」する社会を容認していたのに対し、陶晴賢(や江良房栄)は「海賊」の警固活動そのものを基本的に認めない点に違いがあった。

3　毛利氏の領国支配と厳島

(1)「役人」佐武氏と厳島町衆

天文二十三年(一五五四)五月十二日、陶氏に反旗を翻した毛利氏は、広島湾頭の拠点城(己斐・草津・廿日市桜尾)を堀立(ほたて)直正の活躍(主に調略)などにより、その日のうちに掌握した。広島湾頭への進出をめざす毛利氏にとって早晩、陶氏との戦いは避けられず、どうせ陶氏と決裂するなら、石見国衆の吉見氏(津和野三本松城が本拠)を攻めるため、陶氏により軍事動員されて多くの神領衆がいない時期を選んで実行に移したものと思われる。

そして翌年の二十四年十月一日、厳島合戦がおこなわれ、五重塔が建つ塔岡(とおのおか)に布陣していた陶晴賢軍を毛利軍(元就・隆元・元春・隆景)が奇襲した結果、晴賢軍は総崩れとなり、周防に帰る船も見当たらず、晴賢は厳島島内で自害した。また、かつて東西条代官として鏡山城に城督として長年駐留した弘中隆兼は、嫡男源太郎とともに厳島「龍ノ岩」(駒が林)にたてこもり三日間奮戦するものの、しだいに従者も減り、十月三日父子共に切腹し、厳島合戦は終わりを告げる(房顕)。

こうして勝利をつかんだ毛利氏による厳島支配が始まる。そして、厳島合戦後の厳島(社)に対する戦後処理として最初に直面した課題が、社殿付近まで拡張した人家・仮屋の撤去であった。これは毛利氏の支配が始まってから生じた問題ではなく、陶氏の頃からすでに懸案事項となっており(大願寺文書 社堂所々棟札扣)。それが厳島合戦後にあらためて浮上したと言える。社殿付近まで拡張した家屋について毛利氏はその撤去を命じるが、その通達相手が「棚守左近衛将監・児玉筑前入道・児玉与三右衛門尉・児玉肥前守・大願寺・佐武弥五郎」であった(厳島野坂三三五)。

このうち佐武弥五郎(美久(よしひさ))は、もともと毛利元就の「近習衆」の一人であり、元就によって厳島に派遣され、門前町をはじめ島内の管理・支配の責任者(「役人」と呼ばれる)となった［本多二〇〇〇］。また毛利氏は、南北朝時代以降、厳島神主家の本拠であった廿日市桜尾城に譜代家臣である桂元澄を派遣し、「近習衆」佐武氏に厳島現地の島内支配を委ねた。なお、桂元澄はその後、永禄十一年(一五六八)頃に毛利一門である穂田元清(元就四男)と交代し、元清が元亀三年(一五七二)頃に入城したとされる［秋山一九八八］。

そして、「児玉筑前入道・児玉与三右衛門尉・児玉肥前守」の三名が宗教者以外の島内居住者であり、政治力および経済力を有した、まさに厳島町衆と言える。こうした厳島町衆は、毛利氏の支配期、とりわけ重要な案件が生じた際に登場する。先に見た天文二十四年の社殿付近まで拡張した町家の撤去もそうだが、それ以降も確認できる。

たとえば、永禄四年の大鳥居再建の際の用木調達に「有浦衆」「西老寄衆」と見え(大願寺)、「老寄衆」から階層性を持った町人組織の存在がうかがえる。また、元亀二年の厳島社殿遷宮式の「警固士」として「有浦衆」「西町衆」の表記から、厳島門前町が二つの街区(有浦・西町)で構成されていたことがわかる(厳島野坂一三八四)。そして天正五年(一五七七)の万部経法会の際、棚守家・大願寺とともに「点心方」(食事係)や「茶番」を担当している(大願寺二〇一)。棚守房顕の家督相続について毛利輝元が棚守元行への尽力要請をした際、通達先に登場している(厳島野坂五三六）。

そこで、代表的な厳島町衆について、個別に紹介したい。

①児玉与三右衛門尉

藤原神主家の支配期から有浦に勢力を有する。先に見た天文二年（一五三三）の五重塔修理に伴う初重の荘厳化において、釈迦三尊像のうち文殊菩薩像の寄進者としてその名が柱銘として記されており、厳島神主藤原広就の支配期からその活動が知られる。

また、周防国得地保の年貢納入の督促のため周防国に下向した、京都東福寺の梅霖守龍が途中厳島に立ち寄り宿泊したのが「小玉与三左（右）衛門」宅であった（梅霖守龍周防下向日記）。

そして天文十年に進駐した大内義隆家臣黒川隆尚の被官となり、さらに陶隆房からも「被官同前（然）」と言わしめた人物である（厳島野坂五八）。

さらに、船を所有し、筑前筥崎宮の前例をふまえ、宇佐八幡宮二御殿の上葺きに必要な檜皮の調達・運搬を「銭湯屋」に命じているが、これが児玉与三右衛門尉と思われる（大願寺三五）。加えて、厳島合戦後、陶隆房とかつて親密であったことや、大規模な資産所有が桜尾城主の桂元澄に警戒されたためか、屋敷の引き渡し、土蔵の取り壊しを命じられている（野坂三九〇）。

このように、一時的に勢力を削減されたものの、天正年間には再びその活動が確認されるなど、厳島門前町を代表する町衆の一人（一族）であり、戦国時代を（藤原神主家・大内氏・陶氏・毛利氏）通じて厳島門前町の実力者と言える。

②児玉肥前守（太郎三郎・太郎左衛門尉）

児玉与三右衛門尉とならぶ厳島門前町の実力者で、島内に強い影響力を持った存在である。天文二十四年の社殿付近の家屋撤去命令の宛所のほか、永禄四年の大鳥居建立では「有浦衆」の一人として脇柱一本の調達・輸送に従事、さらに元亀二年の遷宮行列では「警固士」として豊島内蔵允とともに「有浦衆」として登場するほか、天正五年の万部経法会では児玉与三右衛門尉とともに「点心方」を二日間担当している。そして天正十一年の棚守家の家督相続の際には、児玉与三右衛門尉とともに毛利輝元の書状の宛所の一人として「児玉太郎左衛門尉」の名前が見えるが、これは文書の伝来状況から「児玉肥前守」の系譜をひく人物と思われる。

この児玉肥前守の特徴として永禄七年(一五六四)六月、毛利氏の出雲尼子攻めにおいて元就・元春・隆景の連名で所有船舶への諸役が免除(「諸関勘過」)されている(閥巻一四四児玉2)。船を所有し、物資輸送面での(軍事的)奉公を期待されていたものと思われ、このことから平時、船による経済活動をおこなっていたことがうかがえる。また、永禄十二年と推定される二月、厳島社頭での備後国人和智氏の討伐について、当時在島していた聖護院道増がその働きを絶賛している(辛未紀行一六)。さらに永禄十年には桂元忠から伐採が進む厳島の森林資源の保護を命じられており(辛未紀行一九)、島内に対する影響力の大きさを推し量ることができる。

③ 児玉兵部丞

天正五年の万部経法会の際に「点心方」を一日担当しており、児玉与三右衛門尉(一日)・児玉肥前守(二日)と児玉姓の町衆三名が、棚守元行・大願寺・「役人」佐武美久と業務を分担してつとめている。また、天正十一年の棚守家の家督相続を通達する輝元書状の宛所に、児玉太郎左衛門尉・児玉与三右衛門尉らとともに、その名が見えている。

④ 豊島内蔵助

天文十年と推定される四月、厳島に駐留する大内氏家臣黒川隆尚に児玉与三右衛門尉尚清と同じく「被官」であり、陶隆房にも「被官同前(然)」と言わしめた(厳島野坂五八)。永禄四年の大鳥居建立において「有浦衆」として「笠木」部分の用材について周防国山代地方の「宇佐」から調達・輸送を担当したほか、元亀二年(一五七一)の遷宮行列では児玉肥前守と同じく「有浦衆」の一人として「警固士」をつとめている(厳島野坂一三八四)。

⑤古野図書助

五重塔初重の柱銘に「朱柱二本檀那当所古野図書女房」とあるほか、かつて五重塔初重内に安置されていた釈迦三尊像のうち本尊の釈迦如来像についても、柱銘として「旦那当島有浦古野……」とあり、「古野図書」「有浦古野」が藤原神主家時代の天文二年末期頃からすでに経済力を持った町衆の一人であったことがうかがえる。また、永禄七年七月の棚守房顕時代の奉納物書附には「長太刀一柄　当島ノ古野兵庫允」と見えており(厳島野坂一五七〇)、古野一族による厳島社への刀剣奉納の事実も確認できる。時代がやや下がるが、文禄五年(一五九六)二月の廿日市極楽寺聞持堂の本尊である虚空蔵菩薩背銘(印刻)の中に「古野図書助」(同じ系譜か)の名前があり、奉加衆として参加するだけの財力を有し、廿日市やその住民との密接な関係をうかがわせる。

以上、代表的な厳島町衆について述べたが、門前町やその住人、町政運営組織と思われる史料文言として次のようなものがある。たとえば、門前町を「町」(野坂三四・厳島野坂五四〇)、その住人を「町人」(厳島野坂一五六七)・「地下衆」(野坂一〇〇・厳島野坂九六三)・「百姓町人」(厳島野坂一九一五・一九一六)、島内住人を「島中之衆」(大願一九一)、町政組織を「惣中」(巻子本三一・野坂一五九・厳島野坂五三八)・「有浦惣中」(大願三一五・一一)・「宮島年寄衆」(閲一一浦)・「惣島中」(巻子本三一)と表記している。

また、廿日市と厳島の両方に拠点を置いて経済活動をおこなっている事例があり、その代表が神領衆の糸賀氏である[水野 二〇二四]。糸賀氏は、厳島神主友田興藤に従って軍事行動をおこなって感状を得たほか、「廿日市浮口」(廿日市の港に出入りする商品への課税)の利権を興藤から認められたが、その後は毛利氏に従い、天文二十三年六月には、陶氏に味方した神領衆(栗栖・羽仁・大野・坪井氏)の所領と、「十三間の中廿日市居屋殿」「四間有浦屋形かりや」を、毛利氏から「給地」として与えられている。

こうして廿日市の居屋敷と厳島の有浦仮屋を手にした糸賀氏は、廿日市・厳島と内陸部を結ぶ交通路を往来する経済活動を展開したと思われる。また、石見津和野の国衆吉見氏や石見益田の国衆益田氏と親密な間柄であること、また糸賀氏が毛利氏によって石見在陣衆のもとへ使者として派遣されている事実をふまえるならば、糸賀氏は廿日市・厳島から単に内陸山間部までが終着点ではなく、中国山地を越えて石見西部、たとえば日本海沿岸の浜田・益田にまで足を延ばしていたことが想定され、糸賀氏の商圏の広さをうかがうことができる。

永禄二年に相当する一五五九年、キリスト教宣教師として日本国内で活動していたルイス＝フロイスの『日本史』には、当時の「宮島」(厳島)について述べている個所がある。参考として取り上げたい。京都での布教を命じられたガスパル・ヴィレラは、ダミアンとロレンソを伴って豊後府内を出発し、沖の浜から乗船し、豊後守江(もりえ)に寄港して汐待(しおまち)していたところ、天候が悪化して滞在期間が伸びた。その後、天候が回復したので船が出発する。

> 彼らは同所から安芸の国に向けて出帆し、宮島というところに着いた。そこには日本全国でもっとも著名な神社の一つである厳島の大明神がある。司祭は二人の同伴者とともにそれを見物に赴いた。彼らがこの神社の五十ブラサの長さがある縁側もしくは廻廊へ来た時に、巫女と呼ばれるその神の女妖術師がいた。彼女は一人の小さい男の子を伴っていた。この男子は、けだし悪魔の教唆と説得によるのであろうが、かつて一度も伴天連を見たこともなく、人がその名を呼ぶのを聞いたこともない幼児であったにもかかわらず、大声で「天竺人、天竺人」と叫び出した。ある日本人たちは我々のことをそのように呼ぶのであり、「シャムから来た人、シャムから来た人」という意味である。彼らによれば、シャムは、その偽りの神々である釈迦、阿弥陀、その仏たちの出身国である(『フロイス 日本史』第三章　第一部二二章)。

キリスト教宣教師の宮島(厳島)上陸と厳島社の見学、内侍と思われる女性と年少の男の子に遭遇した様子が描かれている。当時の厳島の国際性と開放性がうかがえるが、「天竺」(インド)と「シャム」(タイ)を混同していることがうかがえる。その後、船は宮島を出帆し、直行して伊予国に向かい堀江に到着、その後備後の鞆に行き、偶然にも室から来ていた別の船に乗り換え、室津・兵庫を経由して堺に帰着した。豊後府内から同守江・安芸厳島・伊予堀江・備後鞆、播磨室・摂津兵庫・和泉堺へと、瀬戸内海を取り巻く沿岸部の港に寄港しながら九州から上方に向かったことがわかる。

また、ルイス・テイセラが製作した「日本図」(一五九五年)は、日本を中心に北東アジアを描いた最初の地図としてよく知られているが、瀬戸内海の中央部に「厳島」(Itoqulchima)の表記が認められ、これはヨーロッパ人の厳島に対する当時の認識が、瀬戸内海の幹線航路の中継地点であったことを物語る。

さて、元亀二年(一五七一)六月十四日に毛利元就が亡くなる。この年の十二月、孫の輝元は元就の遺志を受け継ぎ、京都吉田社の吉田兼右(かねみぎ)を招いて遷宮式を挙行する。厳島社の建て替えと遷宮費用は、石見銀山で生産された銀であった。

以上見てきたように、毛利氏は厳島に対する実質的な支配を厳島合戦後に始めるが、それは廿日市桜尾城に譜代家臣の桂元澄、厳島現地に元就近習衆の佐武美久を派遣しておこなった。当時の厳島には、藤原神主家の時代から活動が見られる者や「陶家被官衆」であった者など、政治的経済的に実力を備えた厳島町衆が影響力を持っており、毛利氏は町支配をおこなう際に「役人」佐武氏だけでなく、町の実力者である複数の厳島町衆を通しておこなった。したがって「惣中」とは、詳細は不明だが、彼ら町衆を構成員とする町政運営組織であったと思われる。そして厳島町衆の中には船を所有して広域の経済活動を展開する者もいたが、神領衆の中にも廿日市・厳島を基盤に山間部、さらには山を越えて日本海沿岸付近まで商圏を広げる者もいた。そして永禄二年(一五五九)ころにはキリスト教宣教師も来島する、瀬戸内海の幹線ルート上に位置づけられるような港湾都市となった。

(2) 毛利・織田戦争と厳島

元亀四年七月、織田信長によって京都を追われていた足利義昭は、一時期、越前の朝倉氏のもとに身を寄せていたが、最終的には天正四年(一五七六)二月に紀伊国由良(ゆら)から備後国鞆(とも)に移り、その地から各方面に上洛の協力要請を内容とする御内書を作成・送付していた。そしてこの同じ年に、厳島では社内相論が起きている。

すなわち一月四日、大聖院の座主のもとに集まる毎年の恒例行事の席で、社家の田中務丞と大行事との間で席次の上下を争う「座敷論」が起こり、それをきっかけにその後の定例行事が停滞する事態が発生した(厳島野坂一五七四)。特に一月二十五日の「月次連歌(つきなみ)」は、それまで二十七年間社内で開催される伝統行事であったが、その日は「佐武方所」(「役人」佐武美久の屋敷)で開催され、社家衆が「御会所」に出座しない異例の形となった。

この事件の背後には、座主と田中務丞・上卿ら一部の社家衆、そして「役人」佐武が連携し、有力社家の棚守房顕・元行親子との対立があった。その後、事態は深刻化し、同年十月、吉田郡山城に両者双方が出頭し、直接対決の形で毛利氏によって審理されることになった。「房顕覚書」十五によれば、佐武氏は十月初めから吉田にのぼり、「棚守ヲ無力サスヘキ」、すなわち棚守氏失脚の働きかけをおこなっていたようで、それに対して棚守家では元行が父の房顕を厳島に残して二十四日に郡山城に到着、その二日後には座主も到着した。

その後、座主良政と棚守元行、そして佐武美久が、平佐就之・国司元武・粟屋元種・児玉元良ら吉田奉行衆の尋問を受け、さらに上卿修理進景豊・田中務丞・田左衛門大夫景欽の社家三名が召喚されている。

棚守元行は、厳島に残った房顕の指示を受けながら、裁定が棚守家にとって有利になるよう、毛利家中の多くの重臣に面会するなど奔走している。その結果、十一月二十九日付けの房顕宛て粟屋元種・児玉元良連署書状により、召喚した社家三人衆の帰島とその後の社役・座敷などに関する通達をもって事件は終息するが、その後の様子を見る限り、座主良成や佐武美久の立場に変化はなく、対立した双方への毛利氏の厳しい処分はおこなわれなかったものと思われる。

ただ、この事件の経過を通してわかるのは、「役人」佐武美久が座主や社家の面々と深く交流し、その結束は厳島社内外に絶大な権力を築いていた棚守家にも危機感を生じさせるほどであったことである。それは、厳島社内で長年開催されていた恒例行事である「月次連歌」が「佐武方所」で実施されたことに象徴される。佐武美久は、後年「越後守」を名乗るが、「佐武越後女房六郎内侍」と記された史料も確認され(野坂二〇六)、佐武が「六郎内侍」を「女房」としていたことからも、彼が社家だけでなく内侍にも人脈を築いていたことがうかがえる。そして、「役人」として、厳島町衆との日常的な交流もあったと思われるため、彼の厳島社内外における人脈はかなり広範囲に展開していたと推測される。

したがって、天正四年(一五七六)の社内相論で棚守家と対立した佐武氏を毛利氏が特に処分しなかったのは、彼が築いた人脈や経済基盤を有効に活用する方が、厳島に対する円滑な支配がおこなえると判断したことによると思われる。

このように、陶晴賢から厳島の奪取に成功した毛利元就は、近習衆の佐武氏を「役人」として厳島に派遣することで厳島支配をおこなったが、佐武美久はその地位を利用して諸役賦課・徴収をおこなうことで財政基盤を強固にし、有力社家である棚守父子に対抗できる存在に成長していたと思われる。

この年七月に毛利氏は、織田軍が取り囲む大坂本願寺に対して兵粮補給を敢行することで両者は武力衝突し、毛利・織田戦争が開始される(第一次木津川口の戦い)。こうして、瀬戸内海では制海権をめぐって二大勢力がぶつかりあうことになった(厳島野坂六一八)。

翌天正五年三月、織田勢力に対する戦勝祈願のため三月十八日から十日間、毛利輝元・小早川隆景両軍の出陣にあたって「万部経」読誦の法会が開催され、「経衆」千百八十人が参加した。社家はもちろん、「役人」佐武やこの法会にあわせて帰島した座主(大聖院)、そして町衆など多数が参加した。島外からも、毛利元就・隆元や小早川隆景ゆかりの有力寺院(常栄寺・満願寺・仏通寺・洞春寺など)のほか、志道元保をはじめとする多数の毛利氏家臣が「御奉行」・「小奉行」として参加するなど、毛利氏の支援のもとで開催された一大事業となった。

そこで食事を賄う「点心方」は十日で千貫文の費用を計上し、最初の二日間を大願寺、二番目の二日間を佐武美久、三番目・四番目・五番目の二日・一日・一日をそれぞれ児玉肥前守・児玉兵部丞・児玉与三右衛門ら厳島町衆、そして最後の六番目の二日間を棚守左近大夫元行が担当しており、厳島社および町の総力を挙げて開催されたことがわかる。

その後、毛利・織田戦争は天正七年(一五七九)以降、毛利側が劣勢となり、織田側に味方するものも増えてきた。天正十年四月には「海賊」来島村上氏が織田方に転向したため、厳島が襲撃されるという噂が流れ、対岸に避難する人が続出した(沖家騒動)。

そして六月二日未明、いわゆる本能寺の変が起こり、備中高松城近くに陣を構えていた小早川隆景は、秀吉と休戦講和を結び、国境の画定は先送りとなる。

同年十一月ころ、病の癒えない棚守房顕の家督相続問題がにわかに浮上する。毛利氏は医師の岩佐清閑らを派遣し、房顕から元行への権限移譲を保証する旨を伝える。こうして十二月下旬には房顕から元行に家督相続がおこなわれ、翌天正十一年閏正月九日に毛利氏はそれを安堵し、各方面に通達する。すなわち、「当社御神事諸法度の事、房顕の手続に任せ、元行に対し執沙汰の儀、これを申し渡し候、各々その心を得、馳走肝要に候」と「役人」佐武右衛門尉・厳島町衆(児玉太郎左衛門尉・福田六郎左衛門尉・児玉与三右衛門尉・児玉兵部丞其外各中)に通達している。

こうして棚守家の家督相続が無事おこなわれ、毛利氏は領国主として天正十一年三月十三日付けで「厳島中掟の事」を制定する。房顕にとって毛利氏の「諸法度」「島中法度」の制定は待望久しいもので、輝元自身も織田政権との抗争中に厳島社への願書の中で制定を約束していた（厳島野坂五二〇・六四三）が、ここに至ってようやく実現した。それは「供僧中・社家中・給人中」宛て、しかも文章中に「惣中」という町政運営の町衆組織を示すような文言もあることから、厳島社関係者のほか在島する武家被官も含め、島内全域を対象とする法度と言える（厳島野坂五三八）。

原本ではなく写しであるが、日下（日付の下方）に「御判形」（輝元の花押）とあり、彼が定めた法度であることは間違いない。しかし、その成立背景を考えると、必ずしも輝元主導で発令されたとは言い切れない。もともと厳島「掟」の制定は、棚守房顕が長年待ち望んでいたことであり、彼の心情を理解していた輝元が、房顕の思いを受け止めて発給したものと言える。それは「清浄」を骨子とする色合いが強いことからもうかがえる。

十七箇条のうち最初に「恒例之社役并祈念等」については社家三方で相談すること（第一条）、「御社辺に至り作り懸け在家の事」（第二条）、「大町より観音堂に至りてかり屋の事」（第十条）、「社頭近辺見世棚の事」（第十六条）は社殿付近の仮屋・見世棚（建造物）の撤去、御霊川・滝川の清浄化（第八条）、「浦々死人」（第九条）、「汚穢」（第十四条）の除去、そして「普請等」については、社家・供僧・給人以下が「分限」に従って務めること（第四条）。さらに注目すべきは、「火難の時は、何の家よりもこほちきるへき事、付けたり、その家主江惣中より心そへの事」すなわち火事の時は誰の家であろうと、まずは壊して延焼を食い止めること、その場合、その家主には「惣中」（町政運営の町衆組織）から心添えをすることを命じている。

しかも、その多くが武家被官となり、所有船舶による経済活動を通して勢力を拡大し、それは一面で毛利氏（桜尾城主桂元澄）や厳島社・大願寺との間で軋轢を生じたものの、厳島の祭礼法会や造営事業において指導的役割をはたしただけでなく、毛利氏の軍事行動をも支える存在であったと推測される。

このように、天正四年に備後国鞆に足利義昭が下向して帰洛するための協力要請を各方面におこなうなか、毛利・織田戦争が始まるが、同じ年に厳島社では社内相論がおきる。それは毛利氏の権力を背景に絶大な権勢を誇った棚守家に対し、それに反発する大聖院座主と一部の社家が連携して棚守家の追い落としをはかった権力闘争であり、両者双方が吉田郡山城の毛利氏の法廷に持ち込み、裁定を委ねたもので、結果的には双方とも厳しい処分は下されなかったものの、毛利氏の厳島社に対する領国主としての政治的地位は上昇した。また天正十一年には高齢の棚守房顕から元行に家督が継承されるが、同年三月には房顕が待ち望んでいた厳島法度が輝元によって発令された。それは清浄の維持を願う房顕の思いと、領国支配のための諸政策という点で輝元の意向が反映された内容であった。

4　豊臣政権期の厳島と大名毛利氏

天正十三年(一五八五)七月、秀吉が関白となる。四国平定を終え、長宗我部氏には土佐一国を安堵したが、それ以外の伊予・讃岐・阿波国には秀吉が信頼できる人物(小早川隆景)や直臣らを配置した。こののち豊臣政権はいわゆる九州出兵をおこなうが、瀬戸内海の物流も政権の動向に大きく左右され、厳島を取り巻く状況も大きく変わることになる。それについて以下述べたい。

厳島町衆は、藤原神主家の時代からその存在が認められる者や、毛利氏時代に初めて活動が確認できる者など多彩な顔触れであり、活動内容も多岐にわたっていた。したがって、毛利氏の厳島門前町に対する支配は、必ずしも「役人」佐武を媒介とする一元的なものではなく、佐武とは別に複数の厳島町衆を宛所として列挙する形でおこなわれた。天正十四年四月七日付けで、毛利輝元が「厳島社頭掃除の次第」を定めている。同十一年三月に発令した「厳島中掟の事」に続く輝元の掟書であり、「役人」佐武美久をはじめ、棚守・祝師(ものもうし)、大願寺、そして社家三方に対し、個々の身近な区域を担当して「掃除」することを命じている。

なお、川については「毎月晦日に惣島中のものまかり出申し付くべき事」とあり、毎月晦日に島民全員で川の清掃を命じている。加えて三季(三月・六月・九月)の法会では、十日から二十日まで「諸国の者付き相い候の条」、すなわち安芸以外の諸国から訪れる人々との付き合いもあろうから、川の掃除は二十一日以降で良いとしている。清浄を保ち、厳島に来訪・滞在しやすい環境を整備する観点からの発令と思われる。

天正十五年三月、毛利輝元は秀吉の九州出兵に伴い、大聖院・大願寺・棚守元行に対し、かつて厳島社に奉納していた刀剣「千鳥」を請け出し、早船を派遣するので、「役人」佐武美久に加え児玉太郎左衛門・児玉与三右衛門に乗り込み、運ばせている。

同年三月、秀吉は九州までの行軍途中、周防小方から厳島に渡海し、五重塔のそばに大きな「経堂」の建立を命じ、再び山陽道に戻って九州に渡海し、薩摩に向けて南下する。そして島津氏の降服により五月に九州平定を達成し、六月に筑前博多の箱崎で九州「国分(くにわけ)」(領土分割)を実施する。

そして翌天正十六年七月に毛利輝元は、小早川隆景と吉川広家を伴って上洛するが、その途中、毛利輝元のもとに、いわゆる海賊停止令にあたる秀吉朱印状(隆景宛)が届く。そしてその内容から、これは再令と思われるため、初令にあたる海賊停止令が前年すでに発令されていたと理解されている[藤田 二〇〇二]。

この二度にわたる秀吉朱印状は、直接的には瀬戸内海の能島村上氏を標的にしたものであるが、警固料徴収など海上支配権の一部として社会的にある程度容認されてきた活動が「賊船」行為として統一政権によって禁じられることになった。それは、領主諸権力と「海賊」が「共生」する時代から、「海賊」の存在そのものを否定する時代に転換したことを物語る。天正十六年四月には、それまでキリスト教会領であった長崎を召し上げ直轄地として、鍋島直茂を代官に任命するが、長崎で先買権を行使して入手した貿易品を上方まで安全・確実に運ぶためには、瀬戸内海で活動する「海賊」は邪魔な存在であり、ここに豊臣政権主導の物流が登場する背景があった。

同二十年、豊臣政権の朝鮮出兵に伴い「次船制」による運輸・情報伝達が、関白を退いた太閤秀吉と新たに関白となった秀次によって法制化される。そして、兵庫・室・瀬戸・上関・下関といった瀬戸内海山陽沿岸の要港と並び、厳島にも「宮島奉行」が設定されていることが確認でき(巻子本九〇)、「宮島」(厳島)が中央政権によって瀬戸内海の幹線航路の拠点に位置づけられたことがうかがえる。

文禄三年(一五九四)、「海賊」が活動しなくなった瀬戸内において、警固料を支払う必要のなくなった船舶通航を、天下人の恩恵ととらえる風潮が生まれた。島津氏一族で薩摩大口城主の新納忠元が、同年五月に秀吉のもとへ上洛した際の紀行文『新納忠元上洛日記』には、伊予国みつくれの湊に宿をとったあと「能島とやらん昔は盗船を立ける所なれ共、殿下様の御徳にて今は上下の船心安く侍り」と記されている。かつて陶氏も「海賊」の警固料徴収を否定し、その代わりに商人から安堵料を取ろうとしたが、瀬戸内海で幅広く安全保障を担うことはできなかった。すなわち、毛利氏との間で領国境の画定をおこない、四国国分と九州国分を実施して、要所に直臣を配置する西国の権力編成を成し遂げた豊臣政権であるからこそ、それが可能になった。

第一次朝鮮出兵(文禄の役)の講和休戦期である文禄四年(一五九五)十一月、毛利輝元が厳島に対して社頭「掟」十箇条(厳島野坂五五六)を制定する。それは、基本的に天正十一年三月に制定した「掟」十七条の内容を継承したものだが、異なる点も多々見受けられる。

毛利輝元は、天正十六年の上洛の際に関白・太政大臣の秀吉から「羽柴」「豊臣」の姓を賜与され、朝廷により叙位任官された輝元は名実ともに秀吉の臣下となり、豊臣政権のもとに位置づけられた。この掟は、輝元が中央政権の身分制に編成された立場で制定した法度であり、信長の死後、その後継者争いが本格化する以前の天正十一年の「掟」制定の頃とは毛利氏を取り巻く政治環境が大きく異なる。内容としては、神事祭礼ほかさまざまな取り決めや禁止・罰則規定、参詣宿の営業、河川や森林などの環境保全にまで及び、全島民を対象としている。

また、第六条では、豊臣政権の命令順守を最優先する毛利氏の姿勢がうかがえる。すなわち、「社家三方ニ宛行の島中屋敷以下、諸天役を免除すべく候」という従来通りの方針を掲げながらも、但し書きとして「(天下)御用の時は、国家のために候の間、別の理をもって馳走すべき事」という文言が添えられている。つまり、天下御用の時は「国家」、すなわち毛利氏領国の安泰のためには諸天役の賦課もありうることを述べ、「分々出銭の事、有浦大分・西町少分沙汰せしむべき事」と、有浦と西町の負担割合(有浦の方が多額)について明記している。

したがって、文禄「掟」の制定の背景には、豊臣政権下、毛利氏が国境の画定した自身の領国を強く意識し、その領国を「国家」として認識しつつ、その「国家」の「天下」のもとでの安泰を最優先して、領国内諸地域に対する積極的な支配を展開しようとした姿勢がうかがえる。したがって、本来「神域」「聖域」であり、また毛利氏にとって崇敬の対象であった厳島(社)に対しても、輝元は領国主として臨んだのであり、「役所」「役人」を通して支配の浸透をはかろうとした。

すなわち、「役所」「役人」の役割が明確化し、これを通して厳島に対する管理支配を強化したものである。

そして文禄四年、毛利氏は「役人」佐武美久の役割を受け継ぐ人物として新たに岩脇就延を派遣し、島内全域で「屋敷改」(屋敷調査)を実施するとともに、その成果をふまえて四年から五年にかけて「屋敷賦」(屋敷配分)を実施する。それは同四年七・八月におこった「秀次事件」後の豊臣政権のもと、毛利氏が実施した領国支配強化策の一環と言える。岩脇就延は、慶長四年の弥山神護寺大日堂棟札に「代官」と表記されており、毛利氏の厳島支配における権限代行者であった。

このように、豊臣政権の誕生により、その権力を背景に毛利氏の厳島支配がおこなわれる。関白秀吉は毛利氏との間で領国の境を画定し、四国国分・九州国分を通して要所に直臣を配置するなど西国の再編成をおこなう。そして、長崎を直轄地として代官を置き、先買権を行使して入手した貿易品を安全かつ確実に上方へ運ぶことを重視した。こうした政権主導の物流にとって瀬戸内海はその幹線航路であり、警固料を徴収する「海賊」の活動は政権にとって存在を否定すべき対象であった。そして、朝鮮出兵の講和休戦期の文禄四年には、厳島島内全域に対する「掟」十箇条が制定されるとともに、厳島島内の「屋敷改」（調査）をふまえた「屋敷賦」（屋敷配分）がおこなわれた。しかし、そこに「役人」佐武美久の名はすでになく、その役目は岩脇就延が担当した。

おわりに

これまで論じてきた内容を改めて整理し、その歴史的意義について述べたい。

鎌倉時代から戦国時代初めまでは、厳島関係の古文書・古記録などの文献資料が他の時期に比べて少ないなかにあって、現在厳島神社が所蔵する鋳銅製釣燈籠は、傘部分に南北朝時代・正平二十一年（一三六六）三月三日付けで「博多講中」が奉納した内容を刻んだ工芸品である。これは、南北朝時代に博多の商人と思われる人々が、上方に向けて瀬戸内海を往復する際に中継点として厳島に寄港した折に厳島社に奉納して、航海の安全を祈念したものと思われ、すでに南北朝時代には、厳島を取り巻く活発な流通経済が展開していたことを示すものである。

また、応永十四年（一四〇七）創建とされる厳島の五重塔は、戦国時代の初め、藤原神主家末期の天文二年（一五三三）に修理がおこなわれた際に、それに合わせて初重内部の十六本の柱に朱漆が塗られ、釈迦三尊像が安置され、四方の板壁にも真言八祖図が取り付けられるなど荘厳化される。そして初重の柱銘からその荘厳化は、厳島や廿日市に住む多様な人々（正確には「その女房」）の浄財によって実現したのであり、当時の厳島・廿日市における活発な流通経済の賜物と言える。

大内氏と陶氏の厳島支配は、基本的に異なり、それは「海賊」村上氏の活動に対する姿勢から明らかである。すなわち京・堺の商人は、堺と日向・薩摩を往復する経済活動を展開する上で、瀬戸内の「海賊」村上氏の警固料徴収をおこなうことを、当時の社会では安全保障上やむを得ない行為と理解されており、堺・厳島での徴収についてはそれ自体大内氏も容認していた。大内義隆は、「海賊」と「共生」する社会を容認したのに対し、その義隆を討滅した陶晴賢(江良房栄)は「海賊」の警固活動を基本的に認めない点に、大きな違いがあった。

瀬戸内海の中でも陸・海交通の要衝であった周防富田を本拠とする陶氏は、円滑な流通こそ重要であり、それを阻害するような「海賊」の警固料徴収については認めなかった。それは陶氏の経済政策に強く表れているが、重臣の江良房栄の見識と積極的な活動が反映されたものと思われる。

大内氏は豊前宇佐宮社殿の屋根葺き替えについて、筑前博多の筥崎宮の先例をふまえ、伊予国の檜皮を使うことを決め、その調達と輸送は厳島町衆(「銭湯屋」児玉尚清)の船で海上輸送させた。隔地間の物流が広域権力によって成立していることが確認できる。また大内氏は、瀬戸内海における「海賊」の活動に対する京・堺商人の訴えを認めたが、それは警固料徴収の方法とその場所に関するものであって、徴収そのものを否定するものではなかった。

毛利氏は、厳島に対する実質的な支配を厳島合戦後に始めるが、それは廿日市桜尾城に譜代家臣の桂元澄、厳島現地に元就近習衆の佐武美久を派遣しておこなった。当時の厳島には、藤原神主家の時代から活動が見られる者や「陶家被官衆」となった者など、政治的経済的に実力を備えた厳島町衆が影響力を持っており、毛利氏は町支配をおこなう際に「役人」佐武氏だけでなく、町の実力者である複数の厳島町衆を通しておこなった。したがって「惣中」とは、詳細は不明だが、彼ら町衆を主要構成員とする町政運営組織であったと思われる。そして厳島町衆の中には、船を所有して広域の経済活動を展開する者もいたが、神領衆の中にも厳島・廿日市を基盤に山間部、さらには山を越えて日本海沿岸近くまで商圏を広げる者もいた。こうして永禄年間には、キリスト教宣教師も来島し、瀬戸内海の幹線ルート上に位置づけられるような港湾都市となっていた。

天正四年に備後国鞆に足利義昭が来て帰洛するための協力要請を各方面におこなうなか、毛利・織田戦争が始まるが、同じ年に厳島社では社内相論がおこる。それは毛利氏の権力を背景に絶大な権勢を誇った棚守家(房顕・元行)に対し、それに反発する大聖院座主と一部の社家、そして「役人」佐武氏が連携して棚守家の追い落としをはかった権力闘争であり、両者双方が吉田郡山城の毛利氏の法廷に持ち込み、裁定を委ねたもので、結果的には双方に対する厳しい処分がなされなかったものの、毛利氏の厳島社に対する領国主としての政治的地位は上昇した。また天正十一年(一五八三)には高齢の棚守房顕から元行に家督が継承されるが、同年三月には房顕が待ち望んでいた厳島法度が輝元によって制定された。それは清浄の維持を願う房顕の思いと、領国支配のための諸政策という点で輝元の意向が反映された内容であった。

豊臣政権の誕生により、その権力を背景に毛利氏の厳島支配がおこなわれる。関白秀吉は毛利氏との間で領国の境を画定し、四国国分・九州国分を通して要所に直臣を配置するなど、西国の再編成をおこなう。そして、キリスト教会領であった長崎を直轄地として代官を置き、先買権を行使して入手した貿易品を安全かつ確実に上方へ運ぶことを重視した。こうした政権主導の物流にとって瀬戸内海はその幹線航路であり、警固料を徴収する「海賊」の活動は政権にとって否定すべきものであった。

朝鮮出兵の講和休戦期の文禄四年(一五九五)には、厳島島内全域に対する「掟」十箇条が制定されるとともに、厳島島内の「屋敷改」(調査)をふまえた「屋敷賦」(配分)がおこなわれた。しかし、そこに「役人」佐武美久の名はすでになく、その業務は岩脇就延が引き継いだ。

慶長五年(一六〇〇)、関ケ原の戦いの結果、毛利氏は防長二か国に移封される。芸備二か国の新たな領主となった福島正則のもとで、厳島の置かれた状況は大きく様変わりした。戦国・豊臣期の厳島町衆が江戸時代にどのような変貌を遂げたのかは残された課題だが、その中で「厳島御代参」として在島し続けた児玉肥前家は注目される。この家は、長州藩士でありながら、広島藩領に属する厳島に代々居住し、かつての厳島町衆としての実態は失いながらも、近世を通して毛利氏の厳島信仰を支え、毛利氏と安芸厳島を結ぶ懸け橋の役割を担い続けたのである。

参考・引用文献

秋山伸隆　一九八八「戦国時代の廿日市」『廿日市町史 通史編（上）』
天沼俊一　一九三一「厳島神社五重塔」『東洋美術』第一〇号
鈴木敦子　二〇〇〇『日本中世社会の流通構造』校倉書房
谷口正樹　二〇一七「戦国大名による流通統制と都市支配―安芸国厳島を例に―」『都市文化研究』第一九号
藤田達生　二〇〇一「海賊禁止令の成立過程」『日本近世国家成立史の研究』校倉書房
本多博之　二〇〇〇「戦国大名毛利氏の厳島支配と厳島「役人」」『安田女子大学紀要』第二八九号
本多博之　二〇〇一「厳島神社五重塔初重柱銘について」『安田女子大学紀要』第二九号
本多博之　二〇〇一「戦国大名毛利氏の厳島支配と町衆」『安田文芸論叢　研究と資料』所収
本多博之　二〇一七「豊臣政権の次夫・次馬・次飛脚・次船制について」『内海文化研究紀要』第四五号
松岡久人　一九八六『安芸厳島社』法蔵館
松下隆章　一九五五「厳島神社五重塔壁画」『仏教芸術』第二五号
水野椋太　二〇二四「廿日市市指定重要文化財「糸賀家文書」の紹介」『内海文化研究紀要』第五二号

史料出典略号

厳島野坂　→「厳島野坂文書」『広島県史 古代中世資料編Ⅱ』所収
巻子本　→「巻子本厳島文書」『広島県史 古代中世資料編Ⅲ』所収
野坂　→「野坂文書」『広島県史 古代中世資料編Ⅲ』所収
房顕　→「房顕覚書」『広島県史 古代中世資料編Ⅲ』所収
大願寺　→「大願寺文書」『広島県史 古代中世資料編Ⅲ』所収
閥　→『萩藩閥閲録』
毛利　→『大日本古文書 家わけ第八 毛利家文書』

中世播磨の港津と物流
――英賀と書写坂本――

前田　徹

はじめに

中世播磨の港津については、林屋辰三郎氏らによる『兵庫北関入船納帳』（中央公論美術出版、一九八一年。以下『入船納帳』と略す）の紹介以後、とくに具体性をもった研究が展開してきた。『入船納帳』紹介時における武藤直氏［武藤 一九八一］、今谷明氏［今谷 一九八一］による検討以来、神木哲男氏や藤田裕嗣氏らによる『入船納帳』全体を見渡した港津ごとの輸送物資の特質や連携関係に関する一連の分析［神木 一九八九、藤田 二〇〇〇など］、あるいは播磨に特化した今里幾次氏の研究［今里 一九九五］や拙稿［前田 二〇一二］などによって、個別の港津の比定や、港津ごとの積荷の特徴、摂津と播磨・淡路の物流上の結びつきなどをはじめとする多様な論点が示されてきた。また考古学調査の進展により、個別港津遺跡に関する景観の理解なども進展してきている［春成・高橋等 二〇二〇など］。

一方、こうした海路そのものに関する諸研究とは別に、播磨においては陸路と港津との関連性に関する研究にも一定の蓄積がある。榎原雅治氏が東部瀬戸内海地域に共通する特徴として、やや内陸を通る山陽道の主要河川渡河点に宿が立地し、さらに主要河川の河口部には積出港の役割を担う港津が立地するとの類型を示したことがその基礎を形作った重要な成果である。榎原氏は、こうした河川を軸とする地域的な流通圏を形成させる担い手として、宿の商

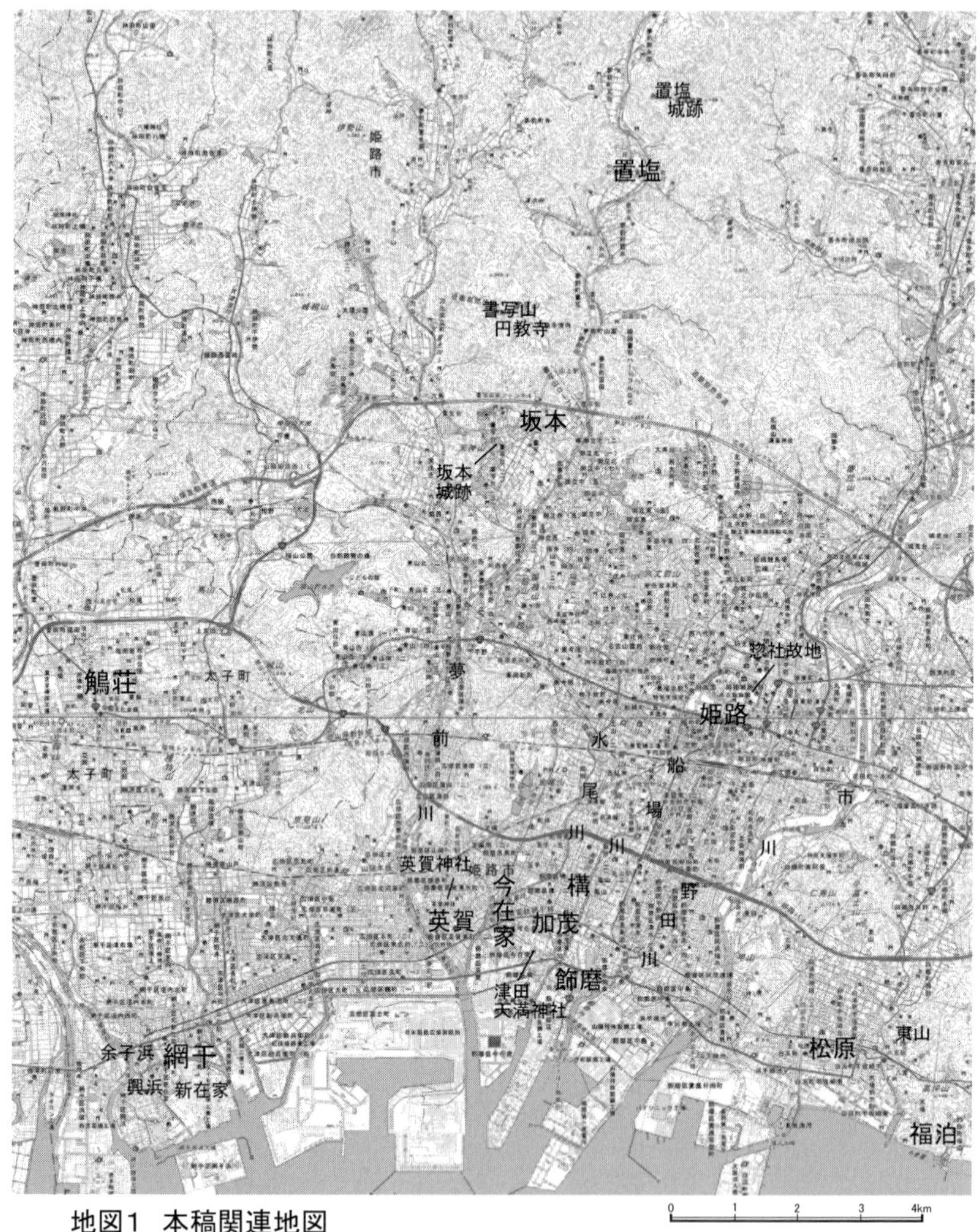

地図1　本稿関連地図

基図：国土地理院電子地形図 50000「龍野」・「姫路」 2024 年 1 月発行

人・有徳人を位置づけた〔榎原 二〇〇〇〕。また揖保川流域の流通システムの変容と守護役との関連性を示した下東由美氏の研究〔下東 二〇〇七〕や、平安末期の平氏勢力圏以来の地域軸として、兵庫津など西摂津・東播磨の港津と内陸とを結ぶ交通路を論じた市沢哲氏の研究〔市沢 二〇〇七〕、東寺領矢野荘関連史料から、西播磨を中心として、交通路ごとに宿・港津などの都市的な場に対する網羅的な検討を行った大村拓生氏の最近の研究〔大村 二〇一二〕も示されており、その具体像はかなり明瞭になってきている。

本稿ではこうした先行研究を踏まえつつ、播磨全体の物流体系の骨格を素描することを試みたい。近年の研究も意識してきたように、陸路の展開をも視野に入れて検討しながら、海運や播磨の各港津の背後にある地域全体の物流構造の一端を考えてみたい。とくに、これまでの播磨の物流に関する研究では、史料的偏在にも規定されて、古代以来播磨における政治上の中心となってきた国衙所在地姫路周辺に関する研究が手薄であったかとみられる。

ただしその一方で、姫路周辺は政治上での中心地の一つであり、近年の守護赤松氏研究の展開などによって政治的側面でのこの地域の姿はかなり明らかになってきている〔依藤 二〇〇六、山上 二〇〇六、小林 二〇〇七など〕。とくに室町期以降の守護方拠点としての書写坂本の重要性や、戦国期の赤松氏が坂本・置塩・英賀といった夢前川流域を拠点とし続けていたこと、英賀が坂本の外港として位置づけられることなどが明らかにされてきた点は重要であろう。本稿では、こうした研究にも学びつつ、主に英賀と書写坂本に注目してその具体像を今少し掘り下げながら、播磨の物流構造の一端を考えてみたい。

1　播磨府中姫路をめぐる港津と陸路

(1) 飾磨津・英賀

飾磨津と英賀　姫路は、古代以来の播磨国衙所在地である。まずこうした姫路周辺の港津を概観しておきたい。古代の段階で姫路の外港としての役割を担ったのは飾磨津(姫路市)であった。十世紀半ば、都での政争に敗れ出家した花山法皇が性空を訪ねて書写山円教寺(姫路市)に参詣した。性空の伝記『一乗妙行悉地菩薩性空上人伝』(『姫路市史』史料編中世二、以下同書は『姫』史中二と略す)では、長保四年(一〇〇二)三月の二度目の参詣の際、花山は五日に「飾磨津湊」に船で到着し、また八日に飾磨津から河尻(尼崎市)まで船で帰り、翌九日に淀津に到着したと記されている。この事例は飾磨津が姫路の外港としての役割を果たす重要港津であったことを端的に示すものといえる。

またこれ以前、出家直後の初回の参詣であった寛和二年(九八六)七月の際には、帰路二十九日に「英賀河尻」から乗船したと記されている。英賀(姫路市)は夢前川の河口部に立地し、書写山の坂本からは夢前川に沿ってほぼ真南へ下った位置にある。このころから、飾磨津とならんで英賀も港津として機能していたことがうかがえる史料である[1]。

こうした飾磨と英賀の地理的状況を確認しておこう。まず、飾磨は、市川の網状流路に由来する野田川と船場川の両河口の間に立地し、近世段階の港津は野田川河口部の小入江に所在していた。姫路平野の海岸部には砂堆列があり[成瀬 一九九八]、市川や夢前川・揖保川などが排出する土砂と潮流とによって形成されたものとみられる。飾磨津もこうした沿岸部の砂堆上に立地しており、野田川や船場川が砂堆と交わる地点を中心に、港津として発達していったものと考えられる。

一方、英賀は、夢前川・水尾川河口部の砂堆上に立地している。「〇〇新田」などの小字地名を除いて近世の干拓進展以前の海岸線を想定すると、英賀付近が河口であったと理解できる〔成瀬 一九九八、八木 二〇〇九〕。また、東側の水尾川河口の対岸には今在家があり、『入船納帳』にも船籍地として英賀とともに所見する。中世後期の段階では、水尾川河口をはさんで、両岸の英賀と今在家がともに港津として展開していたことがわかる。

このように、中世の姫路の沿岸部は、飾磨津から英賀まで、間に今在家を挟みつつ、港津が断続的に連なる状況にあった。飾磨津・英賀は、今在家も含めて姫路周辺地域の外港機能を果たす一連の港津地帯として把握することもできるのである。

写真１　津田本天神縁起絵巻　上巻　津田天満神社蔵　重要文化財
（写真提供：奈良国立博物館、撮影：佐々木香輔氏）

写真２　英賀明徳・応永本天神縁起絵巻　上巻
英賀神社蔵　兵庫県指定文化財

津田本天神縁起絵巻　こうした英賀と飾磨津の間に所在するのが、近世村では構村の南部に立地する津田天満神社である。津田天満神社からみて船場川の対岸にあたる一帯は近世には細江村と呼ばれ、飾磨津町の村方部分となっていた。この細江は、『万葉集』以来歌枕となってきた「津田の細江」の遺称とみられている。かつての船場川河口に入江があり、飾磨津の西側を区切っていたと考えられるのである。

また、津田天満神社付近は、室町初期の史料にみえる「津田牧」「津田御牧」に比定できる（『兵庫県史』史料編中世七、大徳寺文書三四九など。以下、『兵庫県史』史料編中世は、『兵』史中と略す）。津田天満神社の近世以降の氏子圏は、構・加茂・今在家の三村で、これが津田牧の領域とおおむね対応するものとみられる。

こうした津田天満神社には、永仁六年（一二九八）の奉納奥書を持つ天神縁起絵巻が伝えられている（奈良国立博物館寄託）。奥書の筆跡に若干検討の余地があるため、この絵巻が永仁六年の制作当初から同社に伝わってきたのかについては不明確とせざるを得ない。ただし、英賀の氏宮である英賀神社や、印南郡の「伊保庄社」（高砂市の曽根天満宮とみられる）には、津田本からの転写場面を含む南北朝期以降の天神縁起絵巻が伝来していた。英賀神社には明徳二年（一三九一）～応永二年（一三九五）の奥書がある三巻本が現存しており、また伊保庄社には応永十年（一四〇三）本が奉納されていた（現出光美術館蔵）。伊保荘は、『入船納帳』にみえる港津魚崎（高砂市）の西方にある摂関家領である。こうした近隣地域に複数の転写本が伝来している状況からみて、津田本天神縁起絵巻は遅くとも南北朝後期ごろから同社に伝わっていたと推察されている〔梅津 一九四一・四二、真保 一九九四、須賀 二〇〇四〕。こうした津田本と同本系統の写本の広がりは、飾磨津・英賀などの港津が、人やモノだけではなく、文化の交流の場としても展開していた姿を示している。

(2) 中世播磨の陸路と姫路

播磨の陸路　つぎに、播磨の陸上交通についてその概要を押さえていきたい。端的にいって、播磨の主な陸上交通路は、府中姫路を中心に放射状に展開していた。東西方向の幹線となる山陽道、姫路西郊で北西へと分岐する美作道があり、姫路から北東へは、丹波回りで京都へとつながるルートがあった。丹波回りルートのうち東播磨の三草山山麓

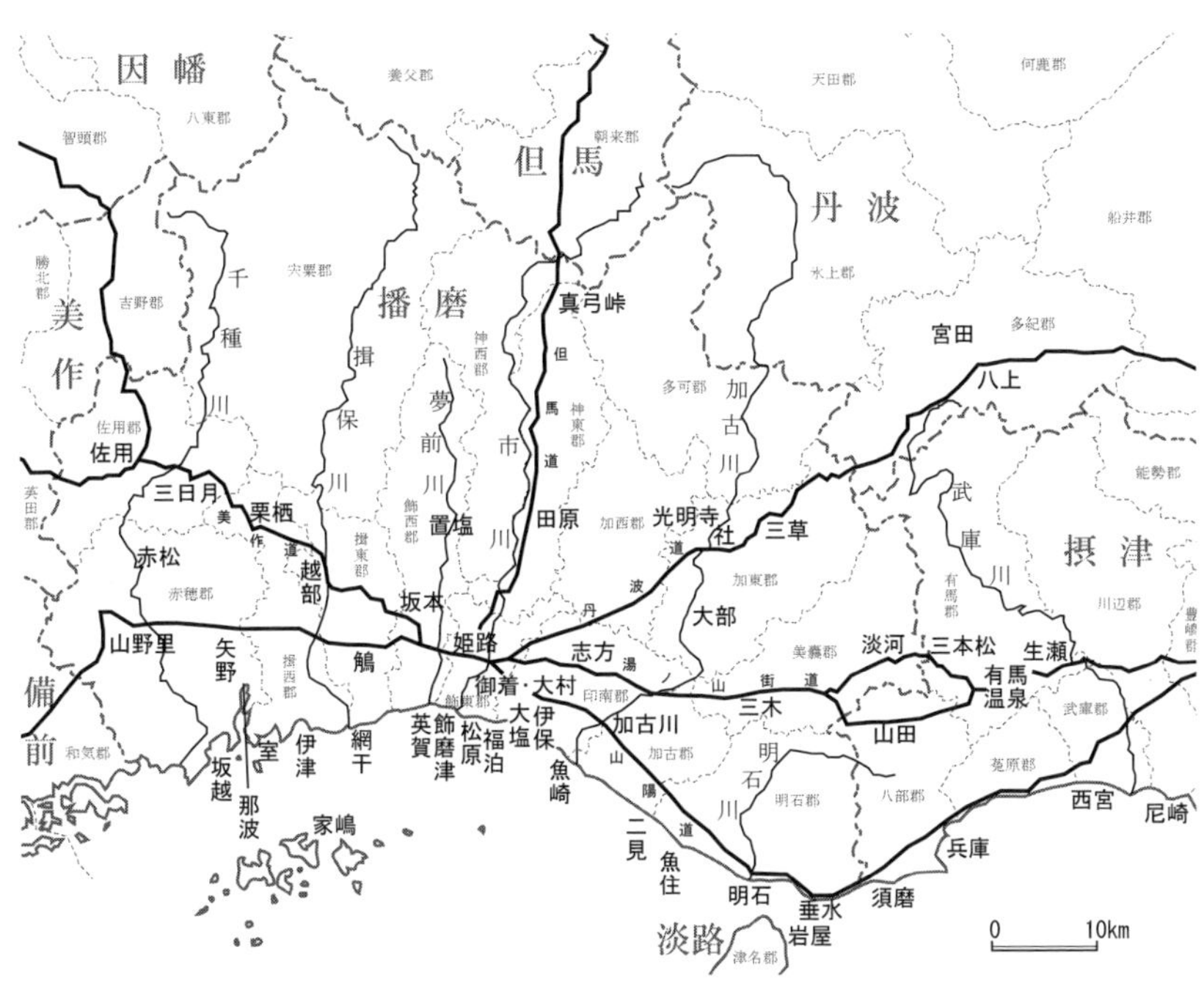

地図２　播磨国の主要な陸路と港津
※海上に記入した地名が主要港津。

付近までは一の谷合戦時の源義経勢の進軍ルートなどとしてよく知られている。さらに市川流域を北上して但馬へと至るルートは、室町・戦国期には但馬山名勢の南下ルートなどとしてしばしば用いられた。

また、山陽道と並行しつつ、やや短絡的に摂津と播磨を結ぶ道として湯ノ山街道がある。織豊期の史料であるが、天正四年(一五七六)に伊予から京都へ向かった西園寺宣久は、英賀から姫路―志方(加古川市)―三木―三本松(神戸市)―有馬―生瀬(西宮市)を経て京都へ向かっている[小林 二〇一〇]。このルートの姫路以東が湯ノ山街道である。南北朝初期の東播・西摂を舞台とした南朝方と幕府方との合戦はこのルートを一つの軸として戦われていた[市沢 二〇〇七]。

このほか、こうした姫路を中心とする放射状ルートとともに、必ずしも府中姫路に収斂しない東西方向の内陸ルートも播磨においては一定の役割を担っていたとみられるが、この点の検討は別の機会を期したい。

陸路と物流　こうした中世の陸路は、主に軍勢の移動によってその実在の裏付けが得られるものが多いが、当然ながら日常的には地域の産物の輸送や商業上のルートとして機能していた。戦国期の史料であるが、天文十五年（一五四六）、印南郡大村（姫路市佐土）鋳物師が、売場（営業圏の権利）を姫路野里鋳物師に売却した文書がある（『兵』史中二、芥田文書一二）。ここには、「大村の東八郡売場」として、「東は三本松」、「北は志方」、「西は市川」とその範囲が示されている。この三本松については、現加古川市の北部付近とみる説もあるが［藤田 一九八六］、これは遺称地による比定ではない。ここでは「東八郡売場」と記される点にも注意して、先にみた西園寺宣久の通過地点で、播磨淡河荘から摂津八多荘に入った地点にある三本松に比定しておきたい。三本松は近世村では屏風村内に所在した宿で、戦国期には関が設置されていた［小林 二〇一〇］。このようにみると、ここで売却されている営業圏は、湯ノ山街道の播磨側全区間に沿ったものと判断でき、陸路が職人の営業圏を形成する軸になっていた事例となる。

また、南北朝期、加古川中流域に所在する大部荘（小野市）の年貢輸送用の馬が、丹波多紀郡に所在する宮田（丹波篠山市）で抑留される事件が発生していた。かつて義経がたどった三草山越えを使った物資輸送を示すとみられる［新城 二〇〇四］。このほか、姫路以西の西播磨における山陽道・美作道や海路の港津については、揖保川・千種川水系の交通拠点をも含めて、大村拓生氏によって矢野荘関係史料から交通・流通路としての実態が詳細に明らかにされている［大村 二〇二一］。

このように播磨には姫路に集約されるように放射状の陸路が展開していた。播磨は京都からさほど距離が離れていない畿内のすぐ外側に所在する。荘園の使者や在地領主、あるいは僧侶や商人、年貢・公事物の納入や京上夫役を勤める住人等など、さまざまな人々の都鄙往来が比較的密度高く想定できる地域である。こうした人の移動の観点からも、播磨における陸路の重要性はあらためて認識しておきたい。

はじめにで述べたように、榎原雅治氏は、河川渡河点の宿と河口の港津との有機的連関性を明らかにし、河川が形作る南北方向の軸によって結ばれる地域的流通圏の存在を示した［榎原 二〇〇〇］。播磨では、こうした河川流域を軸に形成される地域として、明石川・加古川・市川・揖保川・千種川などの各流域が想定できる。これに対して、ここでみた姫路周辺へと収斂する陸路は、各河川流域の南北軸で展開する地域を、府中姫路周辺との間で横方向に結びつける役割を担っていたともいえよう。こうした整理を踏まえた上で、つぎにあらためて播磨における陸上交通路の集約点になっていた姫路周辺の港津のあり方についてみていきたい。

2　中世後期の英賀

港津英賀　既述のように、中世の姫路南方の海岸部には、飾磨津から英賀まで港津が断続的に展開していた。『入船納帳』にみえるこの地域の港津は、今在家（一五艘）・英賀（一二艘）の順に記載数が多く、飾磨津は一艘にとどまる。このほか姫路周辺で市川流域を後背地とする港津としてみると、市川河口東側の松原（姫路市）の一三艘、福泊（姫路市）の六艘を加えることができる。

もとよりこれはあくまで文安二年（一四四五）正月からの一年ほどの間に兵庫津に入港した船の船籍地を示すに過ぎず、各港津そのものの規模を直接反映する数字とみなすことはできない。ただし、そのほかの中世史料を通覧しても、南北朝期以降においては英賀の町場としての姿をうかがわせる史料は比較的多く所見する一方、飾磨津が港津として所見する史料は少ない。こうした状況からみて、とくに中世後期においては、姫路周辺地域の外港機能としては、飾磨津よりは英賀に重心が移っていたとみてよいのではないか。

つぎに戦国期における英賀の景観を確認しておく。英賀の景観については、すでに野田泰三氏［野田 二〇一八］らに

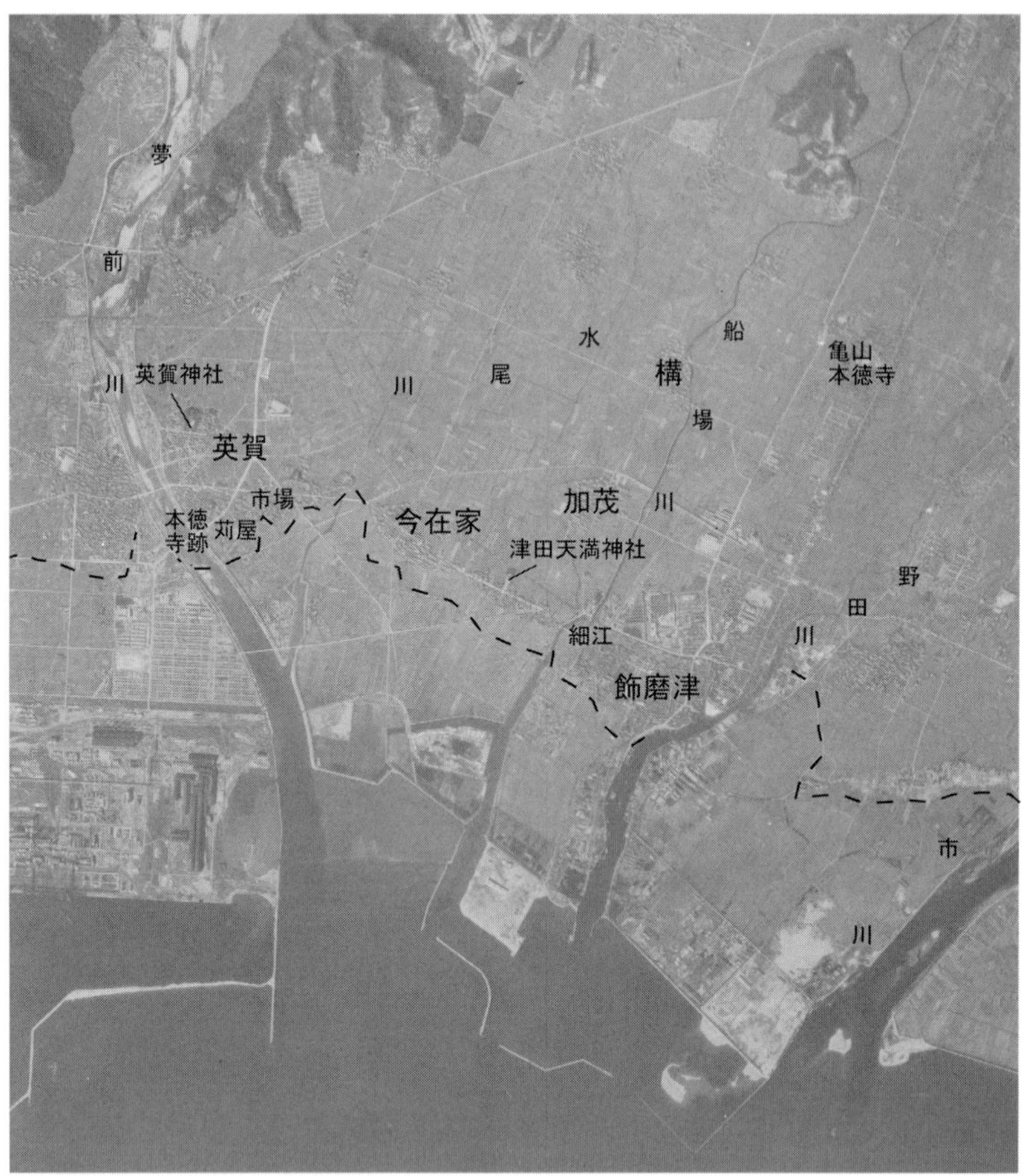

地図3　英賀・飾磨周辺空中写真

基図：基図：1947年米軍撮影（USA-M527-48、国土地理院ウェブサイト「地図・空中写真閲覧サービス」より。URL：https://mapps.gsi.go.jp/maplibSearch.do#1）

※破線は、小字にみられる「新田」地名により判断した近世初頭以前のおおよその推定海岸線。小字については、田中［一九九四］参照。

よって、主に小字図をもとにその概要がまとめられている。

まず、昭和十年代の夢前川流路付替によって現在は大部分が河床になっている地点であるが、西南側に字「御坊」があり、浄土真宗の英賀御坊本徳寺が比較的大きな寺域を占めていたとみられる。ついで本徳寺の東側には、字「西苅屋」・「東苅屋」が続き、その北東側に「市場屋敷」・「市場前」・「市場裏」といった小字がまとまって分布している。英賀の町場は羽柴秀吉による姫路城下町建設にあたって姫路へ移転させられており、この市場地名の付近はそれ以前における町場の中心であったと考えられる。そして港津の位置はこれら市場地名や字東苅屋の東側付近と推定されてきた［遠藤 一九九七］。市場地名の遺存地の東側には水尾川河口部があり、これを挟んだ対岸が今在家である。この付近に小さな入江が形成され、対岸の今在家とあわせて港として機能していたとみてよいであろう。

米と塩　室町期の『入船納帳』では、英賀は今在家とともに一定数の兵庫入港船が記載されている。こうした英賀周辺船の積荷は、以前に拙稿［前田 二〇二二］でも触れたように、米と、「阿賀」・「あか」・「アカ」と表記される塩が大部分を占めている。残余は小鰯と豆類が若干みられる程度である。とくに米については、その総量がやや多めである点に注意しておきたい。以下、拙稿をもとにあらためて英賀周辺から搬出された米と塩について概観していく。

『入船納帳』における播磨の船籍地では、単独の港津としては室津（たつの市）八二艘・網干（姫路市）六四艘の順に船数が多い。室津は古代以来の遠距離航路上の基幹港津であるが、『入船納帳』では室津船の積荷は鰯や海鼠にほぼ特化している。これは室津が河川流域を後背地として持たない港津である一方、漁港として有力な漁場を保持していた側面を示すとみられる。室津は賀茂社領の室塩屋御厨の内であり、このことが漁場保持にも寄与していたのであろう。これに対して、網干船は「阿賀」などと表記される塩のほか、米・麦・豆・海産物などを輸送しており、後背地となる揖保川流域を中心とした、周辺地域の産物輸送に力点を置く港津であったと判断できる。

こうした網干船と英賀・今在家・飾磨津の船が運んでいる米を石高で比較すると、網干が二七艘で七四六石に対して、英賀・今在家・飾磨津の船は合計で一九艘・七四八石とほぼ匹敵する。さらに松原・福泊を含めると二七艘で一〇五三石五斗となり、姫路周辺の港津全体では網干を上回ることとなる。このほか、加古川流域の積み出し港とみられる魚崎は一四艘で四八一石五斗の米を輸送していたが、これと比べても多い数値となる。これらの大部分は「半双」・「はんさう」・「ハンサウ」と注記される播磨の地域枡で計量された米であり、播磨産米と考えられている。

また、尼崎周辺船と兵庫津の船が合計一七一〇石の半双米を輸送し、明石周辺の松江・中庄の船も四六九石の半双米を輸送していた。これら摂津西部船、明石周辺船が輸送した米は、流域の規模に比して魚崎船の輸送量が少ない加古川流域など、主に播磨東部の港津から積み出されたものが中心と考えられる。ただし、総量は網干・姫路周辺・魚崎船の米輸送量合計にほぼ匹敵しており、一定程度は魚崎より西の播磨の港津から輸送されたものをも含むとみてよいであろう。こうした点も加味すると、やはり英賀周辺の港津からは相当量の米が兵庫津へ向けて輸送されていたとみられるのである。

一方、塩については、英賀・今在家で五艘・二〇五石である。またこのほかに摂津西部・明石周辺船や網干船の輸送量も多い。近世においては、播磨の塩は赤穂塩田が代表的となるが、その発展は十七世紀以降と考えられている。赤穂で展開した入浜塩田技術の源流は、姫路—高砂間の沿岸部にあったとみられている〔廣山 一九八三〕。こうした塩業は、中世には姫路沿岸部全体で行われていたのであろう。『入船納帳』には、播磨産の塩を示す積荷名として、「阿賀」と東山が所見する。東山は現姫路市沿岸部東方の村名で、この周辺で生産されていた塩と考えられている。英賀と東山の間には市川の河口があり、おおまかにはこれを挟んで東方での生産塩が東山、西方での生産塩が「阿賀」としてまとめて呼ばれていたとみられる。この地域が中世においては播磨を代表する製塩地帯であったことになる。近世には新田干拓の対象地となっていった沿岸部の干潟等が、中世には塩田として利用されていたのであろう。このように、『入船納帳』からみえる室町中期の英賀は、地域から集積された米や、周辺で生産された塩の移出を特徴とする港津であった。

英賀をめぐる領有関係　英賀をめぐる所領としては、荘園・公領の双方が確認できる。まず、嘉元三年（一三〇五）ごろの摂籙渡荘目録（『鎌倉遺文』二二二九六）に勧学院領として英賀荘がみえる。その田数は一五町余と記載されており、中小規模の荘園である。中小規模の摂関家殿下渡領のうち、播磨の勧学院領のなかには初見年代が十世紀末まで遡るものがあり、英賀荘もその初見は建久七年（一一九六）まで遡る［前田 二〇一二］。摂関家領英賀荘の淵源は比較的古い時期にあった可能性も考えられる。

またその一方で、中世後期まで国衙領として英賀東・英賀西の二つの単位が確認できる（播磨国国衙領目録写、『播磨新宮町史』史料編Ⅰ古代・中世・近世）。これらは、『播磨鑑』などの近世地誌類にみえる庄郷遺称や神社の氏子圏からみて、おおむね夢前川を挟んで東西に分かれていたものと推察できる。

このほか、南北朝期には八坂法観寺領として英賀散在田があった（『兵』史中九、法観寺文書五）。このように、英賀周辺には荘公双方の複数の所領が展開しており、中世前期以来、港津の権益を国衙と摂関家などの権門とが分有してきた姿を示すと考えられる。こうした状況は、たとえば摂津尼崎周辺において顕著にみられる港津地帯の複雑な領有状況［戸田 一九九五など］と類似するものであろう。さらに、応永六年（一三九九）には英賀荘内念仏田五町を大報恩寺が知行しており［下坂他 二〇〇八］、また長享二年（一四八八）には、英賀東西内の細工所が北野神社真満院領となっていたことが確認できる（『蔭凉軒日録』同年七月二十八日条）。

このほか、守護赤松氏の英賀への関与をうかがわせる史料もある。南北朝後期、英賀から守護の家族が居住していた赤松に米が運ばれていた。この米輸送は守護則祐に近侍する七々局が命じたものであった［大村 二〇一二］。このころの英賀に守護方の米需要に応じうる程度の米が集積されていたことがうかがえる。また、正長二年（一四二九）には「英賀守護代」が所見する。これは土一揆蜂起に関連した一時的なものとみられているが［大村 二〇一二］、西播磨守護

写真3　英賀永正本天神縁起絵巻　上巻　英賀神社蔵　兵庫県指定文化財

代は港津英賀が持つ交通・流通機能を利用するために拠点を置いたのであろう。

英賀御坊と英賀神社　また、戦国期初頭になると、英賀には本願寺末寺として英賀御坊本徳寺が成立した。港の町場を行き交う人々の間に真宗が急速にひろまり、英賀に宗教的霊場としての性格を付け加えることとなって、さらなる発展をもたらしたものと推察される。これも野田泰三氏のまとめをもとに概観しておく〔野田二〇一八〕。

英賀本徳寺は明応年間に蓮如の弟子下間空善が開いた「東かりや道場」を前身とするとされる。英賀本徳寺の系譜を引く姫路亀山本徳寺には、永正元年(一五〇四)に本願寺の実如から下付されたことを示す奥書のある親鸞聖人絵伝が伝えられている(『真宗重宝聚英』)。このころ本徳寺には実如の子息である実玄や実円が入寺しており、本願寺の一門寺院としての寺格を成立させていた。また、近隣の揖保郡に所在した鵤荘の荘務記録である『鵤荘引付』(『兵』史中三、斑鳩寺文書三〇)には、永正十一年(一五一四)に荘内東保村の一向宗道場検断の記事がみえ(同年二月条)、このころ一向宗の教線が急速に英賀の周辺地域に広まっていたことがわかる。

また、先にみた英賀神社の天神縁起絵巻は、明徳・応永本のほかにもう一本、永正本三巻が伝えられている。この本は、当初永正四年(一五〇七)に美作国小吉野荘真壁村(美作市)で制作され、その後これを入手した英賀東林泉禅庵の周栄なる僧侶が、永禄七年(一五六四)に英賀神社に奉納したとの奥書を有する(『兵』史中四、寺社縁起類付奥書等三)。こうした天神縁起絵巻のさらなる流入には、このころ英賀に北野社真満院の所領があったことが影響していた可能性が考えられる。また同時に、このころの英賀の経済的・文化的発展とも無縁ではないであろう。

3　中世後期の書写坂本

(1) 書写坂本と守護赤松氏

中世後期の姫路　すでにみたように、播磨の陸路には古代以来、府中姫路を中心に展開していた側面が認められる。姫路は、国衙の機能が衰滅した南北朝期以降、池田輝政による姫路築城までの間においても、町場として一定の存在感は維持している。南北朝期には「国符商人」が矢野荘の年貢を京都へ輸送し、室町末期には旅宿が存在していた［大村 二〇一二］。姫路城下町建設以前の村名として宿村も知られており、この機能は戦国期まで維持されていたとみられる。また応仁の乱で播磨等の守護職を回復した赤松政則は、文明十二年(一四八〇)前後の一時期、姫路に拠点をおいていた［小林 二〇〇七・二〇一八］。ただし、近世姫路城下町遺跡の発掘調査成果からは、戦国期ごろにおいては、近世城下町の範囲内においても田畠が一定程度広がる景観が想定されている［姫路市埋文 二〇一八］。

円教寺と書写坂本　さらに、中世後期の史料を通覧すると、姫路周辺の町場としては、書写坂本がより目立つ。坂本は書写山円教寺の南山麓に展開した門前町である。円教寺は、花山法皇の御幸以後、国衙が外護する寺院となり、平安後期ごろからは国衙の祈禱を勤める「播磨天台六箇寺」の筆頭格として、播磨随一の顕密寺院となっていった。戦国期には七〇程度の子院が存在したと推定され、また坂本にも円教寺の末寺が多数立地していた［小林 二〇一三］。坂本の町場としての発達は、一国の宗教的中核となる大寺院円教寺の門前として、円教寺で展開される数多くの僧俗の生活や宗教活動を支える物資調達のための役割から出発したとみられる。

また、坂本は南北朝期以降、しばしば軍勢の駐留場所になるとともに、室町初期以降は守護方の支配拠点にもなった。南北朝期には新田義貞や足利尊氏が一時駐屯している。室町初期からは守護赤松氏の在国奉行人が坂本に常駐するようになり、守護在国時の居館も存在した［小林 二〇〇七］。嘉吉元年（一四四一）の嘉吉の乱では、赤松勢は坂本に拠って幕府方を迎撃するが、但馬口から進撃した山名勢によって坂本は陥落、揖東郡の城山城（たつの市）で最後を迎えることとなる。さらに、文明十五年（一四八三）～長享二年（一四八八）と、大永二年（一五二二）～同三年の二度にわたる山名氏播磨進攻時においても、山名氏の支配拠点は坂本に置かれた。

こうした坂本の軍事・政治拠点としての頻出は、ひとつには山麓に円教寺の末寺など大軍勢の駐留に便利な大型施設が多数展開していたとみられることも理由として考えられよう。あわせて、円教寺を支えるために発達していた物資調達機能が、軍勢の兵粮調達や、守護方の国内支配の執行上でも有用であったためともみることができよう。永享四年（一四三二）・同五年に米・麦・大豆に関する「坂本和市」が存在していたことを示す史料もある（『兵』史中三、伊和神社文書六四・六五）。坂本の町場としての姿の一端を示す史料といえる。

こうした坂本に展開した所領としては、梶井門跡領坂本荘が知られている。南北朝期の坂本荘の領家職は門跡からの寄進により八坂法観寺が知行していた（『兵』史中九、法観寺文書四・五）。坂本は同門跡などを本所に仰ぎながら、円教寺が現地を支配する所領となっていたと考えられる。また、前節でみたように法観寺は英賀にも所領を有していた。さらに、英賀・坂本ともに、観応～文和年間には「英賀備中阿闍梨以下輩」による支配の妨害を受けていた（前掲法観寺文書五・六）。こうした状況も、このころすでに坂本と英賀との間の連関性が成立していたことを示唆するとみておきたい。

守護在国奉行人小河氏　さて、室町初期から、坂本に守護方在国奉行人である小河氏の常駐が確認できるようになる。小河氏は、明徳三年(一三九二)以降、国衙眼代職に赤松氏から補任されていた[岸田 一九八三]。国衙眼代とは、赤松氏が守護請をしていた播磨国衙領の代官である[馬田 二〇一八a・b]。

また、小河氏ら坂本奉行人は、幕府段銭や守護役等の賦課もしばしば発出していた。さらに、坂本奉行人は守護方が関わる各種の訴訟において、在京奉行人からの奉書を受け取り、国内で執行する役割を担っていた。こうした守護方が執行する各種の課役の徴収や訴訟事務においても、坂本は東播磨・西播磨双方に設置された守護代の在所とともに、播磨現地における中核の一つとなっていた。この後嘉吉の乱で赤松氏が一旦中絶するまでの間、播磨守護支配において坂本奉行人経由の執行ルートは、守護代ルートと比べてその比重を高めていく傾向にあったことも指摘されている[三宅 一九八八]。

坂本がこうした守護方の在国奉行人の拠点となったことは、守護方の各種分国支配行政の執行によって人々が往来する場ともなっていたことを意味する。京都から播磨へ下る命令とともに、播磨各地への命令執行のための往来や、逆に現地からの各種訴訟や上納・役負担のための上洛など、人々が播磨国内や都鄙を往来する拠点としての性格が坂本には付与され、それが町場としてのさらなる発展を生み出していったと考えられよう。

また、在国奉行人が国衙領の代官を兼ねていることからは、坂本が播磨一国に散在する国衙領年貢や守護役等の集散地となっていたことも想定できる。ただし、もとよりこのころの年貢等の貢納物上納がすべて米などの現物で行われていたとはいえず、多くは銭に換金されていたとみられる。また、室町期荘園制下においては、代官による立て替えや京済なども一般的であった。このほか、『入船納帳』で網干・魚崎など播磨の各河川流域の積出港からも相応の米の移出がみられる点もあわせて考えれば、貢納物等の上納をとおした坂本の物資集散機能はある程度抑制的に理解すべきであろう。

とはいえ、守護方の分国支配活動にともなって、一定程度の物資や資金が坂本に集まり、またそれが外部へ移出されていたとみることは許されよう。たとえば、東寺領矢野荘の年貢等散用状を通覧すると、主に京上夫や炭持、諸寺社勧進奉賀銭など、数貫文～数百文の細々としたものが中心となるが、応永初年から嘉吉の乱までの間は坂本へ毎年いくばくかの守護役やその免除の礼銭が納められており、その都度現地と坂本とを人が往来していた(東寺百合文書等、『相生市史』八上・八下)。また、山名氏播磨進攻直後の史料で平時のものではないが、文明十六年(一四八四)、市川中流域に所在する醍醐寺領田中荘では、山名方への礼銭計五貫六〇〇文の支払いを坂本で行っており、また坂本での宿代も支出されていた(『兵』史中七、醍醐寺文書一三〇)。

これらはいずれも史料の残存に恵まれた事例であり、また本来的には守護不入権を持つ寺社本所領の事例である。そのほか多数の播磨の荘園公領からも相応の守護役等が坂本へ納められていたと想定できる。交通路が示す見かけほど単純ではないにせよ、坂本の物資・資金の集散機能はやはり一定程度の水準にはあったと理解してよいであろう。なお、坂本の町場としての発展は、室町初期の守護方在国奉行人の拠点となる以前に遡るとみられる。大村拓生氏は、南北朝中ごろの矢野荘関係史料をもとに、坂本から揖西郡の栗栖(たつの市)や城山城へ兵粮米が搬送されている事例をあげ、このころすでに坂本が「物資の集散機能を有していた」と指摘している[大村 二〇二一]。鎌倉期以来の円教寺の寺勢興隆[橋本 二〇〇二、久野 二〇一八]にともなって、それを物質面で支える門前としての坂本も、その流通上の機能を発展させていたと推察できる。また、在国奉行人小河氏は国衙在庁官人に出自を持ち、さらに播磨国衙領の代官たる眼代の立場にあった。そうした小河氏が府中姫路ではなく坂本に拠点を据えたことも、室町初期の坂本が姫路以上の経済的発展をみせていたことを示唆していよう。こうした門前町としての展開を基礎に、守護方拠点となることによってさらなる発展がもたらされたと考えられるのである。

(2) 坂本の土倉

土倉の史料　さて、ここまでみてきたように、中世後期の書写坂本に一定の物資集散機能を認めるとすると、こうした物資の管理・運用の担い手として、土倉などの商業・金融資本の存在が想定される。事実、坂本においても、文明十二年（一四八〇）の史料から土倉の存在が明らかにされてきている［豊田 一九八三、小林 二〇一三］。また、同じ年、市川中流域の天龍寺金剛院領的部南条の上使は、年貢の一部五貫文を坂本で借用して納めている（『兵』史中七、天龍寺文書・鹿王院文書五四）。この借用は「屋形の中間、次郎兵衛の口入」によると注記されており、守護方も坂本の金融業者と繋がりを持っていたことが示されている。

ここでは、こうした状況を踏まえつつ、戦国最末期の年紀を持つ土倉関係の史料にあらためて注目してみたい（『姫』史中二、書写山文書二）。すでに一定の検討［渡邊 二〇一四など］もある史料であるが、ここでは坂本の都市的側面を示す記述を中心にみていく(2)。

赤松満政（則房）定書写

書写山衆徒中寺領内条々

一、他人所持の古文書を請け取り、負物ありと号し、繿（譴）責を致す事。
負物においては、年限を定めらるの処、自由の契約をいたし、繿責狼藉に及ぶ条、はなはだ濫吹なり。一族といい、被官といい、請け取る仁においては、永く向背せしむべし。契約の輩に至りては国中を追放すべし。

一、検断の事。
先規に任せ、寺家沙汰たるべし。或いは権門を恐れ、或いは強縁をはばかり、これをさしおくべからず。もし寺命に背き、違犯の輩あらば、交名註進につきて、罪科に処すべし。ついで闕所においては、一円進止の上は、その沙汰を停止すべし。

一、土蔵事。
毎年国方年貢を預け置くの間、商買ありと云々。はなはだしかるべからず。向後、固く停止すべし。はたまた供物と号し、私に違乱を致す輩出来せば、罪科同前。
一、津料事。
馬足と号し、商人ならびに諸人の煩いをなすと云々、向後当所において、自由の沙汰をいたすべからず。
一、郡使事。
或いは市町にのぞみ狼藉をいたし、或いは民屋に入り違乱をなすと云々。所詮自今以後、郡使等においては、永く当所の経廻をとどむべし、もし違犯せしめば、固く罪科に処すべし。
一、一族ならびに家風の輩、当山寺田畠等を所持せしめながら、事を左右に寄せ、講役本年貢以下、無沙汰せしむる仁の事、はなはだしかるべからず。向後難渋あらば、下地を一円寺家に沙汰し付くべし。
一、寺領内山河殺生の事、堅く禁制するところなり。承引せざる族においては、所職等を押さえ置くべし。所帯無くんば、殊なる沙汰あるべし。
右、この条々、前々成敗に任せおわんぬ。もし違犯の輩あらば、註進につきて、罪科に処すべし。
元亀四年正月十一日　　満政 在判

この史料は、元亀四年(一五七三)正月に置塩赤松氏最後の当主赤松満政(すぐ後に則房と改名)が発布した法令の写しである。冒頭の「書写山衆徒中寺領内条々」との事書からみて、主に円教寺の衆徒らと寺領内の住人が遵守すべき条項として発令されたものと判断できる。

全体として、文言自体に後世の改変を疑わせるような不自然な点はみあたらない。しかしその一方で、逆に元亀四年の年紀にしては文体がやや古風な印象を受ける。とくに、「国方年貢」や「津料」「郡使」などは古い言い回しの用語といえる。こうした違和感を踏まえると、末尾に「この条々、前々成敗に任せおわんぬ」とある文言は注目すべきであろう。「ここまで述べた条々は、これまでの裁決通りとする」との意である。この法令は元亀の年紀を持ってはいるが、条文自体は、これより以前の法令のものを踏襲した部分が多いとみてよいのではないか。発令した満政は、この少し前に父義祐からの権力移行を受けたとみられている人物である［渡邊 二〇一四、依藤 二〇〇六］。この法令は、置塩赤松氏の代替わりにあたって、先例にならって発令されたものと推察できる。この史料からは、元亀年間からある程度遡った時期の状況もうかがえるとみておきたい。

国方年貢・津料　さて、こうした史料の三条目に「土蔵事」として土倉に関する条文がみられ、預け置いている「国方年貢」で商売することを禁止するなどと定められている。坂本の土倉を規制する法令と理解できる。

ここにみえる「国方年貢」とは、守護方の管理下にある年貢と理解すべきであろう。この史料は、戦国期ごろのある時期、坂本の土倉が、守護赤松氏方の所管する年貢の保管業務の一端を担っていたことを示している。一般的に、法令で禁止されている事案は、逆に実態上ではそのことが行われがちであったとみることができるが、預けられている財物を運用して利益を得るとの行為は、まさに金融業そのものといって差し支えない。この史料は、預物一般の運用を禁止しているのではなく、運用原資が国方年貢である場合を禁止の対象としているのであろう。守護方としては、預けた年貢の運用欠損を防ぐ必要があったのではないか。この史料からは、戦国期ごろに、預かった財物を運用することで利殖を計り、また守護方からも年貢を預かるような土倉が坂本に存在していたことがわかるのである。

また、この後段の「はたまた供物と号し、私に違乱を致す輩出来せば」のくだりは、土倉が神仏への供物と称して国方年貢の一部を取得してしまうことを禁じていると理解しておきたい。「供物」との文言からは、土倉らの営業が、円教寺の宗教的権威を背景としていたことがうかがえる。

さらに、これに続く各条には、「津料」や「或いは市町にのぞみ狼藉をいたし」など、坂本における交通業の展開や町場としての景観を垣間見せる文言もみられる。また「津料」の条文からは、円教寺の衆徒らが「馬足」と称して津料(通行料)を商人らから徴収していたことも読み取れる。このように、この史料は、年紀が示す元亀年間より以前から、坂本が円教寺の宗教的権威を背景に、金融業や運輸・交通業を営む人々が居住し、あるいは行き交う町場として発展していたことを示すと理解できるのである。

この法令が円教寺の衆徒中や寺領内に向けて出されていることからもうかがえるように、坂本の土倉たちは、円教寺の寺領内の住人として、播磨随一の顕密寺院である円教寺と、その宗教的機能を核として集まる人やモノをその存立の基盤とする存在であったとみることができる。近江の坂本や在京の土倉・馬借らが叡山や日吉社の宗教的権威と、そこに集まる人・モノに立脚していたことと同様の姿を想定してよいであろう。また、南北朝期の播磨国矢野荘では、弁阿闍梨快真なる書写山住侶が矢野荘現地で高利貸活動を行っていたことが知られている［網野 一九七八］。書写坂本の土倉の中にも、こうした僧籍を持ちながら流通・金融活動に携わっていたものたちも多かったと理解してよいであろう。

残念ながら書写坂本における土倉の存在を明瞭に示す史料はここでみた室町末・戦国期のものに限られる。ただし、「国方年貢」を預かって運用するといった営業のあり方は、むしろ室町中期の守護支配全盛期においてより適合的との印象もうける。先にみた大村氏が指摘した南北朝期の物資集散機能も、書写坂本における土倉の存在がそのころまでは遡り得ることを示唆しているのではないか。

坂本と英賀　さて、ここまでみてきたように、室町〜戦国期の書写坂本は播磨全体の中でも重要な経済拠点の一つになっていたと考えられる。このように坂本の機能が想定できるとすると、港津としての英賀の発展についても、坂本の発展と連動していたものとみなすことができよう。すでに指摘もあるように［小林 二〇〇七］、港津英賀の発展は、坂本の外港としての役割によるものであったと理解できる。さきに、室町・戦国期には飾磨よりも英賀に姫路周辺地域の外港機能の重心が移るとみたが、こうした英賀の港津としての地位向上は、室町・戦国期における坂本の発展と連動したものと考えられる。また、南北朝期における八坂法観寺の所領や英賀備中阿闍梨等の活動は、こうした坂本と英賀との連関性が同期まで遡ることを示唆している。さらに、『入船納帳』によって、英賀周辺の港津から相当の物量の米が兵庫へ輸送されていることがわかることも、こうした坂本―英賀の物流ルートが、中世後期における播磨全体の物流構造の中でも重要な位置を占めていたことを示すとみられるのである。

おわりに

本稿では、主に姫路周辺の書写坂本と英賀に注目して、中世後期の播磨における物流のあり方の一端を考えてみた。十分な実証ができたかについては心許ないが、大枠の方向性を素描することに努めてみた。

播磨を一国全体で俯瞰すると、府中姫路周辺へと収斂する内陸交通路は、各河川流域の南北軸で展開する各地域を横方向に結びつける役割を担っていたといえる。こうした姫路周辺では、室町～戦国期において坂本が円教寺の需要を支える役割を基礎にしつつ、守護方の重要拠点ともなったことをも背景に発展した。後背地となる姫路周辺の物資のみではなく、播磨のそのほかの地域の物資や資金のうち一定程度をも、陸路を通して集散する場ともなっていたとみられる。そして英賀は、坂本の外港として室町期にはその港津としての地位を向上させていたと考えられる。

ただし、こうした坂本・英賀の求心性は、西播磨においては一定程度の妥当性を持つと考えているが、より京都に近い位置にある東播磨については別のあり方があった可能性も考えられる。また室町期と戦国期の時期による違いも捨象したままである。さらに、坂本・英賀が播磨全体の物流構造の中で重要な軸の一つであることは示し得たと考えるが、そのほかの地域軸と比較してどの程度の優位性を持っていたかについては、なお今後の検討の余地があろう。

課題は多いが、本稿では割愛した播磨内陸の東西方向の陸路の検討とも合わせて、今後あらためて考えてみたい。

また「はじめに」でも述べたように、こうした坂本―英賀を軸とする物流構造は、戦国期の赤松氏権力のあり方とも密接に関わっていた。赤松政則没後の浦上則宗後見期の拠点は坂本であり、続く洞松院期になってから置塩に移る。その後、浦上村宗実権掌握期の末期から英賀に守護方の拠点がみられるようになる。享禄四年(一五三一)六月の大物崩れによって村宗を倒した赤松政村(後に晴政)も当初は英賀に居住した。しかし、同年十月の浦上与党蜂起によって一旦没落し、以後は置塩館対岸の山上に山城としての置塩城を築いていくことになった〔依藤 二〇〇六、山上 二〇〇六、小林 二〇〇七〕。こうした経緯についても、本稿で具体化を試みた坂本や英賀の経済的位置付けを踏まえながら、なお今後あらためて検討してみたい。

註

(1) このほか、同じく円教寺に伝わる円教寺の寺記『性空上人伝記遺続集』(以下『遺続集』と略す。『姫路市史』史料編中世二)にも同様の記載がみられる。なお、円教寺の寺記類は、現在円教寺に伝来するものはすべて中世後期～近世の写本であるが、『悉地伝』は性空没後の寛弘七年(一〇一〇)に、後継者の円照が編纂したもので、『遺続集』によるとその後後半部にある性空像の制作過程や、花山法皇の御幸記など一部が増補されたという。また、『遺続集』は正安二年(一三〇〇)の序文を持つ。これらを含めた円教寺寺記類の史料的性格については〔小林 一九八八〕を参照されたい。

(2) この史料は、東京大学史料編纂所影写本(明治二十二年〔一八八九〕影写)として残されている書写山文書中の一通である。影写本の底本自体がすでに写しであり、またこの底本は現在円教寺には見当たらない。ただし、影写本に写し取られた書風は、中世末期のものとみて違和感のないものである。影写本の底本となった写しも、元亀四年からさほど下らない時期に写されたものと判断しておきたい。

参考文献

網野善彦　一九七八『中世東寺と東寺領荘園』東京大学出版会

市沢　哲　二〇〇七「南北朝内乱からみた西摂津・東播磨の平氏勢力圏」『地域社会から見た「源平合戦」』岩田書院

今里幾次　一九九五「文安年間における播磨の海運」『播磨古瓦の研究』真陽社

今谷　明　一九八一「瀬戸内海制海権の推移と入船納帳」林屋辰三郎編『兵庫北関入船納帳』中央公論美術出版

馬田綾子　二〇一八ａ「赤松氏の領国支配と国衙」『大手前大学史学研究所紀要』一二

馬田綾子　二〇一八ｂ「南北朝・室町時代」『姫路市史』二　本編古代・中世

梅津次郎　一九四一「伊保庄本竝に津田本天神縁起絵巻に関して」『美術研究』一一四

梅津次郎　一九四二「天神縁起絵巻―津田本と光信本―」『美術研究』一二六

榎原雅治　二〇〇〇「地域社会における街道と宿の役割」『日本中世地域社会の構造』校倉書房

遠藤博等　一九九七『英賀岩繋城・復元模型図集』姫路市立英賀保小学校

大村拓生　二〇二一「室町期西播磨の交通と政治拠点」『ひょうご歴史研究室紀要』六

神木哲男　一九八九「一五世紀なかば瀬戸内海における商品輸送と港湾」柚木学編『日本水上交通史論集』三　文献出版

岸田裕之　一九八三「守護赤松氏の播磨国支配の発展と国衙」『大名領国の構成的展開』吉川弘文館

小林基伸　一九八八「円教寺所蔵の古記録について」兵庫県立歴史博物館総合調査報告書Ⅲ『書写山円教寺』同館

小林基伸　二〇〇七「赤松氏の権力と拠点」大手前大学史学研究所オープンリサーチセンターシンポジウム『赤松氏と播磨の城館　報告集』大手前大学史学研究所

小林基伸　二〇一〇「有馬温泉の賑わい」『新修神戸市史』歴史編Ⅱ　古代・中世

小林基伸　二〇一三「書写山円教寺の環境と歴史」大手前大学史学研究所オープンリサーチセンター研究報告一一『播磨六箇寺の研究Ⅰ』大手前大学史学研究所

小林基伸　二〇一八「応仁の乱と赤松・山名氏の抗争」「府中と惣社」「室町・戦国時代の書写山円教寺」『姫路市史』二　本編古代・中世

下坂守他　二〇〇八「資料編」伊東史朗監修『大報恩寺の美術と歴史』柳原出版

下東由美　二〇〇七「守護役と地域の流通」佐藤和彦編『中世の内乱と社会』東京堂出版

新城常三　二〇〇四「室町後期の関所」『中世水運史の研究』塙書房

真保　亨　一九九四「津田本について」『北野聖廟絵の研究』中央公論美術出版

須賀みほ　二〇〇四「津田本系諸本に関する考察」『天神縁起の系譜』中央公論美術出版

田中早春　一九九四『姫路市小字地名・小字図集』自費出版
戸田芳実　一九九五「神崎川の河口における港の発達」『中世の神仏と古道』吉川弘文館
豊田　武　一九八三「日本商人史　中世編」豊田武著作集三『中世の商人と交通』吉川弘文館
野田泰三　二〇一八「本願寺教団の展開と英賀御坊本徳寺」「英賀の住民と景観」『姫路市史』二　本編古代・中世
橋本政良　二〇〇二「書写山円教寺の歴史と環境」同編著『環境歴史学の視座』岩田書院
春成秀爾・高橋明裕等　二〇二〇『明石の港津』発掘された明石の歴史展実行委員会
姫路市埋蔵文化財センター　二〇一八『白鷺飛翔―姫路城築城前夜―』同センター展示図録
久野修義　二〇一八「荘園公領制の社会と文化」『姫路市史』二　本編古代・中世
廣山堯道　一九八三『日本製塩技術史の研究』雄山閣出版
成瀬敏郎　一九九八『姫路市史』七上　資料編自然
藤田裕嗣　一九八六「流通システムからみた中世農村における市場の機能」『人文地理』三八―四
藤田裕嗣　二〇〇〇「兵庫周辺の船による一五世紀中葉の海上輸送」足利健亮先生追悼論文集編纂委員会編『地図と歴史空間』大明堂
前田　徹　二〇一二「播磨国における寺社領・摂関家領荘園」『史敏』一〇
前田　徹　二〇二一「中世摂津・播磨の港津と海運」『中世後期播磨の国人と赤松氏』清文堂出版
三宅克広　一九八八「守護奉行人奉書に関する基礎的考察」『法政史学』四〇
武藤　直　一九八一「中世の兵庫津と瀬戸内海水運」林屋辰三郎編『兵庫北関入舩納帳』中央公論美術出版
八木哲浩　二〇〇九「近世中後期の村」『姫路市史』四　本編近世二
山上雅弘　二〇〇六「播磨の守護所」内堀信雄他編『守護所と戦国城下町』高志書院
依藤　保　二〇〇六「播磨置塩城主赤松氏の動向」夢前町教育委員会編『播磨置塩城跡発掘調査報告書』同教委
渡邊大門　二〇一四「赤松則房の基礎的研究」『戦国・織豊期 赤松氏の権力構造』岩田書院

〔付記〕本稿成稿後、中川猛「姫路城築城以前」（姫路市立城郭研究室『城郭研究室年報』三三、二〇二四年三月）が公表された。姫路市街地におけるこれまでの大小計四八〇次を超える発掘調査成果をとりまとめて、池田輝政の姫路城築城以前の考古学的様相を論じている。あわせて参照されたい。

瀬戸内海の海賊衆と室町・戦国期の流通

大上幹広

はじめに

広島県尾道市と愛媛県今治市を結ぶ「しまなみ海道」を渡ると、この間の島々が織りなす風景を楽しむことができる。瀬戸内海の中央部に位置する地域であり、芸予諸島と呼ばれる島々から構成される。中小規模の島々が密集しており、その風景は多島美とも評される。これらの島々は、海上においては複雑な潮流を生み出すことになり、この海域は古来より航海の難所となっていた。そうしたことは、伯方島南部の水路が「船折瀬戸」と呼ばれていたことにも示されている。現代においても、来島海峡では海難事故が発生することがあるため、独自の航行ルールが定められている。このような航海の難所であるがゆえに、この付近の海域を航行する際には、航路や潮流を熟知した現地の人による「水先案内」が必要であったと考えられている。

こうした地理的環境を背景として、芸予諸島で活動したのが海賊衆と呼ばれる勢力である。その代表的な勢力としては、因島を本拠とした因島村上氏、来島海峡に浮かぶ来島城を本拠とした来島村上氏、伯方島と大島の間に位置する能島城を本拠とした能島村上氏をあげることができる。これらのうち能島村上氏は、戦国時代に日本を訪れた宣教師ルイス＝フロイスから『日本史』のなかで、「日本最大の海賊」と称されたことでも知られている。

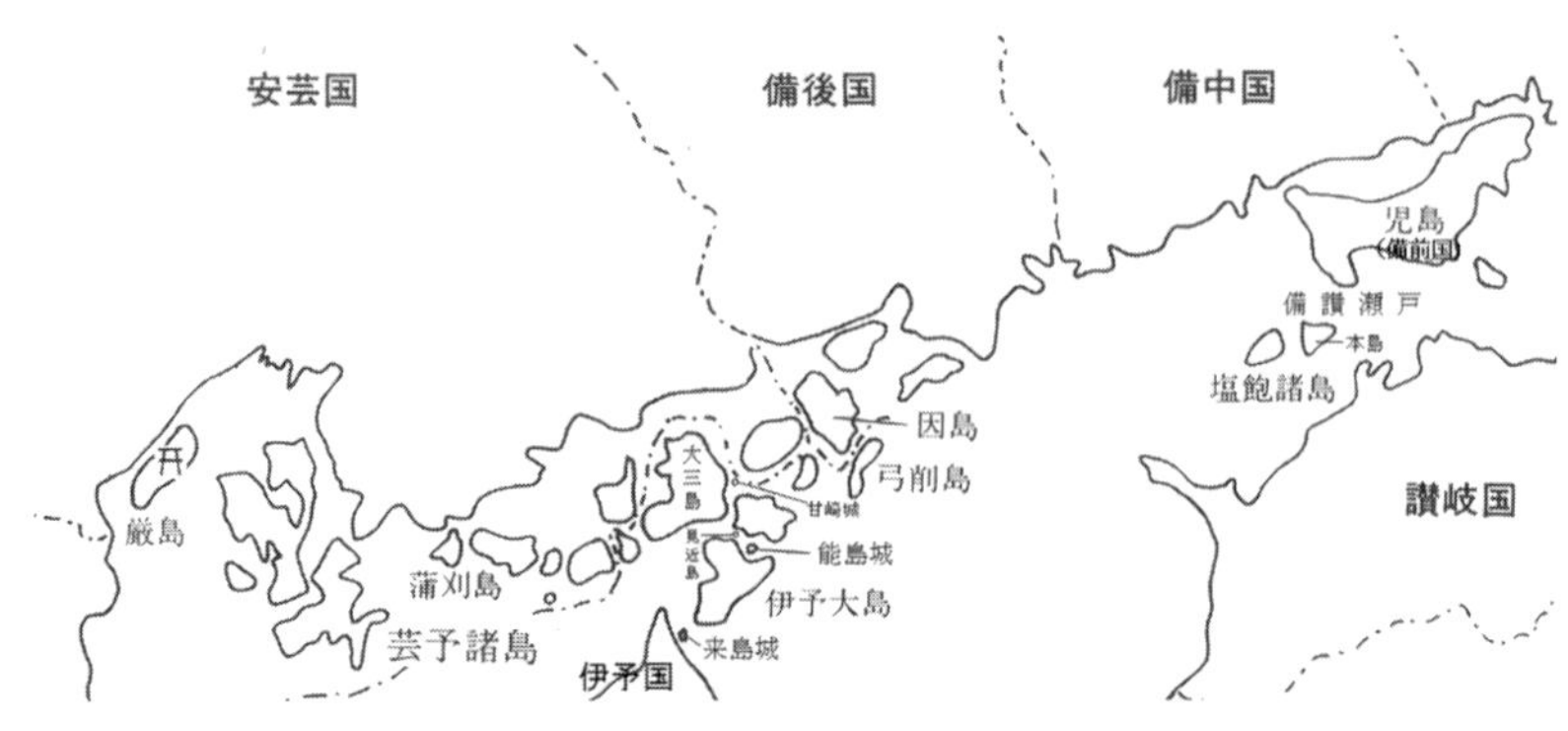

図1　関連地図（山内譲 1997：181 頁の図 9 を原図として作成）

本稿では、海賊衆の活動について、主に流通との関わりを取り上げて論じていきたい。瀬戸内海は流通の大動脈としての役割も果たしており、室町期については「兵庫北関入船納帳」から、その様相を探ることができる。「兵庫北関入船納帳」の刊行は、中世後期の流通史研究を進展させてきた。瀬戸内海の海賊衆の流通への関わりについて論じた主要な先行研究としては、山内譲氏・松井輝昭氏・本多博之氏の論考をあげることができる〔山内 一九八七、松井 二〇〇二、本多 二〇一二〕。これらの先行研究に導かれながら、筆者がこれまで取り組んできた戦国期の能島村上氏を対象とした研究の成果〔大上 二〇二一・二〇二四〕も踏まえつつ、以下では議論を進めていきたい。

1節では、議論の前提として海賊衆の活動を確認するとともに、近年における「海城」研究の成果を概観する。2節では、瀬戸内海の東寺領荘園として知られる弓削島庄の関連史料を素材として、室町期における海賊衆の流通への関わりを探っていく。3節では、戦国期の能島村上氏を主たる対象として、海賊衆の流通への関与のあり方を論じていきたい。なお、弓削島庄関連史料を収める『日本塩業大系　史料編　古代・中世㈠』の「伊予國弓削島荘関係史料」は「塩」と、戦国期の瀬戸内海の海上勢力に関する史料を収める『戦国遺文　瀬戸内水軍編』は「戦瀬」と、それぞれ略記したうえで、文書番号を示している。また、引用する史料における〈　〉は割注を、割注内の／は改行を示している。行論のなかで触れる地名については、図1を適宜参照していただきたい。

1 海賊衆の活動とその拠点

(1) 海賊衆の活動

中世の海賊衆は、「警固料」「礼銭」「関公事」などと呼ばれる通行料を徴収し、その見返りに航海での安全を保障していた。こうした海賊衆による安全保障のあり方が具体的に分かる事例をいくつか取り上げ、平時における海賊衆の活動を、まずは確認しておきたい。

〔史料1〕『老松堂日本行録』一六二節「可忘家利に泊す」

是の日申の時、可忘家利（蒲刈）に到泊す。此の地は群賊の居る所にて王令及ばず、統属なき故に護送船もまたなし。衆皆疑い憚る。適たま日暮れて過ぎ帰くを得ず、賊家を望みて船を泊せり。其の地に東西の海賊あり。東より来る船は、東賊一人を載せ来れば、則ち西賊害せず。西より来る船は、西賊一人を載せ来れば、則ち東賊害せず。故に宗金、銭七貫文を給いて東賊一人を買い載せ来る。其の賊倭此に到り、小舟に乗りて曰く、「吾来る、願わくば官人安心せよ」と。

『老松堂日本行録』は、一四二〇年に李氏朝鮮からの外交使節として日本に派遣された宋希璟という人物が記した紀行詩文集であり、引用部分には安芸国蒲刈（現広島県呉市）から航行しようとした時のことが記されている。この史料からは、瀬戸内海を航行する際に、海賊を同乗させていれば安全が保障される慣行があったことが分かる。こうした安全保障のあり方は、「上乗」と呼ばれている。「上乗」は安全保障とともに、「水先案内」としての役割を果たしていたとも想定されている。

〔史料2〕ルイス＝フロイス『日本史』第六〇章（第二部七七章）

副管区長師は室を出発して旅を続け、やがて我ら一行は、ある島に到着した。その島には日本最大の海賊が住んでおり、そこに大きい城を構え、多数の部下や地所や船舶を有し、それらの船は絶えず獲物を襲っていた。この海賊は能島殿といい、強大な勢力を有していたので、他国の沿岸や海辺の住民たちは、能島殿によって破壊されることを恐れるあまり、彼に毎年、貢物を献上していた。

我ら同僚司祭や修道士たちは、このあたりが多数の島嶼であるために絶えず船で通行せねばならなかったし、つねに海賊の手に陥る危険に曝されていたので、副管区長の司祭は、その人物から通行保障状をもらえないものか交渉したいと考えた。すなわちそれが得られれば、たとえ彼の手下の海賊たちに捕えられることがあっても、掠奪されたり危害を加えられたりすることなしに済むからであった。

我らはちょうどこのたび伊予国への途上、能島殿の城から約二里の地点にいたので、副管区長師は、一人の日本人修道士に贈物を携えさせ、彼に交渉するように命じ、能島殿に対して、我らがその交付する署名によって自由に通行できるよう、好意ある寛大な処置を求めた。能島殿は、その修道士に尊敬を払い、手厚くもてなし、彼を自らの居城に招待した。そして己が好意をより高く売りつけようとして、いくらか躊躇しながら言った。「伴天連方が、天下の主、関白殿の好意を得て赴かれるところ、某ごとき者の好意など必要ではござらぬ」と。だが修道士がしきりに懇願したので、彼は、怪しい船に出会った時に見せるがよいとて、自分の紋章が入った絹の旗と署名を渡した。それはこの海賊が司祭に対してなし得た最大の好意であった。

一五八六(天正十四)年に、宣教師が堺から臼杵まで船旅をした記録の一節である。この史料によると、「能島殿」=能島村上氏から「通行保障状」を入手することができれば、海賊から襲撃されることがなく、安全が保障されていたことが分かる。「怪しい船に出会った時に見せる」ことで、能島村上氏から安全が保障されていると示すことができたようである。こうした「通行保障状」は、「紋章が入った絹の旗と署名」ともされており、過所旗(過所船旗)と呼ばれるものが、それに該当すると考えられている。

過所旗と考えられるものが、現在では二点残されている。天正九年三月二十八日付で村上武吉が紀伊国雑賀の向井弾右衛門に宛てたもの（個人蔵・和歌山県立博物館寄託）と、天正九年四月二十八日付で安芸国厳島の祝師に宛てたもの（山口県文書館蔵）である。前者については高橋修氏によって紹介・分析がなされている〔高橋 一九九九・二〇〇〇〕。いずれも絹を素材としており、中央に「上」の字が大きく据えられ、右側に宛所、左側に年紀・差出・花押が記されている。能島村上氏の家紋が上の字を丸で囲ったものであることから、「紋章が入った」ものだと考えられている。現在残されている二点のほかには、『筑前町村書上帳』第三巻の「志摩郡諸録」に、天正十年十二月十日付で村上元吉が、筑前国今津の土豪的な商人の性格を持つ間左京亮に宛てた過所旗が描かれているのが確認されている〔福川 一九八七〕。これらの過所旗からは、九州北部から畿内で流通に携わった人々に対して、能島村上氏が海上での安全を保障していたことを知ることができる。

以上でみてきたような「上乗」や過所旗以外に、能島村上氏は家紋の入った船幕を与えることでも、安全保障をおこなっていた〔岸田 二〇〇二〕。天正十三年三月に村上元吉が「紋幕」を長門国赤間関（現山口県下関市）の問丸商人である佐甲氏に与えていたり（佐甲文書、戦瀬―九五六号）、永禄年間頃に肥前国平戸の松浦隆信が能島村上氏から「御幕」を得たことに対して謝意を述べたりしている（屋代島村上文書、戦瀬―一三一三号）。

このような活動を海賊衆はおこなっていたことから、金谷匡人氏は「海賊は関である」との理解を示している〔金谷 一九九八〕。海賊衆が徴収する通行料については、海の神々への捧げもの（初穂）に由来するとする見方〔網野 一九八四、勝俣 一九八六〕が知られている。さらに、初穂に由来するものに加えて、掠奪行為を回避するために支払われた通行料に由来するものもあったことを、桜井英治氏は論じている〔桜井 一九九四〕。

海賊衆による通行料の徴収とその見返りとしての安全保障は、流通に携わる商人などに対してもおこなわれていた。

先にあげた筑前国今津の問氏や問丸商人の佐甲氏の事例のほかには、肥前の有力商人である平吉氏が能島村上氏などの海賊衆による安全保障を受けて瀬戸内海を航行していたことが、後世に書かれた由緒書では伝えられている（平吉家文書、佐賀県史料集成）。では、こうした海賊衆による流通への関与はどのように評価できるだろうか。かつての研究では、海賊衆の活動が流通への阻害要因とされることもあったが、早くに松岡久人氏は、中世後期の瀬戸内海流通が海賊も編み込んだ海上秩序に保証されて発展した、と評価している［松岡 一九六六］。近年では本多氏が、多様な商業勢力の経済活動に海賊衆は寄生しており、瀬戸内海流通において両者は「共生」関係にあったと捉えている［本多 二〇一二］。

海賊衆の活動を「それぞれの領域・集団が、それぞれの掟をもつ多次元的社会として存在する中世社会」の特質に由来していたとする勝俣鎮夫氏の指摘［勝俣 一九八六］も踏まえるならば、海賊衆の活動の上に成り立っていたものとして、中世における瀬戸内海の流通を議論していくべきであろう。室町期の朝鮮使節の瀬戸内海における護送に検討を加えた須田牧子氏は、在地の慣行の上に護送が成立していたとしている［須田 二〇〇四］が、流通についても同様のことが言えると思われる。すなわち、通行料の徴収とその見返りとしての安全保障という海賊衆による在地の慣行の上に、中世の瀬戸内海における流通は成り立っていたと見られる。かかる視角からすれば、そうした海賊衆の活動が見られなくなることに、中世の終焉を見出すこともできるだろう。

(2)「海城」――海賊衆による活動の拠点――

ここまで海賊衆の活動について見てきたが、海賊衆の拠点となったのが芸予諸島の「海城」と呼ばれる城郭である。山内氏は海との関わりが想定される城郭を、①海辺の山頂や丘陵上に位置することによって海と接している場合、②大規模島嶼のなかの山頂や丘陵上に位置することによって海と接している場合、③小規模島嶼全体を城郭化し、四周を海に囲まれている場合、の三つに分類したうえで、これらのうち③のタイプが海との関係が最も深くなるとして考察を加えている。そして、その特徴として、A：縄張の単純さ、B：島の周囲に見られる多くの柱穴、C：海域への眺望のよさ、をあげた［山内 一九九二］。小島全体を城郭化し、四方を海に囲まれているものを、芸予諸島に特徴的な「海城」とすることができるだろう。

これらの「海城」は、発掘調査がおこなわれるまでは、日常的な居住は考えにくいとされていた。そのため、戦時のみに使用される「詰城」として機能したのではないかと想定され、主に軍事施設としての役割が評価されていた。しかし、芸予諸島の「海城」のいくつかでは、二〇〇〇年代以降に発掘を伴う調査がおこなわれ、こうした評価が改められることになった。「海城」の代表的な事例である能島城では、二〇〇三年から二〇一七年まで発掘調査がおこなわれ、二〇一九年には総括報告書が刊行された［田中編 二〇一九］。ここでは、調査の成果が簡潔にまとめられた田中謙氏の論考［田中 二〇一七］に主に拠りながら、その概要を確認しておきたい。

能島城跡の調査では、「海城」の特徴である柱穴は約四〇〇基が確認され、繋船、停泊、護岸施設の痕跡であり、船の発着や海岸活動に適した開放的な設備であったことが明らかとなった。さらに、城内の建物跡については数回の建て替えが認められ、出土遺物のうち約三〇%が貯蔵・調理・煮炊具であることなどから、明確な居住性が確認された。こうしたことから、能島城は海賊衆の平時の海上活動の拠点として機能していたことが強調されている。さらに最近では、通行料を徴収するような「ナワバリの象徴」に存在意義が求められてもいる［田中編 二〇一九］。

柴田龍司氏は、全国各地の海との関係が想定される城郭を網羅的に検討したうえで、芸予諸島の「海城」は海関機能を持ち、小島全体を城域とする全国のなかでも特殊で珍しい事例であると評価した［柴田龍 二〇〇八］。能島城の機能が明らかになることで、(1)で見てきたような海賊衆の平時の海上活動の重要性が浮かび上がってきている。

考古学の成果を踏まえるならば、海賊衆と流通への関わりについて、先に述べてきた安全保障以外の面を見出すこともできる。能島城近くの見近島遺跡では、大量の貿易陶磁器や備前焼が出土している。いずれも商品として搬入されたものと考えられることから、見近島は能島村上氏の流通基地として機能したとされている［柴田圭二〇一二］。こうした貿易品や広域流通品の流通に、能島村上氏が何かしらのかたちで関与していたことが想定される。なお、見近島は城跡と認識されていたため、見近島城遺跡とも呼ばれてきたが、防御機能を持たず、城跡と認定する根拠に欠けることが指摘されている［日和佐二〇〇七］。

以上、本項では海賊衆の活動とその拠点について確認してきた。これらを踏まえたうえで、海賊衆の流通への関わりを具体的に見ていきたい。

2　室町期の海賊衆と流通――弓削島庄の事例から――

(1) 請負代官となる海賊衆

伊予国弓削島庄は東寺領の荘園であり、現愛媛県上島町の弓削島を荘域とする。塩を年貢として納めていた荘園として知られている。「東寺百合文書」に関連史料が多く残り、芸予諸島の荘園の代表的な事例と言える。弓削島庄関連史料には室町期の海賊衆に関わる文書もあるため、流通への関わりを探ることもできよう。

貞和五年(一三四九)に室町幕府から弓削島庄に派遣された両使が、現地に向かうのに要した経費を書き出した散用状のなかに、「一、野嶋酒肴料　三貫文」との文言を見ることができる(東寺百合文書よ函、塩―一三七号)。この「野嶋」が能島村上氏の初見とされている。この「野嶋酒肴料」とは別に、この散用状には「酒直兵粮料」として「六貫五百文」が計上されている。「酒直兵粮料」は、両使が荘園現地に赴いたのに抵抗されたので、用心のために警固を依頼する際に支払われたものと書かれており、警固をおこなった者たちを接待するための経費であったことが分かる。

このことからすれば、「野嶋酒肴料」は「野嶋」＝能島村上氏への接待費であり、警固の見返りとして支払われたものであったと考えられる。

このように東寺が両使の派遣を要請していることは、東寺の荘園支配が不安定になっていることを背景としており、室町期に東寺は荘園支配を立て直すためにさまざまな方法を採ることになる。そのうちのひとつが、海賊衆を請負代官として起用することである。ここから室町期の海賊衆と流通の関わりを見ることができると思われる。

〔史料3〕前伯耆守通定書状（東寺百合文書ト函、塩―一八二号）

（端裏書）「関方新着状〈応永十一　十二―二十四〉弓削年貢の事」

去る秋の比、上洛の次いでに面拝を遂げ候の条、恐悦に候。然ると雖も、急用により風渡罷り下り候の間、重ねて参らず候。頗る本意に非ず候。就中弓削請足の事、当知行分その沙汰仕り候。員数の事は委細小泉より注進あるべく候か。事々後信の時を期し候。恐々謹言。

十一月十五日　　前伯耆守通定（花押）

謹上　成身院御同宿中

史料3では、応永十一年（一四〇四）に前伯耆守通定なる人物が、弓削島庄の代官を請け負っていることが確認できる。この後も、応永二十七年には村上右衛門尉なる人物が（東寺百合文書と函、塩―一八四号）、康正二年（一四五六）には村上治部進なる人物が（東寺百合文書ほ函、塩―一八六号）、それぞれ請負代官となっている。

史料3の前伯耆守通定については、今岡氏とする説［石野 一九九六］や来島村上系の人物とする説［山内 二〇一一］がある。今岡氏は甘崎城主とも伝えられ、後掲の史料6に「村上太郎」と「今岡伯耆守」の二人が宛所として名を連ねている。村上右衛門尉と村上治部進は同じ一族だと考えられており、因島村上氏とする説［長沼 一九五五］や来島村上系の人物とする説［石野 一九九六、山内 二〇一一］がある。また、村上右衛門尉に関しては、伊予国内の人物とは限らないとの指摘もある〔川岡　一九九九〕。これらの人物の素性を明らかにすることは難しく、今後の課題としたいが、ここではこれらの人物の性格に言及しておきたい。史料3の端裏書に「関方」とあるように、これらの人物は海賊衆と見られる。また、史料3では前伯耆守通定が上洛していることが記されているのと同様に、村上治部進も京都で活動していることを確認できる。

これらの人物に考察を加えた山内氏は、「兵庫北関入船納帳」から弓削籍船が大量の商品塩を積んで活発な水運活動を展開していたと考えられることも踏まえて、弓削籍船の水運に請負代官となるような海賊衆が関与しており、年貢の請負と輸送を同時におこなっていた可能性が高いと推察している〔山内　一九八七〕。近年の室町期荘園制の議論では、室町期の請負代官の役割にも焦点が当てられている。東寺領荘園の請負代官を分析した伊藤俊一氏は、請負代官の担い手として、隔地間取引によって諸国にわたる関係を築いていた商人や、京都と在地との両方にわたる強力なネットワークを利用できた守護被官などをあげている〔伊藤　二〇一〇〕。先の山内氏の議論に従うならば、弓削島庄で請負代官となった人物は、商人と守護被官の双方に当てはまる性格を持つことになる。このように、流通への関与も想定される海賊衆を起用することによって、芸予諸島の荘園への支配の立て直しが図られていたことを、ここでは確認しておきたい。

(2) 荘園制の衰退と「海賊」の変化

前項では、室町期に東寺が海賊衆を請負代官に起用することによって、弓削島庄への支配の立て直しを図ろうとしていたことを見てきた。しかし、こうした方法が上手くいかなかったことも、この後の史料が物語っている。村上治部進を請負代官に任じるなど、さまざまな処置がなされたにも関わらず、年貢などが納められていないことが、寛正三年（一四六二）に問題となっている（東寺百合文書よ函、塩―二九一号）。弓削島庄からの年貢などの納入の回復を目指して出された文書の案文には、紙背に次のように記されている。

〔史料4〕弓削島庄押領人交名案(東寺百合文書よ函、塩―二九一号)

一、弓削嶋押領人の事　小早川小泉方(公方奉公)　能嶋方(海賊)　山路方(同)

この三人押領なり。この三人のうち小泉、専ら押領なり。

永尊口説を以てこれを記す。〈寛正三／五十七〉

ここでは、弓削島の支配を妨げる勢力のひとつとして、「海賊」である「能嶋」(能島村上氏)があげられている。荘園支配の立て直しを目指して海賊衆を請負代官に起用した東寺であったが、海賊衆によっても支配が妨げられている様子を見て取れる。芸予諸島における海賊衆の存在感の大きさが示されているとも言えよう。この後、寛正四年にも東寺は弓削島庄の支配をいま一度目指している(東寺百合文書む函、塩―二九五号)が、そこでも海賊衆は東寺による支配を妨げる存在とされている。そして、この年を最後に東寺百合文書などの東寺関係史料から弓削島庄は見えなくなり、荘園としての実態を失ったものと考えられている。

このような荘園制の衰退と関連すると思われるのが、史料上に見える「海賊」の語義・ニュアンスの変化である。山内氏は、瀬戸内海関係の史料上に「海賊」として見えるものを網羅的に収集し、分析を加えるなかで、表1のようにA・B・C・Dの四つのタイプに分類している[山内 二〇〇三]。Aタイプは、略奪者としての海賊で、特定の浦々を縄張りとする、土着的海賊と言うべき存在である。Bタイプは、反逆者としての海賊で、荘園領主や国家権力などとの関係によって海賊という呼称がなされる、政治的海賊と言うべき存在である。以上のAタイプ・Bタイプの海賊は、マイナスイメージで捉えられる。Cタイプの海賊は、航海の安全を保

表1　海賊の4タイプの相互関係

	海上交通との関係	権力との関係
マイナスイメージ	A（土着的海賊）	B（政治的海賊）
プラスイメージ	C（安全保障者としての海賊）	D（水軍としての海賊）

※山内譲「海賊とは何か―中世の瀬戸内海を中心に―」（中野栄夫編『日本中世の政治と社会』吉川弘文館、2003年）153頁の図から作成。

障する存在で、安全保障者としての海賊である。Dタイプは、権力の側に立って軍事力を行使する水軍としての海賊である。C タイプ・Dタイプの海賊は、プラスイメージで捉えられる。AタイプとCタイプは、海上交通との関係で登場し、マイナスイメージの場合はAタイプ、プラスイメージの場合はCタイプとなる。BタイプとDタイプは、権力との関係で捉えられるもので、マイナスイメージの場合はBタイプ、プラスイメージの場合はDタイプとなる。

これまで取り上げてきた史料で言うと、史料1・史料2の「海賊」はCタイプで、史料4の「海賊」はBタイプとなる。山内氏の論考によると、十五世紀から十六世紀にかけてBタイプの事例が少なくなっている。この点について山内氏は言及していないが、史料4のように荘園領主が自らに抵抗する勢力を「海賊」との言葉を用いて非難していたのが、荘園領主による荘園支配が実態を失っていくことで、史料にBタイプとして記録されるものが見られなくなっていく、と捉えることができるだろう。荘園制の衰退を背景として生じた変化と理解することができると思われる。

前項では、室町期に東寺が海賊衆を請負代官に起用することで、荘園支配の回復を試みたことを確認した。しかし、本項で見てきたように、そうした方法は上手くいかず、海賊衆にもよって東寺の荘園支配は終焉を迎えることになった。次節では、この後の戦国期における海賊衆について、再び流通への関わりを主眼としながら論じていきたい。

3　戦国期の海賊衆と流通——能島村上氏を中心に——

(1) 十六世紀半ばの海賊衆と流通—大内氏・陶氏の経済政策—

本節では、戦国期における海賊衆の流通への関わりについて、能島村上氏を中心としながら見ていきたい。戦国期の海賊衆に関する史料は、室町期より多いと言えるが、流通への関わりが分かるものとなると、あまり多くはない。そうしたなかにあって、本項で取り上げる天文年間の厳島関係の史料は、能島村上氏などの海賊衆の流通への具体的な関与のあり方を伝える貴重な事例と言えるだろう。以前、筆者が考察を加えた事例でもあり〔大上 二〇二二〕、そこでの議論も踏まえながら見ていきたい。大内氏の奉書の奉者となった人物の活動時期〔川下 二〇〇七〕から、天文十六年(一五四七)頃に比定できる次の史料を、まずは取り上げる。

〔史料5〕大内氏家臣連署奉書(厳島野坂文書、戦瀬─五一号)

唐荷駄別役銭の事。村上善鶴丸愁訴の条、仰せ付けらるの処、厳島その外津々浦々において荷物点検の間、迷惑の由、言上の趣、披露を遂げ、御心得成され候。然れば堺津において、日向・薩摩唐役旧例の如く申し付くべきの由、村上に対し堅固に　御下知成され候。各その心を得、煩い無く往返の覚悟肝要に候なり。仍て状件の如し。

五月二十一日　隆著(青景)(花押)
興理(伊田)(花押)
隆景(岡部)(花押)

堺津紅屋
五郎右衛門男
各中

村上善鶴丸なる人物の求めに応じて大内氏が許可してきた「唐荷駄別役銭」の徴収について、厳島などで荷物が点検されて迷惑となっているため、以後は堺津のみで徴収するよう命じられている。村上善鶴丸は、後掲史料6を踏まえると、能島村上氏の系統ではないと見られる。「唐荷駄別役銭」は、瀬戸内海を経て薩摩・日向と堺津の間を、唐荷を積載して航行する船舶から徴収されるものであると、鈴木敦子氏は理解している〔鈴木 一九八三〕。「唐荷駄別役銭」と呼ばれる通行料を支払う見返りとして、航海での安全が保障されたのだろう。文書の宛所となっている堺津紅屋の五郎右衛門なる人物は堺の商人と思しき人物であり、こうした人物らが携わる九州から堺への商品流通に海賊衆が、「唐荷駄別役銭」の徴収というかたちで関与していたことが分かる。

史料5では、海賊衆が厳島などで通行料を徴収することを停止するよう、大内氏が命じている。それまで海賊衆が有していた権益を制限しており、大内氏が海賊衆の権益に介入した経済政策であると考えられる。こうした経済政策を大内氏が打ち出すことができた背景として、これより少し前に大内氏が海賊衆の本拠である芸予諸島に侵攻していることをあげることができると、筆者は考えている。その過程を具体的に確認しておきたい。

天文十年の六月中旬から七月下旬にかけて、大内氏警固衆は因島や大三島などで合戦をおこなっており、この時に甘崎城や能島城なども攻撃されている（白井文書、戦瀬―四七号）。これより前の天文十年正月に、厳島神社神主の友田興藤が、大内氏と対立する尼子氏方として大内氏に離反した際に、能島の海上勢力が与同して大内氏方と戦っていることからすれば、この時の大内氏による軍事活動は、芸予諸島の反大内氏勢力に対するものであったと考えられる。この後、天文十一年には大三島付近で、天文十五年と翌年の同十六年には来島海峡で、大内氏による軍事活動が確認できる。

こうしたなかで、天文十六年に比定される七月二十五日付の大内氏家臣連署書状（厳島野坂文書、戦瀬―六八号）には、大内氏によって厳島神社神主となった杉景教が能島城にいることが記されている。能島からは反大内氏勢力が駆逐され、能島が大内氏の影響下に入ったようである。そして、この頃から大内氏による芸予諸島での軍事活動は確認できなくなる［川岡 二〇〇三］。天文十六年頃には大内氏が芸予諸島を影響下に置くようになっていたと考えることができるだろう。史料5で大内氏によって厳島での通行料の徴収の停止が命じられるのは、この頃のことである。大内氏が芸予諸島を影響下に置いているからこそ、大内氏は海賊衆の経済活動を制限し、その権益に介入することが可能であったと考えられる。

この後、大内氏権力を継承した陶晴賢の経済政策には、能島村上氏を対象としたものを見ることができる。

〔史料6〕陶晴賢書状写（大願寺文書、戦瀬―七七号）

京・堺の諸商人駄別料と号し、近年村上右近大夫隆重に対し、芸州厳島において受用すべきの由、先代申し付けられ候。件の駄別の事、更に謂われ無き事の状、当代として停止せられ候。右の駄別の事は、薩摩に至る堺の浜より往返の商人、前々はその節を遂ぐるの由申し候。厳島において隆重受用の儀は、曾て以てこれ有るべからず候。これらの趣御一門中へ御演説干要に候。猶江良丹後守（房栄）申すべく候。恐々謹言。

卯月二十日　（陶）晴賢

村上太郎（武吉カ）殿

今岡伯耆守殿

御宿所

陶晴賢が発給していることから、原本の年次が天文二十一年頃に比定される史料6では、村上太郎と今岡伯耆守に対して、大内義隆から村上隆重に認められてきた厳島での「駄別料」（通行料）の徴収を停止することが命じられている。それまで能島村上氏が厳島で有していた権益を、陶氏が否定しようとしていたことが分かる。村上太郎は能島村上氏の村上武吉だと考えられており、今岡氏は大三島対岸の甘崎城を本拠とした可能性のある海賊衆である。先に史料5で大内氏が海賊衆の権益に介入していることについて、大内氏が芸予諸島を影響下に置いているからこそ、そうしたことが可能であったと考えた。それと同様に、陶氏が能島村上氏や今岡氏を影響下に置いていたことが、史料6で能島村上氏などの厳島での「駄別料」（通行料）の徴収停止を命じることができる前提になると思われる。このことからすれば、当時の陶晴賢と村上武吉の関係について、村上武吉が陶晴賢に従属するようなものであったと考えることができるだろう。

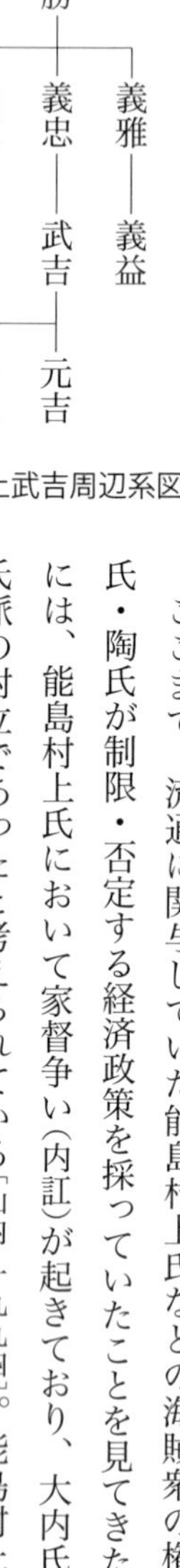

図２　村上武吉周辺系図

ここまで、流通に関与していた能島村上氏などの海賊衆の権益を、大内氏・陶氏が制限・否定する経済政策を採っていたことを見てきた。この時期には、能島村上氏において家督争い（内訌）が起きており、大内氏派と反大内氏派の対立であったと考えられている［山内　一九九四］。能島村上氏の内訌についても、このような天文年間の大内氏の経済政策との関連を筆者は想定している［大上　二〇二一］。

まずは、能島村上氏の内訌について概観しておく。『譜録』「村上図書」によると、村上隆勝（武吉祖父）が死去した後、家督を継承した義雅（隆勝嫡男、武吉叔父）が早世したため、義雅息子の義益と武吉の間で家督争いとなり、家督争いを経て武吉は能島村上氏の当主となったとされる（図２）。先行研究では、この時期の大内氏と尼子氏の対立のなかに能島村上氏の内訌も位置付けられており、武吉支持の親大内氏派と義益支持の反大内氏派が対立していたと考えられている［山内　一九九四］。先に天文十年代に大内氏が芸予諸島に侵攻していたことを見た。前述のように、天文十年には大内氏方と合戦に及んでいる能島の海上勢力がいたが、一方で翌天文十一年には、村上武吉につながる系譜と思しき人物（「村上掃部頭」）が大内氏警固衆とともに活動していることが確認できる（『閥閲録』巻一二三「神代六左衛門」四号）。これらのことからすれば、この頃には能島村上氏で内訌が生じていたと見られる。

その後、先述のように天文十六年には大内氏によって厳島神社神主となった杉景教が能島城にいることが確認できるため、能島村上氏の内訌は天文十六年には大内氏派の勝利で決着し、武吉が家督を継承したと考えられている。こうしたことから、武吉と大内氏の間には強いつながりが想定され、武吉の名は大内氏の偏諱のひとつである「武」の字を受けた可能性が指摘されている［西尾　二〇〇四］。

先に村上武吉と陶晴賢の関係を、村上武吉が陶晴賢に従属するようなものとして考えたが、こうしたことからすれば、村上武吉と大内氏の関係についても、村上武吉が大内氏に従属するようなものであったと考えることができるだろう。そして、以上の議論を踏まえれば、能島村上氏の内訌と大内氏の経済政策について、次のように理解することが可能になると思われる。

親大内氏派は大内氏と結びつくことで、内訌に勝利するが、大内氏に従属するようになり、海賊衆としての権益を否定されていく。一方、反大内氏派は、大内氏が芸予諸島に侵攻し、影響下に収めていくなかで、駆逐されていく。このように考えることができるならば、海賊衆の権益に介入する大内氏の経済政策への是非が、能島村上氏の内訌での対立軸のひとつになっていたと見ることができる。すなわち、大内氏による経済政策を受け入れる親大内氏派と、大内氏による経済政策に反対する反大内氏派という対立軸である。経済政策への対応が対立となった点に、海賊衆である能島村上氏の内訌の特徴を求めることができると思われる。

このように捉えた場合、親大内氏派が勝利するメリットは、能島村上氏よりも大内氏にとって大きいものになると考えられる。前述のように、村上武吉につながる系譜と思しき人物が大内氏警固衆とともに活動していることからすれば、武吉も大内氏と元々関係をもっており、大内氏の意向によって能島村上氏の当主に据えられた人物が武吉であった可能性も、想定してよいのではないだろうか。

(2) 能島城跡・見近島遺跡からの出土遺物の変化をめぐって

前項で見てきた大内氏・陶氏の経済政策を踏まえることで、能島村上氏に関連する遺跡からの出土遺物の変化に試論を示すこともできると思われる〔大上 二〇一二〕。十六世紀の能島村上氏をめぐっては、文献史学と考古学の間でズレが生じており、文献史学では村上武吉が当主であった十六世紀後半が能島村上氏の全盛期とされているのに対し、考古学の発掘調査による成果では、能島村上氏の本拠である能島城は、貿易陶磁器などの出土量からすると、十六世

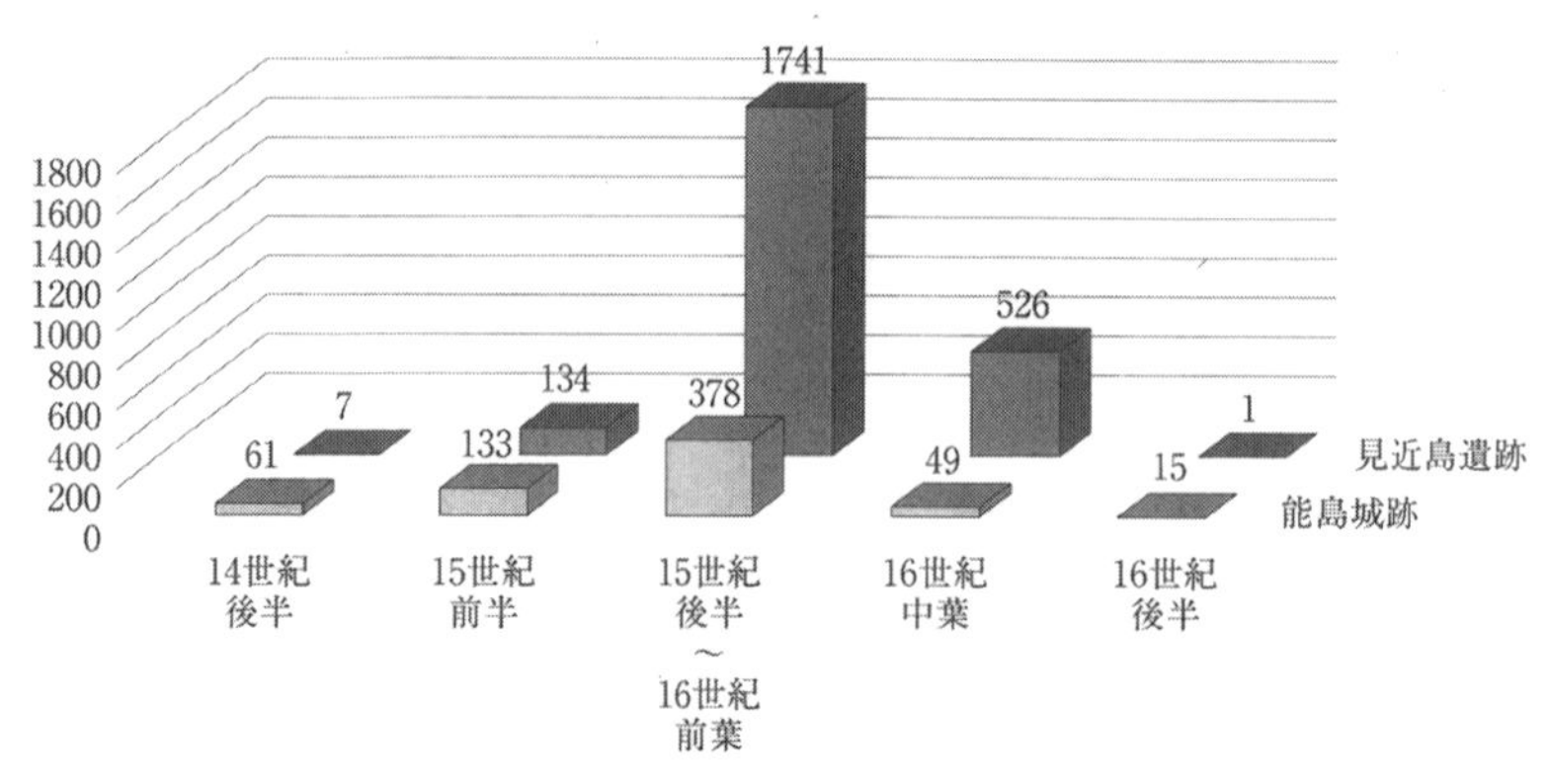

図３　貿易陶磁器破片数の変化（柴田圭子 2011：第５図より作成）

紀前半が盛期と判断されている（図３）。このような文献史学と考古学の間でのズレをどのように説明して処理するのかが、課題となっている［柴田圭二〇一一、山内二〇一五、田中編二〇一九］。

この問題を考察しようとしたときに重要な意味を持つと思われるのが、見近島遺跡である。前述したように、見近島は能島城の付近に位置し、発掘調査によって能島城跡と同時期の遺物が出土しており、大量の貿易陶磁器や備前焼が出土することから、能島村上氏の流通基地として機能したと考えられている。図３のように、能島城の盛期を十六世紀前半とする考古学での議論では、見近島遺跡での遺物の出土量も踏まえられている。注意しておきたいのは、見近島は、十五世紀前半から十六世紀半ばまでは流通に関わる集落として機能していたが、十六世紀半ばに火災にあうことによって、復興することなく廃絶することである。このことは、見近島をめぐる状況が、十六世紀半ばにドラスティックに変化したことを意味していると思われる。

この問題について、これまで見てきた大内氏・陶氏の海賊衆に対する経済政策を踏まえるならば、次のように考えることができるだろう。能島村上氏の内訌により、海賊衆である能島村上氏が大内氏に従属するようになり、大内氏・陶氏によって海賊衆の権益が制限・否定されることで、経済活動を後退させ、それによって能島城・見近島の出土遺物は十六世紀半ばを境として減少した。こうした理解を、十六世紀半ばにおける見近島の機能停止に当てはめるならば、天文年間に大内氏が芸予諸島に侵攻し、影響下に収めたことで、大内氏・陶氏は海賊衆の経済活動を制限していき、その影響を受けることによって、能島村上氏が流通基地としていた見近島も機能を停止させた、と考えることができる。

本節ではここまで、十六世紀半ばの事例を取り上げて、海賊衆の流通への関わりを考察し、考古学で示されているデータとの接合も試みた。次項では、この後の十六世紀後半における海賊衆の流通への関わりを検討していきたい。

(3) 十六世紀後半の海賊衆と流通—能島村上氏の塩飽への関わりから—

能島村上氏と流通との関係を論じようとした時に注目すべきと思われるのが、塩飽への関わりである。現在の岡山県と香川県の間に挟まれた備讃瀬戸に浮かぶ備讃諸島のうち、中央部の島々が塩飽諸島であり、それらのうち現在の本島が「塩飽島」などと呼ばれてきた島である。現在では、瀬戸大橋を通れば望むことができる。古くから海上交通の要衝であった島であり、「兵庫北関入船納帳」にも塩飽を船籍地とした船舶の入関が多く記録されている。

本項では、塩飽への能島村上氏の関わりを取り上げることで、十六世紀後半における海賊衆と流通について論じていきたい。このことを端的に示していると思われるのが、次の史料である。

〔史料7〕村上武吉書状（野間文書、戦瀬—三五四号）

本田治部少輔（鎮秀）方罷り上らるにおいては、便舟の儀、異乱有るべからず候。その為、折紙を以て申し候。恐々謹言。

永禄十三年

六月十五日　　（村上）武吉（花押）

塩飽廻舟衆

史料7は、永禄十三年(一五七〇)に大友氏家臣の本田鎮秀が瀬戸内海を航行するのにあたって、村上武吉が「塩飽廻舟衆」に対して、鎮秀を乗せた「便舟」への乱暴禁止を命じたものである。塩飽で水運に従事する人々に対して、村上武吉が安全保障を命令できていたことが分かる。また、他の史料からは能島村上氏が塩飽において、「津公事」と呼ばれる通行料を徴収していたことを知ることもできる(秋山泉一氏所蔵文書、戦瀬─一〇五七号)。こうした能島村上氏と塩飽の関係は、細川高国の時代まで遡ることができ、能島村上氏は細川高国から「塩飽嶋代官職」を宛行われている(屋代島村上文書、戦瀬─一〇三五号)。松井輝昭氏は、能島村上氏の安全保障が機能する海域の東の境界が、塩飽であったことを論じている[松井 一九九九]。

永禄年間、能島村上氏と毛利氏が友好関係にあった時期には、毛利氏が塩飽まで航行する際に、能島村上氏に安全保障を依頼していることが確認できる(屋代島村上文書、戦瀬─一一六一号)。この後、能島村上氏と毛利氏が対立した元亀年間においても、能島村上氏と塩飽の関係は保たれていた。元亀二年(一五七一)、勢力を広げる毛利氏に対抗するため、大友氏・宇喜多氏・浦上氏・阿波三好氏・尼子氏再興勢力によって「毛利氏包囲網」が形成された。そこに能島村上氏も参加した結果、毛利氏によって能島村上氏の本拠能島城が攻撃されているが、この時には能島城の救援に「塩飽者」が駆けつけようとしている(『閥閲録』巻百四十八「内藤六郎右衛門」六号)。これらのことからは、能島村上氏が流通の重要な拠点として機能していた塩飽を独自に掌握していたことが分かる。

筆者は、以上のような事例にも注目しながら、永禄・元亀年間における能島村上氏の政治的動向を検討し、備讃瀬戸とそこに臨む備前児島の重要性を指摘したことがある[大上 二〇二四]。永禄年間から能島村上氏は毛利氏に与同するようになるが、その背景として毛利氏が永禄初期に児島対岸の備中国にまで勢力を拡大させていたことをあげた。先述のように元亀年間に能島村上氏が「毛利氏包囲網」に参加したのも、備讃瀬戸に影響を与えうる児島での反毛利氏勢力の活動がきっかけになったと考えられる。備讃瀬戸は、能島村上氏の海上における活動の境界であり、備讃瀬戸に臨む児島が能島村上氏にとっては大きな意味を持っていた。備讃瀬戸や児島をめぐる情勢が、能島村上氏の政治的動向を規定していたと理解できるのである。

しかしながらその後、天正年間半ばになると、能島村上氏と塩飽の関係は変化していったようである。そうした様子を見て取れると思われるのが、次の史料である。

〔史料8〕ルイス＝フロイス書簡（部分、『イエズス会日本年報』、岡美穂子氏による邦訳〔岡二〇二一〕も参照）

塩飽の港に着いたが、この港に着く前に、能島の海賊が数名、我等の船に乗り込んだ。もし我等が兵士を同伴していなければ、我等の船を襲う目的で艤装した船十艘をある島影に潜めていた。（中略）水主は決して塩飽には入港せぬと我等に約束していたが、幾つかの理由を挙げ、期待に反して我等を塩飽の泊へ導いた。塩飽の代官は同地に不在であった。彼は我等が罠にかかったと知れば、我等を捕えずにはおかなかったであろう。彼の代わりに、能島殿の商務官と毛利の官吏がいて、我等の荷をことごとく陸に揚げ、縄を切った。

一五八一年四月十四日付（和暦では天正九年三月二十一日）のこの書簡には、塩飽に「能島殿の商務官と毛利の官吏」がいたことが記されており、塩飽を能島村上氏と毛利氏が共同で管理していることが分かる。永禄・元亀年間に能島村上氏が独自に塩飽を掌握していたのとは異なる様相を見て取ることができ、能島村上氏が保持していた権益に毛利氏が介入するようになっていると理解できる。このことは、能島村上氏が塩飽を独自に掌握できなくなっていることを意味していると言える。そして同時に、毛利氏権力が能島村上氏の勢力圏であった備讃瀬戸にまで伸張していることも示していると考えられる。

ただし一方では、この時期においても能島村上氏が広域にわたって影響力を与えていたことも確認できる。1節でも取り上げた村上武吉の過所旗は、天正九年三月二十八日付で向井氏に発給されたものである。加太の向井氏は、港湾都市加太をめぐる流通を総括する立場にあったとされ、向井氏に武吉が過所旗を与えていることから、広域流通に能島村上氏が影響力を及ぼしていたと言える。向井氏宛の過所旗の事例と、史料8の毛利氏・能島村上氏が塩飽を共同監理していた事例を、どのように評価すれば整合的に理解できるのか。難しい問題であり、今後も検討すべきであるが、ここでは天正九年に能島村上氏が流通における存在感を低下させていると理解できる史料が残されていることを、ひとまず確認しておきたい。

それまで能島村上氏が独自に塩飽を掌握していたのが、大名権力の伸張によって、史料8のように毛利氏との共同管理に変化していることは、海賊衆の自立性の低下を示していると言える。海賊衆としての能島村上氏の自立性の低下は、豊臣政権下での賊船事件の糾弾や豊臣期における経済構造の変化［本多 二〇一二］によるものとされることもあるが、豊臣期よりも前にすでに自立性を低下させている面が見られるのである。筆者は以前、天正十二年における能島村上氏の動向を検討し、元亀年間や天正前期と比較して弱体化していると評価したことがある［大上 二〇一九a］。天正九年段階ですでに能島村上氏が自立性を低下させていたと考えられるならば、このことが、その後の天正十二年や豊臣期における自立性の低下の前提になったと言える。

史料8は天正九年のものであるが、天正四年から同十年にかけて毛利氏は、織田信長から派遣された羽柴秀吉との戦いを中国地方で繰り広げている（織田・毛利戦争）。流通との関係で注目されるのは、織田・毛利戦争のなかで、「船留」を毛利氏が実施していることである［岸田 一九八四、本多 二〇一二］。「船留」を示す史料とされるのは、『閥閲録』巻百三十五「高井小左衛門」所収の二月二十五日付毛利輝元袖判粟屋元勝・同元種・国司元蔵連署書状写（三〇号）、三月一日付毛利輝元袖判粟屋元勝・国司元蔵連署書状写（一三号）、三月二十日付粟屋元勝・国司元蔵連署書状写（一五号）である。いずれも、毛利氏傘下で周防国日積（現山口県柳井市）を拠点とする警固衆高井氏に宛てられたものである。

二月二十五日付の三〇号は、児島の八浜から九州方面に赴く商船があれば、勾留して毛利氏に報告するよう命じたものである。三月一日付の一三号は、姫路から多くの商船が下っているとの報告があり、航行に際しては毛利氏領国の漁民が「上乗」しているはずなので、そうした船舶が畿内に再び戻っているならば、抑留して報告するよう命じている。三月二十日付の一五号には、柳井・大畠(現山口県柳井市)方面では屋代島(現山口県周防大島町)の海上勢力が「船留」をおこなっていることや、上関方面については村上武満に命じることなどが記されている。

これらの経済政策は、軍需物資などが毛利氏と敵対する織田方に渡るのを阻止しようとしたものと評価でき、同年に児島小串の高畠氏が毛利氏から離反したことを受けての措置と考えられていることから、これらの史料の原文書の年次は天正十年に比定されている[森 二〇〇三、光成 二〇〇八]。史料の年次からすれば、森氏が指摘しているように、毛利氏による「船留」は時期的には限定したものとして評価するべきであろう。

こうした経済政策を毛利氏が実施できた背景のひとつとして、当時の毛利氏が海賊衆の権益に介入するようになっていたことをあげることができると思われる。先に史料8で見たように、能島村上氏が独自に掌握していた塩飽への支配に毛利氏が介入しており、そうしたこともあって毛利氏が「船留」を命じることが可能になった、と言えないだろうか。先にあげた史料のうち、三月二十日付の一五号には、「鞆の河井源左衛門尉船予州表へ直に乗り申し候も、これまた鞆・塩飽の間に逗留たるべきの由申され候」とある。塩飽付近を毛利氏が掌握しているからこそ、このような指令を毛利氏は下すことができたのだと考えられる。

この時期の備讃瀬戸をめぐって先行研究では、制海権を毛利氏が保持していたとする見解[山本 二〇一〇]と、織田方が掌握しつつあったとする見解[光成 二〇〇八]、あるいは掌握したとする見解[橋詰 二〇〇〇]に分かれている状況である。近年では、織田方優位とする見解に基づく論考[太田 二〇一二]も見られるが、本稿でのここまでの議論からするならば、備讃瀬戸の制海権について、織田方優位であったとする見解には賛同できず、毛利氏が優位であったとする見解を支持したい。

以上、本項では塩飽に注目することで、十六世紀後半における能島村上氏の流通への関わりを探るとともに、能島村上氏と塩飽の関係の変化から海賊衆の自立性の低下を論じた。また、そこから毛利氏権力の伸張についても考察を加えた。

おわりに

本稿では、瀬戸内海の海賊衆の室町期・戦国期における流通への関わりを論じてきた。室町期には荘園への関わりを、戦国期には大名権力との関係を取り上げることになった。それぞれ各時期における流通の特徴を示していると言えよう。これらの時期の流通構造のなかで、海賊衆をどのように位置付けるかも大きな課題であるが、現在の筆者にそれらを論じる準備はなく、ここでは最後に、本稿での議論から導き出されると思われる論点・課題に触れておきたい。

一点目は、室町期から戦国期への移行である。本稿では2節で室町期を、3節で戦国期を対象としたが、この間がどのようにつながるのかを論じることはできなかった。この点に関連して、川岡勉氏は最近、寛正伊予の乱を検討し、寛正四年を最後に弓削島庄の姿が史料から消えることも踏まえて、寛正年間が西国における戦国期へのターニングポイントになると指摘している［川岡 二〇二三］。近年では、室町期における地域差が注目されるようになり、そこから戦国期の地域権力のあり方を見通す議論もおこなわれるようになってきている［山田 二〇一五・二〇二一］。

戦国期の瀬戸内海地域の特徴としては、海賊衆である能島村上氏らが地域権力化していることをあげることができると思われ、能島村上氏を事例として室町期から戦国期を見通すことができれば、先のような議論と接合することが可能となる。史料に恵まれないことが、本稿でこの点に踏み込めなかった要因でもあり、難しい課題ではあるものの、近年盛んになってきている室町期荘園制や都鄙関係をめぐる議論によって、その前提が準備されている状況とも言えるだろう。

二点目は、海賊衆の終焉である。在地の慣行に根差していた海賊衆の活動が、上位権力によって否定されることで海賊衆は終焉を迎え、それが同時に中世の終焉にもなると言える。能島村上氏の自立性の低下について、従来では豊臣政権下の賊船事件での糾弾や豊臣期における経済構造の変化［本多 二〇一二］によるものとされてきたが、本稿では、それ以前の天正年間にすでに能島村上氏が海上での活動における自立性を低下させていると見た。そして、そうした議論のなかで毛利氏の「船留」に触れた。かつて桜井氏は、海賊衆の終焉について、戦国大名による「荷留」にその起源を求めることができるのではないか、との見立てを示していた［桜井 一九九四］が、本稿の議論は桜井氏の見立てを支持するものになりうるだろう。海賊衆の自立性の低下と戦国大名による「荷留」や「船留」などの経済政策の展開は、表裏の関係にあると言える。

自立性を低下させた能島村上氏であるが、豊臣期には毛利氏（・小早川氏）の家臣団に編入されながらも、大名権力の許で海上での活動に従事し［大上 二〇一九b］、江戸時代には毛利氏の萩藩で船手組頭として参勤交代での送迎や朝鮮通信使の警固などをおこなう。海上での活動という点では、中世と近世の間に共通点を見出すことができる。ただし、豊臣期・江戸時代においては、能島村上氏が流通に関与することはなくなっており、この点を中世段階との大きな差異としてあげることができるだろう。

参考文献

網野善彦　一九八四「中世の旅人たち」『日本論の視座　列島の社会と国家』小学館　一九九〇所収
石野弥栄　一九九六「河野氏の守護支配と伊予海賊衆」『愛媛県歴史文化博物館研究紀要』一（のち同著『中世河野氏権力の形成と展開』戎光祥出版、二〇一五に「河野氏の守護支配と瀬戸内海の海上勢力」として収録）
伊藤俊一　二〇一〇『室町期荘園制の研究』塙書房

大上幹広　二〇一九a「戦国末期の能島村上氏と河野氏—天正一二年を中心に—」『地方史研究』三九九

大上幹広　二〇一九b「豊臣期の能島村上氏—海賊衆の変質—」『戦国史研究』七八

大上幹広　二〇二一「天文年間の能島村上氏の内訌と大内氏—十六世紀半ばの転換—」『四国中世史研究』一六

大上幹広　二〇二四「永禄・元亀年間の能島村上氏と毛利氏—備讃瀬戸・児島に注目して—」『古文書研究』九七

太田浩司　二〇二二「秀吉の備前・備中攻めと秀吉陣立書　新出の「羽柴秀吉児島攻め備」をめぐって」『日本史研究』七一九

岡美穂子　二〇二一「海と権力—宣教師報告に見る畿内=九州移動ルートの分析を手がかりに—」『国立歴史民俗博物館研究紀要』二二三

勝俣鎮夫　一九八六「山賊と海賊」『週刊朝日百科　日本の歴史8　徳政令—中世の法と裁判』朝日新聞社

金谷匡人　一九九八『海賊たちの中世』吉川弘文館

川岡　勉　一九九九「山内譲著『中世瀬戸内海地域史の研究』」『日本史研究』四四一

川岡　勉　二〇〇三「天文期の西瀬戸地域と河野氏権力」『中世の地域権力と西国社会』清文堂　二〇〇六所収

川岡　勉　二〇二三「細川氏・大内氏と寛正伊予の乱」『戦国期守護権力の研究』思文閣出版　二〇二三所収

川下倫央　二〇〇七「大内氏の奉書および奉者」『九州史学』一四七

岸田裕之　一九八四「中世後期の地方経済と都市」『大名領国の経済構造』岩波書店　二〇〇一所収

岸田裕之　二〇〇一「海の大名能島村上氏の海上支配権の構造—海に生きる人々の視座から—」『大名領国の経済構造』岩波書店　二〇〇一所収

桜井英治　一九九四「山賊・海賊と関の起源」『中世の経済構造』岩波書店　一九九六所収

柴田圭子　二〇一一「瀬戸内海島嶼部の様相—芸予諸島の出土資料から—」橋本久和監修・日本中世土器研究会編『考古学と室町戦国期の流通—瀬戸内海とアジアを結ぶ道—』高志書院

柴田龍司　二〇〇八「海城の様相と変遷」『中世城郭研究』二二

鈴木敦子　一九八三「地域経済圏としての厳島門前町と流通」『日本中世社会の流通構造』校倉書房　二〇〇〇所収

須田牧子　二〇〇四「中世後期における赤間関の機能と大内氏」『ヒストリア』一八九

高橋　修　一九九九・二〇〇〇「新出の「村上武吉過所旗」について」(上)・(下)『和歌山県立博物館研究紀要』四・五、一九九九・二〇〇〇年(のち同著『中世水軍領主論』高志書院　二〇二三に「村上水軍と海の雑賀衆—新出の「村上武吉過所旗」をめぐって—」として収録)

田中　謙　二〇一七「海の城」『季刊考古学』一三七

田中謙編　二〇一九『今治市埋蔵文化財報告書第一四六集　史跡　能島城跡—平成一五〜二七年度整備に伴う調査総括報告書—』今治市

教育委員会
長沼賢海　一九五五『日本の海賊』至文堂
西尾和美　二〇〇四「織田政権の西国侵攻と瀬戸内海賊衆」『戦国期の権力と婚姻』清文堂出版　二〇〇五所収
橋詰　茂　二〇〇〇「織田政権の瀬戸内海制海権掌握」『瀬戸内海地域社会と織田権力』思文閣出版　二〇〇七所収
日和佐宣正　二〇〇七「遺跡としての「海城」―伊予「見近島城跡」を中心に―」『戦乱の空間』六
福川一徳　一九八七「中世末期の筑前今津」『福岡県地域史研究』六
本多博之　二〇一一「戦国豊臣期の瀬戸内水運と政治権力」橋本久和監修・日本中世土器研究会編『考古学と室町戦国期の流通―瀬戸内海とアジアを結ぶ道―』高志書院
本多博之　二〇一二「戦国豊臣期の政治経済構造と東アジア」『史学研究』二七七
松井輝昭　一九九九「中世の瀬戸内海の海賊の生態と海の秩序」白幡洋三郎編・合田健監修『瀬戸内海の文化と環境』神戸新聞総合出版センター
松井輝昭　二〇〇二「中世後期の瀬戸内海水運と海賊」地方史研究協議会編『海と風土―瀬戸内海地域の生活と交流』雄山閣
松岡久人　一九六六「中世後期内海水運の性格」福尾猛市郎編『内海産業と水運の史的研究』吉川弘文館
光成準治　二〇〇八「高松城水攻め前夜の城郭・港」『倉敷の歴史』一八
森　俊弘　二〇〇三「年欠三月四日付羽柴秀吉書状をめぐって―書状とその関係史料を再読して―」『岡山地方史研究』一〇〇
山内　譲　一九八七「中世後期瀬戸内海の海賊衆と水運」『瀬戸内海地域史研究』一（のち同著『中世瀬戸内海地域史の研究』法政大学出版局　一九九八に「海賊衆と水運」として収録）
山内　譲　一九九二「中世瀬戸内海の海城」『四国中世史研究』二（のち同著『中世瀬戸内海地域史の研究』法政大学出版局　一九九八に「海城の構造」として収録）
山内　譲　一九九四「中世瀬戸内海における海賊衆の成立―能島村上氏を中心に―」上横手雅敬監修／井上満郎・杉橋隆夫編『古代・中世の政治と文化』思文閣出版（のち同著『中世瀬戸内海地域史の研究』法政大学出版局　一九九八に「海賊衆の成立」として収録）
山内　譲　一九九七『海賊と海城―瀬戸内の戦国史―』平凡社
山内　譲　二〇〇三「海賊とは何か―中世の瀬戸内海を中心に―」中野栄夫編『日本中世の政治と社会』吉川弘文館
山内　譲　二〇一一「室町期の海賊による荘園請負と唐船警固」川岡勉・古賀信幸編『日本中世の西国社会②　西国における生産と流通』清文堂出版
山内　譲　二〇一五『瀬戸内の海賊　村上武吉の戦い【増補改訂版】』新潮社

山田　徹　二〇一五「室町期の支配体制と列島諸地域」『日本史研究』六三一
山田　徹　二〇二一「「室町期」の地域性」芳澤元編『室町文化の座標軸　遣明船時代の列島と文事』勉誠出版
山本浩樹　二〇一〇「織田・毛利戦争の地域的展開と政治動向」川岡勉・古賀信幸編『日本中世の西国社会①　西国の権力と戦乱』清文堂出版

第2部　港湾と流通

中世尾道における瓦の流通

西井　亨

はじめに

尾道が瀬戸内海を代表する港町として発展する契機となったのは、嘉応元年（一一六九）、後白河院領大田庄の倉敷地に公認されたことによる。その後の港町尾道の様子を記録したものとして、今川了俊が応安三年（一三七〇）頃に尾道を訪れ、その様子を『道ゆきぶり』という道中記に記している。それによれば、山の麓にそって、家が密集して並んでいて、みちのく（東北）や筑紫（九州）地方の船も多くみられると書かれており、現在のように民家が密集し、遠方からの交易船も寄港するなど港町の発展の様子をうかがうことができる。

また、室町時代には、中国や朝鮮との貿易、交流も活発化し、天龍寺船のような交易船や朝鮮からの使者を乗せた船もたびたび港町尾道に寄港している。そうした交易流通の痕跡は、中世の港町が埋蔵された尾道遺跡の発掘調査からうかがうことができる。出土遺物には、土師質土器や瓦質土器のほかに輸入陶磁器も数多くみられ、特に枢府窯印花双鳥文白磁碗など、尾道の黄金時代を裏づける貴重な資料もある。

そうした出土遺物のほかに、多種類の中世瓦が確認されている。また尾道には、浄土寺、西國寺、天寧寺などの国宝、重要文化財建造物が残る中世寺院も数多くあり、その地下の埋蔵文化財調査や建造物保存修理工事に伴い、数多くの中世瓦を確認している。

本論では、尾道遺跡出土もしくは尾道の中世建造物に由来する瓦を中心に、中世港湾都市尾道と近隣地域での中世瓦の流通形態について考察する。

1　尾道遺跡出土の瓦

尾道遺跡は、中世港湾都市「尾道」を主な対象とする遺跡であり、尾道旧市街地、東御所町から尾崎本町に至る一帯の地下約1〜4㍍に、鎌倉時代から現在にいたる遺構面が包蔵される。市街地中心部のほぼ全域に相当する約37.3㌶を遺跡の範囲として推定している。史跡としては指定されていないが、日本遺産「尾道水道が紡いだ中世からの箱庭的都市」の構成文化財となっている。

尾道遺跡は、昭和五十年（一九七五）、広島相互銀行尾道支店改築工事の事前調査として初めて学術的発掘調査が実施された。室町時代以降の遺構面および遺物包含層が幾重にも重なって包蔵されていることが確認され、また、元朝景徳鎮枢府窯製白磁碗完形品の出土もあって、この第1次調査は、昭和五十二年度からの国庫補助金・県費補助金を受けた継続的な発掘調査実施の契機となるとともに、『高野山文書』『浄土寺文書』などの文献史料上に記された中世「尾道」の繁栄ぶりが考古資料によって裏づけられていく端緒となった。尾道市教育委員会の埋蔵文化財調査体制が整った昭和五十六年度からは、建設関係業者などに対して本遺跡の推定範囲ならびに遺跡内において「土木工事等」をおこなう際には事前に届出が必要であることをより周知徹底し、市教育委員会の手で個人専用住宅・店舗兼用住宅建設工事に伴う事前調査を実施している。公共土木工事や民間事業所・法人の土木工事に伴い事業者より委託を受けて随時実施したものを合わせると、調査次数は二〇〇次を超えたが、商業都市特有の奥行きに比べて間口が極端に狭い敷地における調査は、必然的に調査区配置と調査面積に制約を伴い、一調査地点あたりの調査面積が10㎡に満たないことがほとんどである。そのため約37．3ヘクタールと推定されてきた遺跡面積に対して、約1％の面積しか調査できていないのが現状である。

二〇〇次を越える調査成果から、多くの遺構や遺物が確認されている。中世の護岸を形成していた石組遺構や埋立層、商家や民家と推定される掘立柱建物跡、井戸跡、寺院建造物、道路跡などの遺構である。出土遺物は土師質土器皿、碗、鍋、瓦質土器鍋、擂鉢、備前焼や瀬戸焼、常滑焼等の国産陶磁器、青磁碗、皿、壺、白磁皿、碗、青白磁、青花碗等の輸入陶磁器、瓦、鉄製品、木簡等の木製品、硯等の石製品など、出土量に比して優品が多い傾向が認められる。そして、多くの地点で中世瓦が多数出土している。軒丸瓦33種、軒平瓦45種というように多くの種類の瓦がみられ、鎌倉時代から戦国時代までの期間にさまざまな瓦の変遷が確認できる。

尾道の中世瓦については、山崎信二氏の『中世瓦の研究』に鎌倉時代から戦国時代にかけての変遷案が示されており、尾道での瓦編年の基準となっている。本論でも、基本的に山崎氏の編年を踏襲しつつ、新たな類型を加えた形で提示することとしたい。

2　尾道の寺院の瓦

尾道市には、国宝浄土寺本堂、多宝塔、向上寺三重塔をはじめとして、六寺院に中世建造物が残っており、その屋根には中世瓦も使用されている。これらの瓦については、以前に瓦当文様や法量などから型式分類している「尾道市教委 二〇一九」。また、尾道遺跡での出土瓦及び尾道市教育委員会所蔵瓦については、過去に報告している「尾道市教委 二〇二二」ので参照されたい。この中世瓦のうち軒丸瓦の類型を図1と表1にまとめた。類型として、左巻巴文をA類、

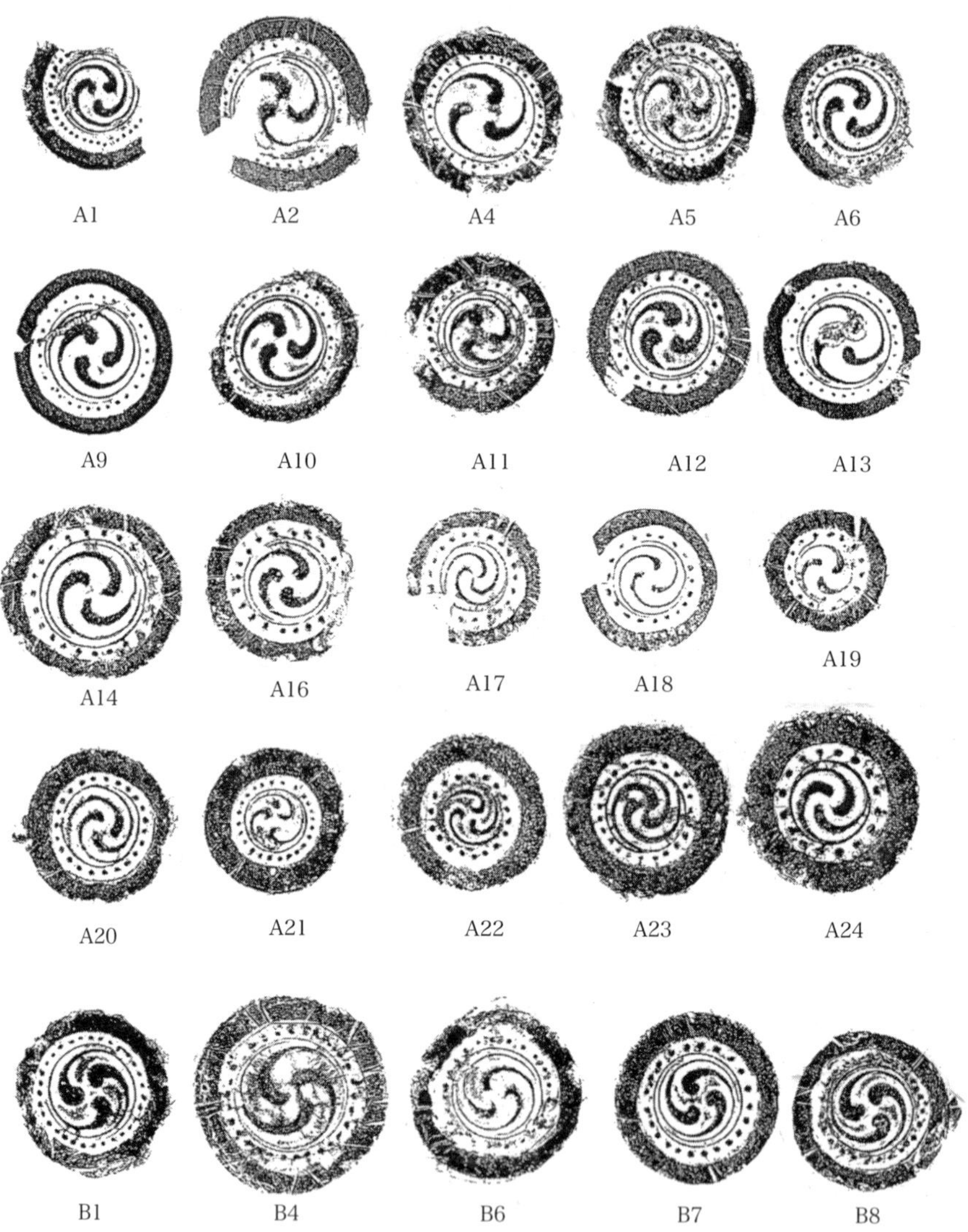

図１　軒丸瓦類型図（縮尺１：８）

表１　瓦類型表　軒丸瓦（瓦当径：cm）

型式	地点	珠文	圏線	面取	凹面	瓦当径	年代
A1	尾道 MQ-M、向上寺三重塔	39	無	有		13.5	Ⅶ
A2	尾道 JH04-B	33	有	有	コビキ A　　布袋痕	15.6	Ⅵ -2 ヵ
A3	尾道 MQ-B	36	有	無			
A4	向上寺三重塔	32	有	有	瓦当裏に周堤あり	14.6	Ⅶ
A5	浄土寺→尾道 EC05 →光明寺→西国寺三重塔、向上寺三重塔	31	有	有	コビキ A　引掛部	14	Ⅶ
A6	浄土寺、尾道 MQ-J　西郷寺	31	無	有	吊り紐痕　コビキ A 引掛部	13	Ⅵ -1
A7	尾道 MQ-D・CC01	(30)	有	無			
A8	尾道 CB02	(30)	無	有		14	
A9	尾道 MQ-L	(29)	無			14.6	Ⅶ
A10	尾道 MQ-I　西国寺金堂、大柳遺跡浄土寺多宝塔	27	有	有	袋痕　コビキ A	14	Ⅵ -2
A11	西国寺→尾道 Ea02、向上寺三重塔	27	有	有	袋痕　コビキ A　引掛部	14	Ⅶ
A12	尾道 JH-04A・Ea01、向上寺三重塔、祥雲寺観音堂	24	無	有	袋痕　コビキ A	15.1	Ⅶ
A13	尾道 MQ-E	24	有	有		13.5	
A14	尾道 JH04-C	24	有	無	コビキ A	16.2	Ⅵ -1
A15	尾道 MQ-A	23	有	無			Ⅵ -1
A16	尾道 MQ-C・明王院五重塔	(22)	有	無	袋痕	14	Ⅴ -1
A17	浄土寺阿弥陀堂亀腹出土、尾道 JN01	20	有	無		11.9	Ⅳ -1
A18	尾道 KD01	19	無	有		12.4	
A19	尾道 IF09	16	有	無		10.8	Ⅳ -1
A20	浄土寺	23	有	無	コビキ B　　吊り紐痕	13.5	Ⅷ
A21	浄土寺	24	有	無	コビキ B	13	Ⅷ
A22	浄土寺	18	無	無	コビキ B	14	Ⅷ
A23	浄土寺	23	有	無	コビキ B　　吊り紐痕	15.1	Ⅷ
A24	浄土寺	16	有	無	コビキ B　　吊り紐痕	16.7	天正 20 年　Ⅷ
B1	浄土寺、尾道 MQ-K・DC02・ID02	31	無	有	コビキ A　引掛部	14	Ⅴ -1
B2	尾道 MQ-H	(32)	有	有			
B3	尾道 MQ-G・CB01	(30)	有	無			Ⅶ
B4	浄土寺本堂	29	有	無	吊り紐痕　内外に通し縫い	17.8	浄土寺本堂当初瓦　Ⅳ -2
B5	浄土寺	(24)	無	有	引掛部	13.5	Ⅶ
B6	浄土寺	22	有	無	吊り紐痕外縫い　コビキ A	15.1	Ⅴ -1
B7	浄土寺、西国寺金堂	22	有	無	袋痕　コビキ A	15.1	Ⅴ -1
B8	浄土寺	22	無	無	コビキ A　　袋痕	14	Ⅴ -1
B9	浄土寺	(22)	有	無	コビキ A　　袋痕		Ⅴ -1

表１の年代は、山崎信二『中世瓦の研究』（2000）の編年を使用し、上記論文に掲載されていない瓦については、筆者が加筆した。

尾道Ⅳ—1　1300 ～ 1310 年
Ⅳ—2　1320 ～ 1333 年
Ⅴ—1　1333 ～ 1350 年
Ⅴ—2　1350 ～ 1380 年
Ⅵ—1　1380 ～ 1400 年
Ⅵ—2　1400 ～ 1430 年
Ⅶ　1430 ～ 1490 年
Ⅷ　16 世紀

右巻巴文をＢ類とした。さらに珠文の数、圏線の有無などでＡ類は24個、Ｂ類は９個に分けることができる。表１にある地点は、アルファベットは尾道遺跡の地点名と報告書での類型、その他の寺院名は出土瓦ではなく、改修時に確認されている瓦である。

Ａ類

Ａ１類　左巻巴文、珠文39個と最も多い。巴文は平坦な形状で圏線はない。向上寺三重塔で軒平瓦Ｂ７g類とセットで使用。

Ａ２類　左巻巴文、珠文33個。巴文の巴頭は高く丸みをもち、瓦当直径が16．5チセンと大きい。尾道遺跡（常称寺本堂亀腹下地点）のＢ類以外に類例はない。胎土は細密、表面は丁寧にミガキ調整を施す。

Ａ４類　左巻巴文、珠文32個。巴頭は低く、巴文は短く圏線に接する。

Ａ５類　左巻巴文、珠文31個。圏線あり。巴尾は接しない。浄土寺や西國寺など、多数の寺院で確認されているが、文様を観察すると、瓦笵に傷が生じていることが分かる。瓦笵の木目にそって、粘土が付着している事例が多い。その経過から表１に記したような順序が確認できる。確認されている建造物等や文様構成、製作技法からⅦ期を想定。

Ａ６類　左巻巴文、珠文31個。圏線なし。巴頭が平たく低い。珠文は大きく明瞭である。

Ａ９類　左巻巴文、珠文29個。圏線なし。巴頭は高く丸みをおびる。瓦当面に連続の小剝離痕があり、瓦笵の補修痕の可能性もあるが、同じ地点から出土した同笵瓦をみると、小剝離痕の位置が異なり、この小剝離痕の場所で割れていることから、瓦を破砕した際の傷の可能性も指摘しておきたい。

Ａ10類　左巻巴文、珠文27個。圏線あり。巴頭は高く丸みをおび、巴尾は圏線に接する。瓦当中央に巴頭を線状につなぐよう瓦笵の傷が確認できる。同笵瓦として浄土寺や西國寺金堂の事例があるが、同笵でも周縁の面取りの有無に違いがあり、製作者の違い、製作の時期差等を考慮する必要がある。瓦笵の傷の大小から、浄土寺→西國寺金堂→

浄土寺多宝塔という順序がみてとれる。

Ａ11類　左巻巴文、珠文27個。圏線あり。周縁の面取りがあるものとないものがある。珠文のつぶれ等から瓦笵の使用順序が分かり、西國寺→向上寺三重塔という順序が想定できる。

Ａ12類　左巻巴文、珠文24個。圏線なし。巴頭は丸く低い。周縁も低く、面取りされている。常称寺本堂亀腹下地点のＡ類、尾道遺跡ＥＡ01地点、向上寺三重塔、祥雲寺観音堂の瓦が同笵もしくは類似例と考えられる。向上寺三重塔、祥雲寺観音堂の事例、文様構成、製作技法から推測すると、Ⅶ期が妥当と考える。

Ａ13類　左巻巴文、珠文24個。圏線あり。巴尾は接しない。周縁は面取りされている。

Ａ14類　左巻巴文、珠文24個。圏線あり。巴頭が高く丸みを帯びず、わずかに尖る部分がある。巴の中心に△状の突起が認められる。周縁の面取りはない。こうした丸みを帯びず、尖る部分がある事例は、後述する浄土寺本堂例などで確認でき、十四世紀前半段階の様相を呈している。

Ａ16類　左巻巴文、珠文21個。圏線あり。巴尾は接しない。巴中央に△状の突起が確認できる。

Ａ17類　左巻巴文、珠文20個。圏線あり。巴尾は接する。巴頭は尖り、丸みはなく、肥厚しない。瓦当直径は小さく、周縁の面取りはない。浄土寺阿弥陀堂亀腹出土、尾道遺跡ＪＮ01地点出土例が同笵である。巴文の形状など、古い様相を呈し、阿弥陀堂亀腹出土例からⅣ期に相当すると考える。

Ａ20類は、左巻巴文、珠文23個。圏線あり。巴文は全体的に太く、くびれがない。周縁の面取りはなく、丸部凹面にはコビキＢと吊り紐痕が確認できる。周縁幅は1.6センチ、全体長は26.8センチ。

Ａ20～Ａ24類　丸部凹面にコビキＢと吊り紐痕が認められ、周縁幅も1.6～2.7センチと幅広である。また全体長は26～36センチと他類型の瓦と比べても短く成形されている。全て浄土寺で確認されている。珠文も丸く大きく成形され、巴文はくびれがなく、全体的に太い。コビキＢが見られることからも、年代は十六世紀末～十七世紀初頭と考えられる。

A24類　左巻巴文、珠文16個。圏線あり。珠文区に圏線が重複している。巴文は全体的に太く、くびれがない。周縁幅は2.7チセン、全体長は36チセンである。この類型のみ、天正二十年のヘラ書きが丸部に残されており、浄土寺阿弥陀堂改修瓦である。

B類

B1類　右巻巴文、珠文31個。圏線なし。巴頭は丸みを帯び肥厚する。珠文はつぶれが認められる。周縁の面取りは有るものと無いものがある。浄土寺例には丸部凹面に引っ掛け部がある。

B4類　右巻巴文、珠文29個。珠文の両側に圏線あり。巴頭に尖る部分がある。丸部凹面には吊り紐痕があり、内外に通し縫いされていることが分かる。浄土寺本堂の当初瓦であり、Ⅳ―2期に比定される。全体長38チセン、厚さも2～3チセンと厚く、大型である。

B6類　右巻巴文、珠文22個。圏線あり。巴尾は接しない。巴頭に尖る部分があり、肥厚する。丸部凹面には外縫いの吊り紐痕が認められ、玉縁部と丸部側縁は連続した面取りとなっている。

B7類　右巻巴文、珠文22個。圏線あり。巴尾は接しない。巴頭は低く、丸みを帯びくびれがある。周縁の面取りはない。

B8類　右巻巴文、珠文22個。圏線なし。巴頭は低く丸い。珠文は丸く大きいが、ゆがみが認められる。B7類とは圏線の有無と珠文のゆがみでの違いのみである。

以上のように、尾道遺跡内、周辺地域の寺院で確認できた軒丸瓦を、23類型に分類した。瓦当直径、全体長、厚さ、文様構成、製作技法等、さまざまな観点から観察し類型化して、尾道遺跡内に所在する軒丸瓦の特徴を抽出した。山崎氏の編年をもとに、尾道遺跡内の軒丸瓦を概観すると、Ⅳ期に相当すると考えられる瓦がA17類、A19類、B4類である。Ⅴ期に相当すると考えられる瓦は、A14類、A15類、A18類、B6類である。Ⅳ期、Ⅴ期の軒丸瓦は、巴文の巴頭が尖り丸みがなく、くびれが少ない。また、丸瓦凹面に吊り紐痕があるものが確認できる。Ⅵ期～Ⅷ期に相当すると考えられる瓦は、A1～A13類、A16類、B1～B3類、B5類、B7～B9類である。巴頭は丸みを帯び、肥厚するものも多い。最も種類が多い時期であり、同笵関係の瓦も多数存在する。また笵型を傷や破損がありながらも再利用している事例も見受けられる。丸瓦凹面には布袋痕とコビキAが確認できる。玉縁部から丸部側縁にかけて連続した面取りが施される。全体長は35～37㌢程度のものが多い。Ⅷ期の中で、十六世紀末のコビキB出現期以降のものがA20～A24類である。

次に尾道遺跡出土瓦、尾道遺跡内寺院の瓦、周辺地域寺院の軒平瓦の類型を図2、図3と表2にまとめた。類型として、文様構成から蓮華唐草文（A類）15類型、宝珠唐草文（B類）20類型、菊水唐草文（C類）3類型、橘文唐草文（D類）3類型、下向三葉桐文（E類）1類型、花菱唐草文（F類）1類型、連続三巴文（G類）1類型、連珠文（H類）1類型を抽出することができた。

A1類　蓮華唐草文で、文様面両端と下端の唐草文の切れた状態からabcの3種類に細分できる。A1a類は蓮華唐草文、珠文16、唐草は4回反転（以下、転）。明王院本堂の当初瓦と考えられている。これと同笵で両端が切れているのがA1b類である。浄土寺、西國寺金堂、尾道遺跡MQ地点で確認されている。同じ笵型を使用しているが、笵型が縮小していることから、ある程度の時期差が想定される。A1b類の下端をさらに切ったものが、A1c類である。この3種類の軒平瓦は、文様だけでなく、製作技法でも瓦当後縁の面取りの有無などに違いがあり、時期差だけでなく、製作者が違うという可能性も考えられる。

A2類　蓮華唐草文で文様両端の切れ具合から2種類に細分できる。A2a類は蓮華唐草文、珠文19個、唐草は4転。これの文様の両端が切れたものが、A2b類。また文様右端に瓦笵の傷である条痕が確認できる。

A3類　蓮華唐草文、珠文17個、唐草は4転目が切れる。この瓦の凹面には瓦止めと考えられる突帯がつけられて

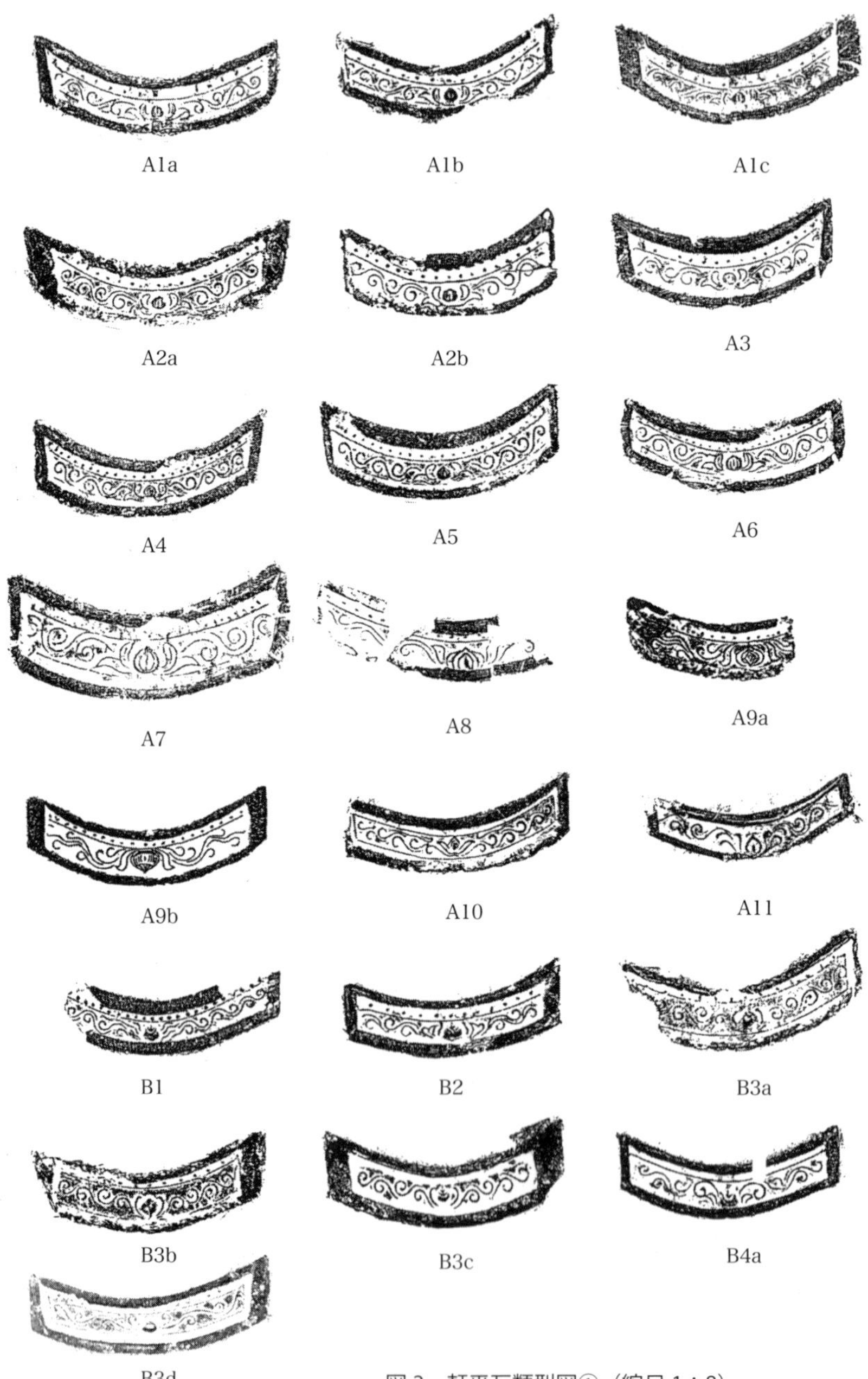

図2　軒平瓦類型図①（縮尺1：8）

いる。尾道遺跡MQ地点、西郷寺本堂で確認されている。

A4類　蓮華唐草文、珠文26個、唐草は4転。A1～A3類の唐草文とは展開方向が逆となり、明瞭な違いがある。この展開方向で区分すれば、A1～A3類とA4～A6類で区分され、A4～A6類は全て浄土寺でのみ確認している。

A7類　蓮華唐草文軒平瓦の中で、最も瓦当幅、高さが大きく、蓮華唐草文、珠文30個、唐草は3転、3転目は一部切れている。

A8類　蓮華唐草文、珠文と圏線がある。破片資料のみのため、全体が把握できていないが、常称寺関連の地点のみで出土している。唐草は6転で6転目が一部切れていると考えられる。子葉は1枚で、中心飾りの蓮華は、A1～A7類の蓮華と比べると、肥大し突帯で表現されている。焼成は硬質で緻密であり、厚く重厚感がある。

A9a類　蓮華唐草文、珠文21、上部からの子葉1枚、2葉の唐草が3転。A8類の蓮華唐草文を上下反転したような文様となる。文様両端から約1㌢に瓦当側縁と並行した条痕が認められ、笵型の接続痕跡と考えている。A9b類は、蓮華唐草文、珠文21、上部からの子葉1枚、2葉の唐草が3転。A9a類とは、中心飾りの蓮華の形成のみが異なる。中心飾り以外は、文様構成が同じ。同一時期に製作されたことがうかがえる。どちらも西郷寺山門で使用されており、十五世紀初頭頃の年代に比定される。

A10類　蓮華唐草文、子葉1枚、唐草は6転。子葉の上部に波状文が1条施文されている。文様は圏線で四方を囲まれている。瓦胎土に特徴があり、白色粒子が多く含まれ、土がざらついていて粗い。尾道遺跡MQ地点、浄土寺で確認されている。

A11類　蓮華唐草文、子葉3枚、唐草は3転、3転目は切れている。中心飾りの蓮華は線で表現され、A1～A10類の蓮華に比べると簡略化されている。尾道遺跡と弓削島定光寺観音堂で確認されている。定光寺観音堂は寛正四年

（一四六三）の建築であり、この瓦も十五世紀中葉の年代に比定されよう。

Ｂ１類　宝珠唐草文、珠文26、中心飾りが肥厚した宝珠、宝珠の両側に火炎状の波状文４、唐草が６転。唐草の巻きは強い。尾道遺跡ＪＨ04地点での出土と、安国寺釈迦堂（福山市鞆町）の屋根瓦で確認している。瓦当幅が19．2㌢と幅広である。尾道遺跡例では、両端の唐草６転目の切れ具合により、５段階の笵型の縮小が確認できる。

Ｂ２類　宝珠唐草文、珠文12、中心飾りが肥厚した宝珠、宝珠の両側にハート形の子葉、唐草が４転、４転目は切れる。４転目の切れ具合により、ＪＨ04地点→浄土寺という笵型の縮小が確認できる。

Ｂ３類　宝珠唐草文、珠文があるａ・ｂ類と珠文がないｃ類に区分できる。中心飾りは肥厚した宝珠で、宝珠の両脇に線表現の内湾した子葉１枚、唐草は５転する。Ｂ３ａ類は、珠文15、唐草は５転で、５転目は左右の圏線に接する。尾道遺跡ＪＨ04地点と東広島市安芸国分寺跡で確認されている。Ｂ３ｂ類は、珠文13、唐草は５転で５転目は切れている。Ｂ３ａ類の両端を切り詰めたものと考えられる。浄土寺例では、唐草５転目が切れているものと５転目はなく、左右に圏線があるものがあり、縮小の経過をみることができる。西國寺金堂例は後者である。Ｂ３ｃ類は、珠文、圏線がなく、唐草は４転する。瓦当周縁の左右の幅が、２．３～２．５㌢と他事例と比べて広い傾向にある。

Ｂ４ａ類　Ｂ３ｃ類に類似しており、中心飾りは宝珠、子葉が１枚、唐草は４転。子葉の上部に大きめの巻の強い唐草が１枚つく。上部に圏線がある。平部凸面は縦ナデ後に平部と瓦当部の接合箇所から９㌢程度まで横ナデで調整される。焼成は良好で硬質である。Ｂ４ｂ類は、珠文がなく、中心飾りは宝珠、唐草は４転する。Ｂ４ａ類との違いは、子葉がＳ字状に湾曲していることと、上下左右に圏線があることである。中心の宝珠は、Ｂ１～３類ほど明瞭に表現されていない。浄土寺、西郷寺山門、西國寺三重塔で確認されている。

Ｂ５ａ類　宝珠唐草文、珠文、圏線がなく、子葉３枚がつく。唐草は４転する。宝珠は盛り上げて表現しているが、簡略化されている。

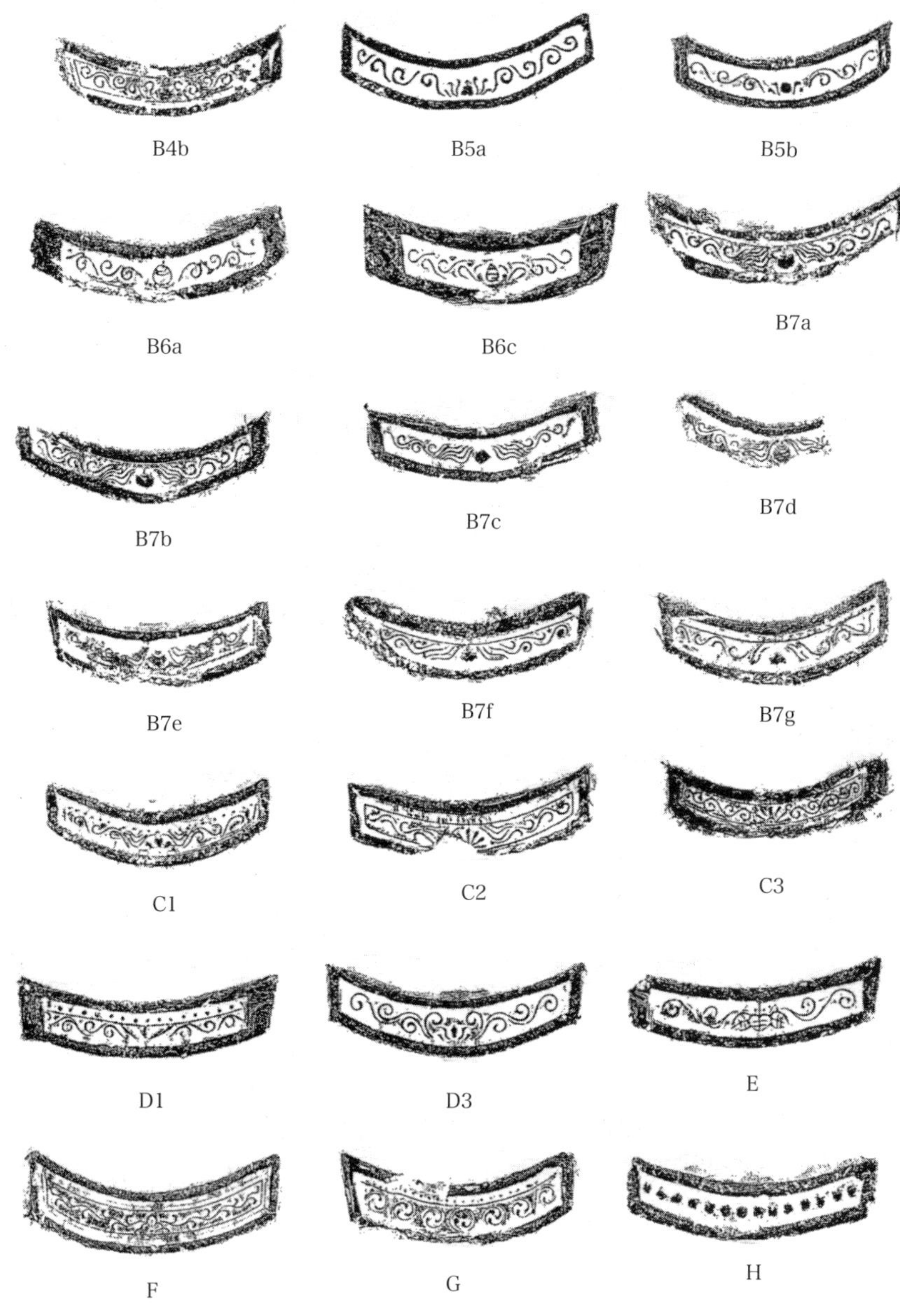

図３　軒平瓦類型図②（縮尺１：８）

Ｂ７類　宝珠唐草文、中心飾りの宝珠は盛り上げる表現で、弧状の沈線がつく。宝珠の両脇に上部からの波状文がみられることが特徴である。波状文の数等で、７種類に細分できる。Ｂ７ａ類は、宝珠唐草文、波状文が４条、唐草は４転。上部に圏線がある。Ｂ７ｂ類は宝珠唐草文、波状文が４条、唐草は４転。上部に圏線がある。Ｂ７ａ類との違いは、４転目の唐草が文様面両端に接しているかどうかである。Ｂ７ｃ類は、宝珠唐草文、波状文が４条、唐草は４転。４転目は切れる。中心飾りの宝珠の沈線がなく、簡略化されている。浄土寺、尾道遺跡ＭＱ地点、安芸国分寺跡で確認されている。Ｂ７ｄ類は、宝珠唐草文、中心飾りの宝珠は３条の突帯と沈線で表現され、波状文は３条、唐草は４転で４転目は切れている。Ｂ７ｅ類は、宝珠唐草文、波状文が３条、唐草は４転。唐草の４転目は切れる。瓦の笵型が摩滅しているのか文様が不鮮明。Ｂ７ｆ類は、宝珠唐草文、波状文が２条、唐草は４転。上部に圏線がある。中心飾りの宝珠は、盛り上げて表現しているものの、沈線も直線化しており、簡略表現である。Ｂ７ｇ類は、宝珠唐草文、波状文が２条、唐草は４転。４転目は切れる。上部に圏線がある。向上寺三重塔で確認されている。

Ｃ類　菊水唐草文である。中心飾りの半円状の菊水文の花弁の太さや数により、三つに細分した。

Ｃ１類　菊水唐草文、珠文22、波状文３条、唐草は３転。上下左右に圏線あり。菊水文は花弁が５枚、中心の花弁が最も幅広である。明王院五重塔で確認されている。

Ｃ２類　菊水唐草文、珠文はなく、波状文３条、唐草は４転。上下左右に圏線あり。菊水文の花弁は７枚、均等な幅である。同笵瓦として尾道遺跡ＪＨ04地点、ＥＣ03地点(常称寺大門付近)、ＭＱ地点、浄土寺で確認されている。この瓦の胎土もＡ10類と同様に粒子が粗く、ざらざらしており、色調は黒褐色に近い。

Ｃ３類　菊水唐草文、珠文はなく、波状文３条、唐草は２葉で３転。菊水文の花弁は７枚、花弁の中心は二重円で表現する。上下左右に圏線あり。尾道遺跡内の複数地点と西國寺三重塔で確認されている。

Ｄ類　中心飾りが橘文、珠文・圏線の有無で三つに細分した。

表2　瓦類型表　軒平瓦（瓦当径：㎝）

型式	地点	文様	珠文	圏線	唐草の展開	面取	瓦当幅	年代
A1a	明王院本堂	蓮華唐草	16	上下	4転	無	22.7	Ⅳ-2
A1b	浄土寺、西國寺金堂　尾道 MQ-A・EC03	蓮華唐草	16	上下	4転目切	無	20.0	Ⅳ-2
A1c	西國寺金堂	蓮華唐草	15	上	4転目切	有	22.7	Ⅳ-2
A2a	明王院五重塔、浄土寺、尾道 IT02・MQ-B	蓮華唐草	19	上下	4転	無	24.3	Ⅴ-1
A2b	浄土寺多宝塔、尾道 MQ-C・FC01・EC03	蓮華唐草	17	上	4転目切	有	20.0	Ⅴ-2
A3	尾道 MQ-D、西郷寺本堂	蓮華唐草	17	上	4転目切	有	20.5	Ⅵ-2
A4	浄土寺本堂	蓮華唐草	26	上下	展開方向異	有	21.6	Ⅴ-1
A5	浄土寺	蓮華唐草	23	上下	4転	有	22.1	Ⅴ-1
A6	浄土寺	蓮華唐草	26	上下	3転	無	21.1	Ⅴ-1
A7	浄土寺阿弥陀堂・本堂、尾道 DC02	蓮華唐草	30	上下	3転目切	無	26.5	阿弥陀堂当初瓦Ⅴ-1
A8	尾道 JH04、EC03	蓮華唐草		上	6転目切	有		Ⅵ-1
A9a	西郷寺山門、尾道 MQ-E・JH04・EC05・EC03	蓮華唐草	21	上	2葉唐草3転		(22.7)	Ⅵ-2
A9b	西郷寺本堂・山門	蓮華唐草	21	上	2葉唐草3転		23.2	Ⅵ-2
A10	尾道 MQ-G、浄土寺	蓮華唐草		上下左右	6転	有	21.6	Ⅵ-1
A11	尾道遺跡、定光寺観音堂	蓮華唐草			3転目切		19.4	Ⅶ
B1	尾道 JH04-A、安国寺釈迦堂	宝珠唐草	26	上	6転	有	(24.3)	Ⅵ-2
B2	浄土寺、尾道 JH04-B・KD01	宝珠唐草	12	上	4転目切	有	20.5	Ⅶ
B3a	尾道 JH04-C、安芸国分寺	宝珠唐草	15	上下左右	5転	有	22.7	Ⅶ
B3b	浄土寺、西國寺金堂、光明寺	宝珠唐草	13	上下左右	5転目切	有	22.1	Ⅶ
B3c	浄土寺、光明寺	宝珠唐草			4転	有	22.7	Ⅶ
B3d	光明寺、安芸国分寺跡	宝珠唐草	15	上下左右	3転		24.0	Ⅶ
B4a	尾道 MQ-J	宝珠唐草		上	4転	有	20.5	Ⅶ
B4b	浄土寺、西郷寺山門、西國寺三重塔	宝珠唐草		上下左右	4転	有	20.5	Ⅶ
B5a	本蓮寺本堂	宝珠唐草			4転	有	23.7	Ⅶ
B5b	浄土寺	宝珠唐草			3転	有	20.0	Ⅷ
B6a	浄土寺	宝珠唐草			4転目切	有	23.8	Ⅷ
B6b	尾道 JH04	宝珠唐草						Ⅷ
B6c	浄土寺	宝珠唐草			4転	有	23.2	Ⅷ
B7a	浄土寺	宝珠唐草		上	4転	有	24.3	Ⅶ
B7b	浄土寺、大滝山三重塔	宝珠唐草		上	4転	有	23.2	Ⅶ
B7c	浄土寺、尾道 MQ-H、安芸国分寺	宝珠唐草		上	4転目切	有	21.6	Ⅶ
B7d	尾道 JH04	宝珠唐草			4転目切	有		Ⅵ-2
B7e	浄土寺、尾道 MQ-I、西郷寺山門	宝珠唐草			3転目切	有	20.5	Ⅵ-2
B7f	浄土寺	宝珠唐草		上	4転	有	22.7	Ⅵ-2
B7g	向上寺三重塔	宝珠唐草		上	4転目切	有	21.1	Ⅵ-2
C1	明王院五重塔	菊水唐草	22	上下左右	3転	有	20.5	Ⅵ-2
C2	浄土寺、尾道 EC03・MQ-F・JH04	菊水唐草			4転		22.7	Ⅵ-2
C3	尾道 CC03・EA01・EC05、西國寺三重塔	菊水唐草		上下左右	3転	有	20.5	Ⅵ-2
D1	浄土寺	橘文唐草	17	上	4転目切		23.7	Ⅶ
D2	浄土寺	橘文唐草			3転	有	23.7	Ⅷ
D3	浄土寺、常称寺本堂	橘文唐草			3転	有	23.7	Ⅷ
E	浄土寺	下向三葉桐			2転	有	23.2	Ⅷ
F	浄土寺本堂	花菱唐草			7転		23.7	Ⅴ-1
G	浄土寺、大畑遺跡、福山城	連続三巴	25			有	21.6	Ⅵ-2
H	浄土寺	連珠	14				23.2	Ⅱ

D1類　橘文唐草文、珠文17、上部に圏線あり。唐草は4転。4転目は切れる。
D3類　橘文唐草文、珠文、圏線はない。唐草は4転。最も内側の唐草は内湾の強い子葉とも考えられる。常称寺現本堂、尾道遺跡JH04地点、浄土寺で確認されている。
E類　下向三葉桐文。唐草は2転。浄土寺阿弥陀堂で使用されていた瓦だが、天正二十年(一五九二)のヘラ書きがあり、阿弥陀堂改修時の瓦と考えられる。
F類　花菱唐草文、二重圏線があり、唐草は一つにつながりつつ7転する。浄土寺本堂の当初瓦と考えられ、山崎氏の研究では、奈良の大安寺瓦と同笵であることが分かっている。
G類　三巴文が7つ連続する文様。珠文25と上部に圏線がある。浄土寺多宝塔で確認されている。
H類　連珠文、珠文が14個連続する。浄土寺庫裏客殿の改修抽出瓦であるが、尾道遺跡内でも複数の地点で破片資料が確認されている。山崎氏の編年のII期に相当することが考えられる。
以上が、尾道遺跡内及び周辺地域の中世軒平瓦の類型化である。基本的に山崎氏の編年に従って、おおよその年代を推定しているが、宝珠唐草文については、さまざまな種類が認められ、従来の編年と比較しながら、考察する必要がある。

軒平瓦で最も古い様相を示すものはH類で、II期に相当すると考えられる。そして、IV—2期として、浄土寺当初瓦であるF類、さらに蓮華唐草文であるA類がIV—2期からVI期まで確認できる。A類は、笵型を縮小しながら使用されている事例が多くあり、また浄土寺のみで確認されているような笵型もあり、製作者、製作時期の違いを検討していくことも必要であろう。

B類の宝珠唐草文は、7類型19個と変化と多様性が著しい。宝珠唐草文は、山崎氏の編年では、VII期から出現しているが、宝珠唐草文に珠文や圏線があるものも確認され、蓮華唐草文との重複期間があるのではないかと考えている。

尾道遺跡JH04地点で最も多く出土したB1類、さらに複数地点で確認されているB2類、B3a類などは、成形技法等からⅥ期まで宝珠唐草文が遡る可能性を示している。A1～A7類の蓮華唐草文と確実に共伴している事例はないものの、瓦の調整や文様等からB1類をⅥ―2期とした。。尾道の十四世紀末から十五世紀に主流となるのは、B類の宝珠唐草文であり、今まで分かっていなかった瓦の類型が確認できたことは大きな成果といえる。

以上のように、尾道を中心とした中世の軒丸、軒平瓦を類型化し、おおよその年代を探ってみた。中世瓦については、出土事例が少なく、資料的制約もあるが、文様構成、製作技法等から、尾道を中心に多様な瓦が存在していることが確認できた。

3　近隣地域の瓦

では、次に前節で類型化した軒丸、軒平瓦と、尾道近隣地域での出土事例、中世建造物での確認事例を比較検討してみたい。

中世瓦の出土事例として、福山城跡(福山市)、今高野山多宝塔跡(世羅町)、大柳遺跡(世羅町)、安芸国分寺跡(東広島市)がある。

福山城跡舟入西部地区から一点(図4―1)ではあるが、軒平瓦G類が出土している。この資料は実見し、尾道での資料と同笵であることを確認している。福山城跡の瓦にも尾道例と同様に文様の端1センチの箇所に直線が確認できる。尾道例と同様に瓦笵の接続痕跡と考えられる。その他の調整は、尾道で確認しているG類と同様で、瓦当後縁の面取りや凸面のタテナデが確認できる。

このG類と同笵資料が大柳遺跡で出土している。大柳遺跡は、尾道市の北隣、世羅町に所在する中世の仏教関連遺

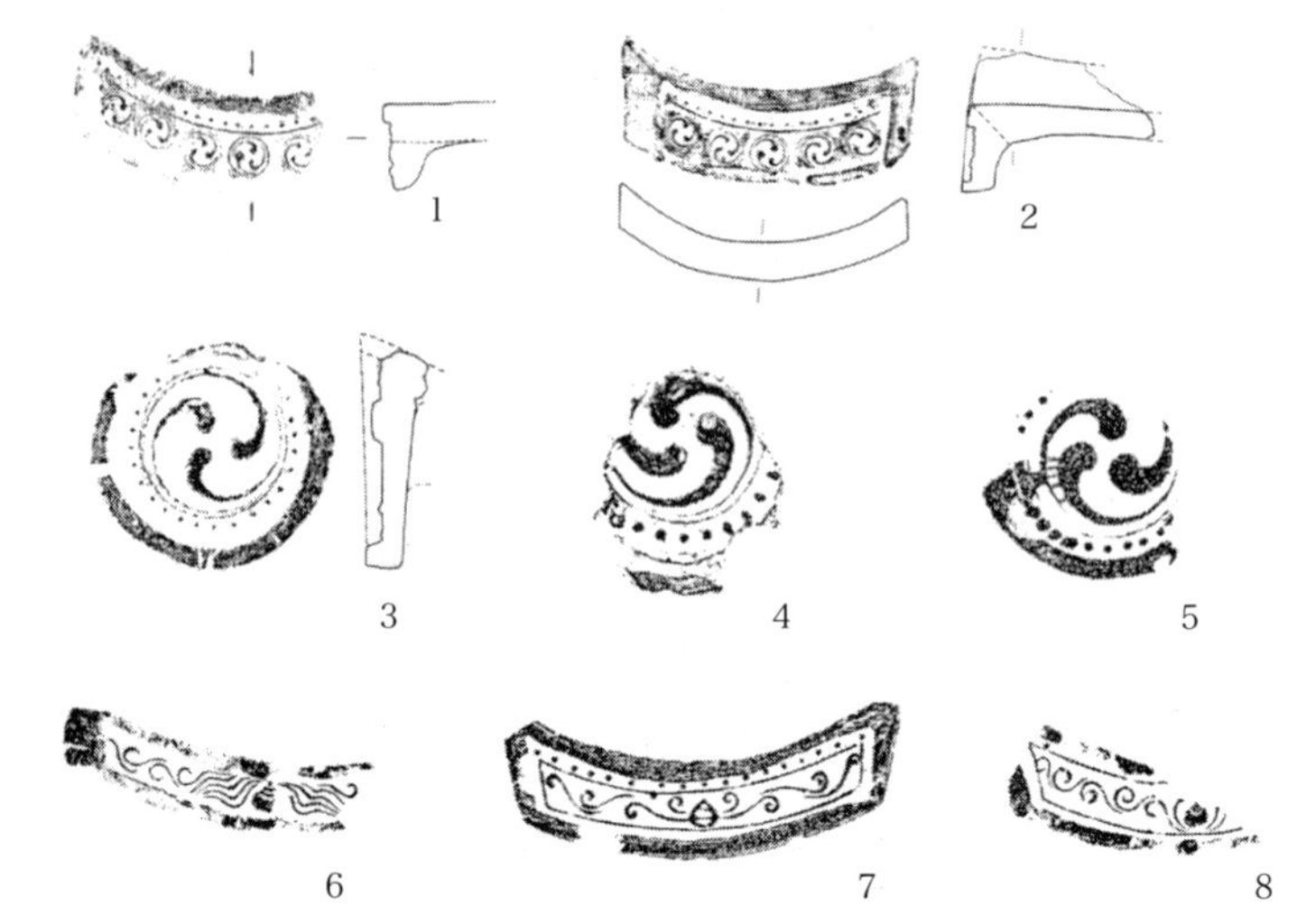

図4　尾道周辺の瓦（縮尺1：8）1. 福山城跡　2・3. 大柳遺跡　4~8. 安芸国分寺跡

跡である。発掘調査では基壇状遺構、瓦溜等の遺構と土師質土器、瓦類等が出土している。瓦類は、軒丸瓦、軒平瓦、丸瓦、平瓦全て2種類ずつ確認されており、セット関係が想定できる。その中で、三巴文軒丸瓦（図4—3）と連続三巴文軒平瓦（図4—2）が出土している。この瓦群も実見しているが、尾道の瓦と比較すると軒丸瓦A10類と同笵瓦である。大柳遺跡例については、瓦当面の笵型に傷があり、A10類の浄土寺例や西國寺例と比べても傷が大きいことから、大柳遺跡例が後出であると考えられる。この軒丸瓦A10類は、浄土寺、西國寺、大柳遺跡それぞれで瓦笵の傷や調整に差異が認められる。瓦当後縁の面取りも違いがあり、浄土寺例には瓦当裏面に×印が刻まれている。こうした違いは、ある程度の時期差と瓦職人の違い、瓦の大きさの違い等に由来するのではないかと考えている。

連続三巴文軒平瓦は、尾道の軒平瓦G類と同笵であることを実見して確認している。ただし、尾道での事例及び先に紹介した福山城跡出土事例では、連続巴文が7個、上部の珠文25個であるのに対し、大柳遺跡例は巴文5個、珠文16個である。この2種を詳細に観察すると、尾道と福山の瓦当文様両端から1㌢程度の箇所に直線状のつなぎ目が確認できる。つまり、軒平瓦の大きさ（横幅)により、瓦当幅も制約があり、大柳遺跡例では瓦笵の両端を落としたものを使用し、尾道と福山では両端をつないだ瓦笵を使用していることが判明した。このような同笵型を数か所で使用し、かつ笵型の文様幅を調整している事例はあまり確認できていないが、尾道ではほかにも軒平瓦A9a類に同様に笵型のつなぎ目が確認できる。また、山崎信二氏も指摘されている軒平瓦A1類の種は、同笵型を使用し、両端をカットしたり、下部をカットしたりと再利用している形跡が確認できる。これらの笵型の大きさの調整は、瓦の大きさと大きく関係があり、その瓦の大きさは葺かれる建物の規模に影響される。こうした建物規模の違いでも、瓦笵木を調整することにより、需要に応えていたのであろう。

また、尾道遺跡JH04地点での出土事例では、軒平瓦B1類で唐草文の展開数に違いがあり、同一箇所でも笵型の縮小が確認できた。

このような笵型の継続的な使用や状況に応じての組み合わせ等の方法が尾道を中心におこなわれており、瓦の流通とも密接に関わっていると考えられる。

尾道と共通の瓦の流通範囲は、現在確認できている中で、備前市大滝山三重塔が東端、東広島市西条が西端である。安芸国分寺跡から数点ではあるが、尾道と共通する瓦が出土している〔東広島市 二〇〇二〕。図4―4の軒丸瓦31型式は、尾道の軒丸瓦B2類かB3類と同笵と考えている。また、図4―5の32型式は、尾道の軒丸瓦A3類と同笵の可能性が高い。

軒平瓦では図4―6の21型式が尾道の軒平瓦B7c類と同笵である。また、図4―7の22型式は軒平瓦B8類と同笵である。図4―8の23型式も軒平瓦B3a類と同笵である。

これらの出土事例の他に、明王院本堂・五重塔(福山市)、安国寺釈迦堂(福山市)、祥雲寺観音堂(愛媛県上島町)、定光寺観音堂(愛媛県上島町)の屋根瓦に尾道の軒平瓦と同笵と考えられる瓦が使用されている。軒平瓦A1a類は明王

安国寺釈迦堂 軒平瓦

軒平瓦 B1 類

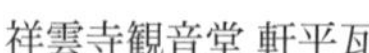

祥雲寺観音堂 軒平瓦

軒平瓦 A9a 類

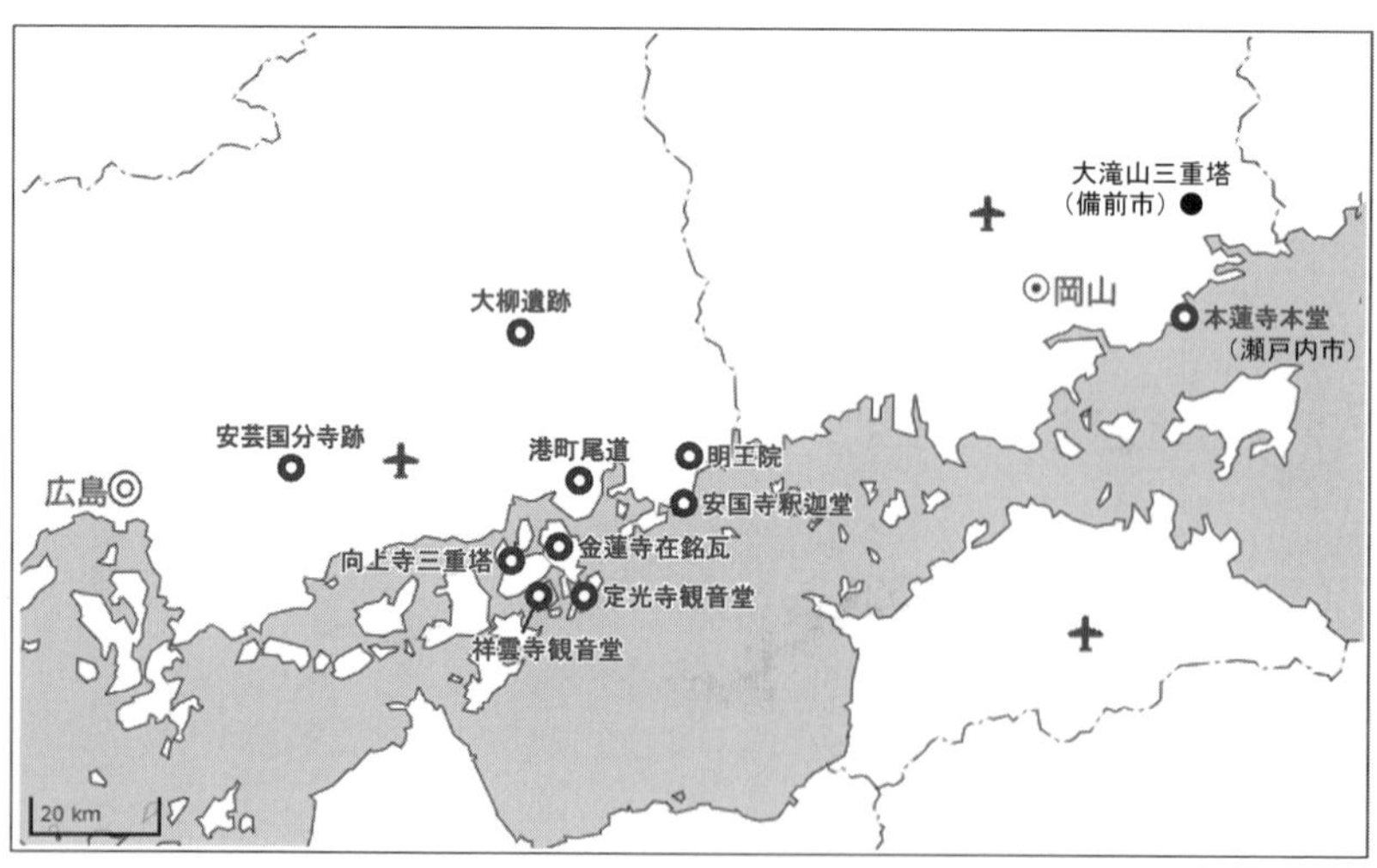

図5　尾道と近隣地域の同笵瓦

院本堂の当初瓦とされ、軒平瓦Ａ１ｂとＡ１ｃ類と同笵瓦である。また軒平瓦Ａ２類も明王院五重塔で使用されている。この同笵瓦については、尾道遺跡での出土事例と浄土寺でも使用例がある。軒丸瓦Ａ16類は明王院五重塔で使用されており、尾道遺跡で同笵瓦の出土事例がある。

安国寺釈迦堂は室町時代中期に建てられたとされ、数度の修理を経て、現在の屋根瓦には数種類の瓦が使用されている。その中で、軒丸瓦Ｂ１類と同笵瓦と考えられる瓦と軒平瓦Ｂ１類と同笵瓦と考えられる瓦があり、尾道遺跡出土例や浄土寺で使用されている。

尾道の南、弓削島と岩城島にある中世寺院に使用されている瓦も、尾道の瓦と同瓦笵と考えられる。祥雲寺観音堂の軒丸瓦は、尾道の軒丸瓦Ａ12類、軒平瓦は軒平瓦Ａ９ａ類と同笵瓦と考えられる。定光寺観音堂の軒丸瓦は、尾道の軒丸瓦Ａ11類、軒平瓦は尾道の軒平瓦Ａ11類と同笵瓦と考えられる。

備前市大滝山三重塔は、足利義政が嘉吉元年(一四四一)に建立したと伝えられ、現地の瓦と比較すると尾道での軒平瓦Ｂ７ｂ類と同笵瓦と考えられる。尾道での事例より両端の唐草文が短く、両端を詰めた瓦笵を使用していると推定できる。

このように、尾道の近隣地域だけでなく、離れた地域でも同笵瓦と考えられる瓦が存在しており、広域な流通形態がみてとれる。

4　中世瓦の流通と生産

尾道での瓦使用と周辺地域での同笵瓦の瓦を概観し、尾道を中心とした瓦流通の可能性を指摘した。

では、これらの瓦は、尾道で生産され、流通していたのだろうか？　今のところ、尾道あるいは周辺地域に中世の瓦窯跡は確認されていない。ただ、鎌倉時代から室町時代にかけて継続的に多くの瓦が使用されていることから、瓦生産と流通の拠点であったことは十分に想定できる。そこで、瓦職人（瓦工）と瓦を取り扱う商人の痕跡を確認しておく。

まず、中世寺院の瓦には、さまざまなヘラ書きが刻まれている。浄土寺阿弥陀堂の丸瓦に「阿弥陀堂払葺大工甎（瓦）屋二ノ衛門　生年五十歳　（中略）文明六年甲午五月廿六日　敬白」と刻まれていた。このヘラ書き瓦とセットとなるのは軒丸瓦Ａ５類、軒平瓦Ｂ２類と考えられる。また、同じく浄土寺阿弥陀堂の鬼瓦や平瓦には、「瓦大工又右エ門之作　天正廿年壬辰六月初而十一日」等のヘラ書きがあり、軒丸瓦Ａ24類、軒平瓦Ｅ類とセットとなる。

広島県重要文化財の金蓮寺在銘瓦には、結縁衆の名前とともに「宝徳二年庚午四月五日始之　大檀那宮地大炊助沙弥妙光　瓦大工尾道住衛門五郎経次」と丸瓦に刻まれている。そして、同じく棟瓦に因島の多くの結縁衆とともに「自重井材木石瓦土打三度合力當島皆参也」とも刻まれており、重井（重井浦：因島重井町）から材木や石とともに瓦土も運ばれ、島民たちにより瓦土が練られ、製作されていることが分かる。このように、尾道やその周辺地域、あるいは遠隔地であっても尾道の瓦大工が現地に赴き、その地域住民や結縁衆とともに瓦を製作することが一つの方法としておこなわれていたのであろう。

ほかには、尾道ではなく、牛窓（岡山県瀬戸内市）の本蓮寺本堂の瓦［重要文化財本蓮寺本堂修理委員会 一九五八］に丸瓦及び平瓦に「おの道孫四郎作也」「備後國おの道浦大工」「明應七年」「おの道大工孫四郎」「おの道浦孫四郎作也　宗久（花押）」などのヘラ書きが確認されている。本蓮寺本堂は明応元年（一四九二）に再建されたことが分かっているが、瓦のヘラ書きから、この瓦が明応七年（一四九九）に製作されたことが分かり、十五世紀末の年代に比定される瓦で軒平瓦Ｂ７類である。

尾道の瓦大工ではないが、西國寺三重塔の鬼瓦に「大工者四天王寺渡辺宗兵衛藤原家次天正四年十月吉日」と刻まれている［重要文化財西國寺金堂・三重塔修理委員会 一九六七］。四天王寺瓦大工は、紀伊や播磨、小豆島、淡路島等で記銘瓦が確認されており、近畿地方を拠点とした瓦大工集団であったと考えられている〔山崎 二〇一二〕。その中で尾道の西國寺三重塔鬼瓦は飛び地的な印象を受けるが、十六世紀後半には城郭瓦の需要が大きくなることなどから、瓦流通範囲が広がっていたことなどの理由が想定される。ただ、天正四年（一五七六）七月には、石山本願寺をめぐって、織田信長の水軍と毛利氏・小早川氏の水軍、村上海賊等が戦った第一次木津川口の戦いがおこなわれており、近畿地方と中国地方の往来がどの程度可能であったのか、時代背景との関連性を検証していく必要がある。

瓦大工の痕跡について記述したが、次に瓦を取り扱う商人を検討しておく。

尾道での瓦流通を裏づけるものとして、渋谷家文書（広島県立文書館所蔵）がある。渋谷氏は戦国大名毛利氏配下の商人であり、戦国時代の尾道町の代官でもあった。毛利氏の指示のもと、さまざまな物資を調達し、朝鮮出兵の際には朝鮮半島にも物資を運んでいる。そうした中で、渋谷氏から文禄二年（一五九三）に弥左衛門尉あての書状で、御所瓦屋に「瓦三千八百枚」を注文していることなどが記録されている〔広島県 一九七八〕。

〔史料1〕渋谷與右衛門尉御所瓦屋算用出入未進注文（渋谷家文書）

御所瓦屋さん用出入之事

一銀子八拾六匁　（備後御調郡）尾道瓦屋ニ渡之、

右之方ニ

一瓦三千八百枚　相調之、

右代六〆四百六十文但瓦千ニ付壹〆七百文さん用也、

銀〆五拾八匁壱分四リン貫別九匁にて候也、

残銀子貳拾七匁八分六リン未分

右者、天正十九三月十八日勘文写号（ママ）　同所瓦屋未進候所如件、

文禄
文貮　九月七日　　　　　　　　渋与右（花押）

弥左衛門尉殿

史料１からは尾道の御所（現在の尾道市東御所町ヵ）に瓦屋があったこと、尾道で瓦三千八百枚が調達可能であったこと、朝鮮半島等との広域な取引をおこなっていた渋谷氏も瓦の流通に関わっていたことなど、重要な事項を読み取ることができる。

現在、確認できている尾道以外の地域との流通を示す資料は以上である。尾道で確認できる瓦を類型化し、建物の年代等と比較しながら変遷を考えると、十四〜十六世紀にかけて継続的に多種類の瓦が使用されており、瓦笵の再利用などから生産と流通が活発におこなわれていたことが推定できる。その理由として、寺院等で使用される頻度が他都市と比べて格段に多かったこと、瓦以外の米や豆類、塩などの大坂方面や近隣地域との物資流通が中世を通じて活発であったこと、そして、瓦を使用する寺院に足利将軍家や備後守護の山名氏の影響が大きかったことなどがあげられよう。中世尾道は、平安時代末以降の荘園倉敷地として、さらにその後の瀬戸内有数の交易中継拠点として発展しており、また、その立地から多方面の地域への交通の要衝でもあった。その立地と財力を活かし、そして問丸梶取等の海運業者や商人が集まったことにより、多くの寺社が創建、再建され、建造物が建てられている。特に海運業者や商人との関係を重視した足利将軍家や備後守護山名氏らの影響力が強まった十四世紀には浄土寺、西國寺、西郷寺、常称寺、天寧寺等の建造物が集中して建立され、瓦の生産と流通が飛躍的に進んだと考えられる。

山崎信二氏の研究により、浄土寺本堂等で使用されていた花菱唐草文と菱形唐草文軒平瓦が、大安寺（奈良県）と同笵瓦であることが分かっており［山崎 二〇〇〇］、鎌倉時代末に大和瓦大工が備後尾道の浄土寺まで製作に来ていたことを示している［山崎 二〇一四］。大脇潔氏もこの大安寺と浄土寺の事例や不退寺南門と浄土寺本堂の鬼瓦の類似例から東大寺を核とした東寺―大安寺―不退寺―浄土寺を結ぶ瓦大工の動きを想定されている[大脇二〇二二]。鎌倉〜室町時代では、大安寺例以外に他地域からの瓦大工の移動は、尾道では確認されていない。常称寺本堂亀腹下から出土した「尉」の字のみ残っていた鬼瓦片の比較から、播磨の瓦大工の制作の可能性もあるが、軒丸瓦と軒平瓦では同笵例はない。

戦国時代になると、前述した天正四年の四天王寺瓦大工の鬼瓦が西國寺三重塔に葺かれている事例があり、また、戦国時代の段階では城郭の整備などから広域な瓦大工のネットワークも想定される。

以上のような事例から少し長期間ではあるが、尾道とその近隣地域の瓦流通形態について、考察してみたい。まず、鎌倉時代については、軒平瓦H類があることから在地の瓦大工が活動していた可能性は考えられるが、大きな変化として、十四世紀前半頃の律宗の布教とともに大和瓦大工の一時的な移入が確認できる。これは浄土寺と大安寺の同笵瓦事例からである。その後、尾道の中世瓦の大きな特徴である蓮華唐草文軒平瓦が周辺地域も含めて広がり、多くの寺院で採用されている。これは尾道の瓦大工の活発な活動と寺院建立の需要が重なったことが大きく影響している。

この時の瓦製作の方法として、金蓮寺在銘瓦にもあった、現地での瓦土打ちがあげられる。この場合、瓦大工が現地に赴き、現地の結縁衆や住民とともに瓦を製作するということになる。そして、瓦大工とともに瓦笵も持参すれば、同笵瓦ができることとなる。この十四世紀段階での尾道の瓦大工の活発な活動が、続いて十五世紀の更なる活動範囲拡大につながっていくのだろう。十五世紀段階には芸予諸島や牛窓、安芸国分寺などの遠隔地にも広がっており、尾道の商業や海運業の繁栄とあわせて、村上海賊による海上交通への影響力が高まったことなども理由としてあげられる。

そして、戦国時代に入ると、戦国大名の動きにより海上交通は緊迫化するが、城郭整備等の需要から、近畿地方との流通は継続していたと考えられる。

　鎌倉時代から戦国時代にかけての瓦流通としては、このような大きく三段階での変化が想定できる。

おわりに

　中世尾道の寺院瓦、そして尾道遺跡の出土事例から軒丸瓦、軒平瓦を類型化し、近隣地域の中世瓦と比較検討した。それにより、尾道だけでなく、近隣地域と同笵瓦が複数確認され、また、建物の規模による瓦笵の調整など、これまであまり報告されていない事例も確認することができた。

　そして、刻銘瓦の事例や文書から、尾道を中心とした比較的広域な瓦大工の動きを想定した。特に十五世紀には、かなり広範囲に瓦が流通しており、外国との交易船の中継拠点でもあった港町尾道の流通経済の発展とも密接に関係していると考えられる。

　さらに、流通方法として、瓦大工が移動し、現地で製作する事例と尾道から製作された瓦を運ぶ事例の大きく二種類があることが想定できる。

　今後は、こうした瓦流通の証拠ともいえる同笵瓦の確認を進め、より詳細な流通形態を探っていきたい。そのためにも、中世を通じた尾道と近隣地域の瓦編年の精度を高め、流通の背後にある公権力や有力者の動き、そして尾道商人や村上海賊などの海運との関わりも探ることで、瀬戸内中部の流通形態の解明を進めていきたい。

引用参考文献

大脇　潔　二〇二二「やまと・まほろば・甍紀行」『民俗文化』三四　近畿大学民俗学研究所
小林康幸　二〇一四「中世日本における造瓦技術の変遷」『考古学ジャーナル』六五二

佐川正敏　一九九五「鎌倉時代の軒平瓦の編年研究―よみがえる中世の瓦」『文化財論叢Ⅱ』
乗岡　実　二〇一五「松江城の屋根瓦―山陰で活躍した瓦工人と城郭整備」『松江市歴史叢書』8
花谷　浩　二〇一五「山陰の中近世瓦からみた鰐淵寺」『出雲鰐淵寺埋蔵文化財発掘調査報告書』
花谷　浩　二〇一七「出雲における中近世の瓦と松江城築城期の瓦」『松江市史研究』8
平田一格　二〇〇五「コウガ屋敷遺跡の中世瓦をめぐって」『瀬戸内海西部閉鎖海域における海民文化形成史の考古学的研究Ⅰ』
森　恒夫　一九八二「備後南部中世寺院の軒平瓦について」『尾道市文化財春秋』17
山崎信二　二〇〇〇『中世瓦の研究』奈良国立文化財研究所第59冊
山崎信二　二〇一二『瓦が語る日本史―中世寺院から近世城郭まで』吉川弘文館
山崎信二　二〇一四「日本における造瓦技術の変遷」『考古学ジャーナル』六五二
尾道市教育委員会　二〇一九『尾道市内遺跡―尾道遺跡ほか市内遺跡調査概要　平成29年度』
尾道市教育委員会　二〇二一『尾道市内遺跡―尾道遺跡ほか市内遺跡調査概要　令和元年度』
公益財団法人広島県教育事業団埋蔵文化財調査室　二〇一五『中国横断自動車道尾道松江線建設に伴う埋蔵文化財発掘調査報告(四三)大柳遺跡』公益財団法人広島県教育事業団
国宝浄土寺修理委員会　一九七三『国宝並びに重要文化財浄土寺本堂、多宝塔、山門修理工事報告書』
重要文化財西郷寺本堂及び山門修理委員会　一九六五『重要文化財西郷寺本堂及び山門修理工事報告書』
重要文化財西國寺金堂・三重塔修理委員会　一九六七『重要文化財西國寺金堂三重塔修理工事報告書』
重要文化財本蓮寺本堂修理委員会　一九五八『重要文化財本蓮寺本堂修理工事報告書』
宗教法人浄土寺　二〇一五『重要文化財浄土寺方丈ほか五棟並びに裏門保存修理工事報告書(本文編)』
㈶東広島市教育文化振興事業団文化財センター　二〇〇一『史跡安芸国分寺跡発掘調査報告書Ⅲ』
広島県　一九七八『広島県史　古代中世資料編Ⅳ』
福山市教育委員会　二〇〇八『福山城跡』福山市埋蔵文化財調査報告書第29集

草戸千軒町遺跡と土器・陶磁器の流通

鈴木 康之

はじめに

本稿では、瀬戸内海中央部に位置する港湾集落遺跡として知られる草戸千軒町遺跡（広島県福山市）の出土資料を紹介することにより、中世瀬戸内海における陶磁器流通の実態を描き出すことを試みる。もちろん、中世瀬戸内海における流通の全体像は一集落遺跡の出土資料のみで描き出せるものではなく、多様な事象の複合体として成立していたはずである。ただ、瀬戸内海をめぐる流通の全体像を復元していくためには、特定の地域、個別の事象の分析事例を蓄積し、相互に比較・検討することで総合化を図ることが必要になる。

そこで本稿では、草戸千軒町遺跡において、どのような種類の土器・陶磁器が消費され、いかに変遷していったかを示し、瀬戸内海流通を復元するための手がかりとしたい。

１　「草津」と呼ばれた集落について

(1) 集落の性格

草戸千軒町遺跡は、芦田川河口に形成された三角洲の西南端に位置した中世の港湾集落遺跡であり、(1) 十三世紀中頃から十六世紀初頭にかけて存在したことが発掘調査によって明らかになっている。(2) 十六世紀初頭に中世集落が廃絶したのちは、一六一九年に始まる福山城下町の建設によって、芦田川の氾濫に備える遊水地のような役割を担う場所となっていたらしい。その後、一六七三年頃までにこの場所を新田（草戸新涯）として開発することになり、新田を守るための堤防が芦田川沿いに築かれた。ところが、一六七三年に芦田川が増水し、城下町側に氾濫する危険性が高まったために新田側の堤防を切り、それによって芦田川を氾濫させたことが、福山藩士・宮原直倁（なおゆき）によってまとめられた『備陽六郡志』に記されている。

なお、『備陽六郡志』は新田開発から洪水にいたる経緯と、この場所にかつて「草戸千軒」という町が存在したという伝説とを混同して記しており、「草戸千軒」の集落が一六七三年の洪水によって消滅したかのような記述となっている。しかし、一九六一年から一九九四年にかけて実施した発掘調査の成果からは、洪水があったとされる一六七三年まで中世集落が存続したことは確認できず、現在では中世集落は十六世紀初頭に終焉を迎えたと判断している。

発掘調査によって明らかになったこの集落は、網野善彦氏によるいわゆる「無縁論」の影響などもあり［網野 一九七八］、河原や海浜といったいわゆる「無主」の地に商人や手工業者らが集住することによって自然発生的に成立したものと理解されてきた［網野・司 一九八八］。そうした理解にもとづき、「中世民衆の町」といったイメージが定着してきたのである。

ところが、発掘調査の成果を当該期の地域社会のなかに位置づける作業を進めていくと、この集落は必ずしも自然発生的に成立した町だったのではなく、以下に述べるように、領主層による地域支配の拠点として計画的に建設された可能性が高まってきた〔鈴木二〇〇七b・二〇一八・二〇二四〕。

集落の変遷過程は、遺跡でもっとも多く出土している土師質土器供膳具の型式編年をもとに、表1に示す時期区分によって捉えている。以下、この時期区分によって集落変遷の概要を説明していく。

集落が成立するのは十三世紀中頃のことで(I期前半)、承久の乱(一二二一年)ののちに備後守護や皇室領荘園・長和荘の地頭に任じられた御家人・長井氏によって、長和荘の一角、瀬戸内海に流れ込む芦田川の河口近くに建設された集落であったと考えられる。成立当初は「草津(くさいづ)」と呼ばれていたらしく、「津」すなわち港湾集落として成立したことが想定できる。

表1　草戸千軒町遺跡における時期区分

時期		暦年代
I期前半		13世紀中頃
I期後半		13世紀後半
II期前半		14世紀初頭
II期後半	古段階	14世紀前半
	新段階	
III期		15世紀前半～中頃
IV期前半		15世紀後半
IV期後半	古段階	15世紀末～16世紀初頭
	新段階	

その後、鎌倉幕府が滅亡へと向かう元弘の乱(一三三一～一三三三年)を契機に(II期後半)、備後地域南部における長井氏の勢力は後退したらしく、十四世紀後半を中心とする時期の遺構・遺物がほとんど確認できなくなる。

十五世紀前半(III期)になると集落中心部から次第に再開発が進められていくが、これには備後守護・山名是豊の代官として備後地域南部の守護領の管理にあたった渡辺氏が関与していたと考えられる〔広島県立歴史博物館二〇一三〕。渡辺氏は、応仁文明の乱(一四六七～一四七七年)に際しては東軍方の山名是豊に従って行動するが、山名是豊の没落によって一時的に所領を失ったようである(IV期前半)。しかし、戦後は集落一帯を再び安堵されたらしく、幅約10㍍の環濠に囲まれた一辺約100㍍の方形居館を建設している(IV期後半)。ところがその直後、近隣の領主間で所領の調整が行われるなかで山田(福山市熊野町)に新たな所領を獲得し、これによって芦田川河口に位置するこの集落は廃絶することになったと考えられる。なお、渡辺氏が集落経営に関与したと考えられる室町時代には、集落は「草土(くさど)」と呼ばれるようになっていたらしい[鈴木二〇〇七b]。

この集落が港湾集落として成立し、地域経済の拠点として機能を果たしていたことはさまざまな出土資料によって裏付けられており、商人、金融業者、流通・運輸業者、手工業者など、いわゆる非農業民の活動拠点であったことは否定できない。同時に、この遺跡の発掘調査の意義は、そのような民衆生活の実態を明らかにした点に求められることも確かである。ただ、近年の研究成果を含めて評価するならば、この集落の拠点性とは、前述のような武家領主による集落経営を前提に成立していたことになり、この点に集落の特徴があると理解すべきである。

(2) 出土資料の特質

草戸千軒町遺跡では、商品・金融取引に関する木簡がまとまって出土しているほか、芦田川中・下流域から福山湾岸にかけての地域に比定できる地名の記された木簡も存在している。また、鍛冶・番匠・塗師・鹿角細工などの手工業に関係する遺物も出土しており、前述のように地域経済拠点としての役割を果たす集落であったことが明らかになっている。

こうした集落の性格から、そこでは活発な商品取引が行われていたことが復元でき、出土資料の多くもこの集落において取引された商品であると考えられることも多い。しかし、出土状況等を個別に検討してみると、商品としての特性をうかがうことができるものはきわめて限られており、大部分の資料は集落の住人によって消費され、その結果として土坑や池・溝・井戸などに廃棄されたと解釈できるものである[鈴木二〇〇二a]。

集落において、商品の状態で保管されていたことが想定できる資料の例としては、以下のようなものがある。

ＳＤ365（第9次調査）では4点の中国産青磁皿が重なった状態で出土している。青磁皿は十四世紀代のほぼ同時期の製品で、箱などにまとめて収められていたものが何らかの事情で溝状遺構に埋まったと考えられている［広島県草戸千軒町遺跡 一九九三］。また、池状遺構ＳＧ４４１５（第42次調査）では備前焼の壺・甕・擂鉢や東播系須恵器の鉢、瀬戸焼の卸皿など、同一器種が複数個体出土しており、隣接する倉庫と考えられる建物跡（ＳＢ４４４５）が火災に遭い、そこに保管していた製品が廃棄処分されたことが想定されている［広島県草戸千軒町遺跡 一九九五ｂ］。

こうした資料は集落において商品として保管されていた可能性が考えられるが、使用痕が認められるものも多く、集落で使用する什器を保管していた可能性も否定できない。いずれにせよ、出土資料の大部分に関しては、生産―流通―消費―廃棄という製品のサイクルの最終段階に位置すると考えるべき資料なのである。したがって出土資料が直接的に示すのは、集落の人々が消費した製品をどのように廃棄していたかということになる。もちろん、人々が消費した製品はどこからか供給されたものであり、そこには消費・廃棄の前段階にある流通の状況が何らかの形で反映されていることは間違いない。私たちは、消費・廃棄という行為のフィルターを通すことによって、流通のあり方を解明することが可能になるのである。

2　出土した土器・陶磁器の種類

次に、草戸千軒町遺跡における土器・陶磁器の消費状況を示すため、その概要を土器・国産陶器・輸入陶磁器という種類別に紹介していく。

(1) 土器

土器としては土師質土器、畿内産土師器、畿内産瓦器などが出土している。

【土師質土器】　低火度で焼成された無釉の土器である。この種類の土器は土師器と呼ばれることもあるが、古墳時代以来の土師器の系譜を直接的に引くものではなく、回転台を利用して成形されていることなどから、技術的には須恵器の系譜に連なるものと考えられ、その点を考慮して土師質土器という名称を用いている［鈴木ほか 二〇一二］。器種としては、椀・杯・皿などの供膳具が多数を占めるが（図1）、鍋・盤や移動式の竈といった煮炊きに関係する器種もある（図2）。

草戸千軒町遺跡出土の土師質土器と同様の特徴をもつ製品は、備前・備中・備後の瀬戸内海沿岸地域に分布しているため、吉備型土師質土器と呼んでいる。貼り付けの輪高台をもつ椀の出土量が多く、この地域に特徴的な土器として注目されがちであるが、杯・皿を含む供膳具や鍋などの煮炊具にも共通性が認められ、一つの土器供給圏を形成していたことが確認できる。

吉備型土師質土器の地域的な特徴は、器種構成と製作手法という二つの側面から指摘することができる。

器種構成の特徴は、供膳具に椀・杯・皿の三器種が存在し、椀形態が十四世紀代まで存続することである。中国地方では十三世紀に入る頃までに土師質土器の椀形態が消滅し、大小二種類の皿の組み合わせになるのが一般的であるが、吉備型土師質土器の場合、十四世紀後半まで椀が残存している。

製作手法の特徴としては、中世を通じて底部に回転ヘラ切りの痕跡を残すことが挙げられる。杯・皿は底部の切り離し痕が明瞭に残っているが、それが不明瞭な椀についても、まず回転台上で皿形の器形を成形し、それを回転ヘラ切りによって切り離したのちに、体部の内側からヘラ状の工具で押し出すことによって丸底に成形したことが確認できる［鈴木 一九九二］。周辺地域の土師質土器が、古代から中世にいたる過程でヘラ切りから糸切りへと転換するなか

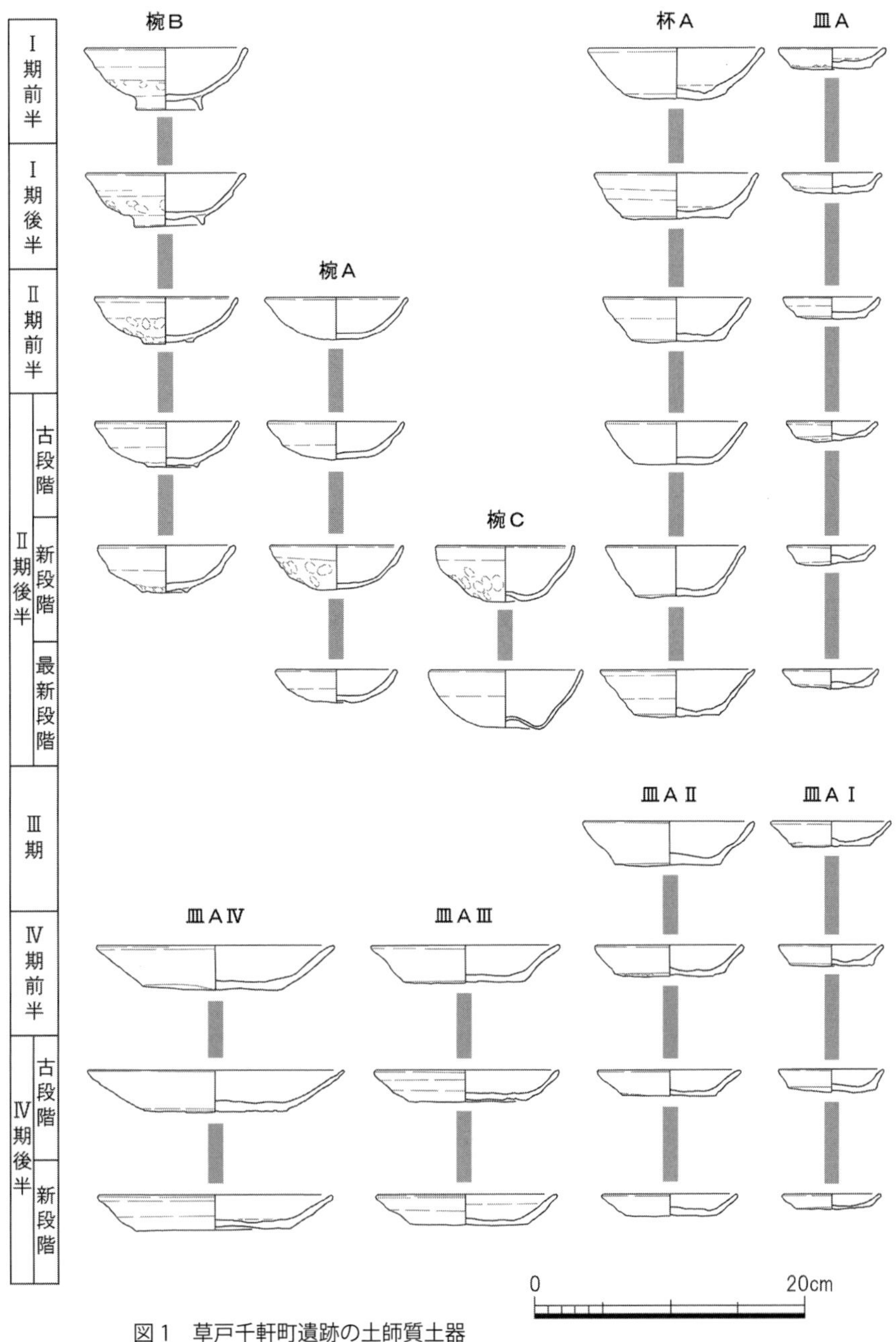

図1　草戸千軒町遺跡の土師質土器

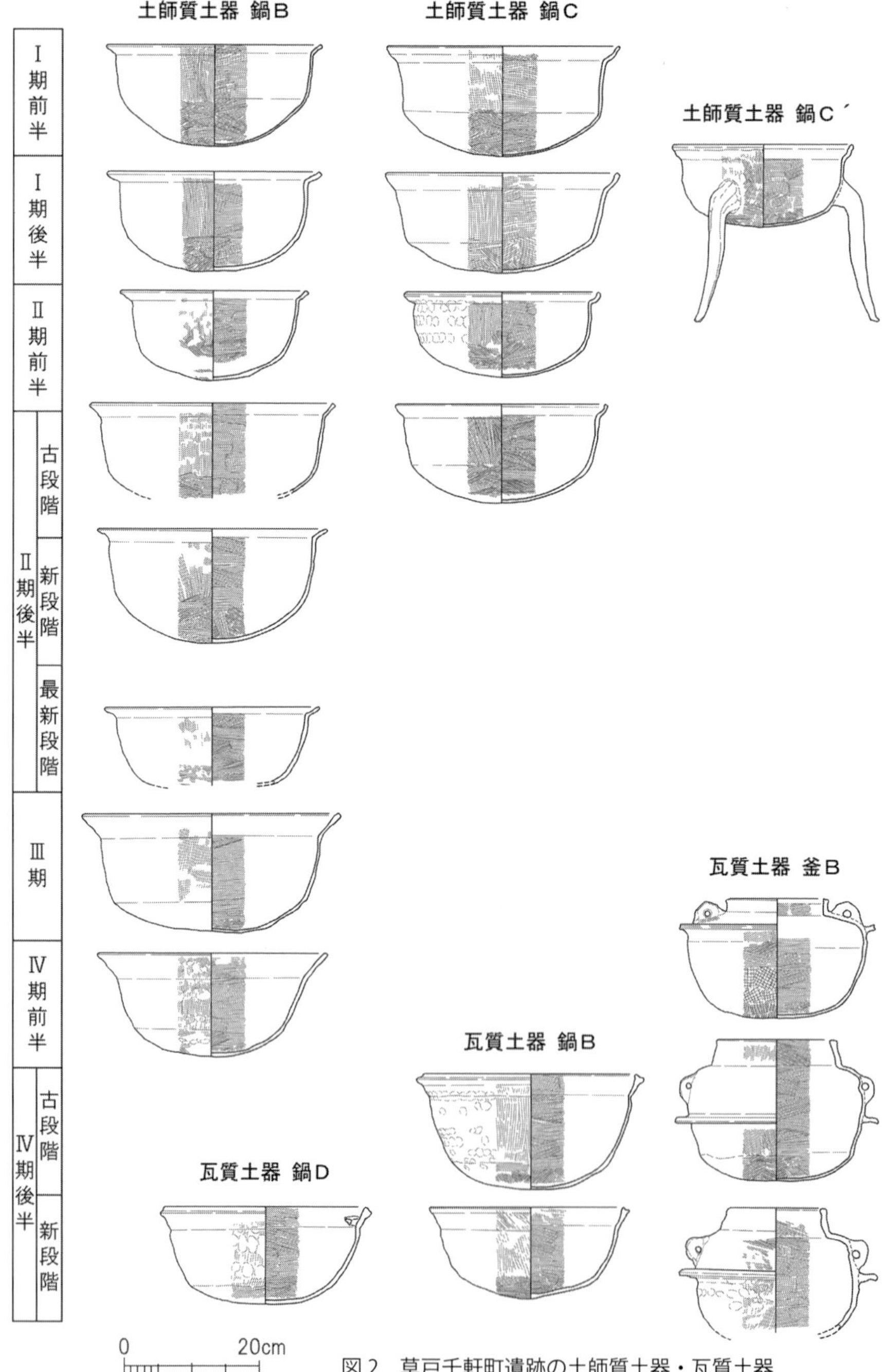

図２　草戸千軒町遺跡の土師質土器・瓦質土器

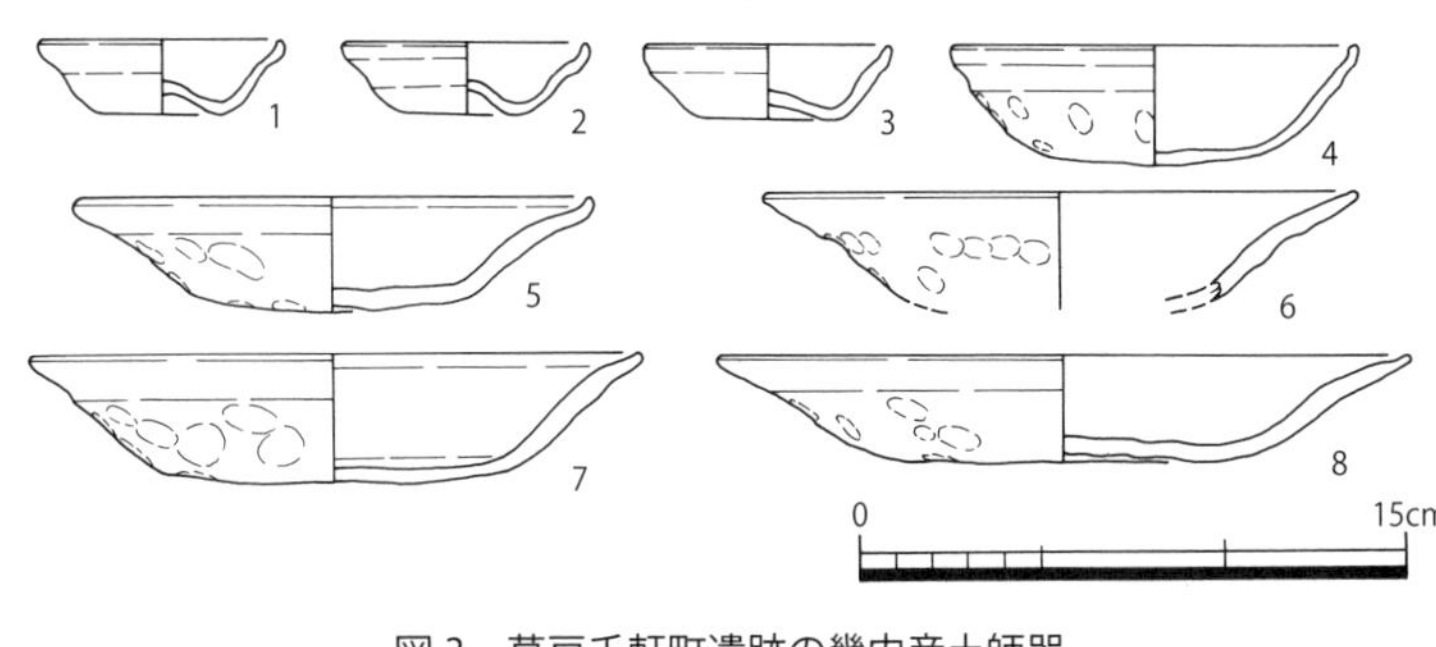

図3　草戸千軒町遺跡の畿内産土師器

にあって、中世末期まで一貫してヘラ切り技法を継承している点も、吉備型土師質土器の特徴の一つである。

吉備型土師質土器を焼成したと考えられる遺構は、三手向原遺跡（岡山県岡山市）などで発見されており〔岡山市教委 二〇〇二〕、円筒型の焼成室の前面に焚口を設けたいわゆる煙管状の小規模な窯で生産されていたことが確認できる。消費遺跡の出土資料を対象に胎土分析を行った結果をみると、複数生産地からの供給が予想されるものの〔鈴木・白石 一九九六〕、形態や製作手法には強い斉一性が認められる。このことから、工人集団が地域内を移動しながら生産するような体制が想定されている〔草原 二〇〇五〕。

【畿内産土師器】　手づくねにより成形された畿内産の土師器も少量ながら出土している（図3）。中世を通じて一定量が出土するのではなく、まとまった量が出土する時期には偏りがある。

まず一つの時期はⅡ期後半古段階（十四世紀前半）で、白色の精良な胎土をもつ大小の皿の組み合わせが、ＳＫ３６００などで出土している（図3—1～4）。もうひとつの時期は、Ⅲ期からⅣ期前半にかけての時期（十五世紀前半～中葉）で、淡褐色の胎土をもつ皿が出土している（図3—5～8）。

【瓦器】　瓦器としては畿内産の和泉型瓦器の椀・皿、楠葉型瓦器の杯などが出土している（図4）。

和泉型瓦器はⅠ期前半の出土量が最も多く、尾上編年〔尾上 一九八三〕によるⅣ—

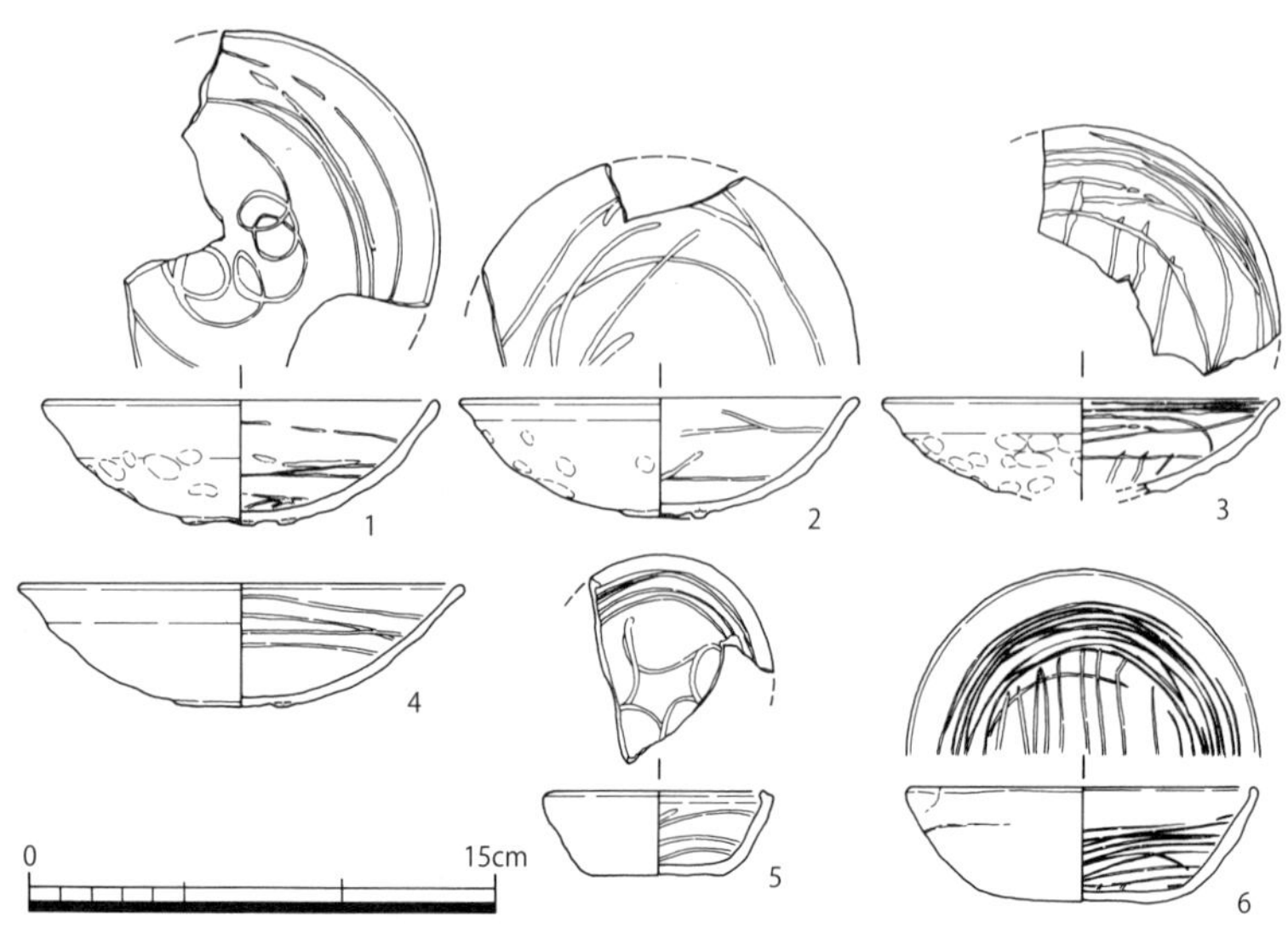

図４　草戸千軒町遺跡の畿内産瓦器

Ⅰ期からⅣ―２期に相当する製品が出土している(図４―１〜４)。Ⅰ期後半になると和泉型の出土量は減少するが、楠葉型に分類できる平底の杯の出土が目立つようになる(図４―５・６)。

Ⅱ期に入ると、畿内産瓦器の椀皿類はほとんど出土しなくなるが、これに代わるように出土するのが大和産と考えられる瓦器の火鉢類である。(3) 口縁部を輪花形に作る火鉢や、体部にハート形の孔をもつ風炉などがⅡ期前半からⅡ期後半にかけて出土するようになる。

(2) 国産陶器

この集落で消費された国産陶器としては、東播系須恵器・常滑焼・瀬戸焼・備前焼・亀山焼を代表的な製品として挙げることができる。この他に、渥美焼・信楽焼も出土しているが、それぞれ一点が確認できているのみである。

【東播系須恵器】　魚住窯を中心とする東播系須恵器の製品が、Ⅰ期からⅡ期の遺構で出土している。大多数を占めるのが片口鉢で、Ⅰ期前半には口縁端部を薄く成形するものもみられるが、Ⅰ期後半以降になると、口縁端部を厚く成形する形態が大部分となる。また、量はそれほど多くないものの、体部に平行叩きによる調整を施す壺類も出土している。

【常滑焼】 愛知県知多半島一帯で生産された常滑窯の製品は、I期からII期にかけての時期に多数出土している。器種としては壺・甕・片口鉢が確認できる。とくに甕の出土量が多く、赤羽・中野編年〔中野 一九九五〕による5型式から7型式の製品を中心に出土している。埋甕の状態で出土するものも多く、狭い底部をもつ独特の甕の形態は、胴部下半を地中に埋めて使うことを前提にしたものであったと理解できる。

片口鉢は、I期後半からII期前半にかけて集中的に出土しており、貼り付けの輪高台をもつ灰色に焼成されたものと、高台をもたない平底で褐色に焼成されたものとが出土する。

【備前焼】 備前焼では、椀・擂鉢・壺・甕などの器種が出土している。

椀はI期の遺構から少量出土している。底部に回転糸切り痕を残すもので、口縁部は重ね焼きによって黒色を呈している。

擂鉢は集落の全期間で出土が確認できるが、一定量が出土するようになるのはI期後半以降である。II期前半までは灰色を呈するものが中心となるが、II期後半古段階には褐色のものも一定量認められるようになり、II期後半新段階には大半が褐色のものになっている。この色調の変化は壺・甕でも同様に認められ、焼成技術に変化があったことが想定できる。草戸千軒町遺跡の出土資料をみる限り、その変化の時期は一三二〇年代頃に比定できる。

壺・甕などの貯蔵容器も集落の全期間にわたって出土している。出土量が多くなるのは後述するようにII期後半以降のことである。

【瀬戸焼】 瀬戸窯の製品では、瓶子、四耳壺、花瓶、水注、香炉、卸皿、平碗など多彩な器種が出土している。集落の全期間にわたって、藤澤良祐氏による古瀬戸前I期から大窯I期にかけての製品が認められる〔藤澤 二〇〇八〕。出土点数が増加するのは、集落のIII期からIV期前半にかけて、すなわち十五世紀代で、古瀬戸中IV期から後III期の製品である。

【亀山焼】　還元焔焼成によって灰色に焼成した陶器で、壺・甕・擂鉢などの器種がある。現在の倉敷市玉島一帯を中心とする地域で生産されたと考えられ、壺・甕の外面に格子叩きが施されることに特徴がある。鎌倉時代の製品は比較的硬質の須恵質焼成のものが中心であるが、次第に軟質の製品が多くなり、室町時代には瓦質土器と呼ぶべき製品が大部分を占めるようになる。

また、Ⅲ期からⅣ期にかけての時期には瓦質焼成の鍋・釜などの煮炊具が多数出土している（図２）。刷毛目調整が多用されていることが特徴で、同時期の亀山焼の甕や擂鉢にも同様の調整が施されていることから、これらの鍋・釜類も亀山焼の技術系譜を引く製品と考えられ、亀山系瓦質土器と呼んでいる。

(3) 輸入陶磁器

日本列島外からもたらされた輸入陶磁器としては、中国産の白磁・青白磁・青磁や陶器、朝鮮半島産の青磁や陶器、ベトナム産の白磁などが出土している。出土量が圧倒的に多いのは中国産の製品で、朝鮮半島産のものがそれに次ぐ。ベトナム産のものは数個体分が確認できるのみである。なお、タイ、ミャンマーなどそれ以外の地域の製品は、現在までのところ確認できていない。

出土輸入陶磁器の分類や時期別の出土型式の変遷については、資料形成過程の視点から論じたことがある［鈴木二〇〇二a］。集落に搬入された輸入陶磁器の多くは耐久消費財であったとみなすことができ、その特質から短期間の使用で廃棄されることは少なく、一定期間の使用を経たのちに廃棄されるというモデルを示している。また、埋没時期が確定できる遺構から出土した輸入陶磁器を分析すると、多様な生産・搬入年代が想定できる製品が集落の画期に際して集中的に廃棄される傾向があることを明らかにしている。

なお、遺跡からは大宰府分類［大宰府市教委 二〇〇〇］による白磁碗Ⅳ・Ⅴ類、同安窯系青磁碗といった集落成立より古い時期の製品が一定量出土している。ただ、これらは十三世紀中頃以降の遺構から龍泉窯系青磁Ⅱ類などとともに出土していることが確認でき、集落成立を遡る時期の製品が一定期間の消費を経て廃棄されたものと解釈している［鈴木 二〇〇八］。こうした出土状況は、前述のようにこの遺跡の出土品が当該期の商品流通の実態をそのまま示すものではなく、消費・廃棄の結果を反映することを裏付けるものと考えられる。

3 土器・陶磁器の出土比率

(1) 遺構ごとの出土比率

遺跡から出土したすべての土器・陶磁器の比率が計量できているわけではないが、代表的な遺構から一括出土した資料については重量を計測している。表2には各時期の標識となる遺構における出土重量比を示した。

大多数を占めているのは、土師質土器の供膳具(椀・皿)である。土師質土器供膳具は溝・土坑・池・井戸などの遺構から完形品がまとまって出土しており、こうした施設を廃絶する際に大量に消費・廃棄されたものと考えている［鈴木 二〇〇二b］。なお、土師質土器供膳具の比率は遺構によってばらつきがあるものの、全般としては時期が降るとともに減少していく傾向にある。

土師質土器の煮炊具(鍋・釜)も、供膳具ほどではないにせよ、それぞれの遺構で比較的高い比率を占めている。この集落で使われた煮炊具としては、土師質土器や瓦質土器といったいわゆる土鍋のほかにも石鍋や鉄鍋が存在する。ただし、これらの煮炊具がどのように使い分けられていたかについては明らかにできていない。ただ、器壁が薄く作られた土鍋は、他の材質の鍋と比較して明らかに脆弱で壊れやすく、石鍋・鉄鍋のような耐久消費財として繰り返し使用したことは考えにくい。検証すべき課題であるものの、何らかの象徴的な意味を与えられた消耗品として消費・廃棄された可能性が高いと考えている。

常滑焼・備前焼など国産陶器の壺・甕の比率も全般的に高い。とくにⅢ期からⅣ期、つまり十五世紀以降になると備前焼の壺・甕の比率は10％を超えている。こうした貯蔵容器が人々の生活に重要な役割を担っていたことをうかがうことができるが、Ⅲ期以降に土師質土器供膳具の出土比率が低下することも、備前焼の比率の上昇に影響しているようである。

また、輸入陶磁器の比率は全般的に低く、1％にも満たない。表２に示したものは代表的な遺構での出土比率に過ぎないが、遺跡全体における出土比率もおそらく1％を超えることはないと思われる。

⑵　国産陶器の出土比率の変化

中世の日本列島各地で操業されていた陶器窯の製品が、消費遺跡にどのように分布しているのかを明らかにすることで、当該期の流通経済を復元することは、近年の中世考古学における重要な研究課題となっている。これまでにも、多くの成果が上げられてきた。草戸千軒町遺跡における土器・陶磁器の出土状況を分析することも、遺跡が位置する瀬戸内海沿岸地域における物流の実態を明らかにするための基礎的なデータとして重要だと考えられる。

そこで、表２に示した集落変遷の各段階を代表する遺構出土の土器・陶磁器のなかから、備前焼・常滑焼・亀山焼・東播系須恵器（魚住焼）を抽出し、その比率を示したものが図５である。また、中世の陶器窯では壺・甕・擂鉢（片口鉢）の三器種が主要な生産品となっていたことも、すでに知られているところであり［楢崎　一九七七］、貯蔵具である壺・甕の出土比率を図６に、調理具である擂鉢の出土比率を図７に示した。

まず、三器種を含めた全体の出土比率の変化をみていくと（図５）、Ⅰ期からⅡ期前半にかけては備前焼・常滑焼が

表 2　草戸千軒町遺跡における土器・陶磁器の出土比率

製品	SD1290（Ⅰ期前半）		SD2022（Ⅰ期後半）		SD3190（Ⅱ期前半）		SK1300（Ⅱ期後半）		SG2550（Ⅲ期）		SK1925（Ⅳ期前半）		SK4730（Ⅳ期後半）	
	重量(kg)	比率(%)	重量(kg)	比率(%)	重量(kg)	比率(%)	重量(kg)	比率(%)	重量(kg)	比率(%)	重量(kg)	比率(%)	重量(kg)	比率(%)
土師質　椀・皿	70.09	70.1	225.30	63.3	365.90	79.2	1257.91	89.3	22.26	36.3	47.98	65.2	30.12	41.1
土師質　鍋・釜	8.62	8.6	32.14	9.0	17.52	3.8	45.82	3.3	18.32	29.9	8.98	12.2	3.37	4.6
土師質　竈	1.26	1.3	30.88	8.7	6.56	1.4	1.92	0.1	0.32	0.5	0.24	0.3	0.28	0.4
備前焼　壺・甕	8.60	8.6	18.02	5.1	12.78	2.8	61.88	4.4	10.70	17.5	10.52	14.3	18.62	25.5
備前焼　擂鉢	0.04	0.0	0.20	0.1	3.16	0.7	17.86	1.3	0.46	0.8	0.88	1.2	2.42	3.3
常滑焼　壺・甕	7.62	7.6	21.26	6.0	17.66	3.8	15.74	1.1	2.56	4.2	1.40	1.9	1.78	2.4
常滑焼　擂鉢	0.00	0.0	0.64	0.2	2.30	0.5	0.00	0.0	0.02	0.0	0.00	0.0	0.00	0.0
亀山焼　壺・甕	1.56	1.6	11.20	3.1	14.68	3.2	1.72	0.1	2.78	4.5	0.34	0.5	2.76	3.8
亀山焼　擂鉢	0.16	0.2	0.84	0.2	0.10	0.0	0.82	0.1	1.74	1.7	1.14	1.5	4.92	6.7
亀山焼　鍋・釜	0.00	0.0	0.00	0.0	0.00	0.0	0.00	0.0	0.00	0.0	0.00	0.0	7.38	10.1
東播系　壺	0.36	0.4	0.88	0.2	0.12	0.0	0.14	0.0	0.00	0.0	0.00	0.0	0.00	0.0
東播系　擂鉢	1.00	1.0	10.58	3.0	7.56	1.6	2.00	0.1	0.38	0.6	0.20	0.3	0.18	0.2
瓦器　火鉢	0.00	0.0	0.14	0.0	11.98	2.6	2.08	0.1	2.00	3.3	1.40	1.9	0.68	0.9
瀬戸焼	0.02	0.0	0.00	0.0	0.08	0.0	0.06	0.0	0.18	0.3	0.24	0.3	0.02	0.0
輸入陶磁	0.58	0.6	3.06	0.9	1.40	0.3	0.62	0.0	0.22	0.4	0.24	0.3	0.62	0.8
その他	0.08	0.1	0.54	0.2	0.30	0.1	0.24	0.0	0.06	0.1	0.04	0.1	0.00	0.0
合計	99.99	100.0	355.68	100.0	462.10	100.0	1408.81	100.0	61.30	100.0	73.60	100.0	73.21	100.0

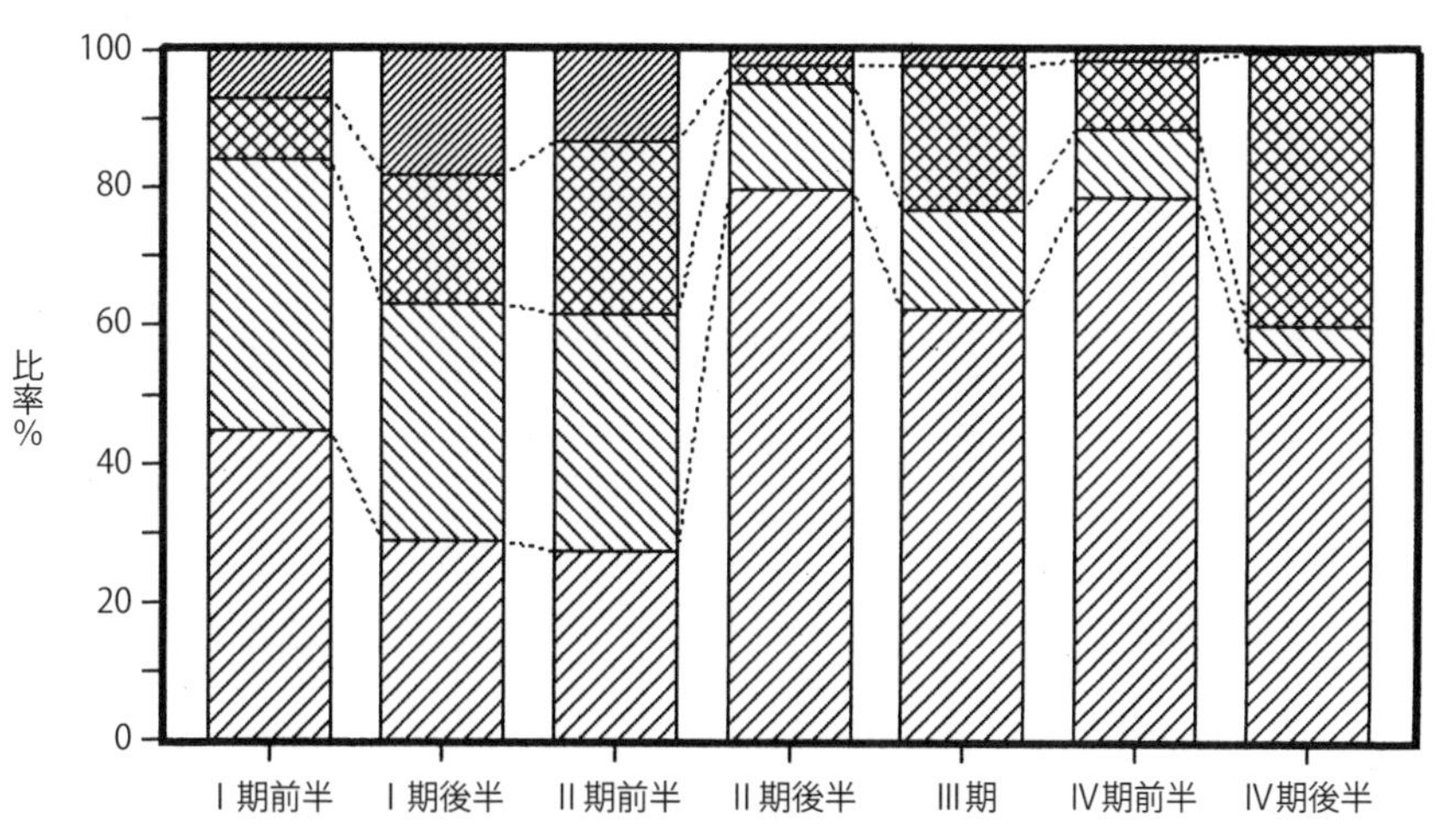

図 5　国産陶器の出土比率の変遷

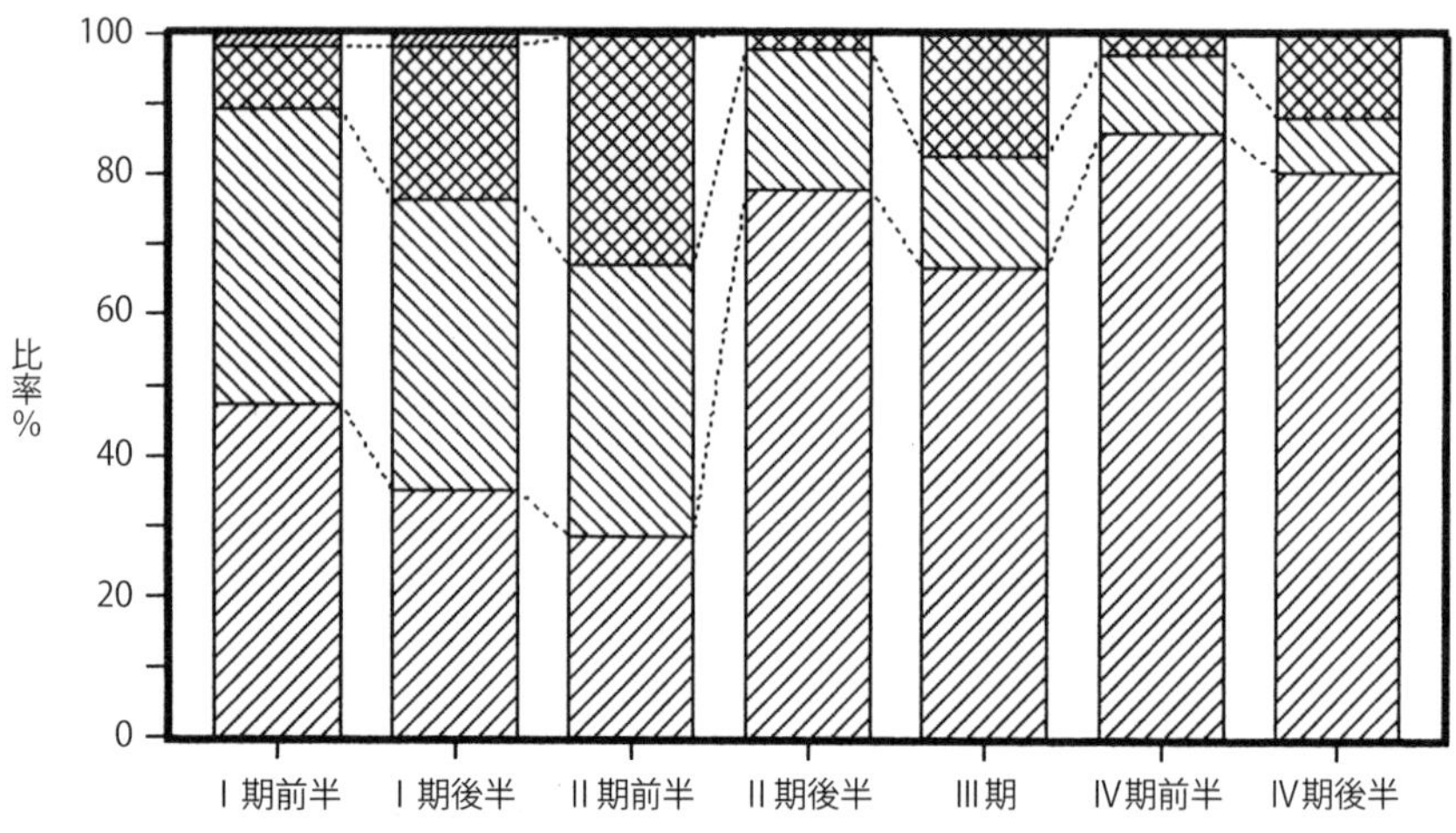

図6　壺・甕の出土比率の変遷

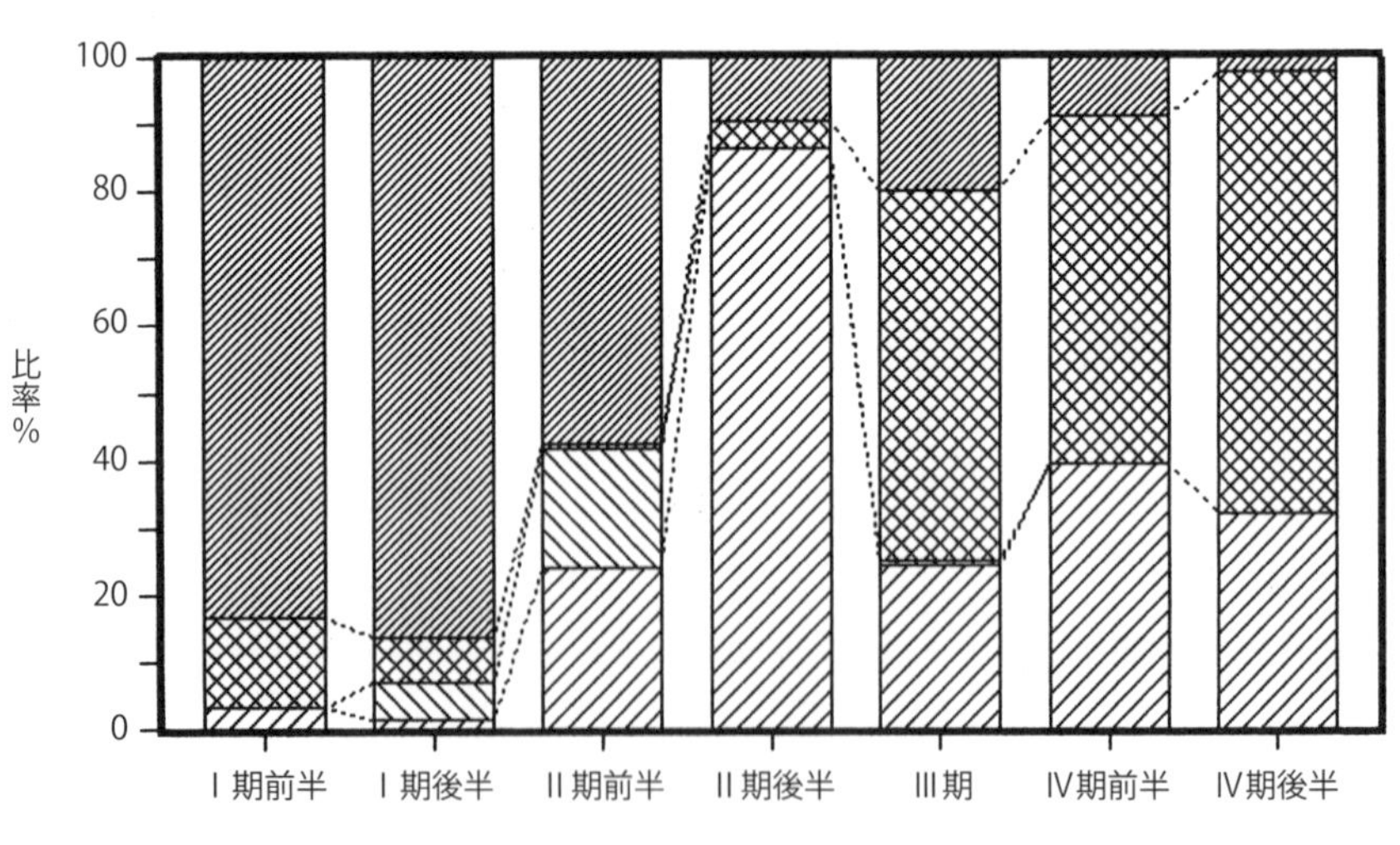

図7　擂鉢の出土比率の変遷

ほぼ拮抗して出土し、亀山焼も比率を次第に伸ばしているものの、Ⅱ期後半以降になると備前焼が比率を大きく高める状況が確認できる。先に示したように、備前焼は当初須恵器と同様の灰色を呈する製品が出土しているが、Ⅱ期後半からは酸化焰焼成によって赤褐色に焼成した製品が多くを占めるようになっている。この変化に同調するように出土比率も増加していることから、焼成技術の革新が流通量の拡大に結びついていた可能性が考えられる。その一方で、常滑焼・亀山焼の出土比率はⅡ期後半以降減少している。

続いて壺・甕の比率をみていくと(図6)、貯蔵具でもⅡ期後半以降は備前焼が多数を占める状況が明らかである。また、Ⅰ期からⅡ期前半にかけては亀山焼の壺・甕も一定量出土しているが、これもⅡ期後半以降になると比率が低下している。瀬戸内地域における陶器の貯蔵具が十四世紀前半を境にして、常滑焼・亀山焼から備前焼へと転換していく状況を図6は示している。

一方、器種を擂鉢に限定すると、また状況は異なっている(図7)。Ⅰ期からⅡ期前半にかけて多数を占めているのは、東播系須恵器である。ところがⅡ期後半に備前焼の比率が一時的に急増するものの、その後のⅢ期からⅣ期にかけては備前焼を凌ぐ量の亀山焼が出土するようになる。Ⅲ期からⅣ期にかけての時期、すなわち室町時代の亀山焼擂鉢は、前述のように軟質の亀山系瓦質土器へと変化しており、擂鉢としての耐久性は備前焼に劣っていたと考えざるをえない。しかしながら、出土する亀山系瓦質土器の多くには内面に使用痕が認められ、いわば消耗品として大量に消費・廃棄されていたようである。亀山系瓦質土器の出土比率の高さは、そうした消費形態を反映するものと考えられるだろう。

4　消費財の特質から復元する瀬戸内海をめぐる流通

草戸千軒町遺跡における土器・陶磁器の出土状況を概観したが、そこから瀬戸内海をめぐる流通体制がどのように復元できるのかを考えてみたい。

(1) 重層的・複合的な分業構造と製品の流通体制

日本中世の窯業製品の特質として指摘されてきたことの一つは、多種類の製品を組み合わせて消費していることである［楢崎 一九七七］。また、消費地において利用された土器・陶磁器の組み合わせは、時代や地域によって異なり、その差違を明らかにするなかから、当時の流通体制の特質に迫ることができると考えられてきた。草戸千軒町遺跡の出土資料をみても、土師質土器をはじめ、列島各地の国産陶器や列島外からの輸入陶磁器といった多様な製品を組み合わせて消費していることが理解できる。また、単一の生産地から多器種を取り入れるのではなく、複数の異なる産地から限定的な器種を選択し、それらを組み合わせることによって、食膳具・貯蔵具・料理具など多様な機能を満たしていた実態が示されている。

土師質土器の供膳具・煮炊具は具体的な産地が不明ながらも、吉備地域沿岸部で生産されていたことは間違いなく、それらを儀礼的な用途で大量に消費していた。そして、食生活に密着した調理具としての擂鉢は、鎌倉時代には東播系須恵器が、鎌倉時代末期以降には備前焼・亀山系瓦質土器が利用されている。日常生活や手工業などに不可欠な貯蔵具では、鎌倉時代は常滑焼を中心に若干の亀山焼が利用されているが、鎌倉時代末期以降になると備前焼が中心を占めるようになる。さらに、中世の日本列島では生産できなかった青磁・白磁といった磁器は、中国大陸・朝鮮半島産の輸入品を利用していた。輸入陶磁器の出土量は多くはないものの、その普遍的な出土状況からは、瀬戸内海沿岸集落の生活においては不可欠な存在となっていたものと考えられる。

草戸千軒町遺跡という消費地の側から捉えた場合、そこで使用された土器・陶磁器の産地は、吉備地域沿岸という近隣地域をはじめ、瀬戸内海沿岸から東海地方、さらには東アジア地域へと同心円状に広がっており、各種の生活用具は重層的な分業体制のもとで供給されていたことになる。前述のとおり、草戸千軒町遺跡における集落の成立は十三世紀中頃であり、その時期までにはこうした瀬戸内海をめぐる流通システムはすでに確立していたことになる。

また前述のように、吉備型土師質土器は一定の土器供給圏内を移動しつつ生産する工人集団によってもたらされたことが想定されている。であるとすれば、その圏外からもたらされた東播系須恵器・常滑焼などは、地域内の需給網とは別の流通経路を経由して、それぞれの集落にもたらされたと考えなければならない。また、畿内産瓦器なども同様の経路で瀬戸内海東部からもたらされていた可能性が考えられるが、それらが同一の流通手段を利用してもたらされていたのか、たとえば同じ船に混載されていたのかといった点については、消費地の出土状況からは明らかにし難い。

一方、対外貿易によってもたらされた輸入陶磁器の主要な門戸が博多であったことはすでに明らかにされているところで［亀井 一九八六など］、博多を起点に瀬戸内海を西から東へと向かう流通経路も存在したはずである。本稿では触れることができなかったが、長崎県西彼杵半島一帯で生産された滑石製石鍋も、九州から瀬戸内海を東へと向かう経路で動いたことになる。

個別の製品がどのように移動していたのかという具体像については今後の課題であるものの、中世の瀬戸内海には複数産地の製品が方向の異なる複数の経路で重層的に移動していたことは明らかで、製品の分業体制とともに流通経路も、複合的・重層的なものであったと言えるだろう。

(2) 瀬戸内海をめぐる流通体制の変化

瀬戸内海をめぐる流通の重層的・複合的な構造がどのように形成され、どのように変遷していったかは重要な課題であるが、この場で詳細を論じるまでの準備はない。ここでは、草戸千軒町遺跡出土資料の分析から指摘できることを示しておきたい。

まず、広域流通網のあり方の変化である。草戸千軒町遺跡にもたらされた製品は、瀬戸内海沿岸地域の製品のみならず、遠隔地の製品がもたらされていた。その代表が愛知県の知多半島一帯で生産された常滑焼である。とくに鎌倉時代には、大量の甕がもたらされていた。出土したすべての常滑焼の甕の破片を接合しているわけではないため、その個体数の総量は把握できていないが、印象としては備前焼の甕を凌ぐ量が出土しているように思われる。前述のとおり、その大部分はⅠ期前半からⅡ期前半にかけての鎌倉時代のものである。出土量や個体としての大きさを考えれば、船に積載されて瀬戸内海沿岸にもたらされたことが想定できる。瀬戸内海沿岸に産地が立地する東播系須恵器の片口鉢についても同様に、Ⅰ期前半からⅡ期前半にかけての時期に大量に出土しており、これもやはり備前焼擂鉢の出土量を凌いでいるように思われる。また前述した滑石製石鍋も、鎌倉時代には大量の製品が瀬戸内地域にもたらされているものの、室町時代になると出土量は大きく減少している[鈴木 二〇〇六]。

このように、鎌倉時代には広域流通品が大量に瀬戸内海を移動する状況を復元できるのであるが、鎌倉時代末期から南北朝時代を境に、その量は減少している。そして、常滑焼の甕は備前焼に、東播系須恵器の片口鉢も同じく備前焼あるいは亀山焼の系譜を引く亀山系瓦質土器へというように、より近い生産地の製品に移行していくのである。こうした変化の背景の一つには、先に示した備前焼の焼成技術の革新にみられるような生産地の動向も影響していたに違いない。しかし、多くの製品で鎌倉時代末期以降に出土比率が同調して変化する状況を考えれば、生産地のみならず、瀬戸内海における流通体制にも何らかの変化が生じていたことを想定しなければならない。

生産地から消費地まで製品を移動させる流通という行為には、製品を積載する船舶などの交通手段や、船舶の移動を支える航路や港湾施設、あるいは陸上の道路網といったインフラ基盤の整備が不可欠である。一般的には鎌倉時代から室町時代へと時代が降るにつれて、遠隔地を結ぶ物資の流通は活発になると考えがちである。しかし、瀬戸内海沿岸の集落遺跡の出土品からみるかぎり、遠隔地を結ぶ大量の物資の移動は、鎌倉時代に比べて室町時代には低調になったと判断せざるを得ない状況にある。

鎌倉時代の活発な遠隔地流通の背景としては、西遷御家人に代表される武家領主の移動をきっかけとする地域間ネットワークの形成が想定できるだろう。草戸千軒町遺跡に関しても、前述のとおり集落成立の要因は西遷御家人である長井氏との関係において理解している。そして、鎌倉幕府の滅亡がネットワークを変質させる要因になった可能性も想定しなければならない。さらに室町時代、とくに応仁文明の乱以降は守護在京制が崩壊し、守護大名による領国経済圏の形成が進展したと考えられている。そうした政治的・社会的な要因が、近隣地からの物資調達に何らかの形で影響していたものと思われる。

もちろん、室町時代になっても国内に代替品のない輸入陶磁器などは引き続き多くの製品が流通しているし、その代替品の役割を部分的に担った施釉陶器である瀬戸窯の製品も、草戸千軒町遺跡においてはⅢ期からⅣ期前半に比率を高める状況が確認できる。また、十五世紀中頃の瀬戸内海における物流の見取図とも言われる『兵庫北関入船納帳』には、土器・陶磁器以外の物資の活発な流通が記録されており、集落遺跡出土の土器・陶磁器のみでは知ることのできない物資の移動が存在したことは明らかである。瀬戸内海地域をめぐる流通体制は、このような複雑な要素が重なりあって成立していたことになるが、その全体像を描き出すにはさらなる資料の蓄積と分析の深化が必要である。

おわりに

本稿では、瀬戸内海北岸の中央部に位置する草戸千軒町遺跡で消費された土器・陶磁器を種類ごとに紹介し、その出土比率の変遷を概観しつつ、集落にもたらされた各地の製品の流通について考察してきた。この集落にもたらされた製品は、吉備地域から東アジア地域へと広がる重層的な分業構造のもと、複合的な流通体制によって供給されており、時期ごとにその構造を変遷させながら、沿岸各地から内陸部へと広がっていく流通網を展開させていたのである。

考古資料を素材とする流通経済の研究は、過去に消費された実際の物資を資料として扱うことができる点において、有効な研究方法であるとみなされている。しかし、消費遺跡の出土資料から明らかになるのは消費の結果に過ぎず、生産地と消費地との間をつなぐ物資の状況を直接的に復元することは難しい。したがって、各地の生産物を消費地へと動かす具体的な流通網やそれを可能にしたシステムの解明には多くの課題が残されている。はじめに記したように、消費地における個別の事例を蓄積してその総合化を図ることによって、重層的・複合的な構造を解き明かしていくことが必要とされているのである。

註

（1）五冊から成る発掘調査報告書が広島県教育委員会から発行されている［広島県草戸千軒町遺跡調査研究所 一九九三～一九九六］。また調査成果の概要は［鈴木 二〇〇七b］などにまとめている。

（2）草戸千軒町遺跡における集落変遷の各段階の暦年代については、［鈴木 二〇一六］において論じている。

（3）器表面にミガキ調整を施して燻し焼きによって黒化処理した製品のうち、椀・皿などの供膳具は瓦器と呼ぶのに対して、火鉢・風炉などの大型製品は瓦質土器を呼ばれることが多い。それらとは技術系譜の異なる須恵器系陶器が軟質化した亀山系瓦質土器などと区別するために、ここではミガキ調整を施す大型製品も瓦器と呼ぶことにする。

引用・参考文献

網野善彦　一九七八『無縁・公界・楽　日本中世の自由と平和』平凡社

網野善彦・司修　一九八八『河原にできた中世の町　へんれきする人々の集まるところ』岩波書店

岡山市教育委員会　二〇〇一『三手向原遺跡―中世土師器窯と集落遺跡の発掘調査報告―』岡山市教育委員会

尾上　実　一九八三「南河内の瓦器椀」『藤澤一夫先生古希記念古文化論叢』藤澤一夫先生古希記念論集刊行会

亀井明徳　一九八六『日本貿易陶磁史の研究』同朋社

草原孝典　二〇〇五「中世前期における手工業生産者の存在形態―備前・備中地域の土師質土器工人と瓦工人をケーススタディとして―」『考古学研究』第五一巻第四号　考古学研究会

鈴木康之　一九九二「土師質土器の成形技法に関する研究ノート」『草戸千軒』№一一七　広島県草戸千軒町遺跡調査研究所

鈴木康之　二〇〇二a「考古資料からみた中世集落における消費活動―草戸千軒町遺跡における資料形成過程の分析―」『国立歴史民俗博物館研究報告』第92集　国立歴史民俗博物館

鈴木康之　二〇〇二b「中世土器の象徴性―『かりそめ』の器としてのかわらけ―」『日本考古学』第一四号

鈴木康之　二〇〇六「滑石製石鍋の流通と消費」『鎌倉時代の考古学』高志書院

鈴木康之　二〇〇七a「通過点としての『草戸千軒』―広島県草戸千軒町遺跡―」『中世の宿と町』高志書院

鈴木康之　二〇〇七b『中世瀬戸内の港町　草戸千軒町遺跡』シリーズ「遺跡を学ぶ」040　新泉社

鈴木康之　二〇〇八「中世遺跡における陶磁器の消費と廃棄」『貿易陶磁研究』№二八　日本貿易陶磁研究会

鈴木康之　二〇一六「草戸千軒町遺跡における集落の画期とその暦年代―木簡に記された十二支にもとづく試案―」『広島大学大学院文学研究科考古学研究室50周年記念論文集・文集』広島大学考古学研究室50周年記念論文集・文集刊行会

鈴木康之　二〇一八「草戸千軒町遺跡出土資料にみる鎌倉時代の『会所』と『唐物』」『家具道具室内史』第一〇号　家具道具室内史学会

鈴木康之　二〇二四「備後『草津』と御家人長井氏―領主拠点としての港湾集落―」『国立歴史民俗博物館研究報告』第二四五集　国立歴史民俗博物館

鈴木康之・北島大輔・草原孝典　二〇二二「山陽」『新版　概説　中世の土器・陶磁器』真陽社

鈴木康之・白石純　一九九六「土師質土器椀の需給体制について―草戸千軒町遺跡および周辺遺跡出土資料の分析―」『草戸千軒町遺跡発

掘調査研究所Ｖ』広島県教育委員会
太宰府市教育委員会　二〇〇〇『大宰府条坊跡ＸＶ―陶磁器分類編―』太宰府市教育委員会
中野晴久　一九九五「生産地における編年について」『常滑焼と中世社会』小学館
楢崎彰一　一九七七「中世の社会と陶器生産」『世界陶磁全集』三　日本中世　小学館
広島県草戸千軒町遺跡調査研究所　一九九三『草戸千軒町遺跡発掘調査研究所Ⅰ』広島県教育委員会
広島県草戸千軒町遺跡調査研究所　一九九四『草戸千軒町遺跡発掘調査研究所Ⅱ』広島県教育委員会
広島県草戸千軒町遺跡調査研究所　一九九五ａ『草戸千軒町遺跡発掘調査研究所Ⅲ』広島県教育委員会
広島県草戸千軒町遺跡調査研究所　一九九五ｂ『草戸千軒町遺跡発掘調査研究所Ⅳ』広島県教育委員会
広島県草戸千軒町遺跡調査研究所　一九九六『草戸千軒町遺跡発掘調査研究所Ｖ』広島県教育委員会
広島県立歴史博物館　二〇一三『備後渡辺氏に関する基礎的研究（草戸千軒町遺跡調査研究報告 十一）』広島県立歴史博物館
藤澤良祐　二〇〇八『中世瀬戸窯の研究』高志書院

中世の今治

藤本 誉博

はじめに

今治地方は、愛媛県の瀬戸内海に突き出た高縄半島の北東に位置する(図1)。現在の行政区域としては、高縄半島の北東部および瀬戸内海の芸予諸島東部の南半の島々を市域とする今治市になる。この市域は二〇〇五年に広域合併して誕生した行政区画によるものであり、それ以前の旧今治市は、高縄半島の山間部から発して北東部に流れ、瀬戸内海の燧灘に注ぐ蒼社川や頓田川などの河川の下流部に形成された今治平野が多くの面積を占め、その周辺の丘陵・山地・小規模な平野を加えたところを市域としていた。本論文のタイトルで使用している地域「今治」の範囲は、結果的には旧今治市の市域とおおよそ重なる。地理的には「今治平野部」とするのが適当であろう。

一方で、今治平野とその周辺地域を中世の政治社会的観点で表現する場合は「伊予府中地域」とするのが妥当である。中世の今治平野を考える際、ここに伊予国の古代国府の後身である中世国府があり、国の中心領域「府中」として伊予国の政治経済の重要地域であったことを踏まえておく必要がある。伊予府中については川岡勉氏や市村高男氏らの先行研究があり、幅広い観点から重要な指摘がなされている[川岡 二〇〇六a・b、市村 二〇一三]。

全国的に見ても、各国に所在した中世府中は中世の代表的な都市形態の一つと評価されている[国立歴史民俗博物館編

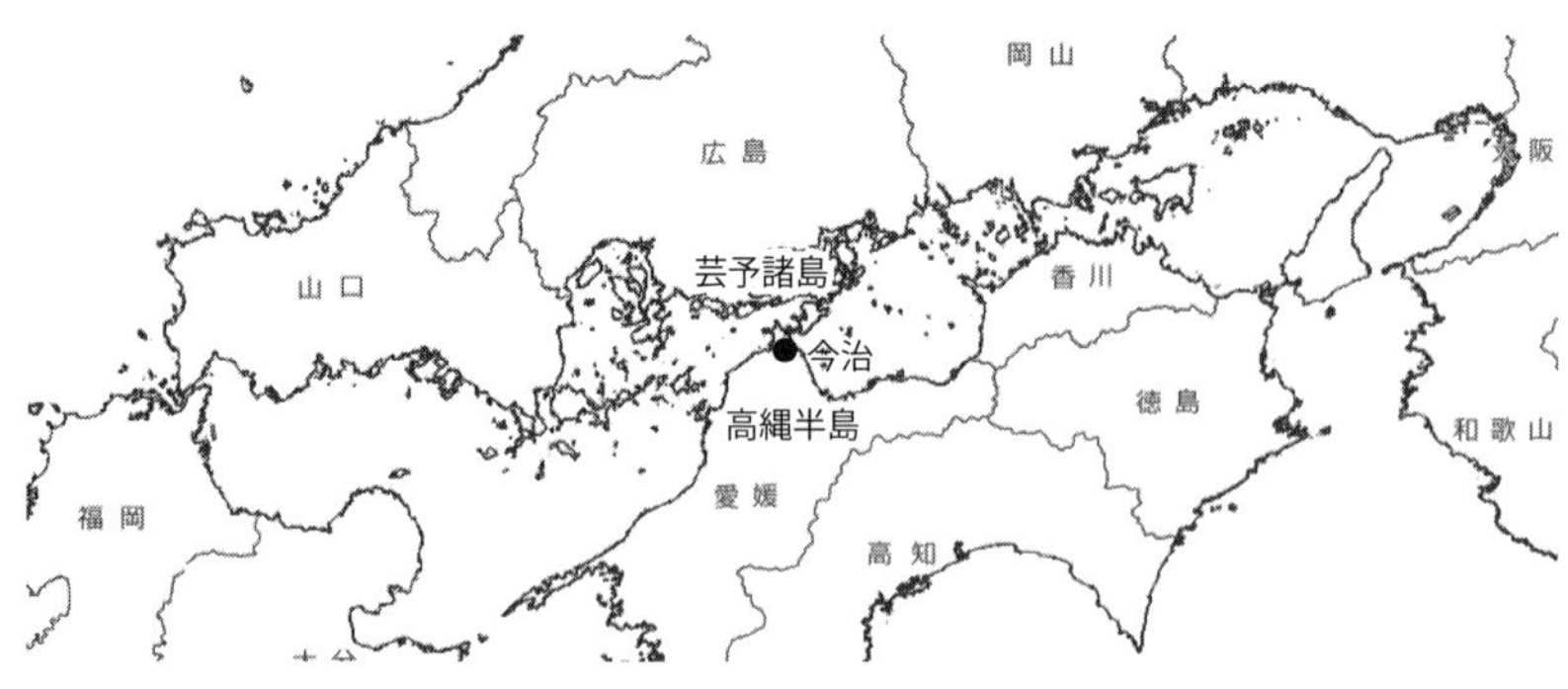

図1　今治の位置（地理院地図（電子国土Web）で作成した図に加筆）

一九八五、小川 二〇〇一a］。その空間構造は、①古代国府よりも領域が拡大し、②守護勢力の拠点があるが、国府とは別の場所に存在する。③それらの政治勢力の拠点のほか、一宮・惣社などの有力神社や有力寺院、そして交通や物流の中心である津や宿といった複数の拠点も分布し、総じて分散型の構造をとっている。④国衙在庁勢力の衰退に伴い政治拠点は衰退するものの、物流の拠点は継続的に発展し、地域の中心となっていくとされる［宮本 一九九三、小川 二〇〇一b］。筆者も伊予府中地域の空間構造について、特に海岸地域に注目して検討したことがある［藤本 二〇一八・二〇一九］。

本稿ではこれらの先行研究や全国の中世府中研究の成果を参考にしながら、自然地形や集落、拠点の分布といった地理的視点を通して、中世の伊予府中地域（今治平野周辺）の空間構造の様相を改めて叙述していきたい。同時に、古代から近世初期までの幅広い時期を対象とすることで、当該地域の地域史の叙述の一つとしたい。

1　今治平野の地形

まずは、本稿が対象とする今治地域の地理的状況を改めて確認しておきたい。四国の北西部にある高縄半島は瀬戸内海に突き出た形になっており、今治平野は半島の北東に位置する（図1）。半島の山間部から発する蒼社川と頓田川が形成した沖積平野を中心とするが、ほかにも浅川や大川が燧灘に注ぎ、下流域で平野を形成している。これらの総体を今治平野と総称しており、面積は約三〇平方キロ〔斉藤 一九九〇〕で、さほど広くはない。平野は丘陵や山地で囲まれており、周辺地域との地理的な区分は比較的明瞭である(図2・4)。

平野の眼前には瀬戸内海の燧灘が広がり、北方には伊予国と安芸国・備後国の間に分布する芸予諸島が連なっている。この辺りは巨視的に見れば、東西方向に横長に広がっている瀬戸内海のちょうど真ん中辺りになる(図1)。瀬戸内海は古来西日本の物流の大動脈で、その中でも芸予諸島の海域は狭い海峡が多く、交通の要衝であり、かつ難所となっている。また芸予諸島を介して四国と中国地方(本州)を結ぶルートにもなっている。この辺りは海や島を介した物流・交通の十字路ともいうべき地域なのであり、中世に芸予諸島で海賊衆が顕著な活動を行うことも、この地理的特性に依拠した行動と評価して差し支えない。今治地域は、伊予国における瀬戸内海流通の拠点であり、かつ伊予国と本州とを結ぶ玄関口にあたる重要な地域であった。

次に今治平野をミクロな視点で見てみると(図2)、平野部には碁盤目状の条里地割が広く展開しており、早くから大規模な開発が計画された地域であったことがわかる。一方で、蒼社川や頓田川の河川沿いには条里地割は展開せず、旧流路の痕跡とともに自然堤防が存在している。このような平野部の中央を貫く形で、古代官道の南海道が走っている。

また、海岸部にも条里地割は展開していない。その代わり、集落の形によく表れているように、海岸線に平行して細長く伸びている地形が確認できる。比較的大規模に開発されているのでわかりにくいが、蒼社川左岸の今治城と城下町辺りの地形も同様であろう。この地形の基になっているのは沿岸流の影響で海岸線と平行に形成された砂堆である。さらに、河口部には河川が運搬した土砂等が堆積し、その内側にラグーン(潟湖)が形成される傾向にあることを確認できる。これらのラグーンは図2の明治期ではすでに小規模になっているが、前近代ではもっと広域だったと思われる(後述)。今治平野は内陸部と河川流域部、そして海岸部で異なる自然地形になっているのである。

これらの地理的環境を基盤として人々の社会活動が営まれていくのであるが、以下、古代から近世初頭にかけての地域の様相を見ていきたい。

2　古代の今治

古代の伊予国府は越智郡(高縄半島北東部・芸予諸島)にあり(『和名類聚抄』)、今治平野に所在していたことが有力視されている[吉本 一九八二]。具体的な場所については、今治平野に広範囲にわたって敷かれている条里地割を重視し、小地名などから類推したいくつかの説が出されているが、明確な遺構が発見されておらず確定するには至っていない。そんな中で考古学の現段階での総括的な見解では、今治平野の中央、蒼社川の右岸に形成された自然堤防上の微高地付近は、南西の五十嵐丘陵に守られて洪水の影響を受けにくく、今治平野の沖積低地の中で最も安定した場所である上に、出土遺物の様相から今治平野の中で官衙的要素が最も濃厚なエリアと評価され[櫛部・眞鍋 二〇一八]、国府が存在した可能性が高いとされている(図2)[眞鍋 二〇一八]。

一方で、国府の近郊に設置された国分寺と国分尼寺については、法灯を継いだ寺院が現存している。国分寺は今治平野南東部の国分地域に所在した。国分山(唐子山)西麓の谷あいに伽藍を構え、その後、規模を大きく縮小させつつもその近郊に立地し続けて現在に至っている。国分尼寺は国分寺の南方の桜井小学校付近に所在したと考えられており、その法灯を継いだ法華寺が跡地に隣接する場に所在している。

古代の今治平野は、これらの地域を含むいくつかの特定の小地域が平野周辺に分布し、それらが相互に連関し補完的に作用し合う地域であり、その中核ゾーンとして今治平野中央の蒼社川右岸地域＝国府有力地が想定されている[眞鍋 二〇一八]。また国府においては、交通・流通拠点との関係も重視される。陸上交通では今治平野の中央を貫いて通る古代官道の南海道が重要である。水上交通では、前記の考古学的な成果に基づくと蒼社川との関係が想起され、外部との結びつきを考えれば、蒼社川の河口部が注目される。また、今治平野南東部の国分寺や国分尼寺は付近の平野を形成する大川の下流部にあたる。これらの河川の河口部はラグーンが形成される地形であり、前近代の港の場所として不都合ではない。国府の様相を解明する際は、内陸部と同様に海岸部にも注意を払う必要がある。

3　中世の今治

(1) 国府の場所

一国の役所である国府の機構は、中世になっても変質を伴いながら存続し、機能し続けていた。国府のあった地域は、中世以降は「府中」と呼ばれることが多く、伊予国の府中(伊予府中)も今治平野とその周辺地域を指していた(図2)。

その中心施設である国衙の場所は、古代国府と同様に判明していない。しかし考古学が古代国府の有力地と想定する今治平野中央の蒼社川右岸地域は、中世でも重要であろうと思われる。このエリアにある八町遺跡では大量の貿易陶磁器や須恵器が出土しており、古代から十三世紀までは官衙あるいは荘園という中央権力と関わりを持ちつつ発展した地域の中にある。特に十一世紀段階までは国府的支配機構の中枢域であり、流通拠点として機能していたと評価されている[今治市教委 一九九五]。

また、このエリアの南西にある五十嵐丘陵には、「延喜式」神名帳に登載された古社で伊予国の総社明神(『愛媛面影』)の伝承がある伊加奈志神社、鎌倉期に伊予国一宮の大山祇神社に比肩する有力社であった石清水八幡宮(後述)、その神宮寺と伝わる能寂寺(現浄寂寺)などの多数の有力寺社が所在している。石清水八幡宮の麓から海岸に向かう軸線は蒼社川右岸の微高地を通り、沿線および近辺には仏城寺・西念寺・楠本神社・附属寺・広紹寺・男山八幡宮など

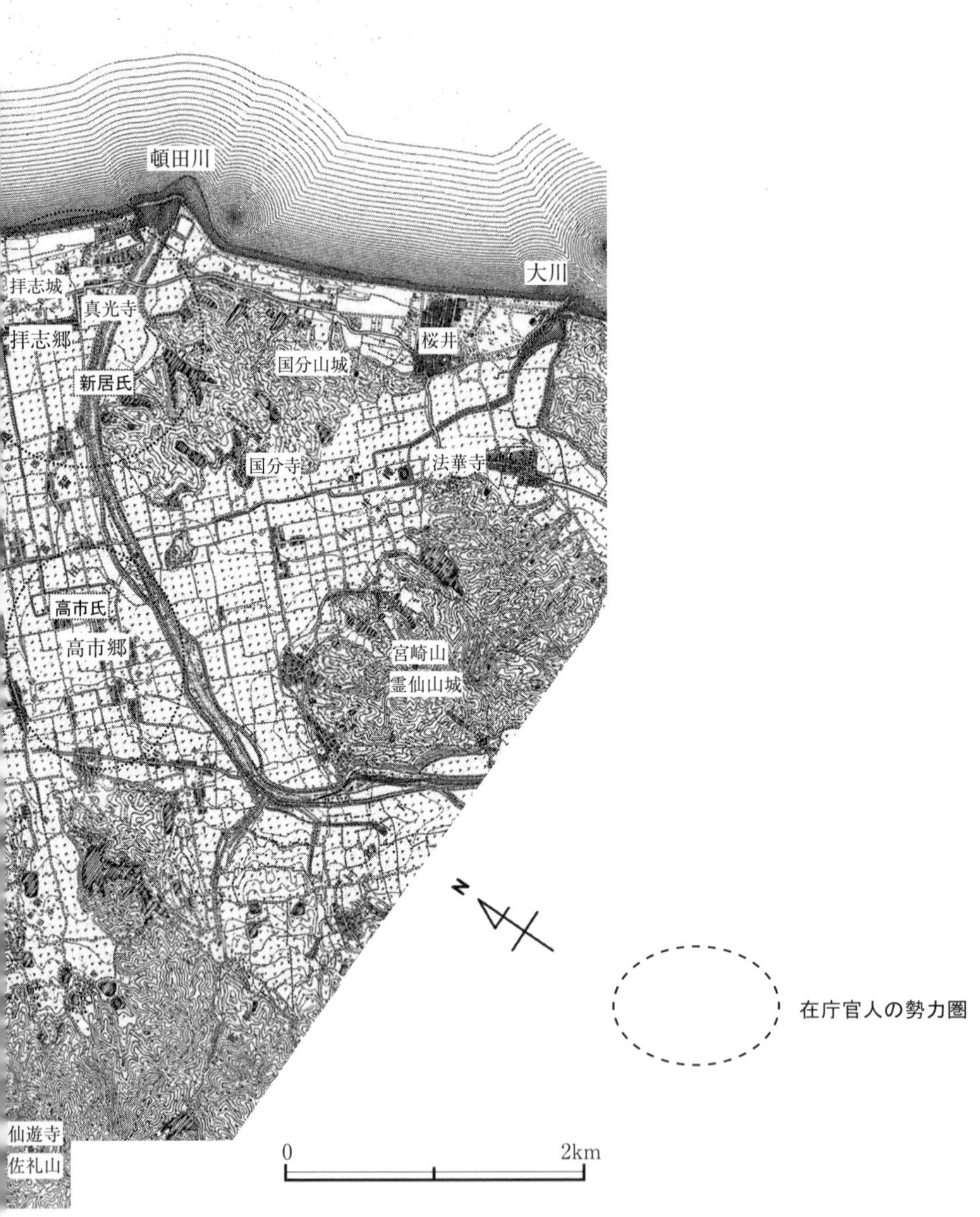

大日本帝国陸地測量部 2 万分の 1 地形図〔明治 31 年測図〕に加筆。
［川岡 2006a］掲載図を参考に作成。

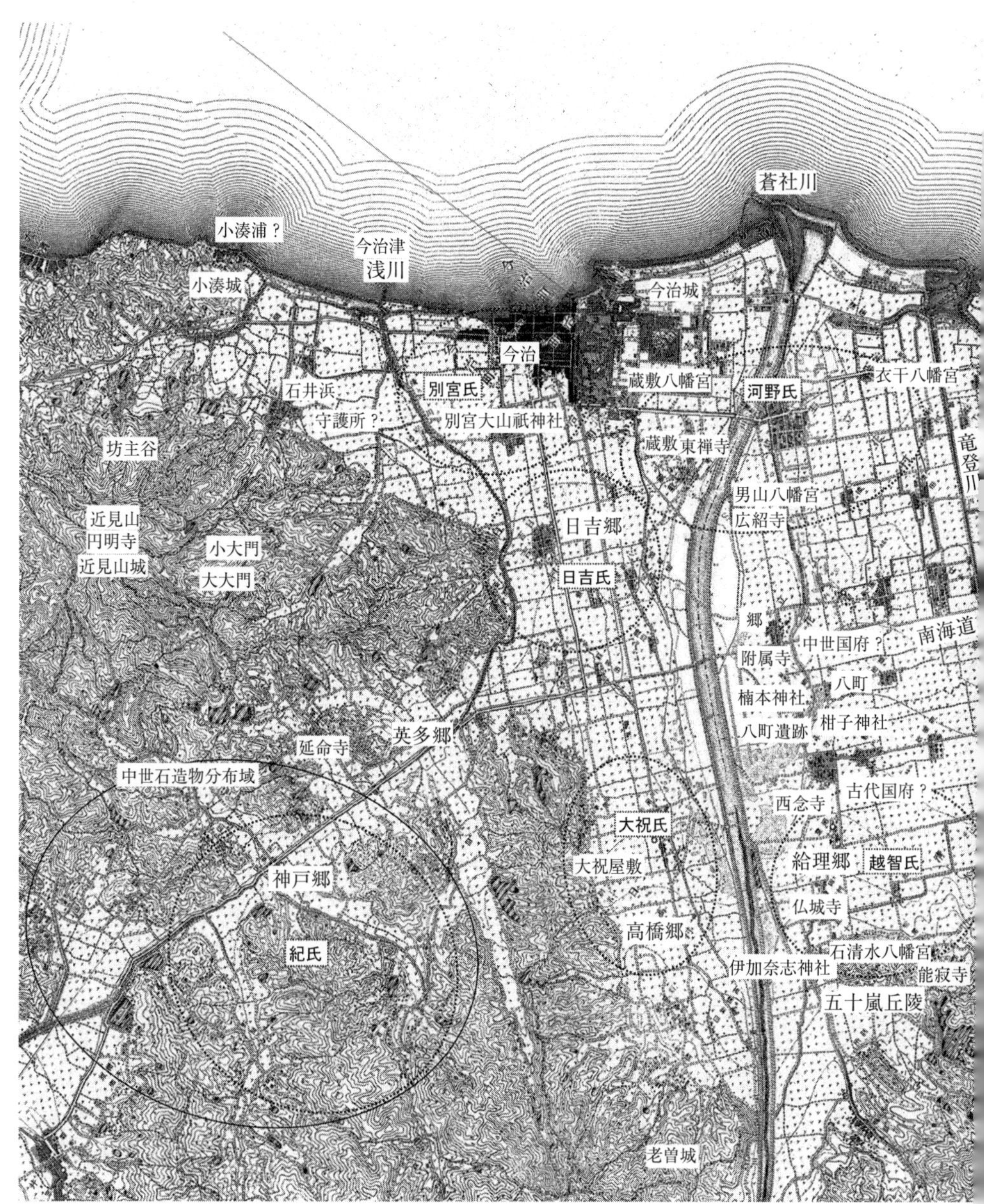

図２　中世～近世初期の今治平野

の多数の寺社がある［川岡 二〇〇六ａ］。

この軸線と南海道との交差点に位置する郷地区の附属寺の境内で発見された石塔の残欠には、「与州　国府」という正和元年（一三一二）の銘文が刻まれている［児島・土居 二〇〇二］。隣接する八町地区には先述の八町遺跡があり、式内社で建長七年（一二五五）作成の「伊予国神社仏閣等免田注進状写」（『愛媛県史 資料編 古代・中世』一七四。以下『県史』一七四と記載）に載る「楠本社」（楠本神社）、同じく同史料に載る「柑子御宮」（柑子神社。現在は楠本神社に合祀）など多数の寺社が所在する。この辺りは蒼社川右岸地域で古代国府の有力地とされるエリアのすぐ下手に位置し、主要街道（南海道）と接する交通の要衝である。中世国衙の有力地と考えて良いであろう［川岡 二〇〇六ａ］。

(2) 在庁官人の拠点

国衙には在庁官人が詰めており、実質的な運営は彼らが担っていた。在庁官人は国内の有力な豪族が赴任することが多く、元来の本拠地に加えて、国衙の所在する地域にも在庁官人としての拠点を設けることが多かった。これらの在庁官人は、平安末期には平氏や源氏の家人に連なり、鎌倉期には御家人になる者が出てくる。

中世の伊予国府においても、今治平野に彼らの拠点が分布していたことが窺える（図2）［川岡 二〇〇六ａ］。

「与州新居系図」［新居浜市史 二〇二四］によれば、古代以来の有力豪族の系譜を引くと思われる越智氏は、頼成流が蒼社川右岸の給理郷（越智本郡）を拠点にしていたと考えられる。この地域は越智郡の中心部であったと考えられるが、先述のように古代国府の有力地でもあり、伊予国府と越智郡家は近接していた可能性がある。また、同系図で越智氏の国成流の系譜を引く高市氏は、今治平野南部の頓田川左岸の高市郷を拠点にしたとみられる。同じく越智氏の為成流の系譜を引く新居氏は伊予国東部の新居郡を本拠としていたが、今治平野では頓田川河口部の拝志郷を拠点としていた。また、為成流からは蒼社川左岸の高橋郷や野間郡英多郷に勢力を張った者もいたらしい。

風早郡河野郷を本拠地とする河野氏は、平安末期に在庁官人として登場する。河野氏の拠点は、蒼社川の河口部周辺と考えられる。当該地域には河野氏ゆかりの伝承が残っており、平家追討で手柄を立てた河野通信の菩提寺とされる東禅寺や、河野氏が勧請したと伝わる男山八幡宮や衣干八幡宮などがある。

蒼社川より北の地域においては、伊予国一宮で芸予諸島の大三島に所在する大山祇神社（三島社）の筆頭神官である大祝氏が、蒼社川中流左岸の高橋郷を拠点にしていたと考えられる。ここには大祝屋敷があったとされ、隣接する丘陵には大祝氏の守護神を祀る御鉾社があり、大祝氏一族の墓とされる鎌倉後期から室町期の五輪塔群がある。また海浜部には、日吉郷別宮の地に武士団として名が見える別宮氏の拠点があったと考えられる。当地には大山祇神社から地御前として勧請された別宮大山祇神社があり、当社と深い関わりを持つ一族であったと考えられる。当該地域の海岸部から内陸部にかけては大山祇神社に関わる一族が分布していたようである。

このほか在庁官人および武士団として、蒼社川下流部左岸の日吉郷が拠点と考えられる日吉氏や、野間郡神戸郷周辺に拠点があったと考えられる紀氏などが挙げられる。紀氏は国衙田所を掌握する在庁官人としてその名が見え、野間郡神戸郷周辺に存在する多数の石造物群に紀氏の名を刻んだものが散見される。

このように、今治平野には国衙を主導する在庁官人の拠点が分布していたが、新居氏や河野氏、別宮氏のように海岸部に拠点を置く一族が少なからずいた。その背景には要衝としての海岸部の重要性があり、彼らの遠方の拠点（本拠地）と海上交通を介してアクセスできる便宜もあったのであろう。

(3) 寺社勢力の拠点

中世社会では寺社勢力が大きな権力を有していたが、伊予府中地域においても複数の有力寺社を見出すことができる（図2）。

その様相の一端は、「伊予国神社仏閣等免田注進状写」(『国分寺文書』伊予国分寺所蔵)から窺える。この史料は建長七年(一二五五)十月日付で作成された写を応永十五年(一四〇八)二月九日に伊予国衙在庁の紀良員が校正したものである(『県史』一七四)。鎌倉中期に国衙から国内寺社に認められた免田とそれに関わる用途・諸行事を記し、当時の寺社勢力の様相をよく示している。加えて十五世紀初頭の応永年間にも伊予国衙在庁が機能していたことをうかがわせる史料としても重要である。

当史料によると、護国法会において最重要の最勝講を行うのは「惣社」「八幡宮」「三島社」の三社であった。惣社(総社)は一国内の神社の祭神を一か所に合祀し、国衙近くに設けられた社で、今治平野南西部の五十嵐丘陵の蒼社川よりに立地する伊加奈志神社に比定されている(『愛媛面影』)。蒼社川の名も「惣社」に由来するとされている。八幡宮(石清水八幡宮)は伊加奈志神社と同じく五十嵐丘陵に所在する。中世前期に国衙や守護所に関わる武士勢力によって勧請され、支えられた神社であろう。三島社(大山祇神社)は大三島に所在する伊予国一宮で、国内で最有力の神社であった。最高神官の大祝氏は高橋郷に拠点を置き、別宮(別宮大山祇神社)が平野北部の海岸部に置かれている。最勝講を行う三社は国内宗教秩序の最高位に位置しており、全て今治平野に所在している。また、当史料において最も多くの法会執行に関わっているのが「別宮三島社」(別宮大山祇神社)であり〔西尾 二〇一三〕、大山祇社各社の重要性が浮かび上がってくる。

寺院においては、古代から中世にかけて衰退しつつも国衙権力との関係維持に努めていた国分寺や、平野外縁の山地に所在する古刹佐礼寺(仙遊寺)、光林寺、国府有力地の八町にある楠本神社に関係すると思われる楠本寺などが史料上で確認できるが、その他の重要寺院として、円明寺に注目したい。

円明寺は今治平野の北西にある近見山に所在した寺院である。その後身の延命寺の宝永元年(一七〇四)鋳造の梵鐘銘によると、当初仏閣は壮大で谷々には僧坊が建ち並んでいたが、戦国期の兵乱で焼失し、寺地を移動したという。

近見山中には「西谷坊跡」「馬乗坊跡」「五ツ台寺跡」「坊主谷」「大門」などの地名が残るといい〔渡辺・斎藤 一九八〇〕、大規模な寺院の存在が窺える。

当寺は十三世紀後半に東大寺の学僧凝然が滞在、活動した寺院として知られている。これは、凝然が今治平野の高橋郷出身で、在庁官人の越智氏一族であったことを機縁としている。凝然が関わった宗教活動のうち、「八十一品道場供養」は伊予府中で継続的に開催され、国衙・守護・幕府関係者も参加した公的かつ大規模な法会で、凝然はそのためにしばしば奈良から下向している。また、凝然の活動は宗教活動の他に、所領支配や金融活動、一族・関係者の訴訟を京・鎌倉の権門に取り次ぐなど、多岐にわたっていた〔井上 二〇一一〕。そのような活動の拠点となった円明寺は、中央（畿内・鎌倉）との回路を有し、地域の宗教・政治・経済活動の中心の一つであったと評価して良いであろう。

伊予府中地域では、これらの寺社勢力が諸権力と関係を持ちながら重要な位置を占めていたのである。

なお、円明寺があった近見山の南西に位置する野間郡神戸郷周辺には、中世の石造物が数多く分布する特異な地域になっている。今治平野を中心に考えるとその周縁部に位置することから葬送の地と捉える見解があるが〔川岡 二〇〇六a〕、在庁官人クラス（特に紀氏）が造立者であったことや、製作には畿内の先端的な技術が導入され、凝然が関係した可能性も指摘されており〔市村 二〇一三〕、さらなる検討が必要である。

(4) 今治平野の港

中世府中は、その要素の一つに交通や物流の中心である津や宿があると指摘されている。府中研究に限らず、都市研究あるいは地域史研究において交通や物流拠点への着目は重要である。伊予府中を抱える今治地域においてもそれは変わらない。特に瀬戸内海の中央に位置し、四国と本州の結節点である当該地域においては、港が重要になる（図2）。

前述のように、今治平野中央の蒼社川右岸地域の郷・八町地区が中世伊予国衙の有力地と考えるならば、交通・物流の観点から蒼社川河口部が重要になる。左岸には「蔵敷」という物資の集散地に関わる地名が残っている［市村二〇一三］。ここには近世に今治城が築城されるが、築城以前の城地の一角に越智郡日吉郷の一宮である蔵敷八幡宮が立地していたとの伝承がある［渡辺・斎藤 一九八〇］。また河口部周辺には在庁官人の有力者で後に守護に成長する河野氏の関連史跡が多く、河野氏の伊予府中における拠点であったと考えられている［川岡二〇〇六a］。これらのことから、蒼社川沿岸から河口部一帯にかけては政治・経済の重要拠点であったと評価できよう。

一方、今治平野の南部では頓田川河口部の拝志地域が重要である。地形図や地籍図・小字図によると、河口部に隣接してかつては小規模なラグーンや後背湿地があったと考えられる［日和佐二〇一〇］。地区内の真光寺は開基伝承が天智期にまで遡り［渡辺・斎藤 一九八〇］、中世の遺物を複数有する伊予府中地域屈指の古刹である。地理的に見て、拝志は頓田川流域（今治平野南部）の外港的機能を有しており、古くから発展していた地域だったのではないだろうか。当地域は有力な在庁官人であった新居氏が伊予府中における拠点にもしていた。

そして、今治平野の南端の桜井地域は、頓田川の分流である大川の河口部付近に位置する。周辺の地名には「新田」「新開」が分布しており、かつては内陸部に大きなラグーンが広がっていた可能性が高い［今治市都市整備部 一九八八］。ここは伊予国の国分寺および国分尼寺（のち法華寺）の外港的位置にあり、鎌倉期には桜井から一遍が出立していることから（『一遍上人絵伝』）、古代以来、今治平野南部の港の一つであったことが推測される。

このように今治平野の河川の河口部には、古代から中世にかけて港があり、有力者・有力機関の拠点があったと推測される。残念ながらその具体像を伝える史料はまだ見出せていないが、そのような中にあって、中世の今治地域に存在した港として史料上にはっきり登場するのが「今治津」である。早くは鎌倉期の史料で確認でき（『県史』二七五）、『太平記』では、元弘三年（一三三三）閏二月頃のこととして反幕府方の四国勢六千余騎が宇多津（香川県）と「今張ノ湊」に船を揃えたと記される。時代が下って天正十三年（一五八五）と推定される七月二十七日付吉川元長書状（『県史』

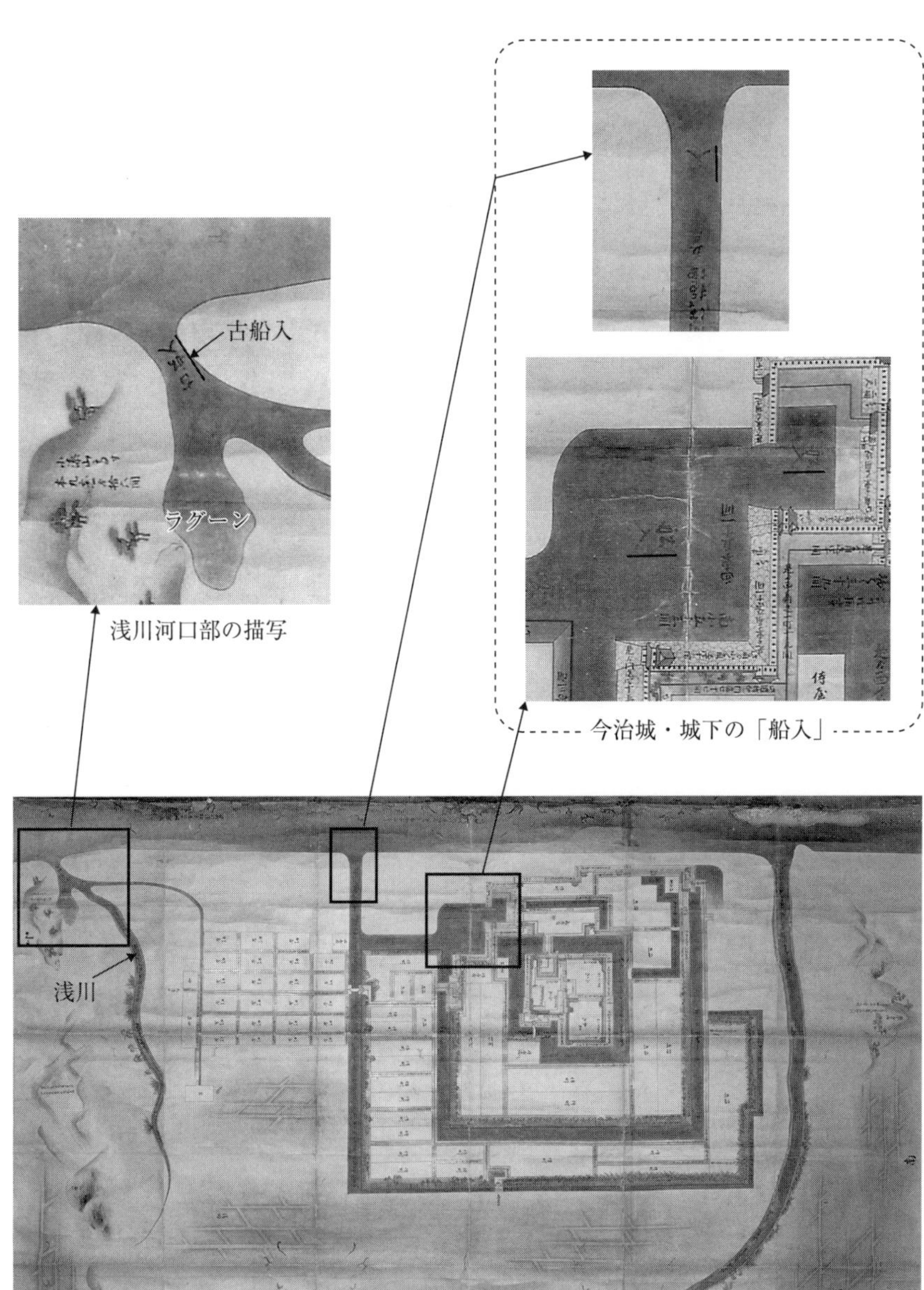

図３　正保今治城絵図に描かれた「古船入」「船入」

「正保今治城絵図」〔今治城蔵〕部分に加筆。同図を部分拡大。
［藤本 2019］掲載図を一部修正。

二四七五)によると、長宗我部氏を討つための吉川氏の軍勢が「今張津」に着岸している。当地は中世を通じて重要な港であった。

今治津の場所については、江戸幕府が正保年間(一六四五~四八)に全国の諸藩に命じて作成させた城絵図のうち、今治藩が作成した「正保今治城絵図」が手掛かりを与えてくれる(図3)。この絵図は今治城に加えて周辺の象徴的な景観を描き込んでいることが特徴で、それらの景観のうち、城下町の北方には「浅古川」が描かれ、河口部に「古船入」と記されている。「古船入」は同図の今治城および城下に記されている「船入」に対応する記載と考えられ、今治城の新しい港(船入)が整備されたことによって役割を終えた、当該地域の前代の主要な港を示したものと考えられる。浅古川(浅川)は今治平野の北方を流れて瀬戸内海に注ぐ河川で、その河口部は元来の地域「今治」を踏襲していると考えられる旧今治村の領域に含まれることから(「越智郡絵図」明治十三年頃成立、愛媛県立図書館蔵)、ここにあった「古船入」が元来の今治地域に所在した港、すなわち「今治津」であると考えられる。したがって、少なくとも鎌倉期から近世初期に至るまで、今治平野北方の浅川の河口部に当該地域を代表する港「今治津」があったと考えられるのである。

なお、地名「今治」について付言しておくと、元来の語義は「今墾(いまはり)」すなわち新しい開拓地を意味するとの説がある(『角川日本地名大辞典』)。当地の自然地形を踏まえると妥当な見解であろう。「今治」は、中世では瀬戸内海沿岸の砂堆地帯の開発によって派生した小地域(旧今治村辺り)の地名であったが、近世に今治村の一部を割いて城(今治城)と城下町が作られ、周辺地域の中で卓越した求心性を有して発展したため、後世に行政地名に採用されて地名の広域化が進行したと考えられる。

(5) 今治津周辺の様相

今治平野北部の浅川の河口部にあったと考えられる今治津について、その周辺地域の様相を検討したい（図2）［藤本二〇一九］。

まず浅川右岸には、伊予国一宮である大三島の大山祇神社から「地御前」として今治平野に勧請された別宮大山祇神社がある。蒼社川左岸の条里地割の最先端に立地し、海に向かって社殿を構え、その延長上の浅川河口部に今治津が位置している。大山祇神社は中世には地域に大きな宗教的影響力をもった権力であり、その筆頭神官である大祝氏は、軍事力や宗教性において、中世を通じて伊予国内の有力者であり続けた［川岡二〇〇六a・b］。別宮大山祇神社も中世伊予国衙の護国法会において重要な存在であったことは先述した通りである。このような大山祇神社に関わる諸勢力にとって、大三島の本社と伊予府中地域間の交通をはじめとする諸活動に今治津は深く関わっていたと考えられる。

次に浅川左岸について、河口部近くには「新開」や「新田」地名が多く分布している［今治市都市整備部一九八八］。この辺りは江戸時代の大新田村の領域で、江戸時代初期に開発されたと考えられている［渡辺・斎藤一九八〇］。「正保今治城絵図」（図3）には浅川左岸に河口部から奥に向かってラグーンのような描写があり、近世初期以前の当地の景観を表現したものであろう。このラグーンも今治津の港湾機能の一部を成していた可能性がある。

浅川河口部左岸のラグーンの西に位置する旧石井村辺りでは、元弘三年（一三三三）閏二月十一日に石井浜で合戦があり（『県史』五五〇）、別の史料に同日に府中の守護宇都宮氏の館で合戦があったとされていることから（『県史』六八一）、当時の伊予国守護所が石井浜周辺にあった可能性が指摘されている。そこは港（今治津）に近く、幕府や六波羅探題などの中央政権との連絡において好都合の所在地であったと考えられる［川岡二〇〇六a］。

また浅川の西にあり、今治平野の北西にそびえる近見山に所在した円明寺について、中世の伊予府中地域における重要性は先述したが、今治津との関係も見出せる。伊予府中で継続的に開催され、国衙・守護・幕府関係者も参加した公的かつ大規模な法会「八十一品道場供養」に円明寺でも活動していた東大寺の学僧凝然が関わった際、必要な道具を奈良から「今治津」へ搬送していた(『県史』二七五)。近見山中の地名「大大門」「小大門」〔今治市都市整備部一九八八〕の辺りは寺院の主要な門(正門か)があったと考えられるが、それらは近見山の東面の谷筋にあり、そこを下ると浅川河口部の今治津方面へ出る。今治津の方向に開いた空間構造を有していたといえるだろう。

以上のように、浅川河口部に比定される今治津の周辺には、別宮大山祇神社や守護所(鎌倉期)、円明寺といった伊予府中地域の重要拠点が立地していた。それらの活動に今治津は深く関わっており、伊予国内と国外(畿内など)を結ぶ結節点の一つであったと評価できよう。なお、近接する港としての蒼社川河口部の重要性も中世前期において比較的高いものの、遅くとも鎌倉期以降は、蒼社川流域および今治平野北部を代表する港として今治津の比重が高まっていくと推測しておきたい。

(6) 中世後期の伊予府中地域と城郭

中近世の武家権力の主要拠点である城郭は、中世前期には明確には見出せず、史料上に顕著に表れるのは南北朝期以降である(図4)。

伊予における南北朝期の争乱は、府中地域周辺を主たる戦場として繰り広げられた。府中は政治的にも宗教的・文化的・経済的にも国内の中心であり、国内諸勢力にとって府中の掌握は決定的な重みをもっていたからである〔川岡二〇〇六b〕。当時の史料には伊予府中各地に「城」「要害」が登場し、特に今治平野の外縁部には佐波城や龍岡城など多くの城郭が所在していた様子がうかがえる(『県史』六四二など)。南方の世田山城では大館氏明や河野通朝が讃岐の細川勢と激しい攻防戦を展開するなど、今治平野の外縁部の城郭は伊予府中の防衛ラインになっていた〔川岡二〇〇六a〕。当時のこれらの城郭は平野部にあった支配権力の拠点を防衛するための砦や陣城的な役割が大きかったと考えられる。

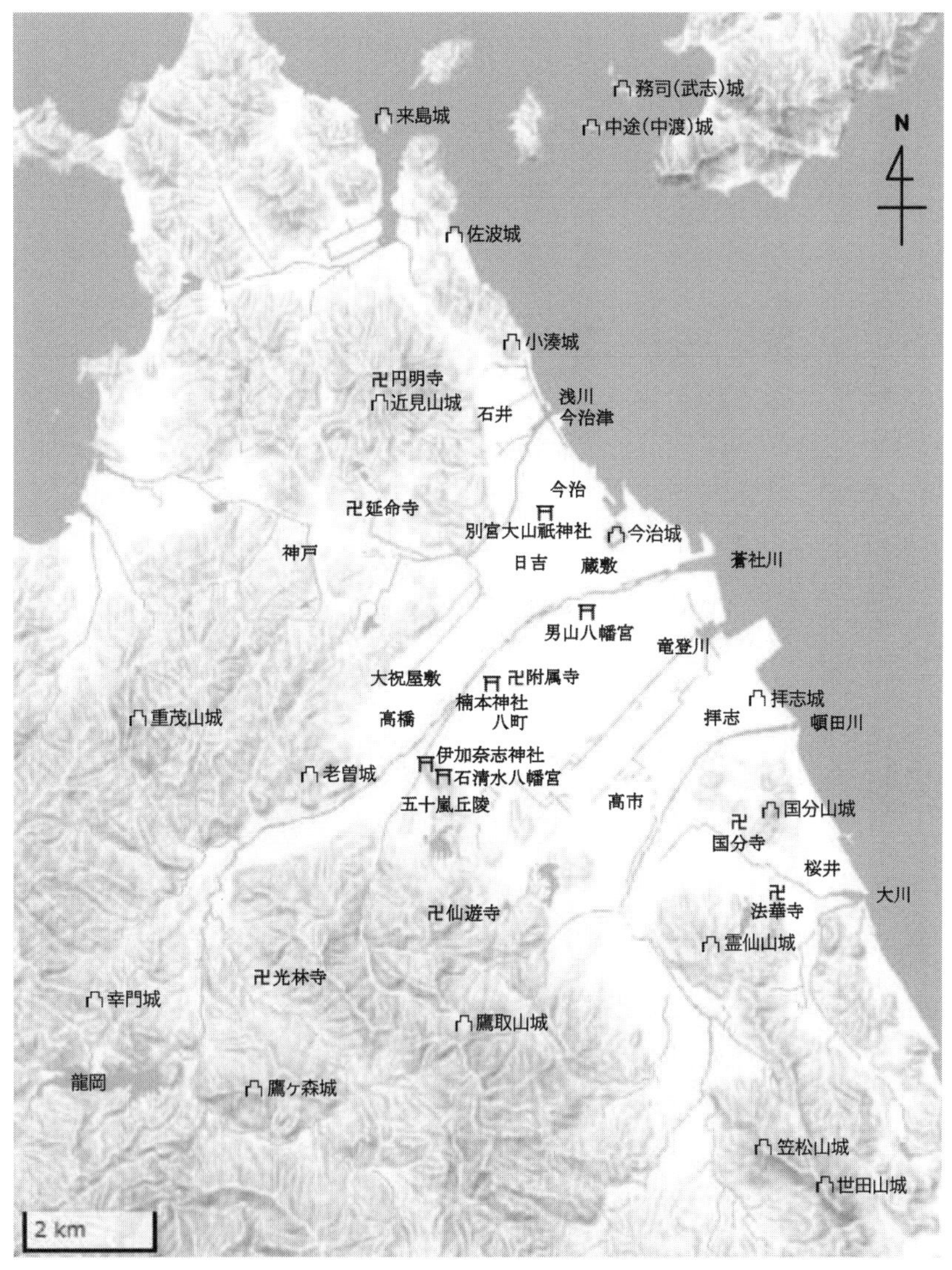

図4　中世～近世初期の今治平野周辺

地理院地図 Vector で作成した図に加筆。［川岡 2006a］掲載図を参考に作成。

南北朝内乱が収束して室町期になると、武家権力が社会の主勢力となっていく。伊予国では河野氏が守護として卓越した支配権力となった。河野氏は湯築城（温泉郡）を本拠地として分国支配を展開したため、伊予府中地域の政治的比重が相対的に低下することは避けられなかった。しかし国衙の所在地であるとともに瀬戸内海や芸予諸島に接する要衝であり、自立性の強い寺社勢力の地盤であった府中地域は、分国支配の上で変わらず重要であった。河野氏は府中を湯築城と並ぶ分国支配の核と考え、河野氏庶流の勝生・明生や南氏・栗上氏、戦国期には河野氏配下の有力領主である重見氏・正岡氏・来島氏が府中支配を担う体制をとっていた［川岡 二〇〇六ｂ］

伊予府中地域では前代までの有力な在庁官人層の動向が確認しづらくなり、国衙の機能は徐々に縮小していったと考えられる。それに代わって新興の武家権力が地域支配を担っていく。彼らは近見山城（重見氏）、老曽城（村上監物）、重茂山城（岡部氏）、幸門城（正岡氏）・鷹取山城（同）、鷹ヶ森城（越智氏）、霊仙山城（中川氏）など、概して今治平野の外縁部の山城を拠点にしていた。これらの城は南北朝期には府中を守る臨時の砦的な役割であったが、室町期以降には支配権力の恒常的な拠点になっていたのである。円明寺がある近見山に設けられた明神山城（近見山城）の例は、中世社会の主要勢力である宗教権力の場に新興の武家権力が進出し、やがて凌駕していく象徴的な例と評価することができる。

また戦国期になると、近隣の島嶼部に拠点を置いていた海賊衆の来島村上氏、能島村上氏の勢力が大きくなり、府中地域へ進出してくる動向が窺える。今治平野に近い来島海峡に浮かぶ小島の来島を本拠とする来島村上氏は、十五世紀以来河野氏と親密な関係を形成し、府中地域に対しては河野氏の重臣という立場にとどまらない自立性を確保した支配を展開していた。また能島村上氏は今治平野南部の瀬戸内海に近い国分山城を拠点の一つとし［川岡 二〇〇六ｂ］、今治平野北端の伊賀山丘陵にあった小湊城周辺にも支配領域があったと考えられている［大上 二〇一九］。

このように、室町期から戦国期にかけては今治平野の外縁部の城郭に拠点を置く新興の武家権力が当該地域の主要勢力になっていた。一方で、守護河野氏は伊予国の中心地域の一つとして府中地域を重視して関与し続け、伊予国一宮の大山祇神社の筆頭神官大祝氏は武力を有する地域権力として戦国期に至るまで顕著な活動が確認でき、府中地域の有力な勢力であった。当時の伊予府中地域はこれらの権力が複合的、重層的に展開していたといえよう。

当該期の交通・物流拠点については、前代に引き続き、今治津などの今治平野各所の港は健在であった。今治平野北端の小湊浦［藤本 二〇二三］は享禄四年（一五三一）に河野氏が上洛するために用いられ、その時ともに上洛したのは、重見氏や中川氏といった伊予府中に基盤をもつ勢力であった［大上 二〇一九］。当該期の支配権力とも関係を持ちながら港が機能していたことが窺える。

4　近世初期の今治

室町期以降になると諸権力の中から武家権力が特に卓越し、支配秩序が変容する。国府の活動は見出せなくなり、代わって在地の武家権力の拠点（城郭）が顕在化する。戦国期までは前代以来の主要権力であった大山祇神社（大祝氏）や河野氏が健在であったが、豊臣秀吉による四国平定によってこれらの権力は没落あるいは衰退し、以後は統一政権下の新たな武家権力による支配体制となる。

豊臣期の新たな重要拠点となったのが今治平野南部の国分山城である。当城は戦国期に海賊衆の能島村上氏の拠点の一つになっていたが、豊臣期には、政権の下で今治平野のみならず伊予国東部（東予地方）を治める福島正則ら豊臣大名の居城となった。国分山城は瀬戸内海に近接する国分山（唐子山）と麓の居館などを囲む城域をなし、海側に展開する縄張りになっていた［日和佐 二〇一〇］。近所の桜井の港の取り込みを意図していたとの見解もある［宮尾 二〇〇四］。

慶長五年（一六〇〇）の関ヶ原合戦後、東予地方の豊臣大名は西軍に味方したため一掃され、藤堂高虎と加藤嘉明が新たに当地方に領地を得て支配権力となった。特に藤堂高虎は、今治平野の蒼社川河口部左岸の砂堆上に新たに今治城を築き、藤堂領の本城とすることを意図した。当時の藤堂領の大部分は伊予国南部（南予地方）にあり、豊臣期以来の本城である板島城（宇和島城）や大津城（大洲城）があったにも関わらず、あえて飛び地的に得た新領地の今治に本城レベルの城を築いた理由は、当地が瀬戸内海の交通の要衝で古代以来の伊予国の主要地域であり、徳川政権の西国支配の一翼として瀬戸内海や周辺地域に睨みを利かす戦略的重要性が考えられよう［藤本 二〇二二］。今治城は城内と城下に船入（港）を設けていたことが特徴であるが、この船入は、その北方の浅川の河口にあった「古船入」＝今治津を移転させて取り込んだものと考えられる（図3）。前代までの当該地域の主要港今治津を今治城の下に吸収・移転させて、新たな交通・流通拠点として再編したと評価することができる。また高虎期には、今治平野北端の伊賀丘陵上にあり、城下に港を抱えていた小湊城を支城とし、芸予諸島方面とのつなぎの城としていた［大上 二〇一九］。

ところで、今治平野は藤堂高虎が一円的に領有したのでなく、伊予松山城主の加藤嘉明と二分された状態であった。その境界は平野中央部の竜登川辺りと考えられ（図2）、その北側が藤堂領、南側が加藤領になっていた［藤本 二〇一七］。伊予国中部（中予地方）を主とする加藤領にとっても今治平野周辺は飛び地的な領地であったが、その領域内に支城として今治平野南部の頓田川河口部左岸の拝志地域に拝志城を構えた。拝志城は砂堆上に平城として築かれ［日和佐 二〇一〇］、その立地性や構造は蒼社川河口部左岸に位置する今治城とよく似ている。先述のように拝志地域は頓田川流域の外港的位置にあたる要衝であり、拝志城も海陸交通の結節点として港湾機能を取り込んで設置されたと考えられる。

このように近世初期の今治では、特定の武家権力による国分山城や今治城、拝志城といった少数の城郭が地域の中核になっていた。それらは総じて海岸部に立地し、港を意識し、取り込むような構造になっていた。今治地域を支配する上で、当該期の権力が海と港を重視していたことが如実に表れているといえよう。

おわりに―海岸部の重要性―

以上、中世の今治地域について、古代伊予国府の後身で国の中心領域であり続けた中世都市府中として、その空間構造や支配権力の変遷を叙述してきた。伊予府中では、蒼社川右岸地域が有力視される国府と、その関係勢力・寺社勢力・武家権力が今治平野各所に拠点を有し、今治津をはじめとする海岸部の港などの要所が広域に分布する空間構造になっていた。国衙の機能が衰退する室町期以降は、新興の武家権力が平野外縁部の城郭を拠点化して府中支配に関わる動向が見て取れる。

これらの内容を踏まえて、改めて強調したいのは今治地域の海岸部の重要性である［藤本 二〇一八・二〇一九］。地名「今治」が海岸部の新規開拓地を語源とする説に象徴されるように、今治地域の海岸部は、政治・経済流通面で重要な位置を占め続けたと評価できる。本論では対象外である近世まで視野に入れた地域構造を考えた場合、中近世移行期以降、地域の中心核になった国分山城、拝志城、そして今治城は、常に海岸部に、先述の重要地域と関係を持ちながら設置された。それらの城下地域では、城下町今治はもちろん、江戸初期に廃城になった国分山城と拝志城でも、膝下の桜井と拝志がそれぞれ在郷町になり、地域の経済拠点であり続けるのである。

これは、本論の「はじめに」で触れた中世府中の空間構造の特徴の一つである「国衙在庁の衰退に伴い政治拠点は衰退するが、物流の拠点は発展が継続し、地域の中心となっていく」動向と同様である。今治地域においては海岸部がその中心になることが地域構造としての特徴である。今治地域は伊予国における瀬戸内海交通の拠点であり、かつ伊予国と本州を結ぶ玄関口であるという汎時代的な地理的特性が大きく影響していると考えられる。

参考文献

市村高男　二〇一三「伊予府中の所在とその実像」同編著『中世宇都宮氏の世界―下野・豊前・伊予の時空を翔る―』彩流社
井上　聡　二〇一一「伊予の地域社会と奈良の律僧―凝然自筆聖教紙背文書を読み解く―」高橋慎一朗編『列島の鎌倉時代―地域を動かす武士と寺社―』高志書院
今治市教育委員会　一九九五『八町1号遺跡―2次調査区―』今治市教育委員会
今治市都市整備部都市計画課　一九八八『小字界図』今治市都市整備部都市計画課
愛媛県史編さん委員会編　一九八三『愛媛県史 資料編 古代・中世』愛媛県
大上幹広　二〇一九「文献資料から見た小湊城」村上海賊魅力発信推進協議会編『中世日本の海賊と城』村上海賊魅力発信推進協議会
小川　信　二〇〇一a『中世都市「府中」の展開』思文閣出版
小川　信　二〇〇一b「諸国府中の成立とその中世都市としての展開」『中世都市「府中」の展開』思文閣出版
「角川日本地名大辞典」編纂委員会編　一九八一『角川日本地名大辞典三八 愛媛県』角川書店
川岡　勉　二〇〇六a「中世の伊予府中と在地諸勢力」『中世の地域権力と西国社会』清文堂出版(初出一九八八・二〇〇二)
川岡　勉　二〇〇六b「河野氏の府中支配と海賊衆」『中世の地域権力と西国社会』清文堂出版(初出二〇〇二・二〇〇四)
櫛部大作・眞鍋昭文　二〇一八「古代の今治平野」愛媛県埋蔵文化財センター編『伊予国府を考える 今治平野の古代遺跡、その分析と国府発見への試み』愛媛県埋蔵文化財センター
国立歴史民俗博物館編　一九八五『共同研究「中世の地方政治都市」』国立歴史民俗博物館研究報告第八集　国立歴史民俗博物館
児島公尊・土居聡朋　二〇〇二「層塔」愛媛県教育委員会文化財保護課編『しまなみ水軍浪漫のみち文化財調査報告書　石造物編』愛媛県教育委員会
斉藤正直　一九九〇「生活の舞台」今治郷土史編さん委員会編『今治郷土史 現代の今治　地誌 近・現代4(第九巻)』今治市役所
新居浜市史編さん室編　二〇二四『予州新居系図』新居浜市
西尾和美　二〇一三「「伊予国神社仏閣等免田注進状写」を読む」愛媛大学「資料学」研究会編『歴史の資料を読む』創風社出版
日和佐宣正　二〇一〇「近世初頭の支城伊予加藤嘉明領拝志城―地籍図の検討並びに国分山城との関連より―」『戦乱の空間』一〇号
藤本誉博　二〇一七「関ケ原合戦後の越智郡の知行配分について」愛媛県歴史文化博物館編『高虎と嘉明 ―転換期の伊予と両雄―(特別展図録)』伊予鉄総合企画株式会社
藤本誉博　二〇一八「中近世の今治平野の海岸地域と今治城」『怒麻』平成二九年度 第四〇号
藤本誉博　二〇一九「中世伊予府中の海岸地域と「今治津」」『伊予史談』三九三号

藤本誉博　二〇二二「高虎による今治城築城と港の移動」高虎サミットin今治実行委員会編『海と高虎―瀬戸内が育んだ今治の歴史―（第十二回高虎サミットin今治 今治城・今治市村上海賊ミュージアム特別展総合図録）』
藤本誉博　二〇二三「中世の港「今治津」と「小湊浦」の位置について」『今治史談』合併号二九号
眞鍋昭文　二〇一八「国府の所在地について」愛媛県埋蔵文化財センター編『伊予国府を考える 今治平野の古代遺跡、その分析と国府発見への試み』愛媛県埋蔵文化財センター
宮尾克彦　二〇〇四「国分山城から今治城へ―伊予府中地域における近世移行期城郭の変遷―」『今治史談』合併号一〇号
宮本雅明　一九九三「国府と太宰府の変容」高橋康夫・吉田伸之・宮本雅明・伊藤毅編『図集 日本都市史』東京大学出版会
吉本　拡　一九八二「律令国家と社会―考古学からみた歴史時代―」愛媛県史編さん委員会編『愛媛県史 原始・古代1』愛媛県
渡辺則文・斎藤正直　一九八〇「今治市」下中邦彦編『愛媛県の地名（日本歴史地名大系第三九巻）』平凡社

第3部　鉄と焼き物

中国地方における鉄の生産と流通

安間　拓巳

はじめに

製鉄は前近代における中国地方の主要産業の一つであった。しかも国内における鉄需要のかなりの部分を賄ったと考えられていることから、その生産量や生産技術、流通体系の解明が中世社会を理解する一つの重要な要素にもなり得る。また、近世の中国山地域で盛んに行われた、たたら吹き製鉄の前段階として、中世全体を通して製鉄技術がどのように発展したのかを明らかにすることは大変重要である。一九九〇～二〇〇〇年代に製鉄遺跡の発掘調査が進んで資料が蓄積された結果、近世たたら吹き製鉄が成立する過程を明らかにするための研究の中で中世鉄生産に対する総合的な検討も行われるようになってきている［東山編 二〇二〇］。

本稿ではこれらの研究に導かれつつ近世たたら吹き製鉄との対比も行いながら中世の鉄生産に関わる施設や技術について整理するとともに、鉄生産に携わった職人(集団)たちの動向についても考察してみたい。つづいて、生産された鉄がどのように精錬・加工され流通したのか、文献史料を頼りにまとめておきたい。その際、近年提示されている輸入鉄素材の流通についても若干の検討を加えてみる。

1　原料と燃料

(1) 原料の採集

製鉄原料となる砂鉄については、おもに中国山地の日本海側に分布し不純物の少ない真砂砂鉄と、瀬戸内側に分布し不純物のやや多い赤目砂鉄に区分されている。たたら吹き製鉄では、これらは生産目的とする鉄の性状(鋼か銑か)や、製鉄作業における工程によって使い分けることが知られている。

近世には山地を切り崩し、掘り崩した土砂を水路に流して砂鉄を採集する鉄穴流し(かんなながし)が盛んに行われた。それ以外にも山間部から自然に流出した砂鉄が川底に堆積した川砂鉄や、さらに砂鉄が海にまで流出して砂浜に打ち上げられ堆積した浜砂鉄も利用したことが知られている。この鉄穴流しの技術が確立するのは近世初頭頃と言われており、中世における砂鉄の採集方法は不明確な点が多い。現状の地形観察から、中世においても鉄穴流しと同様な方法で砂鉄を採集したのではないかとする報告[日岡 二〇〇三・二〇〇四]もあるが根拠が弱く、おそらくは中・小河川の川底に自然堆積した砂鉄を採集する方法が中心だったのではないかと推定されていた[河瀬 一九九五]。

ところが近年、広島県山県郡北広島町の豊平地区において赤色立体地図を活用した地形観察から人工的なものと考えられる大規模な地形改変の痕跡が見いだされ、砂鉄の採集と関連するのではないかとする研究成果が報告されている[貞方・千葉ほか 二〇二二、貞方・角田 二〇二三]。この地域は広島湾に流入する太田川の上流域にあたるが、近世には太田川河口部は広島城の堀を兼ねていた。そのため、城の堀が土砂で埋まり城の防御機能に支障を来すということで上流域における砂鉄の採集を禁止する法度が十七世紀前半に繰り返し出されている。このことは近世初頭には太田川上流域で大量の土砂が発生する砂鉄採集作業が行われていたことを示唆しており、同地区における地形改変がこれに関わると見ることもできる。しかも、地形改変が行われた年代は中世に遡る可能性が高いと考えられていることから、中世にはすでに大規模な地形改変を伴うかたちでの砂鉄採集が行われていた可能性は高いであろう。

中国地方に分布する中世製鉄遺跡はかなりの数に上ることが予想されることから、それらの製鉄場での操業を川砂鉄や浜砂鉄だけで賄うのは難しいのではないかとも考えていたが、このような大規模な砂鉄採集技術が存在したのであれば各地で製鉄作業が行えたことも理解できる。

(2) 燃料の生産

燃料である木炭は木炭窯で生産された。木炭窯は一～数基が製鉄遺構と近接あるいは重複する場合と、木炭窯だけがまとまって検出される場合がある。遺跡の状況からは木炭窯と製鉄遺構が近接していても、それらが必ずしも同時期に操業したとは言えない場合があることが知られている。製鉄遺構や炭窯から出土する木炭の樹種はクリ・マツ・クヌギ節・コナラ節などが多く見られる。天明四年（一七八四）に下原重仲により記された『鉄山必用記事』によれば、たたら吹き製鉄に用いる木炭の樹種としてはクリ・マツ・マキなどがよいとされており［館訳 二〇〇一］、たたら吹き製鉄におけるのと同じ木炭用樹種の選択がすでに中世にも行われていたと考えてよい。

近世の木炭窯は斜面を一度削平して平坦面を造成し、そこから下に掘り込んで窯体を構築するが、中世の木炭窯は丘陵斜面をトンネル状に掘り込んだ地下式あるいは半地下式の構造となる。そのため遺構の焚口部と奥壁部とでは窯壁の高低差が大きく異なり、奥壁側が高くなる。また焼成部の床面の平面形も、近世の木炭窯が円形や無花果形など円形を基調とするのに対し、中世の木炭窯は長方形や三角形などを呈する。さらに全体の大きさも近世のものが大きくなる。このように形状や規模・構造から中世と近世の木炭窯を区別することが可能である［河瀬 二〇〇〇、安間 二〇〇六］。近年では木炭窯の検出例が増加してきており、構造上の分類や地域性および時期的な変遷過程やその背景

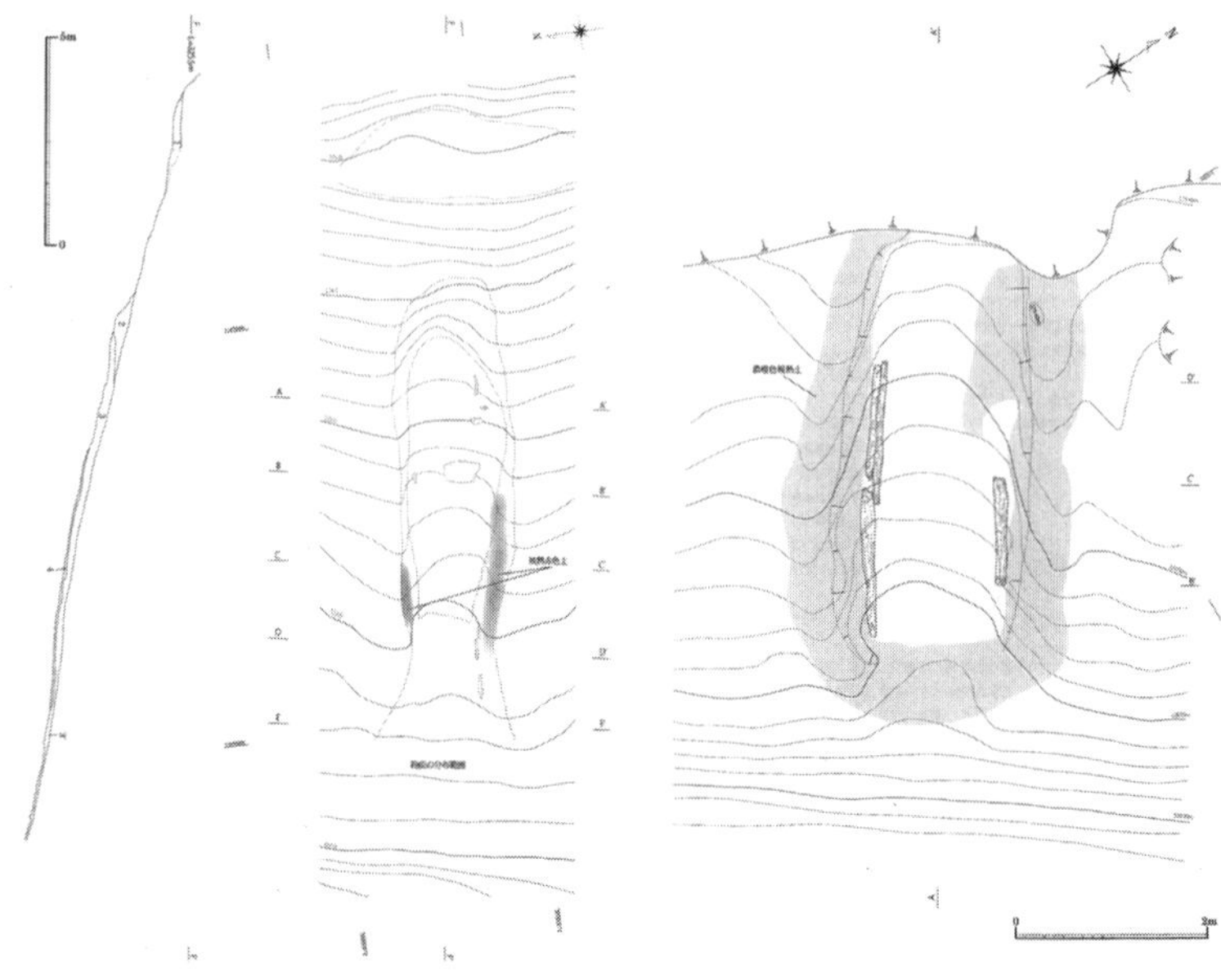

図1　覆い焼き式の木炭窯（松尾編2009を一部改変）

について検討できるようになってきている〔吉川 二〇二〇、松尾 二〇二〇〕。

このような構造窯によるもの以外にも、地面を浅く掘り窪めて原木を覆い焼きする形状の製鉄用木炭窯も確認されている。こうした構造の木炭窯はおもに鍛冶用の木炭を生産したと考えられていたが、島根県雲南市大志戸Ⅱ遺跡では長さ4～5㍍・幅約3㍍の小判形または隅丸方形をした浅い土坑が複数検出され、規模や残存していた木炭の性状などから覆い焼きの方式による製鉄用木炭窯と推定されている（図1）〔松尾編 二〇〇九〕。これらは現在のところ中国地方の日本海側を中心に確認されているがまだ検出例は少なく〔上栫 二〇二三〕、これらが地域的な現象なのか中国地方全域に見られるものなのか判然としない。年代も古代にまで遡る例があるとされているが〔濵本・坂本編 二〇一三〕、すべてが同じ機能であったかの検討も必要である。木炭の生産技術や生産量は中世における鉄生産の状況理解にも関わる問題であり、今後は構造窯での生産と同様に覆い焼きの方法による木炭生産にも注意を払わなければならない。

2　生産設備の復元

(1) 建　屋

近世たたら吹き製鉄では製鉄作業用の建屋として高殿が設置された。高殿はおおよそ一辺12～13×17～18㍍、高さ7～8㍍の大型の建造物で、内部に製鉄炉・鞴・作業員の控え場所・材料置き場などが配置されていた。これに対し中世では、江戸時代に記された文献史料の記述などで製鉄場が「野だたら」と呼ばれることもあったことなどから、製鉄作業の一部は露天で行われたとする想定もある［河瀬 一九九五］。しかし、露天では長時間炉内を高温に保つことが困難だと思われることや、天候の急変に対応できないことなどから賛同できない。また製鉄や鍛冶作業においては炉から立ち上る炎の色や状況を見て炉内の状態を判断し作業を進めていくが、露天では日中にこの作業が困難となることが予想される。現状ではすべての中世製鉄遺跡で建屋の柱跡と推定されるピットや礎石が検出されるわけではないが［上栫 二〇二〇］、中世の製鉄場においても何らかの建屋があったと考えておきたい。

中世の製鉄遺跡は丘陵の中腹付近に立地し、丘陵斜面を断面がL字形になるようにカットして作業面を造成しており、製鉄作業面は長さ・幅とも10㍍程度であることが一般的である（図2）。そして、その範囲内に製鉄炉地下構造、砂鉄置場や炭置き場と推定される平坦面、地下構造脇の台状高まりなどの遺構が密に配置され、それらの周囲にはほとんど平坦面が存在しない場合が多い。とくに山側の台状高まりは製鉄作業場を造成した時に形成される丘陵カット面にほぼ接している。そのため、近世たたら吹き製鉄の高殿のような大型で各種の空間を確保した建屋が存在したとは考え難い。また遺構の状況からは、作業面の山側は丘陵カット面に柱を立てざるを得ない状況で、掘立柱式になることが予想される。実際に北広島町若林遺跡では丘陵カット面からピットが複数検出され、柱穴跡の可能性が考えら

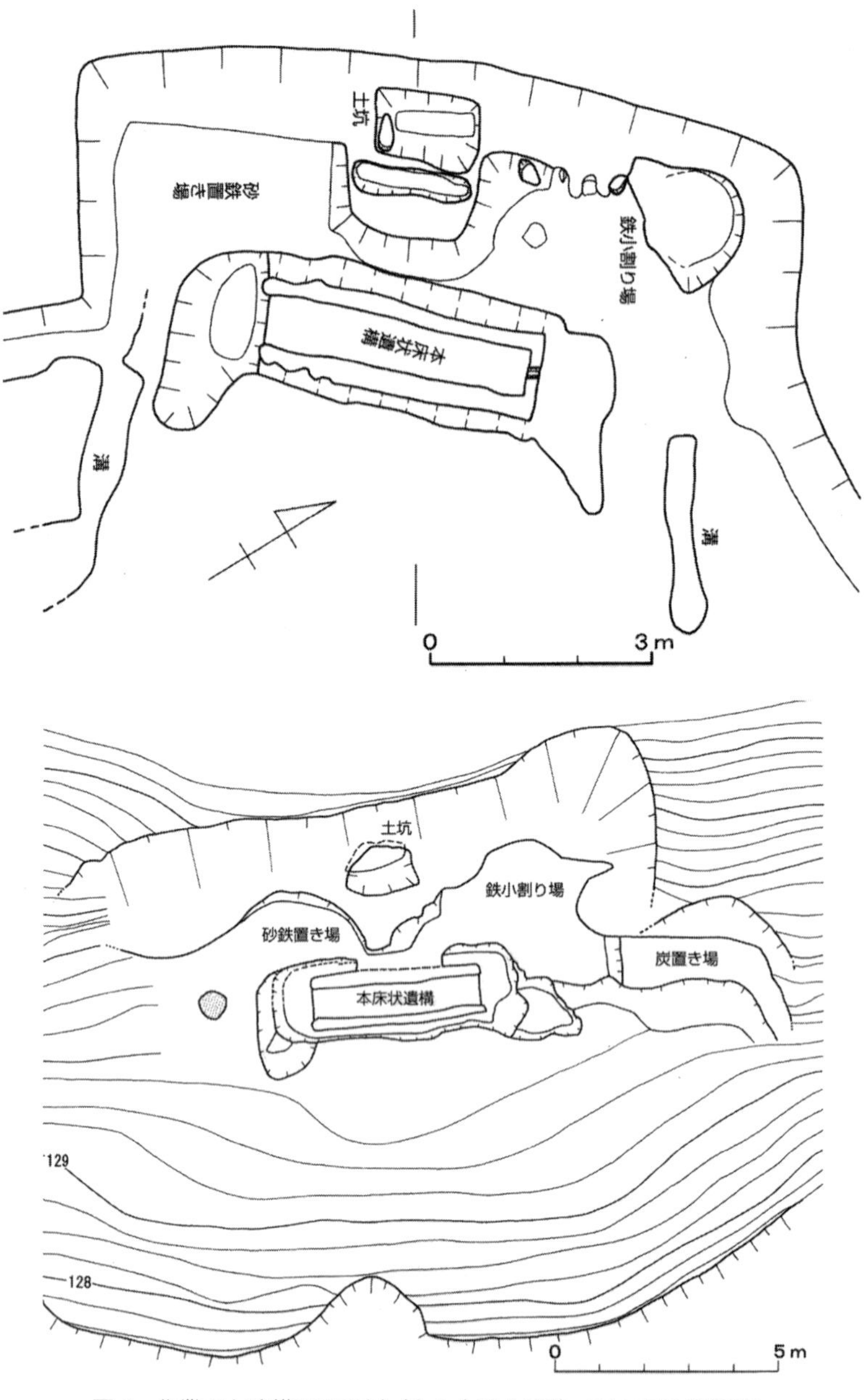

図2　作業面と遺構配置の例（上：大懸山遺跡　下：東永谷遺跡）
（安間・上栫 2004、河瀬ほか 2004　それぞれ一部改変）

れている［河瀬編 一九九五］。

中世製鉄場の建屋に関しては、その規模や構造について不明瞭な点が多いが、柱の痕跡があまり明確に確認できないということは、簡単な造作で組み上げられる程度の構造であったと考えられる。ただし、操業時に製鉄炉から立ち上る炎や熱で火災が発生する恐れがあるため、簡易な構造の建物であったとしても、ある程度の高さが必要とされる。このことからすると、今後は丘陵カット面だけではなく、カット面上方の丘陵面における柱穴跡などの遺構検出にも留意すべきであろう。

(2) 製鉄炉

製鉄炉は操業が終わるごとに破壊されるため具体的な規模や構造を知ることが難しかったが、遺跡出土の炉壁から得られた情報を組み合わせることである程度の復元が行われるようになってきた。雲南市大志戸Ⅱ遺跡2号炉（十三世紀後半）は内法で長さ2．5～2．6㍍・基底幅0．4～0．5㍍・高さ0．8㍍、送風孔は炉の両側に二〇個ずつと復元されている。同じく3号炉（十六～十七世紀前半）は内法で長さ2㍍・基底幅0．7㍍・高さ0．9～1㍍、送風孔は炉の両側に一四～一五個ずつと復元されている（図3）［松尾編 二〇〇九］。北広島町若林遺跡（十三～十四世紀）の出土資料からは、炉基底部の幅は約0．3㍍であったことが分かる［河瀬編 一九九五］。ちなみに古代後半の広島県三次市君田町奥山遺跡（十一世紀後半～十二世紀前半）では、内法で基底部の長さ2．3㍍・幅0．28㍍、送風孔は炉の両側に一四個ずつと推定されており［平元編 二〇一七］、さらに時代が遡る鳥取県西伯郡大山町下市築地ノ峰東通第2遺跡（九世紀後半）では、長さ2．9㍍・基底幅0．45㍍、送風孔は炉の両側に一七～二〇個程度と復元されている［濵本・坂本編 二〇一三］。これらのことから、中国地方における製鉄炉は平安時代前半には長さが2．5㍍以上に達しており、ほぼ中世まで同じ状況であったことが分かる。それに対し炉幅については、時代が下るにしたがって少しずつ広くなっていく傾向が窺える。その要因については送風装置が改良されたためと推定される［角田二〇一四］。

(3)　鞴

鞴については踏み鞴・差し鞴のどちらかが使用されたことが想定されるが、文献史料の記載などからも中世後半に

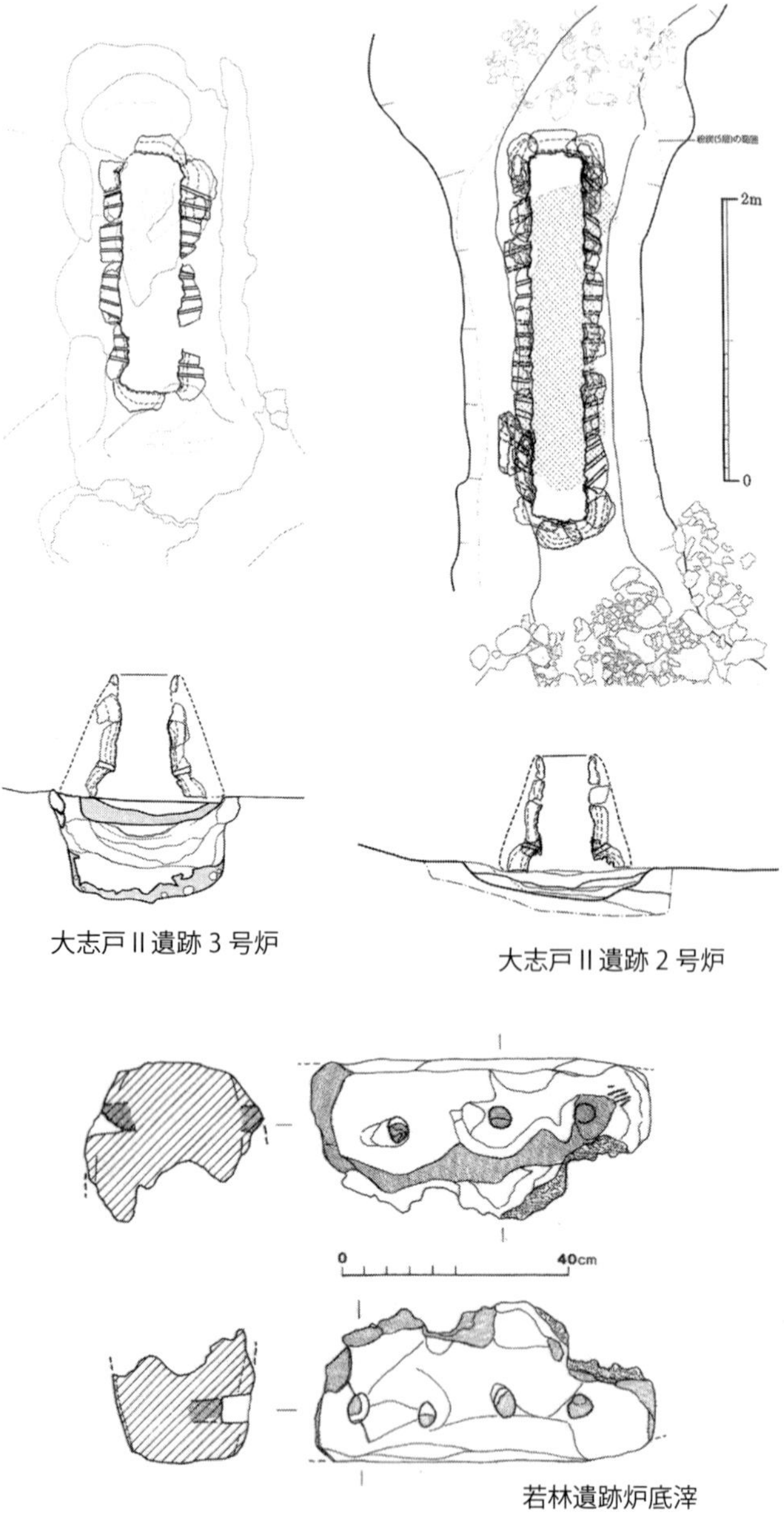
2m
0
大志戸Ⅱ遺跡3号炉
大志戸Ⅱ遺跡2号炉
0
40cm
若林遺跡炉底滓

図3　製鉄炉復元案と炉底資料
（松尾編 2009・河瀬編 1995　それぞれ一部改変）

は差し鞴が使用されたのではないかと考えられている[河瀬 一九九五]。出土炉壁に残された送風孔の状況から鞴は製鉄炉の両側に設置されたものと推定され、製鉄炉地下構造の長辺側中央付近から検出される台状高まりが鞴の設置場所と考える見方もある[道上編 一九八五、川越 一九九五]。

出土炉壁に見られる送風孔の挿入角度は、地面と平行な向きを0度、地面に垂直な向きを90度とした場合、最大で約30度程度である。この角度であれば製鉄炉地下構造と台状高まり、あるいは台状高まりの反対側に見られる楕円形高まりの位置関係や台状高まりの高さからすると、そこに鞴が設置されていた可能性は考えられる。しかし上栫武氏が指摘しているように、出土炉壁に見られる送風孔の挿入角度には10度程度のものも知られており、これでは台状高まりは鞴を設置する場所とするには高すぎる[上栫 二〇一〇]。このように台状高まりの性格については、まだ明確になったとは言い難い。

中世に用いられた鞴を直接的に知ることは難しいが、炉壁に開けられた送風孔の形状や位置や数、挿入の角度や方向などの検討を通じて鞴の構造や送風技術の実態に近づくことが可能であると考える。またそれにより、鞴と台状高まりの関係や台状高まりの性格などについても明らかにされるであろう。

なお送風の技術や方法に関しても「野だたら」という呼び方に影響されるためか、中世の製鉄作業が谷筋を吹き抜ける自然通風によって行われたと考えられていたことがあった。しかし自然の風を何時間も、時には一日以上も継続して、なおかつ効率よく炉内へ導くための設備を想定することは困難である。一方で、八～九世紀の東北地方を中心とした地域では踏み鞴を用いた鉄生産が行われていたことが遺跡の調査から明らかにされており[飯村 二〇〇五]、平安時代中期(十世紀前半)に成立した『倭名類聚抄』からも踏み鞴の存在が確認される。また、『松崎天神縁起絵巻』(十四世紀初頭)には、金属器加工用ではあるが差し鞴が描かれている。わざわざ想定の難しい設備を考え出すより、すでに存在するこのような道具を鉄生産の場でも活用したと考える方が素直であろう。

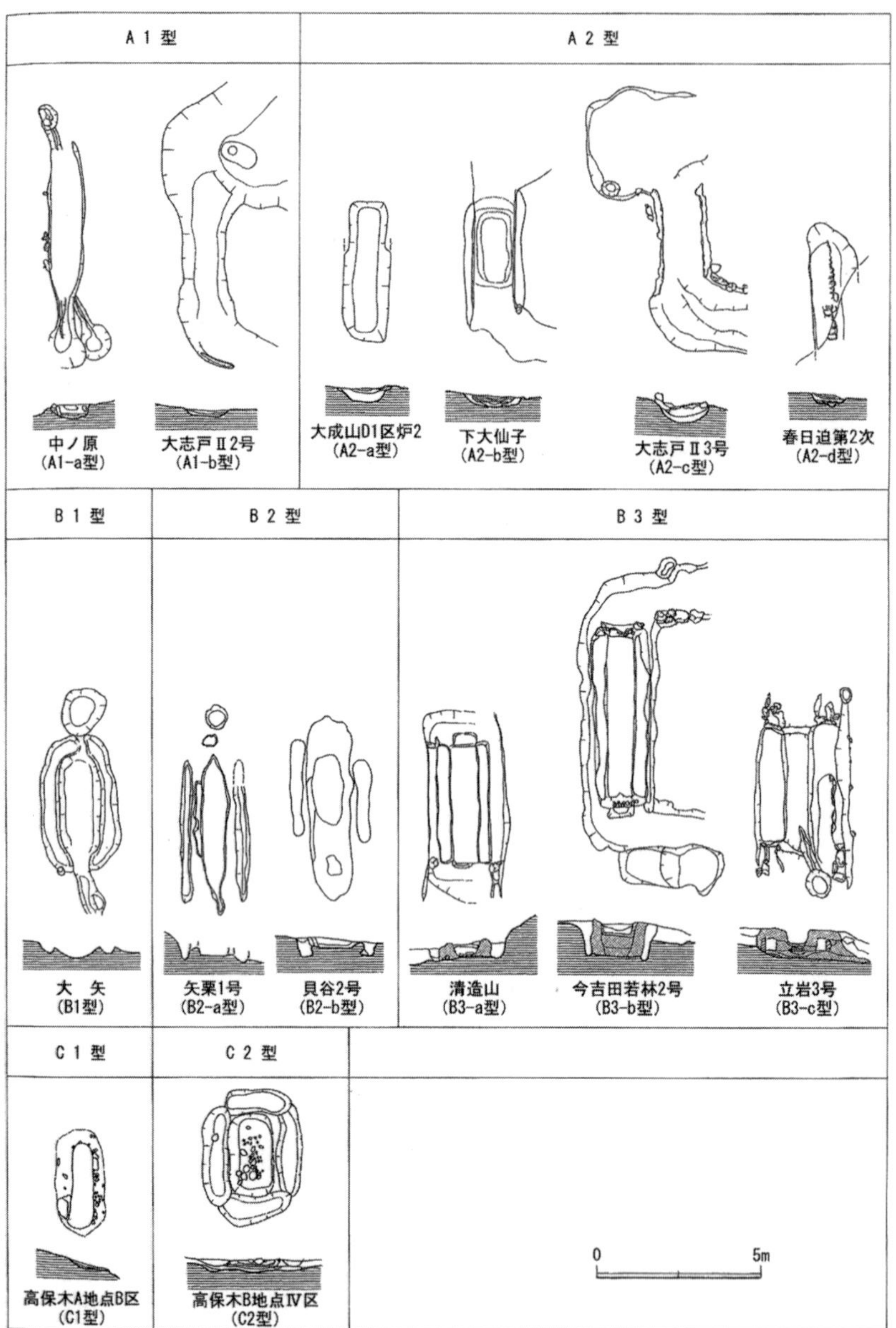

図4　製鉄炉地下構造の分類（角田 2014）

(4) 製鉄炉地下構造の変遷と地域性

製鉄炉の地下には防湿・保温のための構造物が構築される。とくに一九九〇年代以降に島根県・広島県・岡山県などで多くの製鉄遺跡の調査が行われた結果、製鉄炉地下構造の分類が進み、それにもとづいた地域性の抽出あるいは時期的変遷がかなり見通せるようになってきている［川越 一九九七、河瀬 一九九七、東山・吉川 二〇〇五、上栫 二〇〇七、角田二〇一四］。

製鉄炉地下構造の分類・地域性・時期的変遷について研究を推進された角田徳幸氏によると、中世製鉄炉の地下構造は本床状遺構だけのA型、本床状遺構の周囲に小舟状遺構が見られるB型、粘土ブロック帯による本床状遺構をもつC型に分類される（図4）。これらのうち、C型は今のところ兵庫県域にしか見られないものであり、中国地方にはA型とB型が分布する。A型とB型は、本床状遺構や小舟状遺構の形状や構造の違いからさらに細分される。地域性については出雲地域（島根県東部）で検出された地下構造がほとんどA型であるのに対し、石見南東部（島根県西南部）から安芸（広島県西部）にかけてはB型が中心に分布することが明らかになっている。また、十六世紀末〜十七世紀前半にはA型が中心であった出雲地域にB型が出現するようになり、技術の移転が想定されている［角田二〇一四］。

3　製鉄職人（集団）の組織と活動

中世の手工業生産に関わる職人組織についてはさまざまな形態があったことが知られており、建築や陶器生産などでの研究が進められているが、鉄や鉄器生産に関わる史料は鋳物師関連の史料を除けば断片的で、不明瞭な場合が多い。しかし製鉄遺跡の調査が進展した結果、鉄生産を担った職人（集団）たちの具体的な活動の様相については、遺跡の状況から考察が加えられるようになってきている。

製鉄遺跡の検討を進めた角田氏は、製鉄炉地下構造の地域差が生産に関わった職人集団の活動範囲と関連し、中国地方各所に設置された荘園と製鉄炉地下構造の地域性から、中世前期には荘園を基本的な単位として鉄生産が行われたと想定されている［角田 二〇一四］。中世前期には王臣家や有力寺社によって各地に荘園が設置され、農業をはじめとして各種の生産活動が営まれた。古代以来鉄を生産してきた中国地方においては、鉄を年貢として納める荘園が存在したことが知られている［福田 一九九二］。角田氏の想定によれば、鉄の生産に関わった人々は基本的にはある荘園周辺で日常的に生活・生産活動を行っていたと考えられる。

一方、ある荘園の範囲内で製鉄作業を遂行できる職人（集団）がどの程度存在したのかは明確ではない。これまで調査されている製鉄遺跡の状況からは、遺跡全体の構成や製鉄炉地下構造は類型化される状況ではあるが、必ずしも同一あるいはきわめて類似した規模や形態の遺構が同一地域から複数検出されているわけではない。このことからすると、一つの地域内で製鉄職人（集団）は複数活動していた可能性が考えられる。ただし、どの地域においても同じ程度の数の職人（集団）が存在したかどうかは不明であり、砂鉄や木炭資源はあるものの職人（集団）が不足している地域には他地域から職人（集団）を呼び寄せるという状況なども想定できるのではなかろうか。

この点については、興味深い遺跡が石見南東部と安芸北部で調査されている。島根県邑智郡邑南町室原山2号遺跡で確認された製鉄炉地下構造は、地山を掘り込んだ本床状遺構と小舟状遺構で形成され、本床状遺構の規模は長さ約4．4メートル・上面幅約0．8メートルである（図5上）［角矢・佐々木編 二〇一三］。このような地山を直接掘り込んで本床状遺構などを構築する型式は安芸北部に多く見られるものであり、石見では室原山2号遺跡が初見となる。これまでにも石見南東部と安芸北部は製鉄遺構の共通性が強く見られる地域であることが指摘されており、その要因の一つとして両地域を領有した国人領主たちが姻戚関係にあったことがあげられている［東山・吉川 二〇〇五］。しかし、室原山2号遺跡の年代は放射性炭素年代測定では十四世紀を中心とする頃と考えられており、この時期には国人領主たちはまだ協

室原山2号遺跡製鉄炉地下構造（角矢・佐々木編 2013）

カミショウブ第1号製鉄遺跡製鉄炉地下構造

図5　類似した形状をもつ製鉄炉地下構造

調関係を必ずしも確立していない可能性が高く、国境を越える形で設置された荘園も知られていない。そうであれば、この時期における石見南東部と安芸北部での製鉄遺構の類似性は、両地域間の製鉄職人（集団）が情報を共有できる状況にあったか、あるいは職人（集団）が両地域をまたがって活動した可能性も考えられよう。

室原山2号遺跡についてはもう一つ注目すべき点がある。一般的に本床状遺構と小舟状遺構で構成される地下構造（角田氏分類のB型）では、小舟状遺構が本床状遺構の両側を弧状に巡るB1型を除けば、本床状遺構と小舟状遺構は直線状に並列して配置され、地下構造は全体として長方形となる。ところが室原山2号遺跡では小舟状遺構が緩やかに湾曲して構築されて地下構造全体が笹の葉状になっており、かなり特徴的な形状と言える。そして、これと同様に小舟状遺構が湾曲する地下構造が北広島町カミショウブ第1号製鉄遺跡でも確認されている。

カミショウブ第1号製鉄遺跡は、北広島町上石に展開する小見谷製鉄遺跡群中の遺跡である。小見谷遺跡群は中世後半にこの地域を領有した吉川元春により建設された吉川元春館跡に近接し、両者の関連も想定されていた［安間二〇一五］。検出された製鉄炉地下構造は石見南東部から安芸地域に多く見られるB3型であるが、特徴的なのは二枚の土壁が並行せず、片側（山側）の土壁が緩やかに湾曲する、あるいは端部で屈曲し、それに伴って小舟状遺構も緩やかに湾曲することである（図5下）［安間二〇二二］。これまで安芸地域で確認されてきたB3型の製鉄炉地下構造は二枚の土壁が並行して構築されていて、この点でカミショウブ第1号製鉄遺跡は大きく異なっており、むしろ石見南東部の室原山2号遺跡と共通性が認められる。両遺跡の製鉄炉地下構造の規模や構造がすべて一致するわけではないが、特徴的な部分で類似した状況であることが注目される。年代も両遺跡とも十四世紀頃と判定されていることから、両遺跡で鉄生産に関わった職人（集団）に何らかの関連があった可能性も考えられる。十三世紀頃には小見谷遺跡群の辺りは厳島神社領の志路原荘の一部または隣接地であった可能性があり[1]、十五世紀前半には吉川氏に領有されていたと考えられる［木村二〇〇七］。これらのことから、両遺跡は同一の荘園内あるいは同一の領主の支配地域であったとは考え難く、中世前半には職人(集団)が荘園や国人領主の支配領域を越えて活動する場合があったことを想定しておきたい。なお厳島文書からは、十三世紀中頃に安芸国三角野村から鉄年貢が納められたことが知られるが、小見谷遺跡群がこの「三角野村の鉄」に関わる可能性も考えられる[安間 二〇二一、小都 二〇〇八]。

また十四世紀を中心とした時期はいわゆる南北朝の動乱の影響を受け、安芸地域では国人領主の支配領域も不安定な状態にあったと見られる。そのような中、安芸中部(東広島地域)には大懸山・見土路・石神といった製鉄遺跡が営まれるようになり、安芸における鉄生産地が北部から拡大する様相が見て取れる。このことからも、この時期にはある程度広域を移動しながら鉄生産を請け負った職人(集団)が存在したことを想定しておきたい。

中世後半には鍛冶集団が大名や国人領主およびその家臣などの下に被官化していったことを示す史料が残されており[小都 二〇〇二]、土地の支配が荘園公領制から大名領国制へと転換する中で、鍛冶集団とともに製鉄集団の活動も領主層の意向に沿う形での操業形態に変化していったものと考えられる。製鉄遺跡の状況からは、安芸南部の瀬戸内海沿岸にほど近い竹原市南部に十五~十六世紀に東永谷遺跡が出現するのは、安芸北部を領有した吉川氏と安芸南部の小早川氏との同族関係によるものではないかと考えられている[河瀬ほか 二〇〇四]。

4 鉄素材の生産と流通

(1) 生成鉄の性状

鉄は含有される炭素量の違いにより性質が異なり、利器の素材として適当な炭素量をもつ鋼、鋼より炭素量が少なく鍛造鉄器の素材となる錬鉄(れんてつ)、炭素量が多く鋳造鉄器の素材となる銑鉄(せんてつ)に区分される。近世たたら吹き製鉄では製鉄炉の構造や送風を工夫することにより鋼や錬鉄を含む鉧(けら)を中心に生産する鉧押しと、銑鉄を主に生産する銑押(ずくお)しといわれる技術が存在した。中世の製鉄でもこれら各種の鉄が生成されたと考えられるが、文献史料が残っていないため生成された鉄の性状や、近世のように銑と銑を吹き分けることができたのかなど、具体的な様相は明らかではない。中世製鉄遺跡から出土した鉄塊系遺物の分析調査では、島根県邑智郡邑南町中ノ原遺跡では軟鉄系：鋼系：銑鉄系が2：0：8の割合で、同じくタタラ山第1遺跡では軟鉄系：鋼系：銑鉄系が5：2：3という割合で出土したという結果が得られている〔間野 一九九三〕。このことから、中世の製鉄作業における生成物としては、遺跡による傾向の違いはあるものの、中世後半には銑鉄生産を中心とした操業が行われたと推定されている〔角田 二〇一四〕。ただし、製鉄遺構の構造の検討からは、中世あるいは古代末の段階から銑鉄生産が行われていたとする見方が示されており〔上栫 二〇〇五、河瀬編 一九九七、館 二〇〇三〕、十四世紀のカミショウブ第1号製鉄遺跡からも高炭素鋼の鉄塊などが出土していることから、中世前半段階からすでにおもに銑鉄が生産されていた可能性がある。中世には銑鉄生産の割合が高く、それに鋼や錬鉄の生産が加わる形態であったのであろう。

(2) 精錬鍛冶

製鉄作業で生成した鉄がおもに銑鉄であった場合、鍛造鉄器の素材とするためには炭素含有量を下げる必要がある。また製鉄により生成する鉄塊は含有炭素量が不均質であり、不純物も多く含まれる。このため近世においては、大鍛冶場で炭素量の調整と不純物の除去および鉄素材（割鉄・包丁鉄）の形成が行われた。中世の製鉄作業においても銑鉄を中心として銑や鉄塊など多様な生成物が生産されたと考えられるため、同様な作業が行われたことが想定される。

中世の精錬鍛冶に関わる遺構としては板屋型精錬鍛冶炉が提唱されている〔角田 二〇〇四〕。板屋型精錬鍛冶炉は半地下式竪形炉のような形状で、外面に簀巻きの痕跡が残る大型羽口を使って炉の背後から送風し、炉の前壁の排滓孔から排滓するという、特徴的な鍛冶遺構である（図6）。鍛冶炉の周辺では鍛造剥片などが固着した再結合滓が検出さ

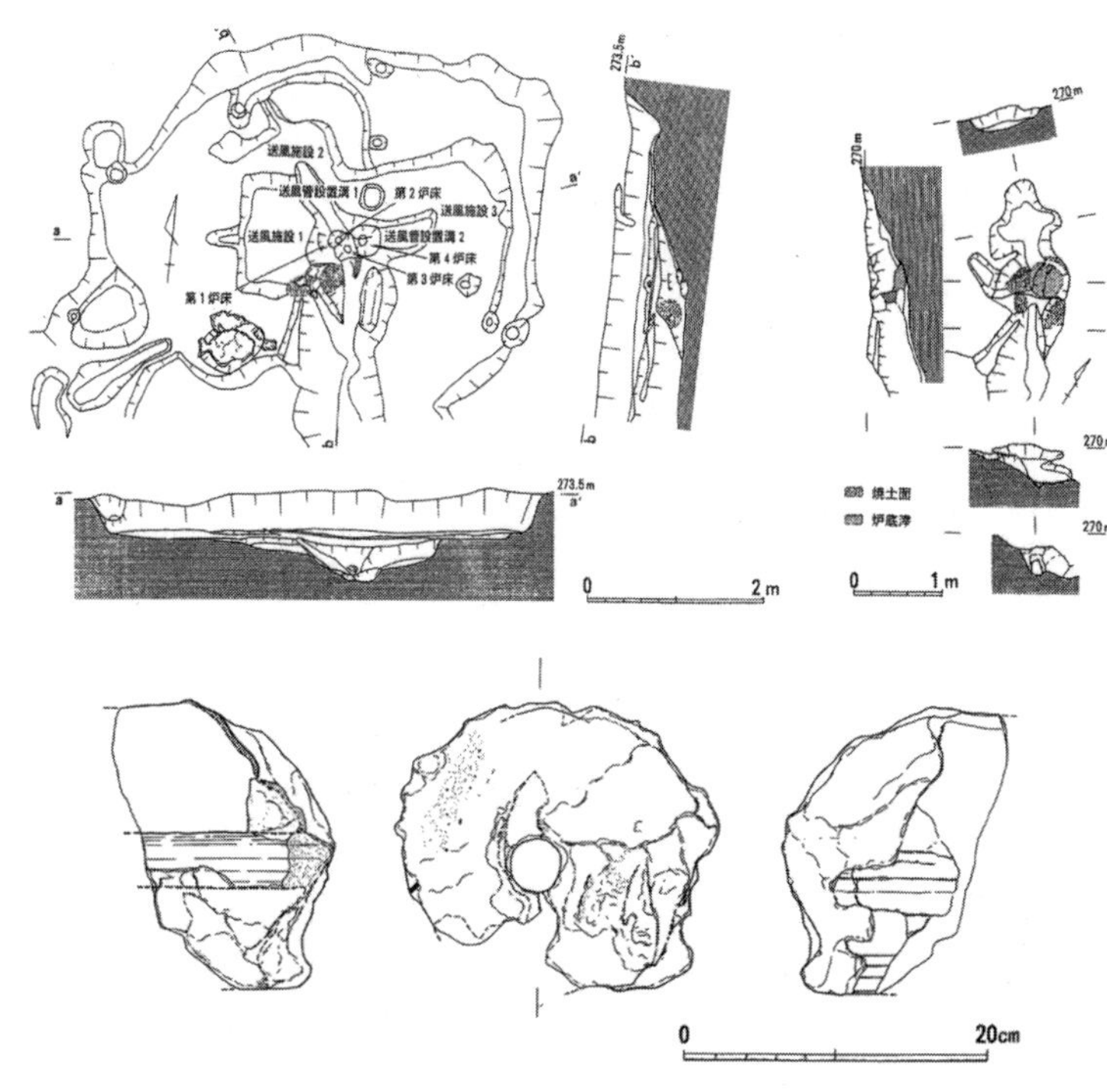

図 6　板屋Ⅲ遺跡の鍛冶遺構と羽口（角田編 1998　一部改変）

れ、鉄素材の製作も行われた可能性が考えられている。また板屋型精錬鍛冶炉から派生したもので、羽口を用いずに送風する壇原型精錬鍛冶炉も知られている。これらの鍛冶炉は、製鉄炉の大型化に伴って生産量が増加した銑鉄や鉄塊などの脱炭や除滓といった作業を効率よく行うために開発されたと考えられ、中国地方各地で確認されている。

一方で、中世には古代以来の火窪型鍛冶炉も鉄器生産を行う小鍛冶の場で利用されており、そこでは銑卸（ずくおろし）のような鉄素材の含有炭素量調整を行うことも可能であった。近世の大鍛冶炉も火窪型鍛冶炉の系譜に位置づけられる。そのような状況下において、大量の銑鉄や鉄塊を効率よく脱炭・除滓するために火窪型鍛冶炉を大型化したり技術改良したりするのではなく、系譜の異なる製錬用の竪型炉を改良して技術的にも新たな精錬鍛冶炉を導入した理由については必ずしも明確になっているとは言えない。北陸地方の竪型炉に系譜をもつとされる板屋型精錬鍛冶炉や壇原型精錬鍛冶炉については、出現期のもう少し具体的な様相や消滅の経緯、火窪型鍛冶炉に比べて除滓・脱炭作業が実際に効率的に行えるのかなどの検証を行い、製鉄史における位置づけを明確にしていかなければいけないのではないかと考えている［安間二〇〇七］。

(3) 鉄素材の流通

製鉄作業場において生産された鉄素材が流通した形態や輸送方法、輸送経路などを考古資料によって跡づけることは難しいが、文献史料などを参考にしながら中世における鉄素材の流通について考えてみたい。

中世瀬戸内の物流を考えるうえで欠かせない史料に『兵庫北関入船納帳』がある。これは文安二年（一四四五）に瀬戸内の各港から出港し、当時東大寺領であった兵庫北関（現神戸市）を通過した主要な船舶の積荷や関税額などを記録したものであり、中世瀬戸内海の船による物流の一端を知る貴重な資料となっている［今谷 一九八八］。その中の鉄に関する記述を見てみると、四月中旬から十一月初旬にかけて鉄を積荷とした船は一三隻入港し、運ばれた鉄の総量は約二二〇駄と記されている。鉄が積み出された港としては郡、尾道、瀬戸田の三つの湊が記載されており、郡は現在の岡山市内で当時は島であった児島の北岸にあった港とされる。尾道は旧尾道市、瀬戸田は旧瀬戸田町（生口島・現尾道市）に比定できる。

ところで中国地方における中世の鉄生産は竹原市東永谷遺跡のように沿岸部で行われる場合もあったが、遺跡の分布から見れば、一般的には中国山地域で行われたと考えられる。したがって瀬戸内海の海運を利用するためには、山中の製鉄作業場から尾道や瀬戸田などの港まで何らかの方法で輸送する必要があった。近世では、中国山地域でたたら吹き製鉄により生産された鉄は大鍛冶場などで鉄素材（割鉄）として調整・成形され、河川交通や陸路によって日本海または瀬戸内海沿岸の港まで輸送され、そこから海路で北日本あるいは大坂まで回送された。十六世紀以降、石見国大森銀山（石見銀山）で産出・精錬された銀は大森銀山から島根県温泉津や、広島県三次市を通り南下して尾道や岡山県笠岡に至る「銀山街道」を通じて輸送されたことはよく知られている［藤村 二〇〇〇］。これらからすると、中世においても中国山地域から日本海沿岸や瀬戸内沿岸へと至る輸送路が存在したことが推定され、『兵庫北関入船納帳』に記載された鉄の積出港の所在地からすれば、それは中世末〜近世に石見銀山から銀の輸送に利用されたものとほぼ同様なルートであった可能性が高い。これ以外にも、近世では諸物資の集積地である大坂などへは卸さず、積出港から直接鉄器生産地へ鉄器素材が運ばれた事例も知られている［山下 二〇一一］。中世においても、同様な流通形態の存在を想定しておく必要があろう。

なお『兵庫北関入船納帳』の記載内容を分析された長谷川博史氏は、『兵庫北関入船納帳』に見える船舶数や荷物の総量からすれば、運ばれた鉄の量は必ずしも多いとは言えないことが大きな特徴で、中世中頃以降に遠隔地、とくに畿内へ運ばれる鉄素材は品質等が限定的・画一的ないわば「ブランド化」されたものであり、各地の在地にはそれらとは異なる鉄素材が流通していたと考えられている［長谷川 二〇一〇］。中世においては、ブランド品と通常品のいわば二重構造のような形で鉄器素材が流通していたと理解することができるかもしれない。文献史料では鍋や釜を鋳造するのに故鉄が利用されたのではないかと推定されるように［網野 一九八三］、故鉄の再利用も広く行われたことが想定され、鉄器生産が行われる地域や求められる鉄器の種類や品質によって素材も使い分けられたと考えられる。

(4) 鉄素材の形状

中世の鉄素材がどのような形態で輸送されたのかについては不明な点が多い。かつて遺跡から出土する棒状鉄製品の性格を鉄素材と見る佐々木稔氏と農具の馬鍬の刃と考える松井和幸氏によって論争が交わされたが、両者の主張は平行線をたどり結論には至らなかった［赤沼・佐々木・伊藤 二〇〇〇、佐々木 二〇〇〇・二〇〇二・二〇〇八a・二〇〇八b、松井二〇〇一・二〇〇四・二〇二二］。その後、両者の意見もふまえたうえで、全国から広く資料を収集された桃崎祐輔氏により中世の棒状鉄製品に対する考察が行われ、棒状鉄製品の用途は鉄素材の場合も鉄製品の場合もあること、棒状鉄素材としては十〜十一世紀頃に成立したこと、などが明らかにされた［桃崎 二〇〇八］。これらは主に鍛造鉄器の素材に関することであるが、鋳造鉄器の素材は近世の例［角田 二〇一一］や銑鉄素材を定形化・規格化するための鋳型の出土も知られていないことから、必ずしも定形化していなかった可能性がある。

なお、中世は度量衡が多様な社会であり、広い地域において規格を統一することは困難であったと考えられ、史料に見える鉄を輸送するときの「駄」という単位も重量の単位ではなく、輸送可能な荷物のまとまりを示す目安ではなかったかという長谷川博史氏の指摘がある［長谷川 二〇二〇］。長谷川氏の指摘に従えば、棒状鉄製品を中世社会に広域に流通した鉄素材と考える見方も再度検討する必要があるであろう。

(5) 輸入鉄素材をめぐって

さらに桃崎氏は、棒状鉄製品には国産鉄を加工したもの以外に、中国や朝鮮半島から輸入された銑鉄塊を精錬したものがかなりの割合で含まれているのではないかという見解を示されている［桃崎 二〇〇八・二〇二三］。その根拠としては、棒状鉄製品の中に鉄鉱石を原料とした国内産とは考え難いものがあること、日本出土の棒状鉄製品やその出土状況と類似した資料が十二世紀後半頃の中国の沈没船から出土していること（図7）、さらに文献史料の検討から、中世には対宋・対明貿易で大量の刀剣が輸出され、とくに十五世紀前半〜十六世紀前半の約百年間に二〇万把を超える刀剣が搬出されたと考えられるが、このような大量の刀剣の原料のすべてを国内でまかなうことは困難であったと考えられることなどをあげている［桃崎 二〇二三］。中世には国内で必要とされる鉄素材は基本的に国内、とくに中国地方でその大半が生産されていたと考えられていた中で、桃崎氏の指摘は注目すべきものである。いずれ慎重に検討を加えてみたいのだが、とりあえず次のような考え方はいかがであろうか。

中世の製鉄作業における生産量を推測できる史料は少ないが、例えばたたら吹き製鉄が成立する以前の近世初期（寛永九年〔一六三二〕）に、備後国の五ヶ所の製鉄作業場で銑一五三駄・鉄一一駄が生産された記録がある［土井 一九八三］。近世の度量衡では一駄は三六貫に定められており［二村 二〇〇二］、一貫は3.75キロであるので、銑と鉄を合わせた一六四駄は約22トンとなる。一方、現代の刀匠が刀を一振り製作するのに必要な鋼は、質にもよるが約4〜10キロといわれ［佐藤・植野 二〇一三］、全長75.5センチ、刀身部長56.9センチ、刃幅2.5〜3.1センチの古墳時代前期の素環頭大刀を復元製作する実験では、3.5キロの鉄塊を卸し1.62キロの卸し鉄を得て製作している［古瀬 二〇〇二］。

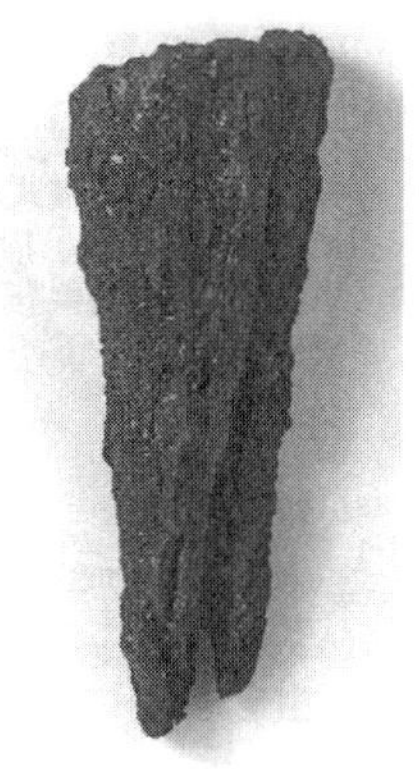

才田遺跡出土の棒状鉄製品
12-13世紀
棒状鉄製品に藁紐を巻き付け、円錐状に束ねているのを新たに確認した。

華光礁I号沈没船出土の棒状鉄製品 12-13世紀
沈没船内から円錐状に束ねた棒状鉄製品が大量に発見された。

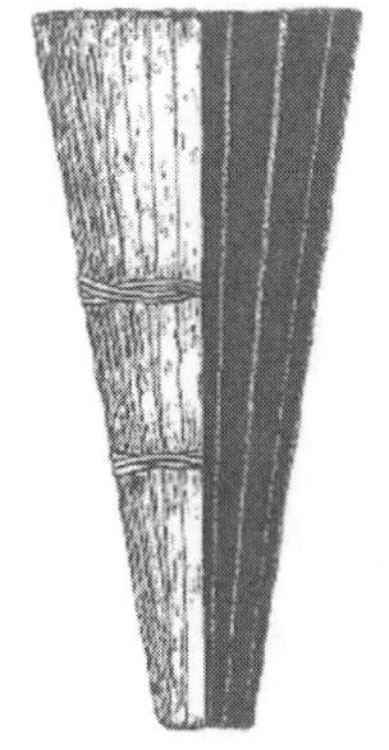

爪哇(ジャワ)海沈船の棒状鉄製品
12世紀後半。断面台形の鉄素材を円錐形に束ね、有機物で梱包し、紐で結束する。

図7　国内と沈没船出土の棒状鉄製品（桃崎 2023）

これらを参考に、一振りの日本刀をやや多めに見積もって10キロの鉄素材から製作する場合を考えてみる。文献史料から推定される約一〇〇年間に二〇万把以上製作された日本刀を、この間の一年間で平均二〇〇〇把製作し続けたと仮定すると、日本刀製作に必要な鉄素材は年間約20トンとなる。これは近世初期の備後国内五ヶ所の製鉄場で生産された銑と鉄の生産量とほぼ等しい。それぞれの史料が記された年代がやや異なるが、製鉄遺構の調査研究からは中世後期と近世初期には遺構の規模等にあまり大きな違いは見られないことから、少なくとも中世後期には近世初期とほぼ同じ規模の鉄生産が行われたと考えることができる。そして、広島県北広島町の豊平地区では分布調査により中世のものと推定される製鉄関連遺跡が二四〇ヶ所以上確認されており、島根県邑南町の瑞穂地区でも近世以前の製鉄遺跡が約二〇〇ヶ所あると推定されている[吉川 二〇二〇]。これらのことから中国地方には相当数の中世製鉄遺跡が存在するものと予想され、輸出用刀剣や日常生活用の鉄器類を製作するための鉄素材として大量の輸入銑鉄や輸入鋼材の存在を想定する必要はなく、国内で十分生産できたのではないかと考えられるのではなかろうか。ただし輸入鉄素材が全くなかったとは考える必要もなく、対外貿易が盛んに行われた九州や南西諸島を中心に鉄素材が輸入された可能性はある。輸入鉄素材は原料が鉄鉱石であり、国内産の鉄素材は原料が砂鉄であるので、これらは出土鉄器の成分分析から始発原料を推定することが可能である。今後は、中世遺跡出土鉄器の分析調査を積極的に行い、輸入鉄素材の流通の実態について解明していく必要がある。

おわりに

ここ三〇年以上にわたる調査研究の結果、中世製鉄関連遺跡の構造や生産技術や地域性、古代・中世を経て近世たたら吹き製鉄へと展開する様相などがかなり明確になってきたと言える。生産に関わった職人(集団)の組織や活動についても、文献史料がほとんど残されていないことから断片的な理解にとどまってきたが、遺跡調査によって蓄積された資料をもとに考察することが可能になりつつある。今後も引き続き単なる遺跡・遺構論にとどまらず、鉄の生産や流通に関わる技術や組織、鉄生産に関して中国地方が担った役割について考察を進めていきたい。また、中世社会には中国などから輸入された鉄素材が広く流通していたのではないかという指摘は、国内の鉄需要は国産鉄で賄っていたとする前提に一石を投じている。中世の鋼精錬や輸入鉄素材の問題についても今後検討していきたい。

註

（1）志路原荘については木村信幸氏にご教示いただいた。

引用・参考文献

赤沼英男・佐々木稔・伊藤薫　二〇〇〇「出土遺物からみた中世の原料鉄とその流通」『製鉄史論文集』たたら研究会
網野善彦　一九八三「中世の鉄器生産と流通」『採鉱と冶金』講座・日本技術の社会史5　日本評論社
安間拓巳　二〇〇六「中国地方の木炭窯」『たたら研究』第四五号　たたら研究会
安間拓巳　二〇〇七『日本古代鉄器生産の考古学的研究』溪水社
安間拓巳　二〇一四「中世における鉄鋳物原料の生産と流通」『考古学からみた中世鋳物師の総合的研究』平成二三年度～平成二五年度科学研究費助成事業（基盤研究（C））研究成果報告書
安間拓巳　二〇一五「広島県北広島町小見谷製鉄遺跡群の現状と意義」『たたら研究』第五四号　たたら研究会
安間拓巳　二〇一八「古代・中世の鉄・鉄器生産」『芸備』第五〇集　芸備友の会
安間拓巳　二〇二一「近年の中世鉄生産研究をめぐって」『ひろしまの遺跡二〇二〇　報告と講演　記録集』（公財）広島県教育事業団埋蔵文化財調査室
安間拓巳　二〇二二「中世社会における製鉄・鍛冶職能集団の活動実態の解明と中世製鉄技術に関する研究」『考古学ジャーナル』七六六　ニューサイエンス社
安間拓巳・上栫武　二〇〇四「広島県賀茂郡豊栄町大懸山製鉄遺跡の発掘調査」『中国地方古代中世村落の歴史的景観の復元的研究』（平

成一二年度〜平成一五年度科学研究費補助金(基盤研究(A)(2)研究成果報告書)
飯村　均　二〇〇五『律令国家の対蝦夷政策　相馬の製鉄遺跡群』シリーズ「遺跡を学ぶ」021　新泉社
今谷　明　一九八八「鉄を運んだ船」『続鉄の文化史』東洋経済新報社
上栫　武　二〇〇五「中国地方における中世製鉄操業の復元」『考古論集』川越哲志先生退官記念事業会
上栫　武　二〇〇七「中国地方における中世製鉄炉地下構造の構造的特質」『たたら研究』第四七号　たたら研究会
上栫　武　二〇一〇「広島県大懸山製鉄遺跡の製鉄炉背後に位置する高まり」『たたら研究』第五〇号　たたら研究会
上栫　武　二〇二〇「中国地方における中世製鉄遺跡の作業場」『古文化談叢』第八四集　九州古文化研究会
上栫　武　二〇二三「古代・中世日本の炭窯と技術系譜」『季刊考古学』第一六二号　雄山閣
小都　隆　二〇〇二「小倉山城跡の鍛冶遺構」『小倉山城跡発掘調査報告』広島県教育委員会
小都　隆　二〇〇八『吉川氏城館跡』日本の遺跡33　同成社
角田徳幸　二〇〇四「中国地方における古代末から中世の精錬鍛冶遺跡」『考古論集』河瀬正利先生退官記念事業会
角田徳幸　二〇一〇「中国山地における中世鉄生産と近世たたら吹き製鉄」『日本考古学』第二九号　日本考古学協会
角田徳幸　二〇一一「たたら吹き製鉄の地域的展開」『山陰におけるたたら製鉄の比較研究』島根県古代文化センター
角田徳幸　二〇一四『たたら吹き製鉄の成立と展開』清文堂
角田徳幸編　一九九八『板屋Ⅲ遺跡』島根県教育委員会
角矢永嗣・佐々木義彦編　二〇一三『余勢野原遺跡　室原山1号遺跡　室原山2号遺跡　室原山3号遺跡　浜田三次往還　埋蔵文化財発掘調査報告書』島根県邑智郡邑南町教育委員会
川越哲志　一九九五「第2号製鉄炉」『今吉田若林遺跡発掘調査報告書』広島県山県郡豊平町教育委員会
川越哲志　一九九七「中国地方中世製鉄炉の地下施設」『広島大学文学部紀要』第五七巻　広島大学文学部
河瀬正利　一九九五『たたら吹製鉄の技術と構造の考古学的研究』溪水社
河瀬正利　一九九七「西日本における中世の鉄生産」『平成九年度たたら研究会大会資料集』たたら研究会
河瀬正利　二〇〇〇「近世たたら吹製鉄の技術―製鉄用木炭の生産―」『製鉄史論文集』たたら研究会
河瀬正利編　一九九五『今吉田若林遺跡発掘調査報告書』広島県山県郡豊平町教育委員会
河瀬正利編　一九九七『坤束製鉄遺跡』広島県山県郡豊平町教育委員会
河瀬正利・安間拓巳・原田倫子・佐野村健治　二〇〇四「広島県竹原市東永谷製鉄遺跡の発掘調査」『中国地方古代・中世村落の歴史的景観の復元的研究』(平成一二年度〜平成一五年度科学研究費補助金(基盤研究(A)(2))研究成果報告書)

吉川　正　二〇二〇「高殿成立以前の窖窯による木炭生産について」『たたら製鉄の成立過程』島根県古代文化センター
木村信幸　二〇〇七「吉川氏とその城・館・寺」『毛利元就と地域社会』中国新聞社
佐々木稔　二〇〇〇「中世の城館跡にみる鍛冶活動の性格」『たたら研究』第四〇号　たたら研究会
佐々木稔　二〇〇二「松井和幸氏の〝中世の棒状鉄器鉄鋌論批判〟に対する疑問」『たたら研究』第四二号　たたら研究会
佐々木稔　二〇〇八a「中世鉄研究の現状と課題」『七隈史学』第九号　七隈史学会
佐々木稔　二〇〇八b『鉄の時代史』雄山閣
貞方　昇・千葉達朗ほか　二〇二一「太田川上流豊平高原における砂鉄採取（鉄穴流し）による地形改変について（概報）」『たたら研究』第五九号　たたら研究会
貞方　昇・角田徳幸　二〇二三「太田川上流域豊平地区における砂鉄採取とその年代」『令和五年度たたら研究会広島大会研究発表資料』たたら研究会
佐藤寛介・植野哲也　二〇一三『備前刀―日本刀の王者―』日本文教出版
館　充　二〇〇三「中国地方における発展」『近世たたら製鉄の歴史』丸善プラネット
館　充訳　二〇〇一『現代語訳　鉄山必用記事』丸善
土井作治　一九八三「近世たたら製鉄の技術」『採鉱と冶金』講座・日本技術の社会史5　日本評論社
二村隆夫監修　二〇〇二『丸善　単位の辞典』丸善
長谷川博史　二〇二〇「「たたら製鉄」の確立過程と鉄の流通」『たたら製鉄の成立過程』島根県古代文化センター
濵本利幸・坂本嘉和編　二〇一三『下市築地ノ峯東通第2遺跡』鳥取県埋蔵文化財センター・国土交通省倉吉河川国道事務所
日岡　巖　二〇〇三『豊平地域に見る砂鉄採取関連の遺構群』
日岡　巖　二〇〇四『坤東製鉄遺跡周辺の製鉄関連遺構　砂鉄採取の跡を探る』
東山信治編　二〇二〇『たたら製鉄の成立過程』島根県古代文化センター
東山信治・吉川　正　二〇〇五「中国地方における中世製鉄遺跡の地域性」『島根考古学会誌』第二二集　島根考古学会
平元克弥編　二〇一七『奥山製鉄遺跡』（公財）広島県教育事業団
福田豊彦　一九九一「文献史学から見た古代の鉄」『日本古代の鉄生産』六興出版
藤村耕一　二〇〇〇「そこのけそこのけ御銀が通る」『図説　備北・安芸高田の歴史』郷土出版社
古瀬清秀　二〇〇二「鉄製品―鉄鍛冶の実験考古学的アプローチ―」『季刊考古学』第八一号　雄山閣
松井和幸　二〇〇一「中世の棒状鉄素材と呼ばれている鉄器について」『たたら研究』第四一号　たたら研究会

松井和幸　二〇〇四「馬鍬の起源と変遷」『考古学研究』五一―一　考古学研究会
松井和幸　二〇二二『鉄の日本史』筑摩書房
松尾充昌　二〇二〇「製鉄用木炭窯の地域性」『たたら製鉄の成立過程』島根県古代文化センター
松尾充昌編　二〇〇九『大志戸Ⅱ鈩跡　遺構篇』国土交通省松江国道事務所・島根県教育委員会
間野大丞　一九九三『父ヶ平遺跡・中ノ原遺跡・タタラ山第１・第２遺跡』島根県教育委員会
道上康仁編　一九八五『石神製鉄遺跡』㈶広島県埋蔵文化財調査センター
桃崎祐輔　二〇〇八「中世の棒状鉄素材に関する基礎的研究」『七隈史学』第一〇号　七隈史学会
桃崎祐輔　二〇二三「中世遺跡出土の棒状鉄素材は中国宋からの輸入鉄か」『日中文明遺物の産地探索を目指す中近世沈船・船載遺物の考古学と自然科学の融合研究』福岡大学人文学部考古学研究室
山下和秀　二〇一一「石見鉄の九州への流通」『たたら製鉄と近代の幕開け』島根県立古代出雲歴史博物館

〔付記〕　本稿は令和三～五年度に交付された科学研究費助成事業（課題番号21K00882）の成果の一部を含んでいる。

鉄製品の流通と鍛冶遺構
――河後森城跡出土鉄製品を中心に――

亀澤 一平

はじめに

河後森城跡には、平成九年の国指定以前に発見されていた多数の鉄関連遺物があり、愛媛大学東アジア古代鉄文化研究センター（現アジア古代産業考古学研究センター）の全面的な協力により保存処理が完了し、その処理の過程でさまざまな知見が得られた［村上二〇一九］。ひとつの山城跡からこれだけまとまった資料が出土し、かつ分析に耐えうるだけの処理が施された事例は少なく、そういう意味で河後森城跡出土鉄製品を分析することは、中世山城の様相を考えるうえで重要である。よって本稿では、これまでの調査で得られた成果に依拠しながら、河後森城跡出土鉄製品について考察したい。

1　河後森城跡の概要

河後森城跡は、四国西南部で愛媛県と高知県の県境に位置する松野町にあり、広見川を含む三つの川に囲まれた独立丘陵上に立地する。標高が最大で約172㍍、平地部分からの比高差は約88㍍を測る。城域は約21㌶で、最高所の本郭

図1　河後森城跡平面図

を中心に多数の曲輪が東西方向へ「馬蹄形」に展開する県内でも最大規模の中世山城である。なお、松野町には山城が河後森城跡を含めて一七あり、県内でも山城が密集している地域のひとつである。

河後森城跡に関する文献史料は乏しく不明な点が多いが、「黒土郷河原渕領」と呼ばれていた当地域は、伊予・西園寺氏と土佐・一条氏—長宗我部氏の諸勢力が及ぶ「境目」地域であった。地域に伝わる古文書等から、河後森城には永禄年間初期までに一条氏側から迎えられた領主「河原淵教忠」の存在が知られている。その後、天正十二年(一五八四)頃までにはこの地域が長宗我部氏の配下に置かれた可能性が高く、その翌年におこなわれた秀吉による四国平定以後、松野町を含む宇和郡一帯は小早川氏、戸田氏、藤堂氏、冨田氏の所領となり、その間河後森城にはそれぞれに城代が置かれていたと伝わる。その後も伊達秀宗筆頭の家臣桑折氏が七千石を領し河後森城に居住したといわれている。なお、城の終焉については明確ではないが、伝承が残る慶長九年（一六〇四）の藤堂高虎による板島城月見櫓への天守移築時、または元和元年（一六一五）の幕府による一国一城令が契機となった可能性が指摘されている。

河後森城跡は、平成三年度から本格的な発掘調査がおこなわれ、平成九年九月十一日に国史跡に指定された後は、平成十一年度から整備に伴う発掘調査が継続的に実施されている。これまでの調査は山の稜線部に形成された曲輪や谷部が主体で、多くの遺構を検出した。特に西第十曲輪や本郭では発掘調査によって曲輪の利用が具体的に明らかになっている。西第十曲輪では、曲輪の出入口にあたる北西側では当時の道をはじめ門跡や土塀跡、南西側の曲輪周囲では土塁から櫓や塀による防御施設に改変された痕跡を検出している。また、曲輪の外側斜面は急斜面の切岸（人工的な崖）となっており、さらにその外側には多数の堀切や竪堀状遺構が広がっていた。曲輪の中央部には二棟の掘立柱建物跡を検出しており、うち一棟は馬屋と番小屋が一体化した建物と想定している。本郭では、城主の居所となる主殿舎をはじめ、台所や番小屋と想定している一〇棟の掘立柱建物跡を検出している。

2　出土鉄製品の概要

河後森城跡からは多種多様な鉄製品が見つかっている。種類としては鉄鏃・刀子・小柄・鋤先・火打金・蝶番・吊環・懸金具・鉤状・環状鉄製品・釘・鎹・容器・鋳造鉄板・鉄滓などがある。以下に、その概要をみていこう。

①武器・武具（図2）

鉄　鏃　1は、尖根式の有茎鉄鏃であり、鋒部を欠き、茎を一部残す。鏃身は長い三角錐を呈し、茎部の横断面形は

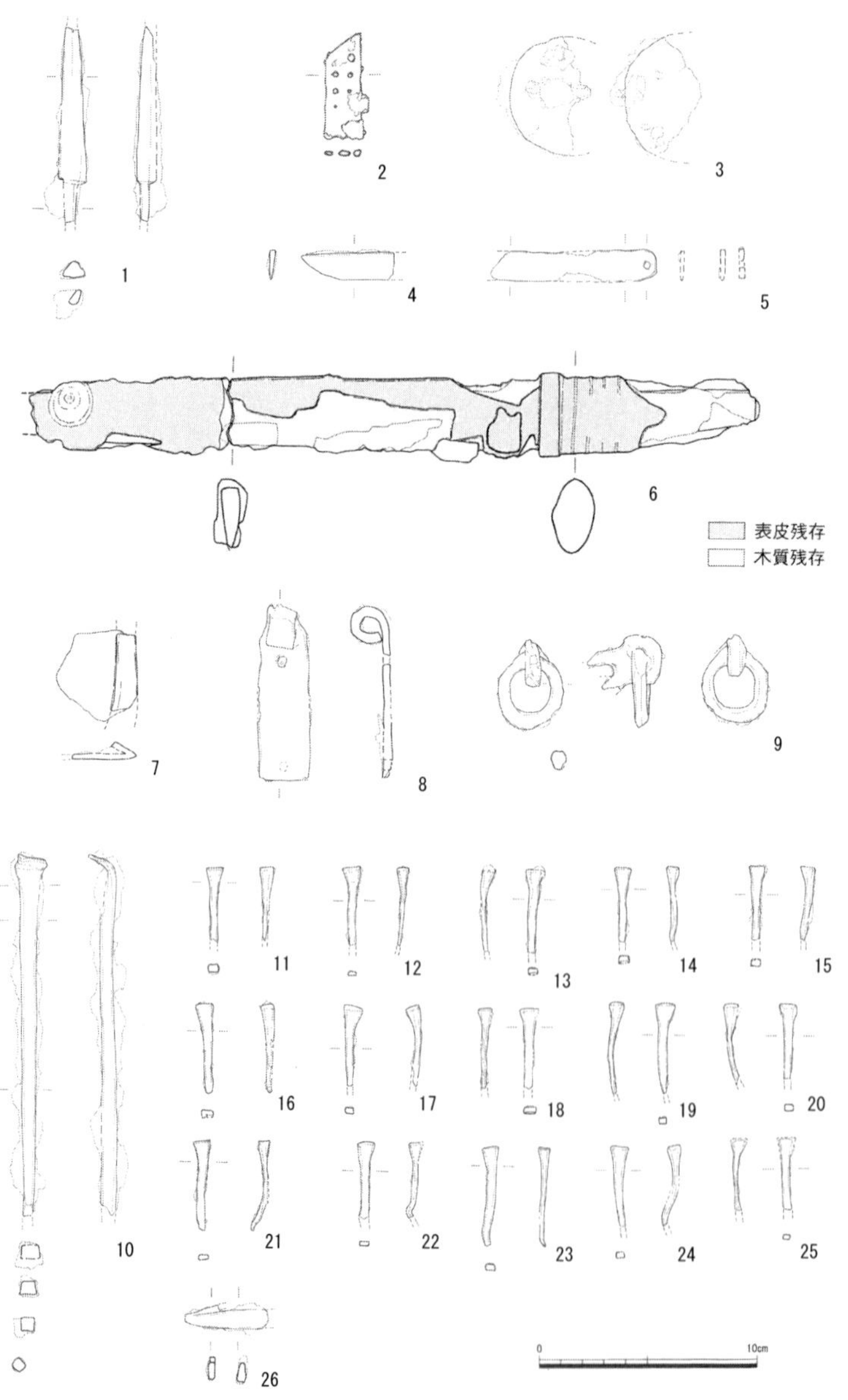

図2　河後森城跡出土鉄製品（S＝1/4）

略長方形である。現存長は8．7センチ、鏃身の残存長は6．8センチ、関幅1．2センチ、重さ23．0グラムを測る。鏃身が長く重量感のある鉄鏃である。

小　札　2は小札である。上部が三角形状を呈し、下端は波状となる。孔が九箇所程度存在する可能性がある。

砲　弾　3は鉄製砲弾の破片である。平成二十四年度調査で、風呂ヶ谷EWトレンチ九層から出土した。復元直径約5．4センチ、重さ120．19グラムを測る。なお、河後森城跡からは鉛弾も八点見つかっている。

刀子・短刀　4・5は刀子片である。4はわずかにふくらの付いた鋒片である。残存長4．3センチ、幅は1．2センチを測る。5は茎端部の破片であり、茎尻に接して目釘孔がある。残存長7．6センチ、幅は1．3センチを測る。

6は短刀で残存長33．1センチ、重さ約260グラムを測る。表面には全体的に木質の付着物があり、鍔や柄の部分、鞘の一部には表皮が明瞭に残存している。刀身自体はほとんど観察不可能であるが、鋒付近の破断面や柄下半部で、棟や刃部、茎部が認められる。

② 生産用具(図2)

鋤　先　7は風呂鍬の破片であり、現存長4．0センチ、幅3．7センチを測る。鋳造品である。

③ 建築用具(図2)

蝶　番　8は蝶番である。縦長長方形の上端部を5センチほど幅1．2センチで叩き延ばし、内径0．7センチ程度に巻いて筒部が整形されている。中軸上に直径0．55センチの固定用釘穴が二箇所に設けられている。

吊　環　9は吊環で、楔頭部の小型円環に外径3．6センチの円環を備えている。楔は0．5センチ程度と薄く、二又になっていた可能性がある。

釘　10〜25は釘である。釘の点数は鉄製品の総数の約半分の割合を占める。大きさ、形態に多様性がある。本郭、古城第二曲輪、西第八曲輪、西第十曲輪、東第二曲輪から比較的まとまって出土している。西第八曲輪では、同形同大の小型釘が集中的に見つかっている(11~25)。

釘の型式はやや薄く延ばした頭部を叩いて折釘状になる叩折釘が主体である。また叩く前に延ばすことなく使用され、頭部がわずかに潰れただけの釘も散見される。

④ 生活用具(図2・3)

火打金　図2の26は、棒状素材の細い端部を急角度で折り曲げて握部が整形されており、身部は幅が広く0.8センチと

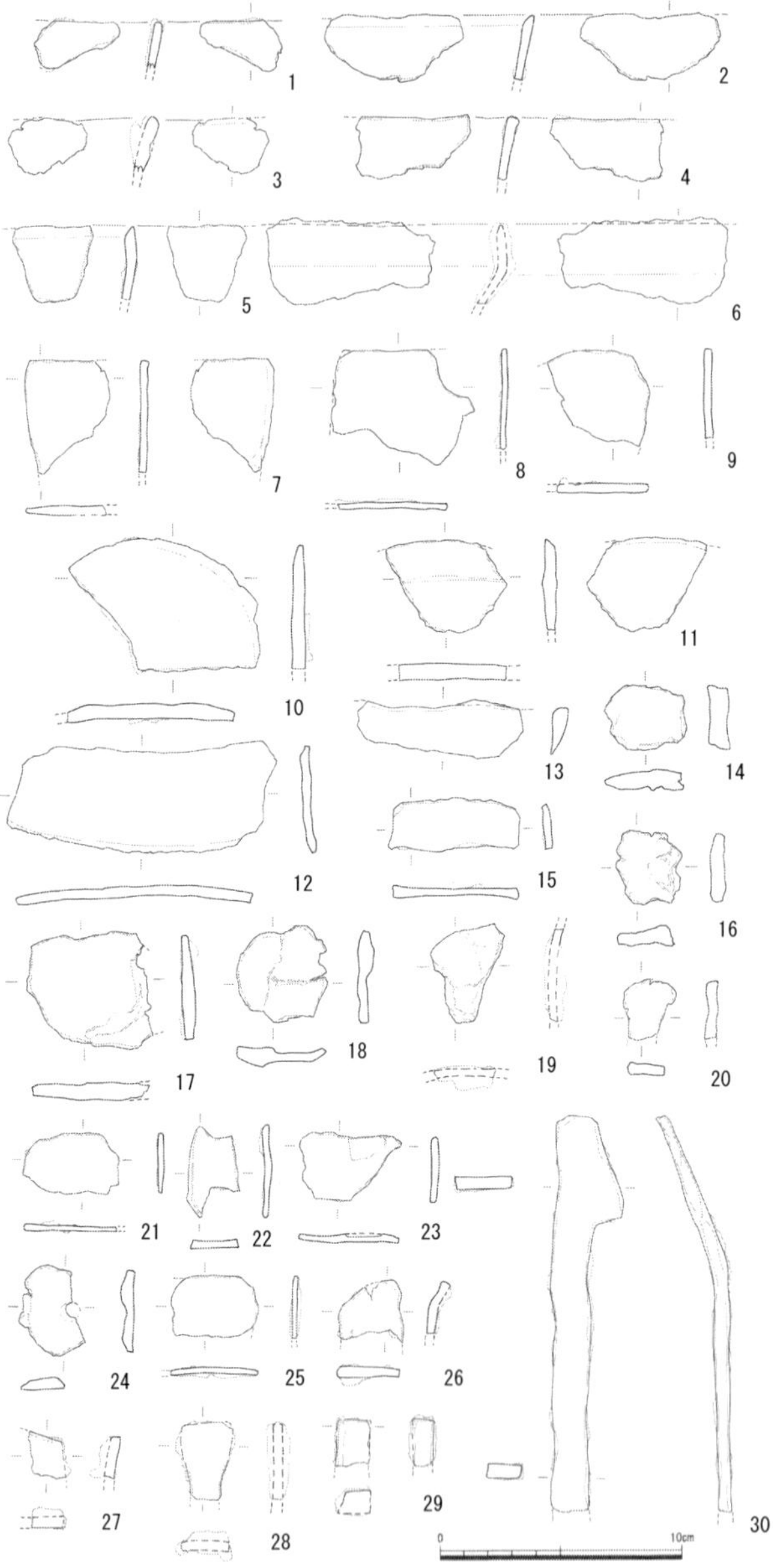

図3　河後森城跡出土鉄製品2（S＝1/4）

なる。その断面形は略台形で下縁が厚くなっており、火打金の特徴を示している。現存長は3．8㌢である。類例は愛媛県松山市の湯築城跡にみられる。

鋳造容器　図3の1～6は、細片であり全体形が不明なため、単に容器と呼んでおく。口縁部の破片であり、すべて鋳造品である。口縁部はわずかに開くもの(1～4)と湾曲ないしは屈曲してまっすぐに立ち上がるもの(5・6)がある。全て細片であるため口径を復元できるものはほとんどないが、4は比較的残存状況が良く、復元口径27．4㌢となる。口縁端部はゆるやかな面をもち、わずかな段を有する。厚みは0．4㌢である。6は口縁に蓋受けの屈曲のつく形態と考えられる。口径は復元できず不明だが、厚みは0．4㌢である。

⑤ その他の鉄製品(図3)

7～20はさまざまな形状を呈する鋳造鉄板である。鋳造容器片を素材として鍛延された可能性が考えられる。21～29は不整形の鍛造鉄板である。

30は大型で両側縁がやや蛇行する長条形の鉄製品である。古城第二曲輪より出土した。板状部はやや湾曲して上端部にいたり、上端部はやや鍛延されて広くなっている。古城第二曲輪では鍛冶滓の出土から鉄器生産がおこなわれていたことは確実である。この鉄製品は鍛延途中の未製品と考えられる。

⑥ 鉄滓・鉄塊(図4)

鉄滓は本郭、古城、西第二曲輪、西第十曲輪、東第二曲輪、風呂ヶ谷で出土しており、本郭、古城、西第十曲輪、風呂ヶ谷での出土量が多い。すべて鍛冶滓であり、小型ガラス質滓(1～3)、小型塊状・板状滓(4・5)を除くといわゆる椀形滓である。椀形滓は表面の発泡痕跡が多く、多孔質を示す例や表面が滑沢を呈し、流動痕跡を残すものなど多様である。6は鞴羽口片が付着しており、羽口先端部に付着した椀形滓であることがわかる。7～9は底に粘土の付着が観察されることから、鍛冶炉床で生成した鉄滓とみられる。10～13は鉄塊である。

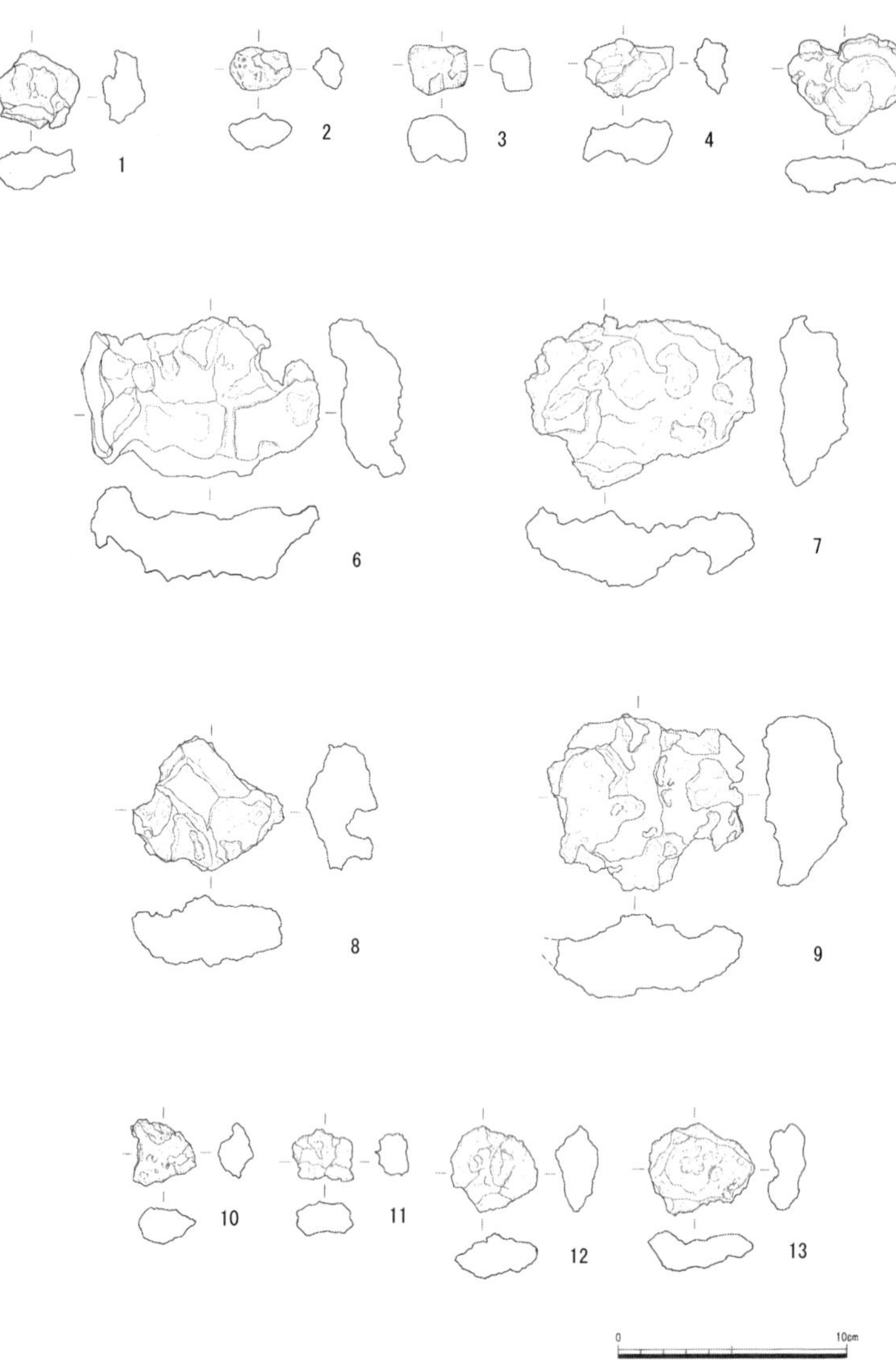

図４　河後森城跡出土鉄製品３（S ＝ 1/4）

3 考察

(1) 河後森城跡出土鉄製品の流通

河後森城跡出土鉄製品の流通に関して注目されるのは、平成二十四年度に調査した風呂ヶ谷EWトレンチ九層から出土した砲弾(図2の3)である。復元直径は約5・4チセンであり、大筒等の大口径の鉄砲用と考えられる。まず、砲弾が河後森城跡から出土した意味について考えてみたい。

金子浩之氏によれば、鉄砲弾等の出土は、第一類型:城郭とその周辺での出土(攻城戦による出土弾丸)、第二類型:戦乱があった場所での出土(野戦による出土弾丸)、第三類型:戦乱とは関係のない出土(狩猟目的の発砲弾)の三類型に分けられるという[金子 二〇一四]。第一類型はさらにA類:発砲弾丸の検出(着弾の結果)=散発的出土、B類:備蓄弾丸の検出(未発砲の弾丸)=集中出土に分類される。河後森城跡出土砲弾は、金子氏の分類によるとA類の攻城側が城に向けて発砲した弾の着弾結果とみることができるが、果たしてそうだろうか。砲弾が出土した風呂ヶ谷EWトレンチ九層は、炭化物や鉄滓等の鉄関連遺物を多量に含む層で、出土遺物や炭化物の年代測定から、鍛冶遺構は十六世紀末から十七世紀初頭と考えられている。鉄滓をはじめ、羽口や壁土とみられる細片、被熱した面をもつ石製品等が出土しており、これらはいずれも鍛冶関連の遺物と考えられる。それらに伴って砲弾が出土したこと、この砲弾が破片であることを考えると、鉄素材として城内に持ち込まれた可能性はないだろうか。城内で発見された鉄関連遺物のなかには、鋳造容器片を素材として鍛延された可能性のある鋳造鉄板があり、同様に砲弾も素材としての利用が見込まれていたと考えておきたい。

ところで、高山剛氏は河後森城跡出土瓦の分析から、天正十五年(一五八七)から文禄三年(一五九四)の戸田勝隆の後半段階、または文禄四年(一五九五)から慶長十三年(一六〇八)の藤堂高虎段階に河後森城の支城整備がなされたと論じている[高山 二〇一二]。これは、文献史学の成果とも合致しており、山内治朋氏によれば、戸田期の終盤もしくは後半あたりから藤堂期前期(天正年間末から慶長五年をさほど下らない時期)までに河後森城の近世化の改修がおこなわれたという[山内 二〇二〇]。この時期、河後森城の改修がおこなわれるなかで、作事に伴う建築用具の需要が高まり、大量の鉄素材が必要となって、その結果砲弾等が城内に持ち込まれたと推測される。

では、素材としての砲弾はどこから来たのだろうか。愛媛県南予地域の貿易陶磁器の流通について研究した柴田圭子氏は、出土量と遺跡数が増加する十四世紀後半から十五世紀初頭を南予地域における貿易陶磁器流入の画期と捉え、その意味について出土状況が「九州東岸と関係してその一端を示している可能性が高く、南西諸島から北上するルートの影響が四国西南部に及んでいることが想定される」としている[柴田 二〇一六]。河後森城跡でも、続く十五世紀代から出土量が増加しており、南西諸島を通過する交易経路の影響が河後森城にも波及しているものと推測される。また、河後森城跡からは東南アジア産の陶磁器も出土しており、当該ルートの影響によりもたらされた可能性がある。さらに、宇田川武久氏によれば、豊後大友氏は永禄三年(一五六〇)三月に室町将軍足利義輝に石火矢(大砲)を贈ったが、これが石火矢の初見であるという[宇田川 二〇〇二]。ちなみに、日本に渡来した石火矢は東南アジア系とみなせるという。その後大友氏は天正十二年(一五八四)には石火矢を鋳造していたといい、砲弾を保有していたことは間違いない。以上から、河後森城跡出土砲弾は九州との関係においてもたらされた可能性を想定しておきたい。

(2) 出土鉄滓からみた鍛冶遺構の特徴

河後森城跡では、発掘調査による鍛冶遺構の検出はないが、国指定以前を含め鉄滓が数多く出土しており、それらから鍛冶遺構の特徴を明らかにすることが可能である。

まず、出土した椀形滓には大型のものが見られるが、村上恭通氏によるとこれらは鉄素材を城内に持ち込んで単に鍛延だけをおこなったという程度では生成されないため、高温で精製をおこなう鍛冶もあったことがわかるという［村上二〇一九］。古城第二曲輪では鍛延途中の未製品と考えられる鉄製品（図3の30）が見つかっている。これらから、各曲輪上で鍛冶操業がおこなわれていた可能性があり、山城内での鉄器生産の実態を考えるうえで重要である。

次に、平成二十四年度に調査した風呂ヶ谷では、鉄関連遺物を多量に包含した層を検出した［高山編二〇一九］。この層は鉄滓主体に生産関連遺物を多量に含むのみならず、鮮明な炭化物の堆積や粘土塊も認められ、近接地点での鍛冶遺構の存在が想定されている。ここで注目されるのは、平成二十四年度に調査した風呂ヶ谷EWトレンチ九層から出土した発泡火山ガラス塊である。この鉄滓を分析調査した大澤正己氏は、発泡火山ガラス塊について、鍛冶炉の連続操業を目論んで、炉内温度は保持しつつも炉内副生物（鉄滓や木炭等）を排除する（炉内の清掃）ために利用されたガラス質流紋岩の細礫状ガラスであると指摘した［大澤二〇一九］。これは、八〇〇〜九〇〇度で数分間加熱すると容積が四〜二〇倍に急激膨張し、炉内空気の遮断が可能になるというもので、一仕事終えた鍛冶炉を続けざまに使用するという鍛冶炉フル回転を目指した操業が河後森城でおこなわれていたと考えられている。先述のように、十六世紀後半から十七世紀初頭において河後森城の改修がおこなわれたことが考古学と文献史学の両分野から指摘されており、この時期、高まる作事に伴う建築用具の需要に対応するため、鍛冶炉フル回転による操業がおこなわれたのではないだろうか。ちなみに、発泡火山ガラス塊は、徳川大坂城の鍛冶工房から出土しており［大澤二〇一九］、当技術の出現と展開についても注目されるところである。

(3) 河後森城跡における土製煮炊具と鉄製鋳造容器の関係

河後森城跡の土器・陶磁器の組成は、平成九年時点で総数一六一〇点に対し土師質土器が六〇八点で37.8％、瓦質土器が二九点で１．８％、瀬戸・美濃系陶器が一二点で０．７％、備前焼が四一九点で26．０％、その他国産陶器五点で０．３％、貿易陶磁器が五三七点で33．４％である［高山編 一九九九］。そのうち、点数が最も多い土師質土器についてみてみると、そのほとんどが杯と皿で、煮炊具としては鍋の口縁部と思われる破片が極少数あるだけである。また、瓦質土器についても浅鉢や風炉に混ざって鍋か釜の破片が数点あるだけである。このように、河後森城跡出土土器・陶磁器のなかに煮炊具となるような遺物はほとんどないのである。こうした状況において、鉄製の鋳造容器の存在は注目される。つまり、土製煮炊具に代わって鉄製の鋳造容器が煮炊具として機能していたか、もしくは鉄製の鋳造容器が土製煮炊具を補完していたと考えられるからである。詳細な検討は今後の課題だが、たとえば愛媛県今治市の能島城跡では、土師質土器および瓦質土器の鍋・釜が非常に多いことが特徴として挙げられるという［柴田 二〇一一、田中 二〇一二］。しかもこれらのほとんどは外面の炭化が著しい等の使用痕が認められ、能島城跡で消費されたことがわかっている。土製煮炊具がほとんど出土していない河後森城跡とは異なった様相である。

おわりに

本稿では、まず河後森城跡出土鉄製品の概要についてみていき、多種多様な種類があることを確認した。そのうえで、出土砲弾から河後森城跡出土鉄製品の流通について、鉄滓から鍛冶遺構の特徴についてそれぞれ考察した。全国的にも出土例の少ない大口径の鉄砲用と考えられる砲弾から、鉄素材としての搬入を想定した。そしてその要因として、南西諸島から北上するルートの影響によるものと考えた。鉄滓からみた鍛冶遺構の特徴からは、十六世紀後半〜十七世紀初頭に鍛冶炉の連続操業が目指されるほどの城内改修に伴う作事がおこなわれたのではないかと推測した。また、鋳造容器の存在と土製煮炊具が少ないことから、鋳造容器が煮炊具として機能していたか、もしくは土製煮炊具を補完していたのではないかと考えた。

本稿では、調査報告書の成果に依ることに終始してしまい、考察を深めるには至らなかった。また、テーマである流通の問題を考えるためには分布についての検討が必要不可欠だが、これについても今回の分析では河後森城跡出土鉄製品しか扱えなかった。いずれも筆者の努力不足であるが、城館跡出土鉄製品の検討が中世社会の生産と流通の問題を考えるひとつの視点として重要であると思うので、今後の課題としたい。

参考・引用文献

五十川伸矢　一九九二「古代・中世の鋳鉄鋳物」『国立歴史民俗博物館研究報告　第四六集』国立歴史民俗博物館

宇田川武久　二〇〇二『鉄砲と戦国合戦』歴史文化ライブラリー一四六　吉川弘文館

大澤正己　二〇一九「二．鍛冶関連遺物の金属学的調査」『予土境界地域における中世遺跡群の調査』松野町文化財調査報告書第二十四集　松野町教育委員会

金子浩之　二〇一四「城館跡出土銃・砲弾への評価」『中世城館の考古学』高志書院

柴田圭子　二〇一一「瀬戸内海島嶼部の様相―芸予諸島の出土資料から―」『考古学と室町・戦国期の流通―瀬戸内海とアジアを結ぶ道―』高志書院

柴田圭子　二〇一六「愛媛県南予地域の貿易陶瓷の流通」『中近世陶磁器の考古学 第二巻』雄山閣

関　周一　二〇二四「第九章 中世日本における外来技術伝来の諸条件」『中世の海域交流と倭寇』吉川弘文館

高山剛編　一九九九『史跡河後森城跡―現在までの調査と成果―』松野町文化財調査報告第九集　松野町教育委員会

高山剛編　二〇〇九『国指定史跡河後森城跡環境整備事業概要報告書Ⅶ―本郭ゾーン―』松野町文化財調査報告第一六集　松野町教育委員会

高山　剛　二〇一二「伊予における織豊系城郭の支城の特質―河後森城出土瓦の分析を中心として―」『織豊城郭』第12号　織豊期城郭研究会

高山剛編　二〇一九『予土境界地域における中世遺跡群の調査』松野町文化財調査報告第二十四集　松野町教育委員会

田中　謙　二〇一一「能島城跡出土遺物の様相―芸予諸島をめぐる南北流通に関する予察―」『考古学と室町・戦国期の流通―瀬戸内海とアジアを結ぶ道―』高志書院

村上恭通　二〇一九「第六章　史跡河後森城跡出土の鉄製品・鉄滓」『予土境界地域における中世遺跡群の調査』松野町文化財調査報告書第二十四集　松野町教育委員会
村木二郎　二〇一四「中世鋳造遺跡からみた鉄鍋生産」『金属の中世　資源と流通』考古学と中世史研究一一　高志書院
山内治朋　二〇二〇「近世初期大名による河後森城関与についての一考察」『戦国乱世の伊予と城』愛媛県歴史文化博物館令和二年度特別展図録　愛媛県歴史文化博物館

備前焼の生産と流通

石井 啓

はじめに

大宴会が開かれている。絵師の一家が親類縁者と大喜びしている場面だ。宴会の発端は下級の宮廷絵師が伊予の国に土地を賜った知らせを受けたことだ。控えの間では、二人の男が心配している。その視線の先にあるのは、縁側の床を踏み抜いているのに喜びに満ちた顔の男、小脇に抱えられた壺からは酒が流れ出ている。この瞬間が実際にあったかどうかは別として、これは十四世紀前半に成立したと言われる『絵師草紙』(図1)に描かれている一場面である。さて男が抱えているこの壺、産地はどこであろうか。形や大きさから判断するのは拙速である。絵師は実際に見たものを描くのではなく、図案集から採録することが多いという

例えば十三世紀末に成立したといわれる時宗の祖一遍上人の遊行の足跡を描いた『一遍聖絵』には備前焼が描かれている(図2)。場面は「備前福岡の市」。一遍の説法で出家した女の夫が憤り、今にも一遍を斬ろうとした場面である。手前と右側に甕らしきものが描かれている。手前に描かれている甕は地面の上に不規則に置かれているが、覆屋のようなもので保護されている。すぐそばには小舟が着いているので、吉井川を経由して積み出すのであろうか。右側の建物の中には数人の人物が描かれていて、その右側に三個の甕が規則正しく口縁部を上にして描かれている。水

図1　『絵師草紙』（宮内庁三の丸尚蔵館所蔵）

図2　『一遍聖絵』（遊行寺所蔵）

などを貯めて使用されている状態なのだろうか。この画面から、往時のやきものと暮らしを見ることができるが、備前焼を見慣れている筆者としては、描かれている大甕の形に違和感を覚えた。一番広い胴部直径の四分の一から三分の一が口径になっているのである。草戸千軒町遺跡から出土した同時期の備前焼大甕と比べてみる。通常この時期の大甕の口径は、胴部の最大径の三分の二ぐらいが普通だからである。描かれている形は当時の甕の形式とは異なる。このことから実際に絵師は備前焼を実見して描写したものではないことがわかる。

話をもどそう。絵師草紙に描かれた壺、絵師が図案集から採録したのかわからないが、備前焼の可能性はないだろうか。少なくとも絵師草紙が描かれた時期、備前焼は西日本各地で流通しはじめていて、多くの人々が実際に見ているやきものだったことから、さらに言えばその形状も当時の備前焼の壺と形が似ていることから、その可能性を高く見るのは先走りだろうか。

1　備前焼の歴史

備前焼は、現在の行政区でいうと岡山県の東南部、兵庫県境に接する備前市を中心に生産されたやきものである。その中心部は伊部であるが、現在でも窯元・作家が軒を連ね、長い伝統を引き継いでいる。

備前焼の現代までの歴史を外観してみる。

六世紀頃より邑久古窯跡群で連綿とつくられていた須恵器の生産が終わる平安時代後期、それに呼応するかのように伊部地域で生産が開始されるのが備前焼である。中世後半、擂鉢などの堅牢さが多くの需要を生み、さらには織豊期、焼締による素朴で簡素な風合いが多くの茶人に好まれた。釉薬を使わないことで器表に表れるさまざまな「窯変」が、現在まで多くの愛好家を生んでいる。生産地備前は、旧市域総面積の三分の二が山地であり、その地質は流紋岩や石英斑岩などである。流紋岩は、花崗岩地域に比べて樹木が再生しやすく、燃料になるアカマツ林が広く発達する。その流紋岩から生成される山土(粘土)が平野部下層に堆積し、備前焼の原料となる。室町時代に流通した大甕は、粘土を棒状にしたものを積み上げて成形したもので、堅牢な容器として液体を貯蔵するのに適し、山城や寺社などで多量に消費された。重ねて焼成するが、堅緻に焼き締まる擂鉢は、穀物などを粉にする粉食の食生活に適するなど、用具として抜群の機能性を持っていた。擂鉢、壺、甕の需要規模が小さくなった江戸時代以降では、宮獅子、布袋・恵比須などの置物を型で多量に作る技術を特化させる。近代以降は金重陶陽によって復興された桃山陶が調度品として愛好され、それは昭和バブル期の威信財として、マーケット規模が一気に拡大する。しかし、常に隆盛ではなく、時代によって浮沈があった。その伊部、現代でも多くの窯元作家が軒を連ね伝統を引きつぐが、周辺の山々には平安時代から明治にかけて一〇〇箇所以上の窯跡が確認されている。

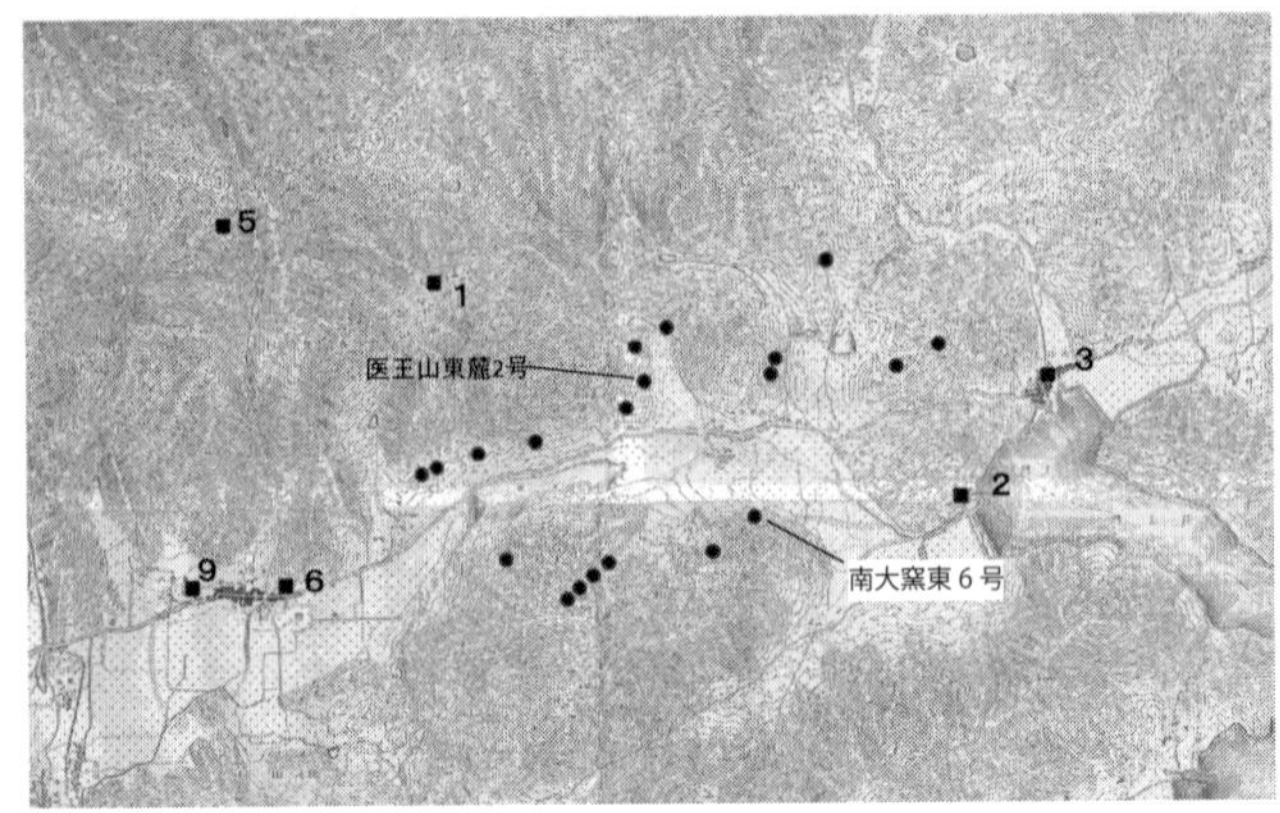

図3　12世紀後半～13世紀初頭の窯跡分布図

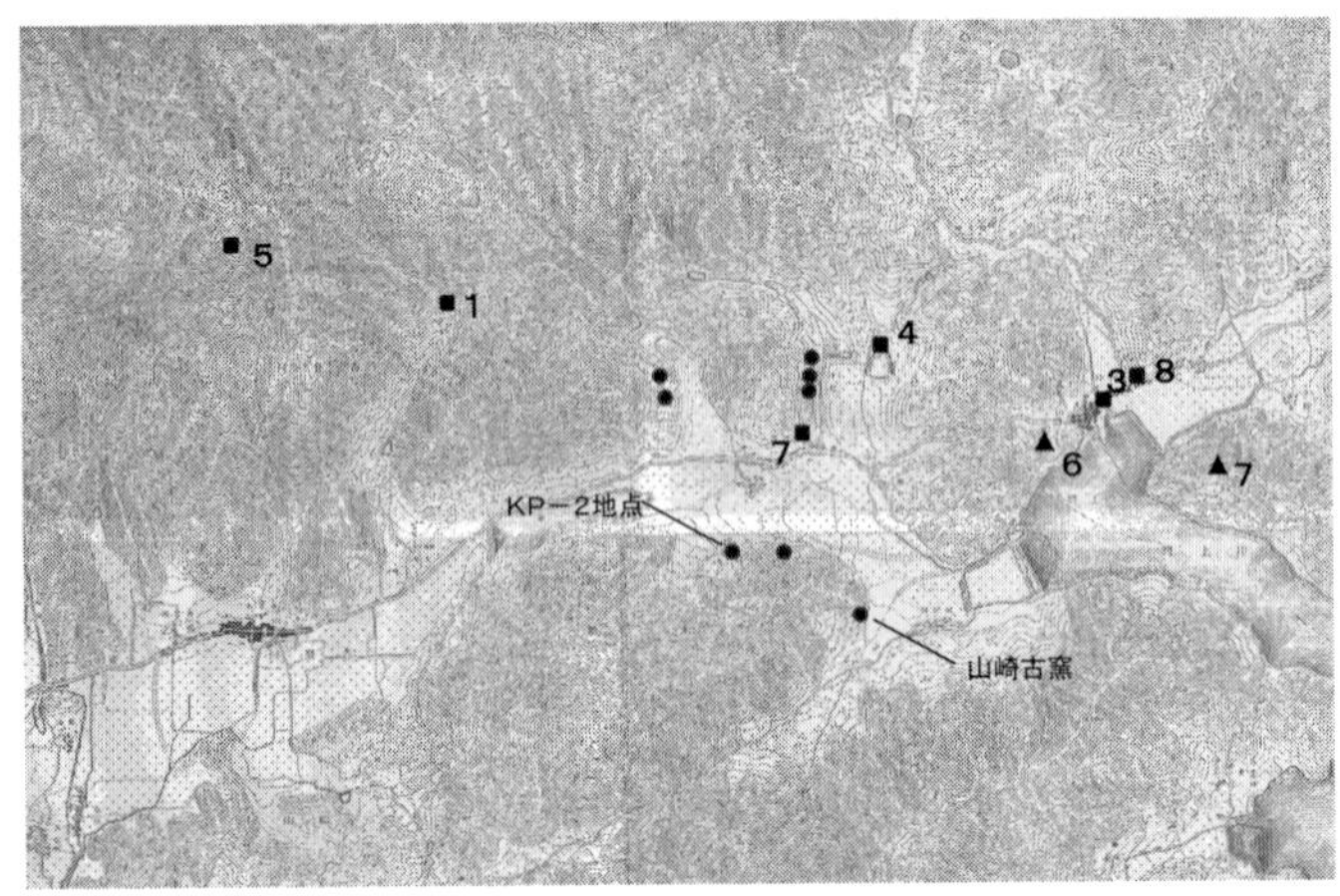

図4　14世紀末～16世紀初頭の窯跡分布図

＊地図は大日本帝國陸地測量部作成（片上・和気・香登を合成）を引用

【凡例】

●窯跡

■寺社（1大滝山福生寺　2浄光山妙圀寺　3御滝山真光寺　4小幡山長法寺　5帝釈山霊仙寺　6大内神社　7天津神社　8宇佐八幡宮　9磐長姫神社）

▲城館（1香登城　2鶴山城　3茶磨山城　4たい山城　5伊部城　6茶臼山城　7富田松山城　）

（1丸尾弘然2000『大滝山物語』（非売品）　2仙田実2003『岡山文庫225靈山熊山』日本文教出版㈱　3備前市歴史民俗資料館『浄光山妙国寺』備前市歴史民俗資料館平成13年度年度紀要　4私立和氣郡教育会1909『和気郡誌』　5日幡直之1951『伊部町誌』伊部町報道委員會　6宮家準1989「熊野信仰と児島五流」『岡山県史第4巻　中世井Ⅰ』岡山県史編纂委員会　8和気郡史編纂委員会2002『和気郡史　通史編中巻Ⅱ』『和気郡史　通史編中巻Ⅲ』　7藤井駿　水野恭一郎編1955『岡山県古文書集　第二輯』　8藤井俊　水野脅恭一郎1981『岡山県古文書集　第四輯』思文閣出版　9桂又三郎　横山章1951『片上町史』片上町史編纂委員會

次に備前焼の窯跡の分布を詳述してみる。岡山県備前市の南西部、瀬戸内市長船町に接する佐山地区は、中国地方では最大の須恵器古窯跡群である邑久古窯跡群の北東端に位置する。その佐山地区では遅くとも七世紀末ごろには須恵器の生産が開始され、奈良時代に最盛期を迎え、平安時代後半まで続けられるが、その後はこの地で生産されなくなるという。それに呼応するかのように伊部の地で本格的に備前焼の生産が開始される。

十二世紀のある時期、西の山窯跡［田代 一九八八］や大ヶ池南窯跡など伊部の山麓で生産が開始された備前焼は、鎌倉時代中ごろになると山の中腹に立地することが多くなる（図3）。南北朝期にはさらに高度をあげ、熊山山上1号窯跡のように標高400㍍をこえるような熊山山塊に位置するものもある。南北朝期末ないし室町時代はじめ頃には、山崎古窯跡［重根 二〇〇二］、不老山東口窯跡［河本・葛原 一九七二］のように、ふたたび山麓に築かれるようになる（図4）。その後、十六世紀の後半のある段階で、山麓に点在していた窯は伊部北大窯、伊部西大窯、伊部南大窯に集約されることになる［間壁忠彦・葭子 一九六六・一九六八・一九八四、間壁 一九九七、伊藤 一九八五・一九八七］。

次の項では備前焼のはじまりを詳しくみていく。

2　備前焼のはじまり

備前焼は十二世紀に生産が開始された。医王山東麓2号窯跡は発掘調査された窯の中で備前焼の初源期とされている。伊部西大窯跡の北側約200㍍、標高約80㍍付近で確認された全長11㍍、最大幅2.0㍍、勾配22度、地面を掘削して築いた窖窯である。北東側には幅0.8㍍、深さ0.4㍍の溝が平行してある。遺物は、碗、小皿、壺、甕、平瓦などで、ほかに経筒容器の可能性がある蓋状のものがある。軒平瓦の瓦当文は平城京6663系と報告されている。樹種同定の結果、炭化材はほとんどが松である。備前焼通史では、表面採取資料などから、伊部地区を取り囲む山裾

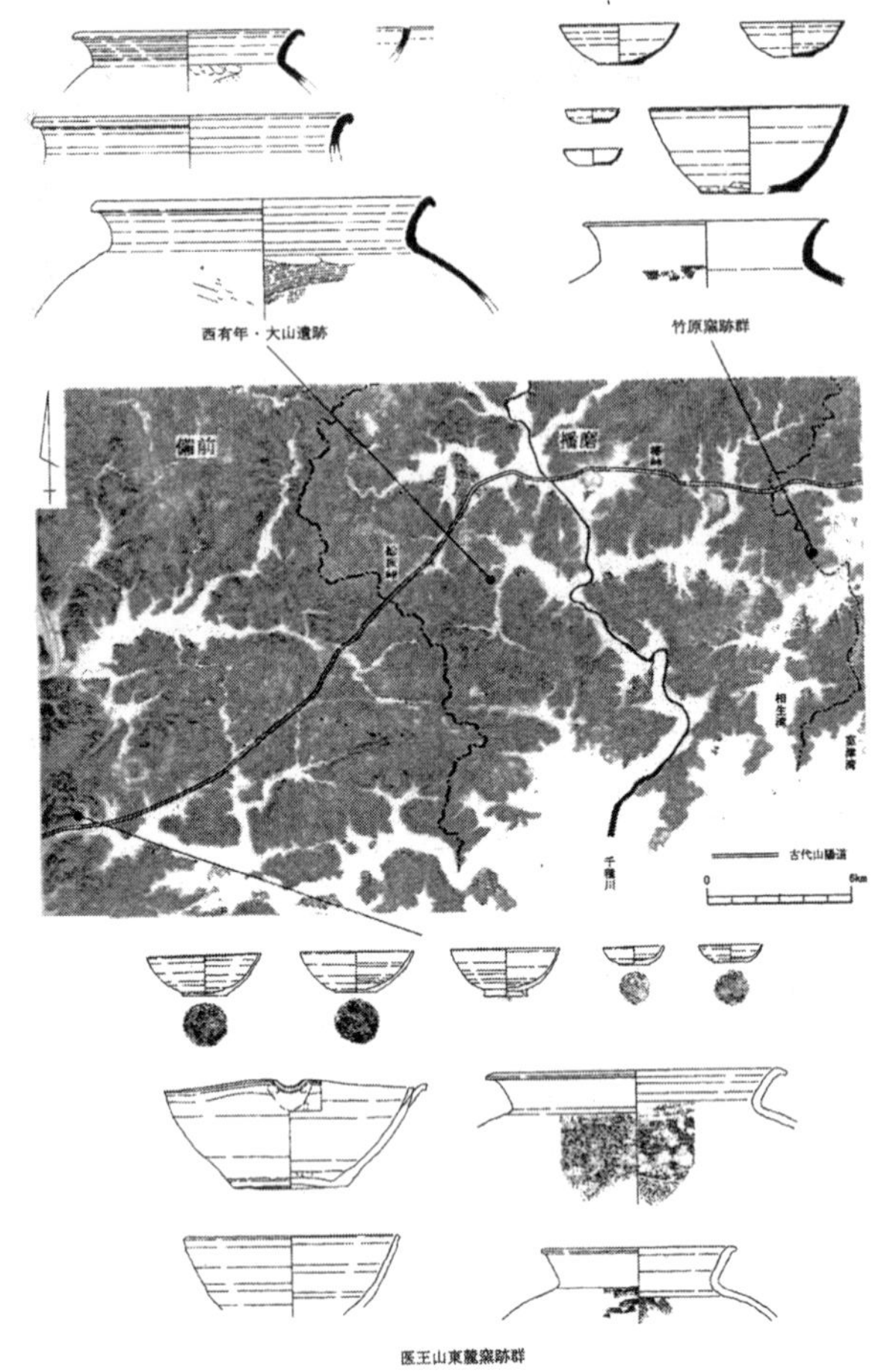

図5　竹原窯跡群と関連遺跡（兵庫県教委 2022：99 頁の図を 1/2 スケールで引用）

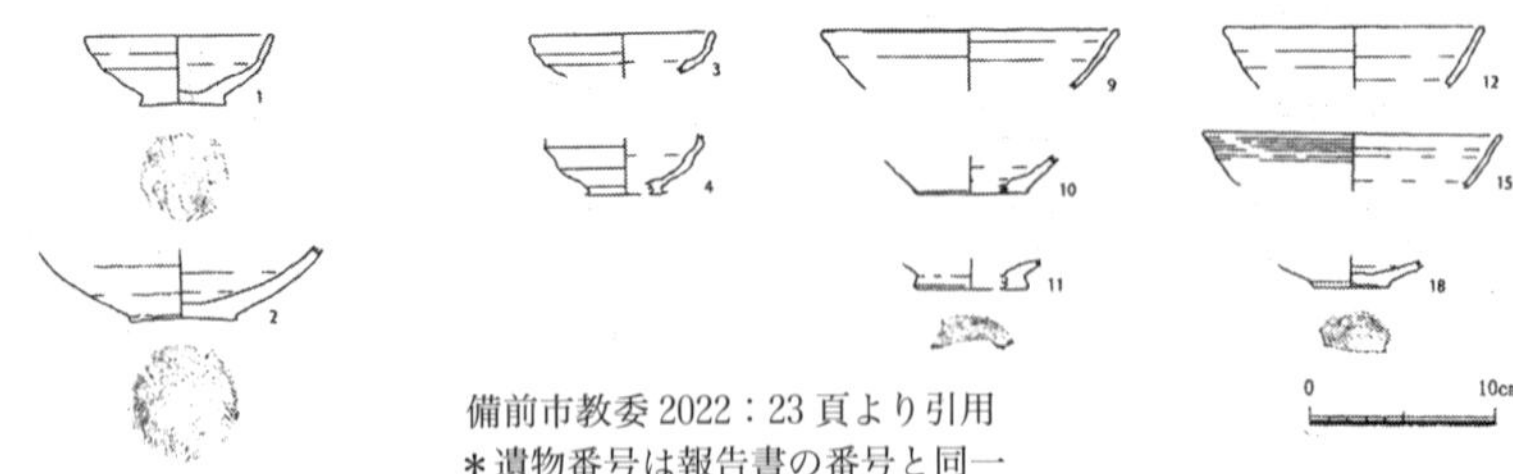

備前市教委 2022：23 頁より引用
＊遺物番号は報告書の番号と同一

図6　毘沙門堂南１号窯跡（1/8）
Ｉ Ｂ型式　1 小皿　2 碗

図7　毘沙門堂南２号窯跡（1/8）
Ｉ Ａ型式　3 小皿　4・9—15・18 碗

に点在する稲荷山窯跡、大明神窯跡が平安時代末から鎌倉初期の年代観を与えられ、大ヶ池南窯跡、西の山窯跡とともに初期の窯とされてきた。医王山東麓2号窯跡もC14年代からこの年代観におさまるが、型式編年では、その前段のＩＡ型式を想定している。一方で、邑久古窯跡群や東播・西播系須恵器の研究から、備前焼の初源期の年代観をもう少しさかのぼらせるという指摘もある。

二〇一八年から二〇二二年にかけて備前市教育委員会が行った踏査［備前市教委 二〇二二］で、医王山南面、ここは備前市埋蔵文化財管理センターに隣接する山裾なのだが、この地点から西に向かってＩB型式の窯が新たに数基確認された。さらにそこより西の香登地区で毘沙門堂窯跡が確認され、採取品はＩA型式の備前焼の様相を示す（図6・7）。碗底部円柱技法の糸切り面の器壁が厚く、内面の押圧も強い。小皿も伴っていて、ＩB型式とは画期を設定できる。分布論的にみると、伊部地区の南西方向、福田地区にもＩB型式の窯跡を予見させる散布地が確認されている。

Ｉ型式の窯跡の分布が伊部地区外に広がりを見せ始める中、二〇二一年兵庫県から新たな情報がもたらされた。兵庫県竜野市の竹原9号窯跡の発掘調査の結果［兵庫県教委 二〇二二］で、碗や鉢に備前焼Ｉ型式に近似する資料が見られたことだ。細部を比較検討すると、鉢が糸切りになっているなど、調整技法が異なる器種もあるが、その形態的指向は備前焼初源期である（図5）。

これらの新たな知見は、従来言われている伊部の山裾から同心円状に発展していった備前焼の通史とは異なる。むしろ伊部から西側の広い範囲に備前焼初源期のまとまりがあって、さらにその形態的指向性は荘を超えている。これは荘内でのやきものの生産に関わる集団や香登荘とかかわってくる問題である。荘を差配する集団が変わっていったのか、やきものを生産する集団との関わり方が荘的規制を超えていたのか、そのあたりは考古学の領域から直接的に推測するのは難しい。

次の項ではその香登荘の成立やその権利関係の変遷を考えてみる。

3　香登荘の変遷

香登荘を含む旧備前市域の政治的な動きを中心に概観してみる。律令制下の旧備前市域は、当初邑久郡香登郷、方上郷などに属していたようで、その後天平神護二年(七六六)、藤野郡(のちの和気郡)に編入されている。現在の旧備前市域は『倭名類聚抄』では和気郡坂長郷、香止郷であるが、記載のない「方上郷」は『延喜式』では美作の港「片上津」となっている。香止郷は伊部を含む香登の平野部だったと想定されるが、白河天皇の勅旨田となり、その後堀河天皇の時代(白河院の院政期)に荘園として成立する。その後、香登荘は鳥羽院、八条院に伝えられるが、母の美福門院藤原得子の菩提を弔うために高野山菩提心院に領家職が寄進される。こうして香登荘は八条院を本家とし、菩提心院を領家とすることになる。

菩提心院は、高野山内で金剛峯寺方と対立していた大伝法院方の末寺に属する。その紛争の結果、正応元年(一二八八)大伝法院は、和歌山県那賀郡根来町へ移る。この地にある根来寺はその大伝法院を前身とする真義真言宗の総本山であるが、その坊院跡から埋甕遺構として大量の備前焼の大甕が出土したことで知られる。その数は根来寺全山で、一五〇〇個以上といわれており、その多くが十六世紀後半に属するものである。用途は甕倉で油を蓄える容器としての使用が推定されている。その量的なものを香登荘と大伝法院との関係に見る向きもあるが、香登荘は南北朝の動乱によって領有は仁和寺に帰し、最終的に室町幕府領として伝領されていったと考えられている。

室町時代、備前の地は赤松氏、山名氏、浦上氏など勢力がめまぐるしく入れ替わるが、最終的に宇喜多氏が覇権をにぎる。そのころ活躍した豪商で来住法悦という人物は、片上湾の最奥部浦伊部に居住し、瀬戸内海の交易で何万石もの富を築いたという。交友関係も日禛をはじめとする日蓮宗本山関係者、保津川を開削したことで知られる京都の大商人角倉了以との結びつきがある。天正十八年(一五九〇)には、岡山城築城の銀を調達した功績により、岡山城下に一町を賜り、屋敷を構えるなど宇喜多氏とも非常に強く結びついている。

香登荘内の権利関係を追ってみたが、少しわかりにくいので、本家、領家、国、現地の知行の相関を中野栄夫氏[中野 一九八二・一九八三]の論文をもとにまとめてみた。

本家　八条院領→大覚寺領→幕府領→戦国期の守護
領家　高野山菩提心院→賀茂領→普広院領→仁和寺領
知行　院近臣が下司→阿闍梨が相伝→再び院近臣が下司、現地では代官→直務→代官→荘園領有の無実化

次に香登荘内にある現在の主な寺社の由緒・隆盛・衰退を文献を中心に概観してみた(図3・4)。

①十四世紀後半以降の文献資料が多い。
②文献資料に現れる寺社頻出度の傾向を追うと、浄光山妙圀寺→帝釈山霊仙寺→大滝山福生寺→小幡山長法寺・天津神社→浄光山妙圀寺となる。
③帝釈山霊仙寺は十四世紀後半から十五世紀にかけて、熊野信仰との関係文献が多い。
④大滝山福生寺は十四世紀末から足利家関係の記述が多く、十六世紀代は高野山との関係を示す文献が多い。
⑤小幡山長法寺は十六世紀代の文献が多く、前半は浦上氏との関係記述が多い。
⑥浄光山妙圀寺は十四世紀中頃までの記述と十六世紀末以降の文献が多い。

荘内の動きの詳述は現段階では文献的な制約があり難しいが、おぼろげながらパワーバランスが見て取れるのではないかと思う[石井 二〇一四]。

その中で帝釈山霊仙寺は中世備前焼生産のスポンサー的捉え方をなされている。奈良時代の仏塔と言わる熊山遺跡がある地点にその後開基されたといわれる。その周辺を備前市が二〇一八年に行った航空レーザー測量の調査結果、

その一端を見ることができるようになってきている［備前市教委 二〇二二］。山頂を中心に造成段が展開し、規模も広大である。現地での踏査では、青磁などの高級品も採取している。これらは霊仙寺の坊院のあり方を示すのかもしれない。今後は三次元測量の成果を見ながら、考えていく必要がある。

備前焼の生産開始の様相をみてきたが、次の項ではそれ以前、伊部地域ではやきものが生産されていなかったのかみていく。

4　備前焼生産開始以前の様相

伊部地域、榧原山北麓、標高約70メートルの地点で、東6号窯跡［備前市教委 二〇〇六］が二〇〇一年に調査された。全長4.3メートル、最大幅1.0メートル、勾配30度、九世紀後半の窖窯である。杯、鉢、壺、つまみなしの蓋、錘などが出土している。伊部南大窯跡から南東100メートルに位置するが、勾配30度の急傾斜地にある。窯壁は粘土が硬化した程度であり、操業期間もごく短期間と推定されている。坏などの成形に土師器の技法が見られることが特徴である。二〇〇一年当時、伊部地域には十一世紀以前の窯はないと考えられていたため、備前焼の成立年代が九世紀末まで遡る発見のような受け取られ方をした。発掘担当はことあるごとに備前焼の成立とは全く別物ですとの説明を繰り返した結果、最近では東6号窯跡は備前焼の成立とは直接つながらないとの受け取られ方が定着してきた。東6号窯跡の坏A、B類は土師集団の技術を読み取る向きもあり、邑久古窯跡群の須恵器の流れでも捉えられていない。換言すれば伊部にある非常に小さな窯でごく少量生産された孤高性が際立っているといえる。

近年、備前市教育委員会が行った踏査で、その消費地のひとつが確認された。熊山山塊の北斜面、板場池の北方、舟下山のピークである。そこからの谷筋に一定量の東6号窯で生産された坏類が散布していた。そのピーク周辺では、奈良時代の遺物の散布もみられる。こうしたことから、この散布地は、奈良時代からなんらかの施設が九世紀末ぐらいまで営々とあった可能性が指摘できる。ごく小規模な生産とごく小規模な消費が結びついた。

一方、備前焼のはじまりと重要な関係をもつ邑久古窯跡群は、中四国最大の須恵器窯群である。二〇一〇年から岡山理科大学地理考古学研究室と博物館学課程が中心となり佐山新池窯跡、佐山東山窯跡の発掘調査が継続的に行われ、相当数の文字資料や韓半島との関係がある資料が出土し、「官」の関与する地方窯の様子がわかりつつある〔岡山理科大学 二〇一四ほか〕。

5　備前焼生産の諸段階

この項では、別の視点で備前焼の生産をみていこう。それは窯跡群の分布や窯構造などを分析し〔石井 二〇一七〕、備前焼生産の諸段階を捉える方法である。以下には、その三段階を提示している。

(1) 備前焼の生産開始（十二世紀〜十四世紀前半）

備前焼の生産開始の時期については、「備前焼とは何か」という定義の問題と絡めて、奈良時代説、平安時代末説、鎌倉時代末説などが先学・研究者によって提唱されてきた。それはさまざまな根拠に基づき提示されているわけだが、二〇〇三年備前市で開催された備前歴史フォーラム〔備前市教委 二〇〇五〕での討論や、備前焼の碗と瓦器碗の研究〔石井・重根 二〇〇四・二〇〇五〕をもとに、備前焼の生産開始を十二世紀代としており、以後の記述はその前提で進めたい。

十二世紀代の窯としては、大ヶ池南窯跡、西の山窯跡などが知られ、二〇一一年に発掘調査が行われた医王山東麓2号窯跡では、碗、小皿、壺、甕、瓦類などが確認され同時期とされている〔備前市教委 二〇一二〕。少し時期は下るが、十三世紀半ば頃の操業と推定している南大窯東4号窯［備前市教委 二〇〇三］は、全長12.3㍍以下、幅1.8㍍、傾斜角度26度の窖窯である。須恵器の窯体と大差なく、窯構造の点から見る限り、古代の窯業との画期が認められるものではない。

医王山東麓1号窯跡は、十四世紀前半ごろと推定される窯跡である［備前市教委 二〇一二］。全長16㍍、最大幅1.7㍍、勾配26度で、壺・甕・擂鉢が出土している。これら主要な三器種はその一部に赤褐色を呈するものがある。この窯が操業されていた時期は、全国の遺跡から備前焼の出土点数が急増し、それまで広い範囲で流通していた東播系須恵器が少なくなり、また常滑焼も西日本でみられなくなる時期である。

(2) 土柱の使用、窯の大型化と量産化（十四世紀中頃～十六世紀初頭）

窯構造の変化の中で、最初に認められるのは「土柱」の使用である。十五世紀中ごろを中心に操業していた不老山東口窯跡で土柱の可能性を指摘している報告例が初見である。十四世紀後半頃と報告されている山崎古窯跡は、全長推定20㍍、幅2.1～2.5㍍で丘陵の先端部に立地するが、土柱構造は報告されていない。南大窯東5号窯跡、合ケ淵北窯［間壁・西川 一九七一］、グイビガケ谷窯跡など、十四世紀後半以前に属するものは、窯の規模も全長10㍍前後、幅も1.5㍍前後で、須恵器の窯と大差なく、その立地も標高が高い山中に立地するものが多い。さきほどの西大窯跡周辺の窯でも大型化の萌芽が見られ、山崎古窯の段階で窯の大型化が指向され、不老山東口窯段階で構造的に土柱が用いられると推定できる。土柱は、分焔柱的機能というより、不老山東口窯跡の全長が40㍍以上、幅が3.2～3.4㍍の大型の窯である点からも、天井をささえるための柱と推測するほうが理解しやすい。窯の立地も丘陵部の先端や山裾であり、片上湾による搬出の便を考えた結果であろう。

この土柱の使用、窯の大型化、立地の変化は、「量産化」にともなうものである［伊藤・乗岡 二〇〇四］。備前市教育

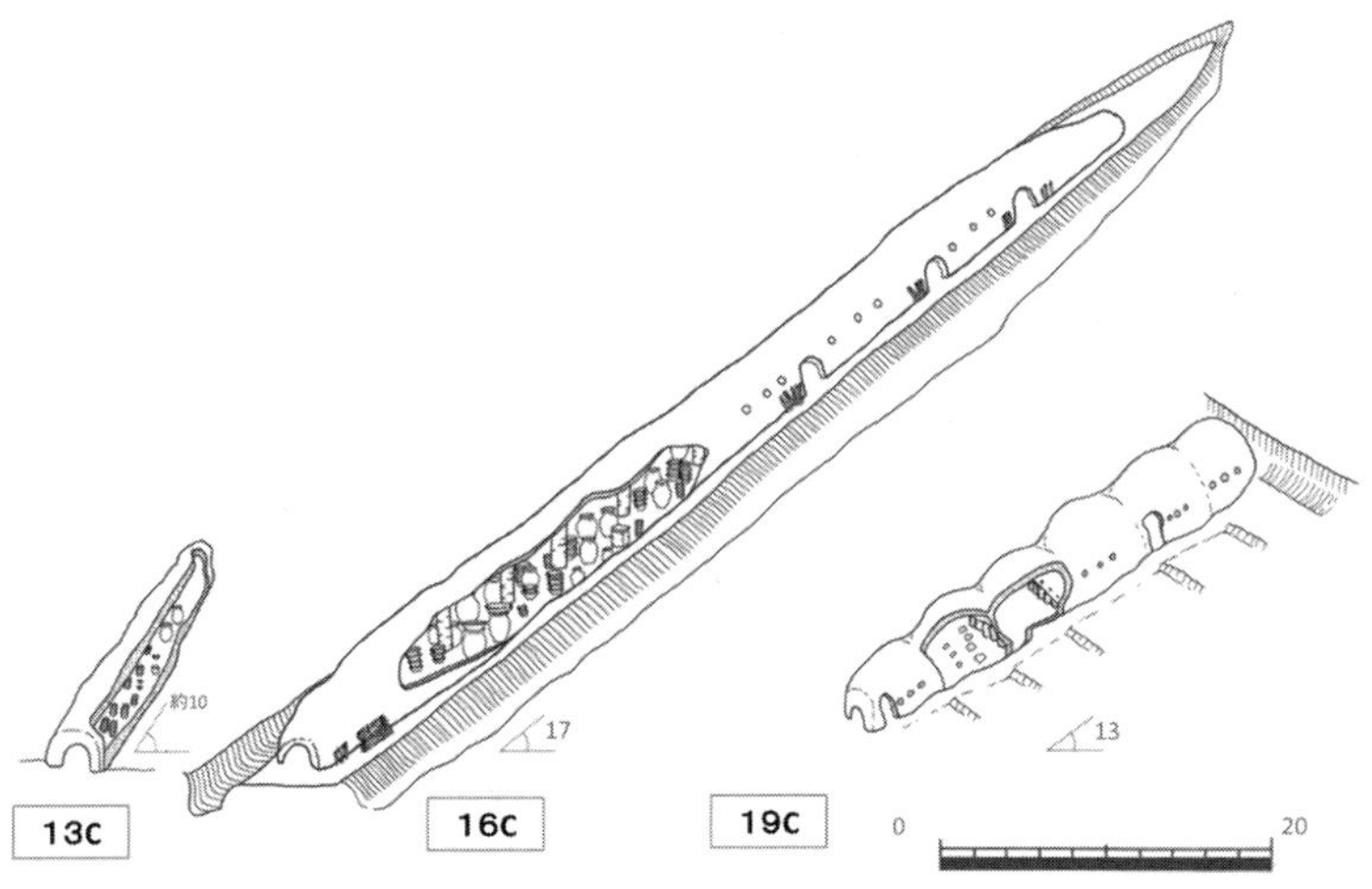

図８　窯構造

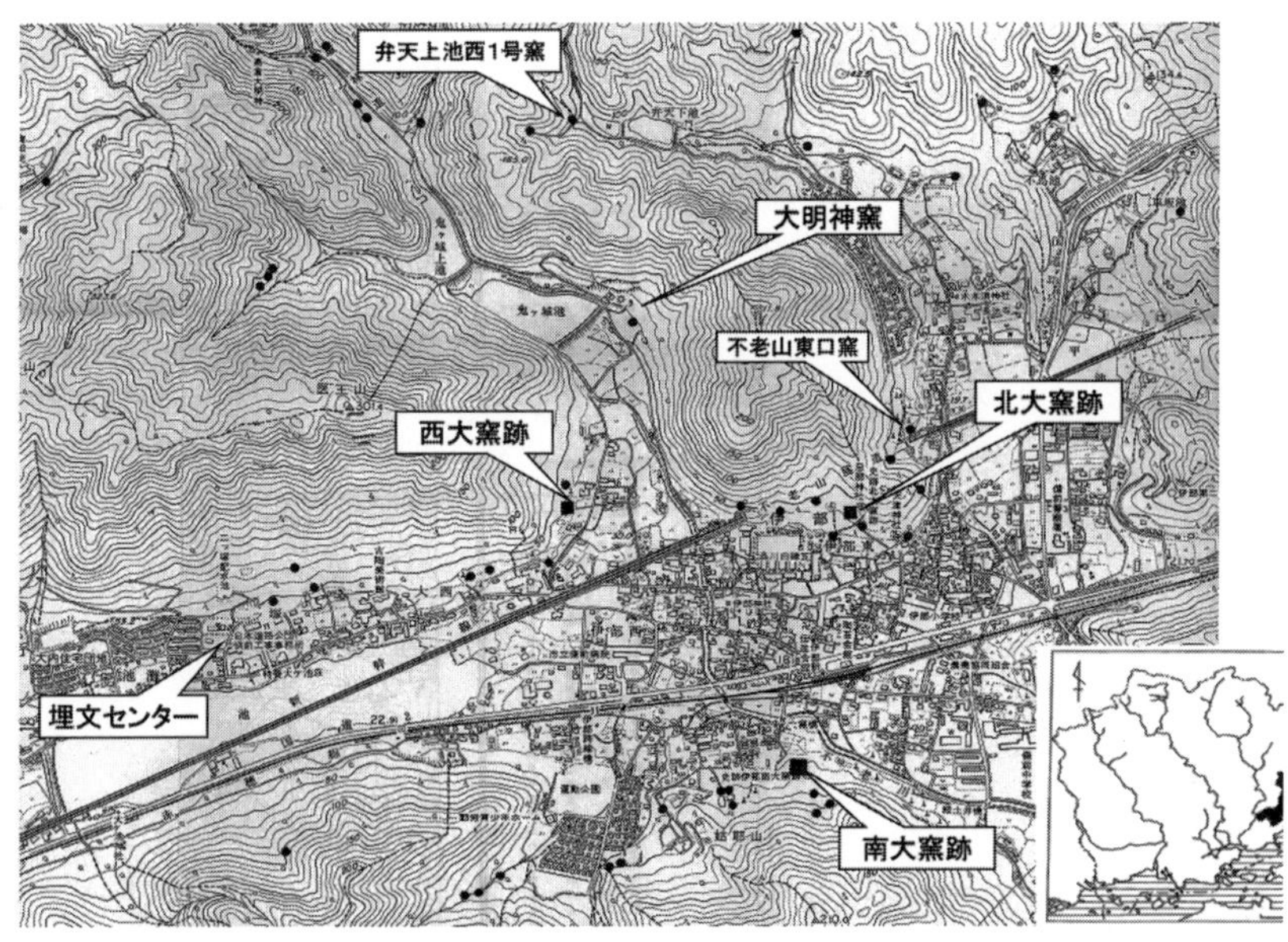

図９　主な備前焼窯跡

委員会の収蔵庫には不老山東口窯跡から出土した大量の擂鉢片などを千数百箱が保管されている。ひとつの窯からの出土量がこれほどまでになることを見ても、その量産化の度合いは想像を絶するものがある。

(3) 窯場の集約と窯道具の使用、器種の爆発的増加と補完する専用窯(十六世紀後半〜十七世紀初頭)

大型化を指向した窯は、伊部南大窯東3号窯跡［備前市教委 二〇〇三］に至り、ますます巨大化する。全長46㍍以上、幅3.4〜4㍍の長大なもので、天井を支える柱が中央軸にそって規則的な間隔で縦一列に並んだ構造をもち、窯を取り囲むように大規模な溝が掘られている。出土した備前焼も擂鉢、平鉢、鉢、大甕、壺、小壺、茶わん、茶入、徳利、皿、灯明皿、など非常に多岐にわたる。十五世紀の終わりごろのKP―2窯跡［備前市教委 二〇〇六］の器種構成が多量の擂鉢とごく少量の壺類である点からも、この段階で、爆発的に器種が増加していることが読み取れる。

この時期は備前焼の最盛期でもあり、「南蛮」を珍重していた茶事においても、それにかわり「備前焼」がひとつのブランドとして確立した段階でもある［赤沼 二〇〇二］。

この爆発的な器種の増加は、その前段階のシンプルな器種構成と対比しても、明らかに消費側からの需要の喚起がある。それは建水や平鉢などの特定の器種ばかり多量に生産していた全長13.6㍍以上、幅1.3〜1.5㍍の小規模な南大窯西2号窯跡［備前市教委 二〇〇三］などが、大型化した窯と並行して操業している点などからも傍証できる。また、南大窯東3号窯跡においては、専用の窯道具はないが、それから数十年後の南大窯西2号窯跡では、製品をよりよい状態で焼成するため匣鉢や焼台といった窯道具の使用が確認でき、破損率をさげ、需要に的確に対応する生産側の意図を読み取ることができる。

窯の立地は、この段階に窯場が榧原山北山裾の「南大窯」、不老山南山裾の「北大窯」、医王山東山裾の「西大窯」の三箇所に集約されることである。この流れは、量産化を指向して搬出に便利な場所に窯場を集約させ、大型の窯で多量に生産するという流れは読み取れるが、その要因は、消費者側の需要の変化、政治的な外因、生産地側の燃料や土の問題などが複雑に絡み合っていると考えられる。

次の項では、少し詳しく具体的な窯場の様相をさぐっていく。

6　生産の具体的様相

伊部の中心地からほぼ北に1キロ、不老山の北東側を回り込んだ谷筋の最深部、標高約100メートルの場所で二〇一八年に調査された弁天上池西1号窯跡［備前市教委 二〇二二］は、長さ10.2メートル以上、幅1.46メートル、床面の勾配約27度の規模を持つ（図10・11・12）。窯内には遺物はなかったが、周辺から擂鉢・甕・壺などが出土し、鎌倉末～南北朝ごろの操業と考えられる。窯の中央部付近では、主に山勢（やませ）が来る山側が四回以上にわたって窯壁を修理した跡が確認されている。特に注目されたのは、焚口の平面がほぼ完全な形で検出されたことである。灰白色の粘土を水平に堅く締まる程度に造成し、下層には炭層の堆積も確認された。さらに窯の外左側に直径約10センチ、深さ約23センチの柱穴が検出され、反対側にも対になる可能性のあるピットが確認された。窯を覆う屋根などを支える柱の可能性が指摘された。

現在までに三〇基近くの備前焼窯跡の発掘調査［石井 二〇一七］がされてきたが、多くの場合、焚き口の保存状態は悪く、明瞭に確認できる例はほとんどなかった。弁天上池西1号窯跡ではその構造や壁の立ち上がりも確認された。天井部までは遺存していなかったが、当時の操業の姿がおぼろげながら復原できる。一方で、この焚き口も築窯当初のものではなく、最終段階の操業で稼働していた遺構である。焚き口は構造上負荷がかかりやすく作り変えられることが多く、残存しにくい状況を傍証している。

焚き口の前面に平坦に固められた作業面と窯の両側に覆屋を支えると思われる柱穴と杭打ち込み痕が確認されたこ

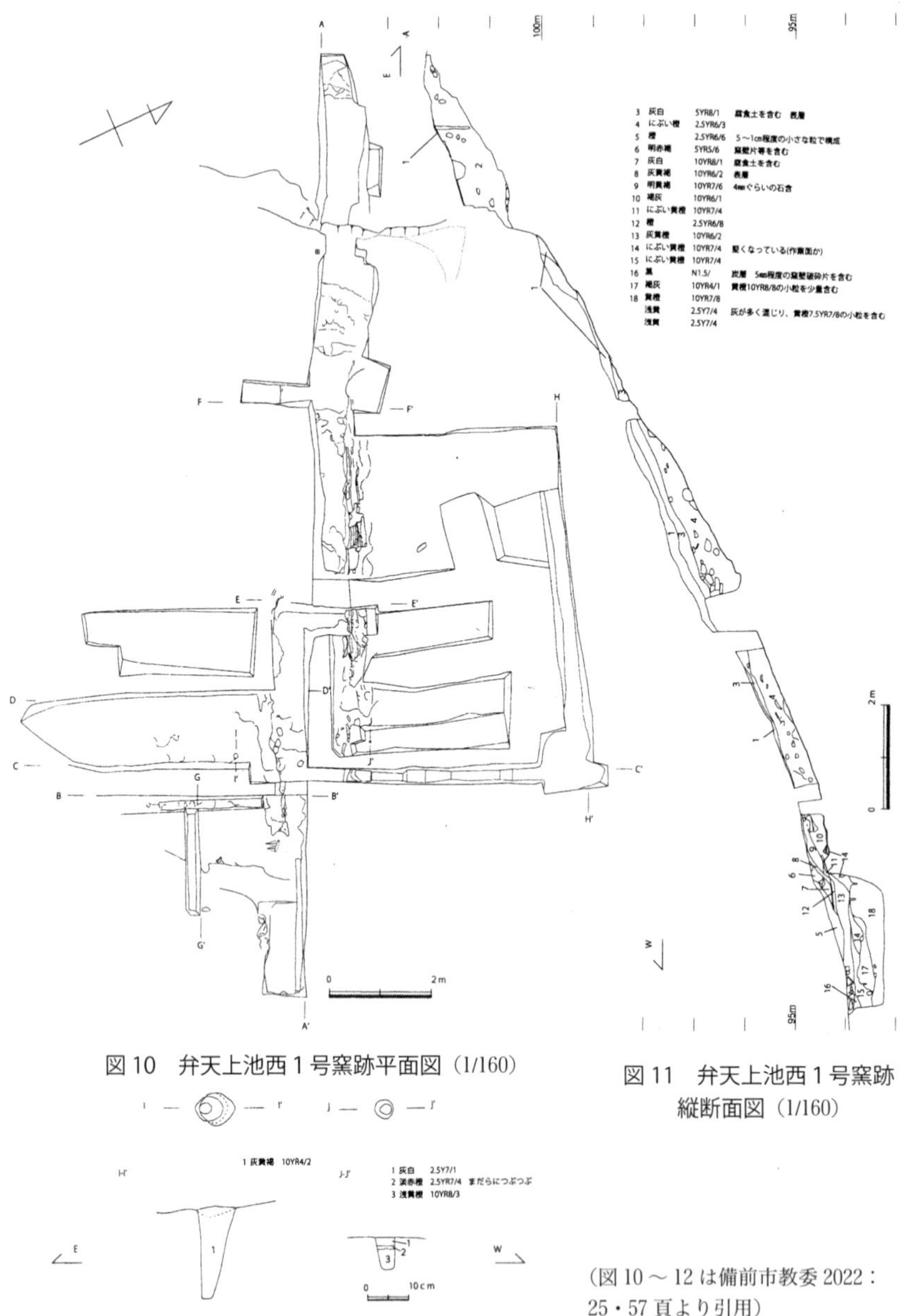

図 10　弁天上池西１号窯跡平面図（1/160）

図 11　弁天上池西１号窯跡縦断面図（1/160）

図 12　窯両側柱穴等平断面図（1/20）

（図 10 ～ 12 は備前市教委 2022：25・57 頁より引用）

とは、焚き口は当初の構造ではないとしても、中世の窯の操業の姿が少し見え始めたと評価される。

7　中世備前焼型式編年の新知見

この項以降は、備前焼に関する近年の研究をトピックス的に四件紹介する。

一九六八年(昭和四三)に岡山県の行政発掘の第一号として行われたのが不老山窯跡の調査である。報告書刊行後、岡山県より移管された出土資料は約一七〇〇箱である。備前市教育委員会は、その資料を適切に保存管理し、その一部を補足的に実測・図化し、公開活用するために備前市埋蔵文化財管理センターで四年間を費やし作業を行った。筆者はその担当のひとりであった。前半のほぼ二年間は埃払いのための水洗、箱の並び換え、ラベリングの基礎的な作業に、後半の二年間で抽出や分類、実測にあてられた。一七〇〇箱という膨大な備前焼片、室町時代の備前焼窯跡「ほぼひと窯分」なのだから、その出土資料の一覧、カタログ的なものをつくれば、消費地で出土する備前焼の同定に関して有意な情報を提供できるという意図もあった[備前市教委二〇一八]。

約一七〇〇箱あまりの不老山東口窯跡の器種構成比率は約七割が擂鉢、一〜二割が壺、あとの一〜二割が碗などの小型製品、甕は一割にも満たない一〇〜二〇個体程度である。全体の一割程度の小型製品中には、擂目を持たない鉢、雀口と呼ばれる片口の壺、水屋甕と呼ばれる胴部に突帯のある扁平な壺、手づくねの小鉢や仏具類などがある。少し長くなるが、器種ごとに新たな知見をまとめておく(図13)。

①**擂鉢**　擂鉢では、放射状にスリメをもつ汎用的な法量のもの以外に、直径40チセン以上、高さ20チセンの大型擂鉢、直径20チセン以下、高さ6〜8チセン前後の小型擂鉢、直径10チセンにも満たない極小擂鉢がある。法量としては大きく四つのグループに分けられたが、中間的な法量も多くある。

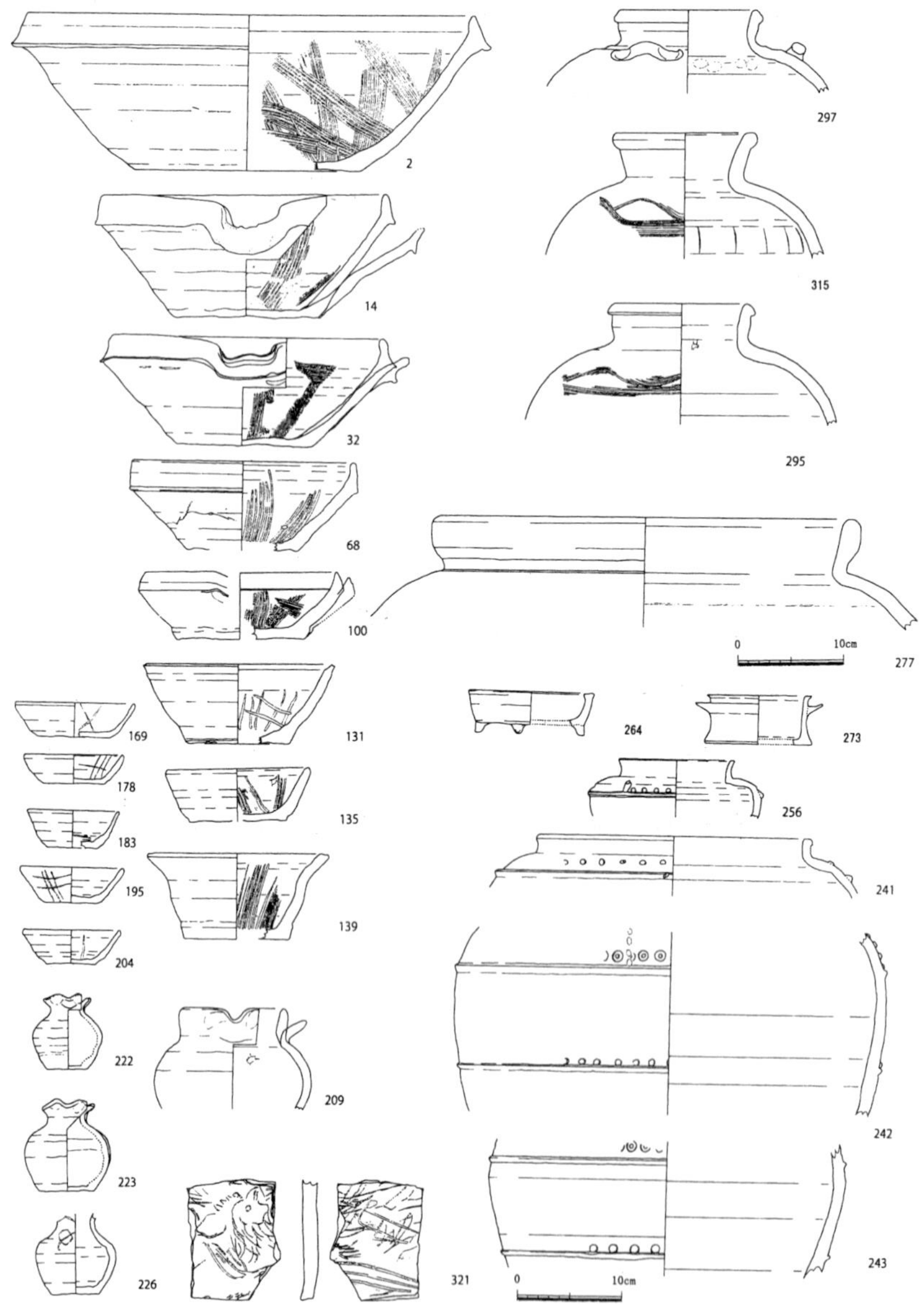

図13　不老山東口窯跡の主な遺物（1/8）＊大甕277のみ1/16（備前市教委2018より）

擂鉢2・14・32・68・100・131・135・139　碗169・178・183・195・204　雀口209・222・223・226　水屋甕241・242・243　仏具264・273　大甕277　壺295・297・315　闘鶏のヘラ描き321

(i)大型擂鉢は、内面に放射状スリメとナナメスリメを密にほどこし、さらに見込み部には×状にスリメをいれる個体が一定量あり、さらに内面端部近くに波状文を施す個体もある。ナナメスリメを施さず放射状のスリメのみの個体も一定量あるが、内面に☆形のヘラ描きや外面に縦方向に二本、三本ヘラ描きを施す個体もある。

(ii)小型擂鉢の中には、受部を汎用的な擂鉢のそれに似せる個体もあるが、内傾気味に引きあげて口縁部を成形しないものも散見される。

(iii)各法量の擂鉢には、外形は擂鉢と同一であるが、スリメを全く施さない無紋の鉢もある。擂鉢のグループにいれるか躊躇するが、端部に凹面をもつ径15チセン、高さ7チセン、内面に波状紋を施す鉢が一定量ある。この時期の擂鉢は見込み部にスリメを施さない個体が多いが、×形やノ形など、スリメを施す工具でヘラ記号のような形を刻みこんでいるものがある。

(iv)大型擂鉢には機能として見込み部に×印を施している割合が多く、通常の法量の擂鉢の見込み部は一定の規則性はないように見受けられる。

この時期の擂鉢はさまざまな型式があることがわかり、備前焼の型式編年において基準とされている器形以外への注意も必要である。

② **小皿** 一九六八年の報告書の中に「小皿」と報告されている直径10チセン前後、高さ5～6チセン前後の碗が一定量ある。底部糸切りで、色調は橙色～赤褐色、内面にヘラ記号を施すものが多く見受けられる。ごく少量高さ2チセン前後の小皿もある。内面にヘラ記号を施すものが多数ある。ヘラ記号が施される割合は、擂鉢や壺などの比率に比べて、非常に高い。その意味するところは不明であるが、碗に施したヘラ記号「Φ」と全く同じものを、手づくねの鉢、雀口にも確認できる現象があり、このあたりがその意味するところを解きほぐすヒントになるかもしれない。

③ **雀口** 雀口は、注口をもつ片口壺である。大きく小型と大型に分けられ、小型は胴径6チセン前後と、8チセン前後のグル

ープに細分できそうである。大型は最大胴径15㌢前後である。このほか壺の中に、口径12㌢、最大推定胴径20㌢、肩部上端に波状紋を施す注口をもつ個体があり、雀口と形式がよく似るものの雀口とは区分される。

④水屋甕　水屋甕は、小片で一個体にならないものばかりであるが、複数の個体がある。法量も口径10㌢前後から34㌢までと幅広い。擂座（円形浮文）を突帯に近接して貼り付ける個体があり、しかもその擂座径が5～6㍉のもの、10㍉を超えるもの、配列の仕方も二個対の擂座が規則的な間隔で一周するもの、突帯の間で縦に配列するもの、さらには竹管紋のように押圧で施したものなど、擂座だけでも数パターンになる。頸部に格子状の加飾や波状紋を施す個体もある。和歌山県八幡山城の出土例［佐藤 二〇一七］のように底部に三か所の脚部を持つこともある。八幡山城は十五世紀後半から十六世紀初頭の例ではあるが、乗岡実氏は十五世紀代後葉には水屋甕A類が成立していたと指摘している［乗岡 二〇一三］。このほかにもG類や小型のB類なども見られる。全体としてA類が多くを占め、その点からもこの出土例は十五世紀中葉まで水屋甕の成立をさかのぼらせることができる良好な一群の資料といえる。

⑤仏具　小型製品の中に、直径10㌢前後、高さ3㌢の内傾気味の盤に三脚が付く遺物が数個体ある。口縁端部に凹面を持ち、蓋状のものを置くことを想定できること、三脚であることから、仏具で香炉のような使い方をされた遺物と推定できる。口径10㌢前後、高さ5㌢前後、ひれ状の受け部をもつ容器で、一点のみしか確認できなかったが、その形状から仏具の中で六器の台などに使用されるものと推定できる。金銅製の六器の台は、室町時代ぐらいになると受け部から下部の高台部が高くなり裾開きなる変化があるようで、この遺物は模倣品としてもその傾向は踏襲している。このほか仏具の可能性として、花瓶の脚部、筒型容器がある。このように一定量仏具として扱ってもいい一群があることを考えると、不老山東口窯跡の眼前にある小幡山長法寺という寺との関係が気になる。十六世紀代の前半から浦上氏の動向と相まって小幡山長法寺関連の文献が多く確認されてもいる。最も古いものは「長法寺別当の免田知行が認められる」貞治四年（一三六五）の文書が「長法寺文書」の中にある。不老山東口窯跡の操業期間と重なる年代の文

献もあることから、この仏具の発注者は長法寺だった可能性もある。

⑥大甕　大甕は扁平な折り返しの縁を持ち内傾する個体が多い。口縁部の抽出作業を通しても全体の中で一〇〜二〇個体前後と比率が極端に小さい。法量の大きい大甕は擂鉢や壺と比べて個体数が少なくなることは理解できるが、全体構成比率からすると極端に少ない。不老山東口窯は擂鉢専用の窯のようにも考えられるが、大甕は製作時の投下コストからも、多少の破損や不良品でも商品として流通させたため、窯場には残存しにくいとも考えられる。

⑦闘鶏と落ち葉　膨大な陶片の中にユニークな破片もある。10チセン四方のひし形の陶板状の破片だが、ヘラで二羽の鶏の頭部が描かれている。鶏と鶏を戦わせる競技「闘鶏」の様子を描いた可能性もある。陶工たちが日々の作業の合間に当時盛んに行われていた闘鶏の場面を描きこんだのかもしれない。

もう一点は、擂鉢底部端に長さ5チセン、幅2チセンの葉の圧着痕跡が二か所ある個体である。そのうち一か所を観察すると、楕円形の葉であること、中央の葉脈がしっかりあること、互い違いに平行な側脈が葉の縁まで達していることなどから、身近な植物としてクリやアベマキの葉の可能性が指摘されている。作業工程で偶然紛れ込んだ葉かもしれないが、樹種などさらに限定され、他にも複数個体確認できれば、作業の季節性も指摘できる可能性もある。

以上、一九六八年に調査された窯跡資料の再整理から新たな知見をえることができた事例だった。

次項では、備前焼の壺が文献の中でどのように取り上げられているかみていくことにしよう。

8　「玉だれのこがめ」の意味

南北朝期に足利方に仕え、和歌・連歌作者でもあった今川了俊という武将がいた。四五歳の時、後醍醐天皇の皇子懐良が征西将軍として全権を持つ九州を制圧するため九州探題となって下向するときに、途中の名所名所でその地の様々なことを記録に残した紀行文がある。これを『道行きぶり』という。その中に、「さて、かがつといふ里は、家ごとに玉だれの小瓶といふ物を作る所なりけり。山の峰腰の松のひまより、海すこしきら〱と見えておもしろし。その日は福岡につきぬ。家ども軒を並べて、民の竈賑ひつつ、まことに名にし負いたり。（下略）」［荒木 一九七七・二〇〇一・二〇〇八］という箇所がある。後段部分は、福岡は密集してにぎわっている様、前半の「かがつ」は家が点在している村だとも読み取れる。前半部の「玉だれの小瓶といふ物」は「自然釉が溶けて景色になっている備前焼の壺」のことと解釈する向きもある。また「山の峰腰の松のひまより、海すこしきら〱」というのは山中を通ったときに片上の海が光って見えることを書いていると説明される向きもある。

前後の文脈や、道行きぶり全体からみると、今川了俊は和歌をたしなみ、歌論書を出す、非常に教養の高い人なので、同書の中で、「この地域ではこんな事を書いてやろう」とか「こんなことを書きたいな」ということがあらかじめ想定されていたような気配がある。実際に備後の項目では参考にする文がないとすら書いている。そうすると「がつ」という里につく前から、こういうことをここでは書こうと決めていたのではないか。

少し話がそれるが「玉だれの　こがめやいづら　こよろぎの　磯の浪わけ　沖にいでにけり」と言う和歌がある。これは『古今和歌集』中に平安時代初期の歌人藤原敏行が詠んだ和歌である。「玉だれの　こがめやいづら…」という表現があり、これを簡略すると「小さな亀が出て行った」と解釈をするとのことである。要するに今川了俊は「かがつ」に到着する前から、この和歌のことが念頭にあり、「かがつ」では「玉だれのこがめ」と「海」のことを書くつもりにしていたと考えることもできる。このとき「玉だれ」は枕詞である。そう解釈すると、順番に「海」「かめ」という事象がすっとはいってくる。とはいえ、片上から伊部を抜けて香登にいくということは、この書きぶりは順番ではない。まず、「かがつ」というところに「玉だれ」の「こがめ」をつくる里があって、山の松の間から海が見えたということになって順番が逆になっている。しかし、事前に書くことを決めて今川了俊が記述したのなら、矛盾はないと思う。

「玉だれ」は枕詞だが、どういう意味があったのだろうか。今川了俊は当時この言葉をどういう意味として理解していたのだろうか。応永十八年(一四一一)、了俊八六歳の著作で師説や口伝や俗説を集めた「歌林」の中に「玉だれのこがめとは両説也　一にはみすのこがめと云々　一には酒入るかめの小さき也と云々」とある。つまり瓶の上に簾を置いたものか、または酒が口から垂れる様で、小さい酒を入れる瓶なのかということを書いている。「玉だれ」が枕詞で意味をもたないとしても、決して甕の自然釉の垂れる様を意図したものではない。

なお余談ではあるが、『道ゆきぶり』の中には、「家〇〇」と表記するところが九ヵ所ある。「家ども」二ヵ所、「家居」三ヵ所、「家々所狭く並び」一ヵ所、「所々家あり」一ヵ所、「家と並びて」一ヵ所、そして「家ごと」一ヵ所である。家が密集しているとか、点在しているとか、どれも「家の疎密」に視点が注がれているが、「かがつといふ里」では家ごとにある「瓶」に着目している。この点からも事前にテーマを設定していた今川了俊の姿が浮かぶ。

また「家ごとに玉だれの小瓶といふ物を作る所なりけり」を、家ごとに製陶しているという風に解釈もできるが、窯跡などの発掘調査や文献資料などから、個人経営の窯の出現は明治以降である。当時の家の構成員をどう考えるかの前提は必要だが、今川了俊が香登荘を通り過ぎたときには、陶工が共同で製陶作業に従事していたはずである。そうするとこの表現は、どう解釈すればいいのか。

かがつの次に「その日は福岡につきぬ。家ども軒を並べて、民の竈賑ひつつ、まことに名にし負いたり。それよりこなたに川あり。」とある。ここでは「ふく」という名前にふさわしい「福岡」のにぎわっている様を描写し、「川(吉井川)」があったと記述している。

この言い回しの微妙な違いから、香登荘内は「海がキラキラひかる様をチッラと見て、通り過ぎた」のではないだろうか。「小瓶といふ物」は「といふ物」という表現から、実際に「かがつ」では「備前焼」を一瞬しか見ていないか、全く見ていないことも考えられる。周防では見えないはずの九州国東半島の姫島が実際に見えたかのような記述があり、それは了俊の心情を反映しているとの指摘［角重 一九九〇］がある。

つぎの項では当時の備前焼の取引価格を考えてみる。

9　備前焼の価格

筆者は中世の文献資料から備前焼ないしは備前焼と推定される焼物の価格を集成し、単価を求める作業をしたことがある［石井 二〇一二］。価格の背景にはそれぞれの時代の商習慣があり、様々な視点から分析が必要だろうが、単純に表組にし、単価を求めることにした。

集成項目は文献の年月日、史料の名称、単価、地域、引用文献とした。その結果を一覧にしたものが表1である。集成件数は全部で一六件である。地域は山城国京都と播磨のみである。名称として確認できたのは「スリコハチ（擂鉢）」と「ツホ（壺）」の二種類のみである。壺は「大」「小」の法量、「古」という新旧の区別、「茶つほ」という用途の種別があった。年代は暦応二年（一三三九）から天文三年（一五三四）の範囲であった。

備前焼と明らかに明示してあるのは二例である。他はすべて推定である。つまりこの年代に擂鉢と表記されるのは備前焼の擂鉢の可能性が高い、あるいはこの地域で壺と表記されるものはその可能性があるという具合である。したがって、分母の少ない史料をもとに、推定の上に推論を重ねている点をお断りしておく。次に集成の結果を少しまとめてみたい。

①擂鉢　「スリコハチ」は「摺粉鉢」「擂粉鉢」と表記され、擂鉢と推測される。全部で五例ある。単価は一五文から三〇文である。享禄三年（一五三〇）の二五文は「鍋・蓋」とともに記載されているのでスリコハチだけの単価はもう

表1　備前焼の価格（中世）

西暦	年月日	史料名称		貨幣・単価	地域等	引用文献
		擂鉢	壺			
1339	暦応2年12月	スリコハチ（摺粉鉢）代		銭15文	山城国京都	①
1400	応永7年4月8日	スリコ鉢		銭18文	播磨	②
1406	応永13年4月9日		備前茶壺	銭110文	山城国京都	③
1406	応永13年5月7日		備前茶壺	銭450文	山城国京都	③
1421	応永28年12月11日		ツホ13（銭10文）	銭0.769文	山城国京都	④
1423	応永30年12月24日	すりこはち（擂粉鉢）		銭30文	山城国京都	④
1445	文安2年6月11日		ツホ大小40	約213文	播磨	⑤
1445	文安2年6月13日		ツホ大小70	約179文	播磨	⑤
1445	文安2年8月23日		ツホ大小15	約233文	播磨	⑤
1445	文安2年8月26日		ツホ大小60	約192文	播磨	⑤
1445	文安2年8月28日		古ツホ40	約438文	播磨	⑤
1445	文安2年9月4日		ツホ大小60	約192文	播磨	⑤
1496	明応5年閏2月		つほ	銭30文	山城国京都（東寺）	⑥
1496	明応5年閏2月		茶つほ	銭300文	山城国京都（東寺）	⑥
1530	享禄3年1月1日	西院擂鉢・鍋蓋		銭25文	山城国京都（東寺造営方）	⑦
1534	天文3年1月1日	御供所スリコハチ（擂粉鉢）		銭12文	山城国京都（東寺造営方）	⑦

①『教王護国寺文書　巻一』（赤松俊秀編・平樂寺書店、一九六〇）、②「清水寺文書」（『兵庫県史資料編　中世2』兵庫県、一九八七）、③『教言卿記　第一』（臼井信義・嗣永芳照編・続群書類従完成会、一九七〇）、④『教王護国寺文書　巻四』赤松俊秀編・平樂寺書店、一九六三）、⑤「兵庫北関入舩納帳」（林屋辰三郎篇・燈心文庫、中央公論美術出版、一九八一）、⑥『教王護国寺文書　巻七』（赤松俊秀編・平樂寺書店、一九七六）、⑦『大日本古文書　家わけ第十　東寺文書之九（百合文書　わ）』（東京大学史料編纂所、一九九一）

少し安いと思われる。そう考えると、「スリコハチ」の値段は、一三三九〜一五三四年の約二〇〇年間の間で、唯一応永三十年に三〇文と高値になるが、一〇文代後半で購入されていることが多い。

②茶壺と壺　備前と明確に表示してあるのは、『教言卿記』応永十三年(一四〇六)四月九日、五月七日条にある「備前茶壺」のみである。それぞれ「一一〇文」「四五〇文」と記載されている。この価格は多くの概説書で紹介されているうえ、茶壺の前に「備前」とあるので「備前の壺はブランド化して高価」なのだというのが普通の理解だと思う。ただ擂鉢に比較して六倍から二五倍とは、かなり高価な壺である。

では普通の壺はどれくらいするのだろうか。明応五年(一四九六)閏二月の「豊後寶俊雑具売物注文」をみると、備前焼の壺かどうか不明だが、「つほ」が三〇文に対し、同じ「つほ」でも「茶」とつくと三〇〇文と一〇倍の価格となっている。この比率を『教言卿記』応永十三年の「一一〇文」と「四五〇文」にあてはめると、普通の壺は「一一文」「四五文」となる。大きさにもよるが平均すると二八文となり先ほどの記事とも整合性がある。

ちなみに「茶」そのものの値段を見ると、応永七年(一四〇〇)が一斤三二文、応永二十八年(一四二一)が一斤三〇〇文である[歴博 二〇〇四]。わずか二〇年近くで価格が一〇倍近くになっているが、それは措いても「茶」は相当高価である。壺の中にはどれだけの量目が入るか、茶道辞典によると「大きさにより葉茶三、四斤入りから七、八斤入り」とある。お茶の一斤の量目が600〜700グラムの間とすると2キロ入りから5キロ入りの壺といった法量が考えられる。

このような推測などから、一般的な備前焼の「壺」は三〇文ぐらいと想定した。

③ツホ大とツホ小　「兵庫北関入船納帳」は、中世の流通や経済が読み取れる稀有な文献で、多くの研究者が緻密な分析を通して様々な成果を発表している。それによると「ツホ大小」で平均卸単価が「一七九文から二三三文」である[桜井 二〇一三]。壺の大小の割合が不明なので「大」「小」の単価を求めることができない。少し乱暴に「小」の「ツホ」を仮に三〇文とすると、「大」の「ツホ」は「一四九文から二〇三文」となり、「小」の壺の「五から七倍近

く」の価格となる。と仮定するなら、「大」の壺は備前焼で一般的にいう容量一石や二石とかの「甕」を指しているのではないかと思われる。それに基づき、甕は卸価格一五〇～二〇〇文ぐらいと想定したい。また「古壺」が「古備前ツボ」と書かず単に「古」と書き、「四三八文」で取引されているところを見ると、先学の研究にあるように「プレミアム価値」が付加されていることになる。その「古ツボ」が甕であれば、二倍のプレミアムになるし、「壺」であれば約一五倍となり、「茶壺」の可能性もでてくる。推論は様々にできるが、ここでは結論はだしにくい。ただ、そのプレミアムの内容は「古い」ことであって「備前」だからということではない。

推定のうえの憶測となってしまったが、擂鉢十数文、壺三〇文ぐらい、甕一五〇～二〇〇文ぐらいと仮定してみた。一文一五〇円として現代の貨幣価値に換算すると擂鉢は二〇〇〇円前後、壺は四〇〇〇円～五〇〇〇円、甕は二万三〇〇〇円～三万円となり、決して高くはなくない日用品という印象を受ける［本郷 二〇〇四］。

また表をじっくり観察しても、「備前茶壺」や「古ツボ」などをのぞき、「スリコハチ」や「ツボ」はマーケットの中で、粛々と取引され、単価全体が突然高くなるとか、高値で固定するとかといった印象はない。

十五世紀から十六世紀にかけて備前焼は西日本各地の遺跡で出土し、消費地では一定の占有率をもつことからブランド品という認知があるが、その単価の変化などを見る限りにおいて、それは単にマーケットの中で生産地と消費地が冷酷に結びついた結果に過ぎないように思える。

最後の項では、備前焼の生産に関して近年最も注目されている話題を追う。

10　三条のやきもの

京三条瀬戸物屋町出土の桃山陶器群に関して新たな視点を持つ論考、シンポジウムが近年盛んに開催されている。

図14　三条瀬戸物屋町出土の備前焼

一九八七年から二〇〇六年にかけて、京都市内を東西に走る三条通に面した中野之町、弁慶石町、下白山町などから、美濃・信楽・備前・唐津・高取など各地の桃山茶陶の出土が相次ぎ、この期のやきものの生産と流通に関して新たな視点をもたらした。備前焼に関しても、生産地ではあまり見られない器種を含む一群の出土品があり、生産地の窯跡を長年調査していた筆者にとっても気になる資料であった。南米の土器を思わせる三足花瓶、器壁が厚く歪が著しい建水、大胆なヘラ描きなど個性的な器種群である(図14)。

一九八九年の根津美術館での「桃山の茶陶」展を嚆矢に、土岐市美濃陶磁歴史館で本出土資料をテーマとした展示が行われる一方、西田宏子氏、岡佳子氏、永田信一氏、平尾政幸氏、尾野善裕氏、林順一氏、下村奈穂子氏、畑中英二氏をはじめ多くの方が論考を発表。二〇一六年には出土資料総計九七〇点が京都市指定文化財となった。二〇一八年度には根津美術館で「新・桃山の茶陶」という特別展も開催された。

桜井英治氏が前近代の経済を「贈与経済」「貢納経済」「市場経済」の三つの輪の重なりで概念化し、本出土資料を市場経済の輪の中でも、贈与経済の輪の方へ位置づけられるとし、さらに美術的価値観の変化とあわせて新たな視座「桃山モード」を提示した[桜井二〇一九]。

学際領域的なシンポジウムを毎年開催している備前歴史フォーラム二

〇一九では、西森正晃氏が基調報告、さらに討論の中で浜中邦弘氏、白石純氏が行った三条瀬戸物屋町出土の備前焼胎土分析結果、「一般的な備前焼の胎土と本資料は異ならない」との口頭報告がなされた。科学的分析の結果は、「備前産」との結論〔浜中・白石 二〇二〇〕になったが、筆者は「備前の土を運搬して京三条瀬戸物屋町付近で焼成した」可能性がないのか検討してみることも無駄ではないと思っている。備前焼の産地での綿密な踏査でも、三条瀬戸物屋町で確認された備前焼を焼成した窯跡を確認できていないからである。京三条瀬戸物屋町出土の桃山陶器群を対象とした研究は、新しい視座から、歴史の別の見え方にもシフトされながら深化している。

その備前歴史フォーラムでは、乗岡実氏が誌上報告「織豊政権と備前焼」を掲載し、信長・秀吉を中心に、その政権の担い手たちと備前焼の関わりを論述している。主に居城からの出土品を対象としているが、備前焼だけではなく瀬戸美濃・信楽・常滑・越前など全国的なやきものの消費の視点から、俯瞰的に記述がなされた。城郭・城館研究とも密接に関わる分野である。この期の備前焼の消費のあり方はこの論文を参照していただきたい。

おわりに

中世備前焼の生産の様相を近年の研究も交えながら縷々記述してきた。備前焼の生産と流通というテーマであったが、生産地の内容が半数以上となり、流通に関しては断片的な記述になってしまった。消費地の動向に関しては、伊藤晃氏、乗岡実氏をはじめ多くの先学の研究の蓄積があるので、それらを参照いただきたい。

余談ごとだが、一九九二年から三〇年間にわたって備前焼生産地の行政担当者として、多くの方々のご支援に支えられながら窯跡の発掘調査・文献調査などの基礎的な作業、さらには研究施設の整備、文化施設の企画運営などにかかわり、二〇二二年三月に離職した。ふりかえってみると、窯業地備前としてスタートラインに立てたと自負する部分もあり、一方でその責務から解放されたという安堵感もある。それはさておき、若手研究者が先学によって蓄積された基礎的な資料を研究のための資源として活用し、新たな視座を発見してくれること、それを切に願う。

参考・引用文献

赤沼多佳　二〇〇二「伝世品に見る南蛮茶道具の様相」『東南アジアの茶道具』茶道資料館
荒木　尚　一九七七『今川了俊の研究』笠間書院
荒木　尚　二〇〇一「九州探題今川了俊の文学活動─『二言抄』を中心に─」『中世文学叢考』和泉書院
荒木　尚　二〇〇八『言塵集─本文と研究─』汲古書院
石井　啓　二〇〇八「備前焼窯跡の調査(一)〜(六)」『陶説』六五一・六五二・六五四・六五六・六五八・六五九　日本陶磁協会
石井　啓　二〇一二「備前焼の価格(中世)」『商う─歴史資料から見るやきものの値段─』備前歴史フォーラム資料集二〇一二　備前市教育委員会
石井　啓　二〇一四「備前焼の運び出しを考える─地理的景観から推測する─」『運ぶ─やきものは誰が商い、誰が運ぶのか─』備前歴史フォーラム資料集二〇一三　備前市教育委員会
石井　啓　二〇一七「窯構造の変化と生産─備前焼の場合─」『陶磁器の考古学』第５巻　雄山閣
石井啓・重根弘和　二〇〇四「備前焼」『第二三回中世土器研究会　中世須恵器と山茶碗─編年と暦年代の再検討─』日本中世土器研究会
石井啓・重根弘和　二〇〇五「備前焼」『中近世土器の基礎的研究ＸＩＸ』日本中世土器研究会
伊藤晃・乗岡実ほか　二〇〇四「中世陶器の物流─備前焼を中心にして─」『日本考古学協会二〇〇四年度広島大会研究発表会資料集』日本考古学協会二〇〇四年度広島大会実行委員会
伊藤　晃　一九八五「十五世紀から十七世紀の備前焼」『中近世土器の基礎研究』日本中世土器研究会
伊藤　晃　一九八七「窯業」『岡山県の考古学』吉川弘文館
岡山理科大学『岡山学』研究会　二〇〇〇『備前焼を科学する〜窯はなぜ移動したか〜』
岡山理科大学　二〇一一『佐山新池窯跡群第１次発掘調査概報』岡山理科大学
岡山理科大学　二〇一二『佐山新池窯跡群第２・３次発掘調査概報』岡山理科大学
岡山理科大学生物地球学部考古学研究室　二〇一三『佐山新池窯跡群第４次発掘調査概報・佐山東山窯跡第１次発掘調査概報』岡山理科大学生物地球学部考古学研究室

岡山理科大学生物地球学部考古学研究室　二〇一四『備前邑久窯跡群の研究』岡山理科大学生物地球学部考古学研究室

岡山理科大学生物地球学部考古学研究室　二〇一五『佐山東山窯跡第4次発掘調査概報』岡山理科大学生物地球学部考古学研究室

岡山理科大学生物地球学部考古学研究室　二〇一六『佐山東山窯跡第5次発掘調査概報』岡山理科大学生物地球学部考古学研究室

岡山理科大学生物地球学部考古学研究室　二〇一七『佐山東山窯跡第6次発掘調査概報』岡山理科大学生物地球学部考古学研究室

岡山理科大学生物地球学部考古学研究室　二〇一八『佐山東山窯跡第7次発掘調査概報』岡山理科大学生物地球学部考古学研究室

河本清・葛原克人　一九七二「不老山古備前窯址」『岡山県埋蔵文化財発掘調査報告』岡山県文化財保護協会

角重　始　一九九〇「『道ゆきぶり』の世界」『文教國文學』第25号

京都国立博物館　二〇〇三『特別陳列修理完成記念　国宝・一遍聖絵』

国立歴史民俗博物館作成データベース　二〇〇四『古代・中世都市生活史(物価)』

桜井英治　二〇一三「ものの取引―中世経済史の視点から―」『商う―歴史資料から見るやきものの値段―』備前歴史フォーラム資料集二〇一二　備前市教育委員会

桜井英治　二〇一九「桃山モードの基盤―三条瀬戸物屋街成立の歴史的前提」『此君』根津美術館紀要第一一号　根津美術館

佐藤純一　二〇一七「安宅荘中世城郭群の現在」『熊野水軍のさとシンポジウム　列島の中の熊野水軍』資料集　白浜町教育委員会・安宅荘中世城郭発掘調査委員会

田代健二　一九八八「備前市内採集の遺物について」『古代吉備』第一〇集

中野栄夫　一九七九「備前国香登荘関係史料について」『岡山大学教育学部研究集録五〇―一』

中野栄夫　一九七九「備前国香登荘故知およびその周辺における開発と水利」『信濃』三一―一二

中野栄夫　一九八二「地名の由来と地域の歴史―岡山県備前市「新庄」を例として―」『地理』臨時増刊号『地名の歴史』

中野栄夫　一九八三「備前国香登荘」『岡山県史研究』第五号　岡山県総務部県史編纂室

浜中邦弘・白石純　二〇二〇「中世末期京都出土の備前焼胎土分析について」『同志社大学歴史資料館館報』二三　同志社大学歴史資料館

本郷恵子　二〇〇四『中世人の経済感覚「お買い物」からさぐる』NHK出版

重根弘和　二〇〇二「山崎古窯跡」『岡山県埋蔵文化財報告』一六七　岡山県教育委員会

乗岡　実　二〇一三「中世備前焼の水屋甕」『山陰中世土器研究一西尾克己さん還暦記念論集』山陰中世土器検討会

乗岡　実　二〇二〇「織豊政権と備前焼」『備前焼研究最前線Ⅲ―天下人秀吉から備前宮獅子まで―』備前歴史フォーラム資料集二〇一九　備前市教育委員会

備前市教育委員会　二〇〇三『伊部南大窯跡周辺窯跡群確認調査報告書Ⅰ』備前市埋蔵文化財調査報告五

備前市教育委員会　二〇〇五『備前歴史フォーラム資料集／備前焼研究最前線Ⅱ』
備前市教育委員会　二〇〇六『伊部南大窯跡周辺窯跡群確認調査報告書Ⅱ』備前市埋蔵文化財調査報告七
備前市教育委員会　二〇一二『医王山東麓窯跡群発掘調査報告書』備前市埋蔵文化財調査報告九
備前市教育委員会　二〇一八『不老山窯跡発掘調査報告書　遺物補遺篇』備前市埋蔵文化財調査報告書一三
備前市教育委員会　二〇二二『熊山遺跡群総合調査報告書踏査編　弁天上池西1号窯跡』備前市埋蔵文化財調査報告書一四
兵庫県教育委員会　二〇二二『たつの市竹原1号窯跡・9号窯跡』兵庫県文化財調査報告第五二〇集
間壁忠彦　一九九七『考古学ライブラリー備前焼』ニュー・サイエンス社
間壁忠彦・間壁葭子　一九六六・一九六八・一九八四「備前焼研究ノート(1)～(4)」『倉敷考古館研究集報』一・二・五・一八
間壁忠彦・西川宏　一九七一「岡山県備前町合が淵古窯群」『日本考古学協会年報』一九

瀬戸内地域における瓦質土器の生産と流通

首藤 久士

はじめに

瓦質土器は中世に主としてみられる低火度還元焰焼成の焼き物である。その器種は供膳具をはじめ煮炊具、調理具などと多岐にわたり、当時の生活に欠くことのできない主要な日常雑器の一つであった。

中世土器の分類を行った吉岡康暢氏によると、瓦質土器は土器系列の中で捉えられる（表1）［吉岡 一九九四］。中世における変遷の中で、須恵器系の十瓶山焼や亀山焼では一部で瓦質土器の生産が行われる。黒色土器の系譜を引いた椀・皿が中世前期を中心に生産されるほか、後期に壺・甕・鍋・擂鉢・経筒をはじめとする大形・中形品などが、その分布を広げていった［菅原 一九八九、鋤柄 一九九五］。

今回は、瓦質土器の生産遺跡が散見できる中部・西部瀬戸内地域において、本稿で紹介する八例を中心に当地の変遷や特徴を概観していくこととする。

表1　中世土器・陶器分類表（吉岡1994を一部抜粋して改変）

土器		陶器											系列
瓦器	土師器	瓷器系				須恵器系							系列
		二類			一類	三類		二類	一類				類別
		C	B	A		B	A		D	C	B	A	類別
各地	各地	その他の瓷器系	渥美系	常滑・猿投系	瀬戸・美濃系	その他の東日本型	珠洲系	備前	その他の西日本型	亀山系	十瓶山系	東播系	窯跡
埦皿、鍋釜、火鉢	埦皿、鍋釜	埦皿主体	甕・壺瓶・片口鉢、埦皿、屋瓦、経筒	甕・壺瓶・片口鉢・屋瓦、経筒	壺瓶・香炉・合子・茶入・盤・鉢、片口鉢、埦皿	甕・壺瓶・片口鉢	甕・壺瓶・片口鉢	甕・壺瓶・片口鉢、埦皿、屋瓦	甕・壺瓶・片口鉢、埦皿	甕・壺瓶・片口鉢、鍋釜、屋瓦	甕・壺瓶・片口鉢、埦皿、屋瓦	甕・壺瓶・片口鉢、埦皿、屋瓦	器種
低還元焔	酸化焔	還元焔	還元焔	酸化焔	還元焔	還元焔	還元焔	還元焔↓酸化焔	還元焔	還元焔	還元焔	還元焔	焼成

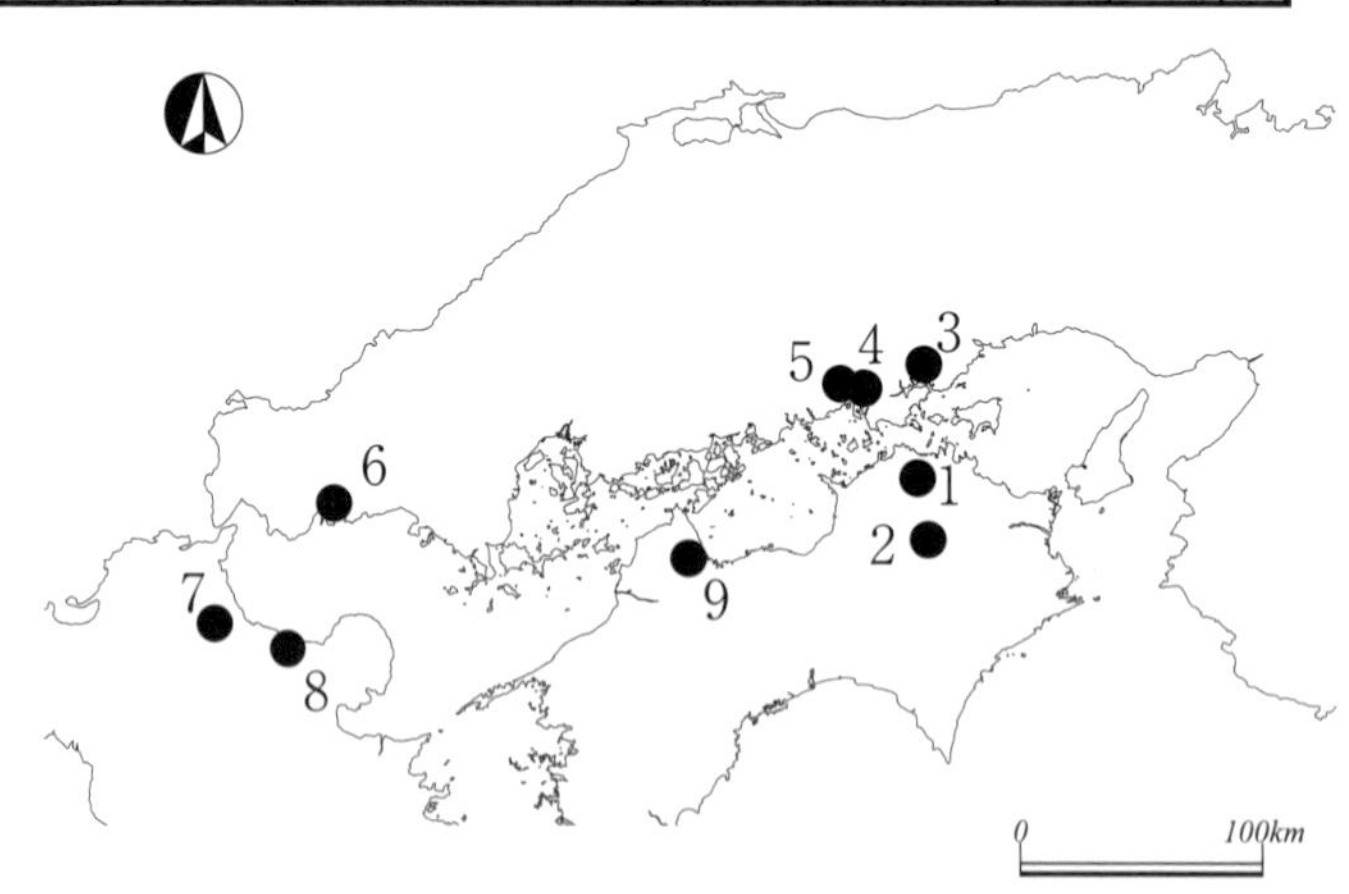

1 西村･国分寺楠井遺跡　2 薬師遺跡　3 万富東大寺窯跡　4 亀山窯跡　5 里見山中遺跡
6 岩淵･原遺跡　7 小山田･スルメ田遺跡　8 小部遺跡　9 登畑遺跡

図1　生産関連遺跡の分布

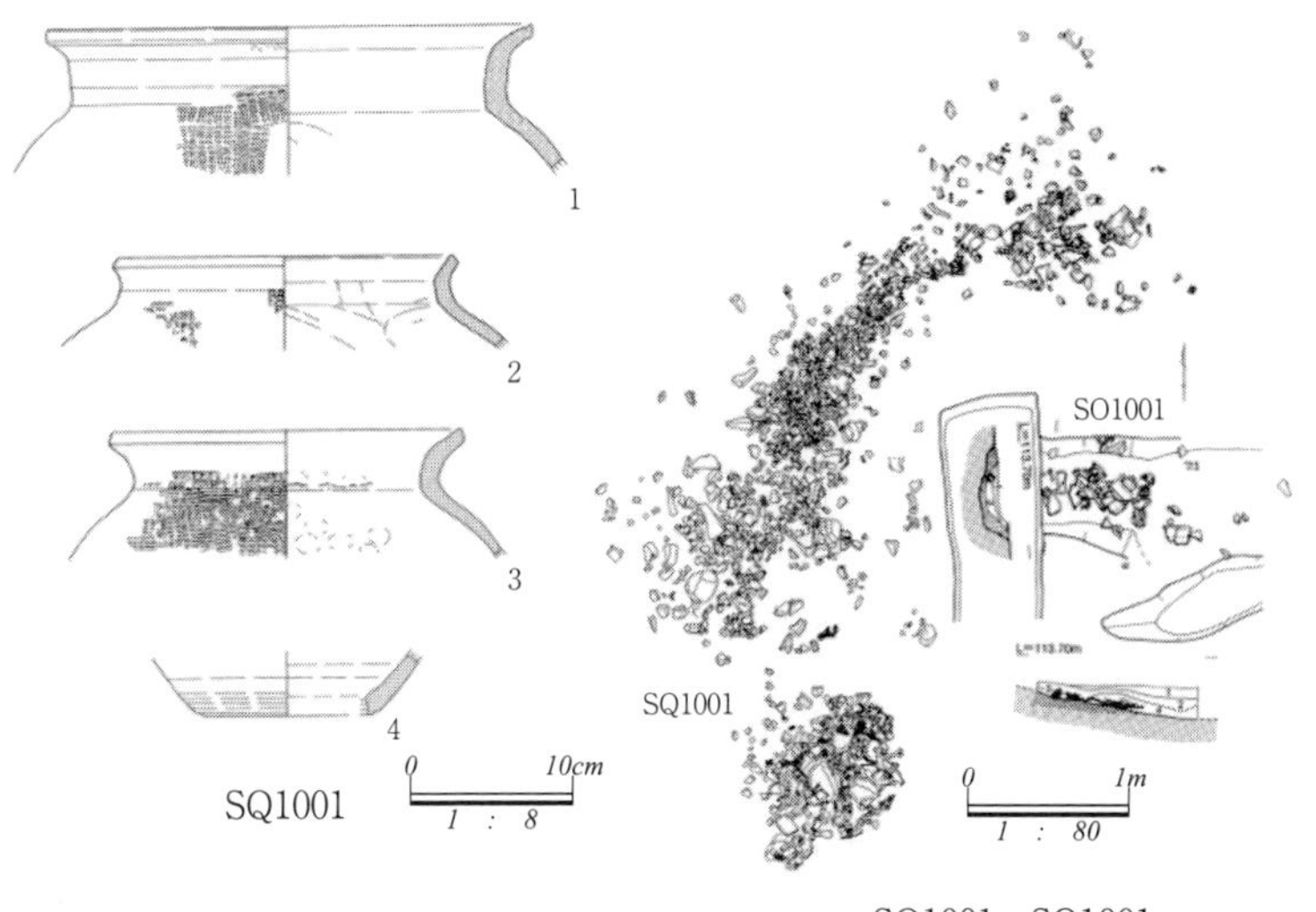

図２　薬師遺跡（阿波国）

1　瀬戸内周辺地域における生産地の様相

(1) 十瓶山窯（香川県綾川町）

古代の須恵器貢納国であった讃岐では古墳時代後期以来、十瓶山窯を中心に特徴的な甕をはじめとする須恵器や瓦の生産が行われる。中世段階では十瓶山南麓の西村遺跡より煙管状窯一四基が出土し、供膳具では須恵器椀や黒色土器椀の生産が明らかとなっている。この二種は西村型土器椀と呼ばれ、黒色土器椀から須恵器椀主体へと変化する［佐藤竜 二〇〇〇・二〇〇七］。供膳具が全て回転ヘラ切りで、椀に底部押し出し技法が認められ、ヘラ磨きが多用されるなどの特徴がある。十二世紀～十三世紀前半には十瓶山産の瓦質経筒外容器が讃岐国内に分布し、讃岐外では十瓶山産の須恵器壺・甕が経筒外容器として使用される［片桐 二〇〇四］。

また、阿波の十瓶山系諸窯については、十瓶山より工人が移動したなかで［佐藤竜 一九九八］、徳島県薬師遺跡のみで瓦質土器生産が行われた。十二世紀後半～十三世紀前半に唯一で甕が瓦質で生産されており、そのほかは土師質土器が主体となる。

(2) **国分寺楠井遺跡**（香川県高松市）

国分寺平野南東側の堂山丘陵斜面に位置し、周辺の在地領主・福家氏との関連が想定されている。十瓶山窯の衰退期直前に当たる十三世紀中葉に出現することから、同窯の一部工人が移動して当遺跡で生産を開始したと考えられている。主な生産器種は鍋・釜・鉢・甕で、多くが土師質焼成のなか第Ⅱ期（十四世紀後半～十五世紀前半）では瓦質擂鉢が主体となり、第Ⅲ期（十五世紀中葉～十六世紀前葉）まで続く。

検出された三基の焼成窯のうち瓦質土器を併焼していた2号窯は、石組み内に粘土を塗り込む構造である。ロストルによって焼成室と燃焼室を形成していたと考えられる［佐藤竜　一九九六］。

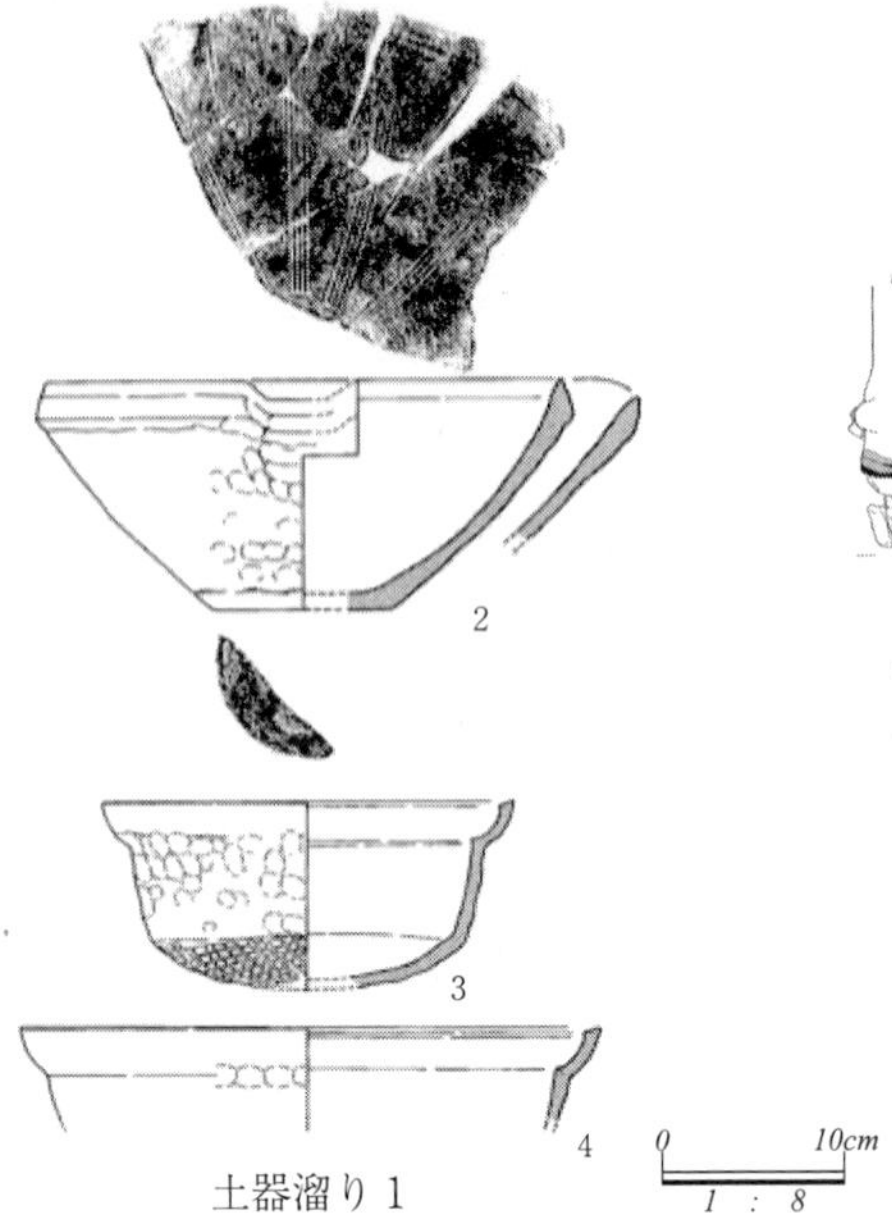

2
3
4
土器溜り1 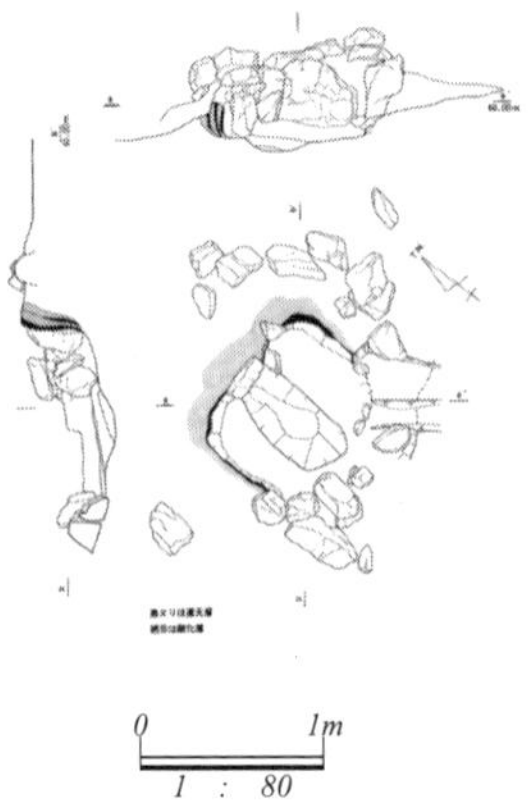
0　10cm
1 : 8
0　1m
1 : 80
2号窯

図3　国分寺楠井遺跡（讃岐国）

(3) **万富東大寺瓦窯跡**（岡山県岡山市東区）

吉井川右岸の丘陵に位置し、治承四年（一一八〇）に焼失した東大寺へ供給する瓦を生産した窯である。のちに土器生産が行われ、三基の土器焼成遺構が出土している。SO-2は検出範囲が限られているが分焔牀（ロストル）の可能性が報告されている。SO-3は長さ約3.3メートルの穴窯で、SO-4は幅約1.5メートル、長さ約2.4メートルの平面が楕円形で焚口と焼成室間に約20センチ

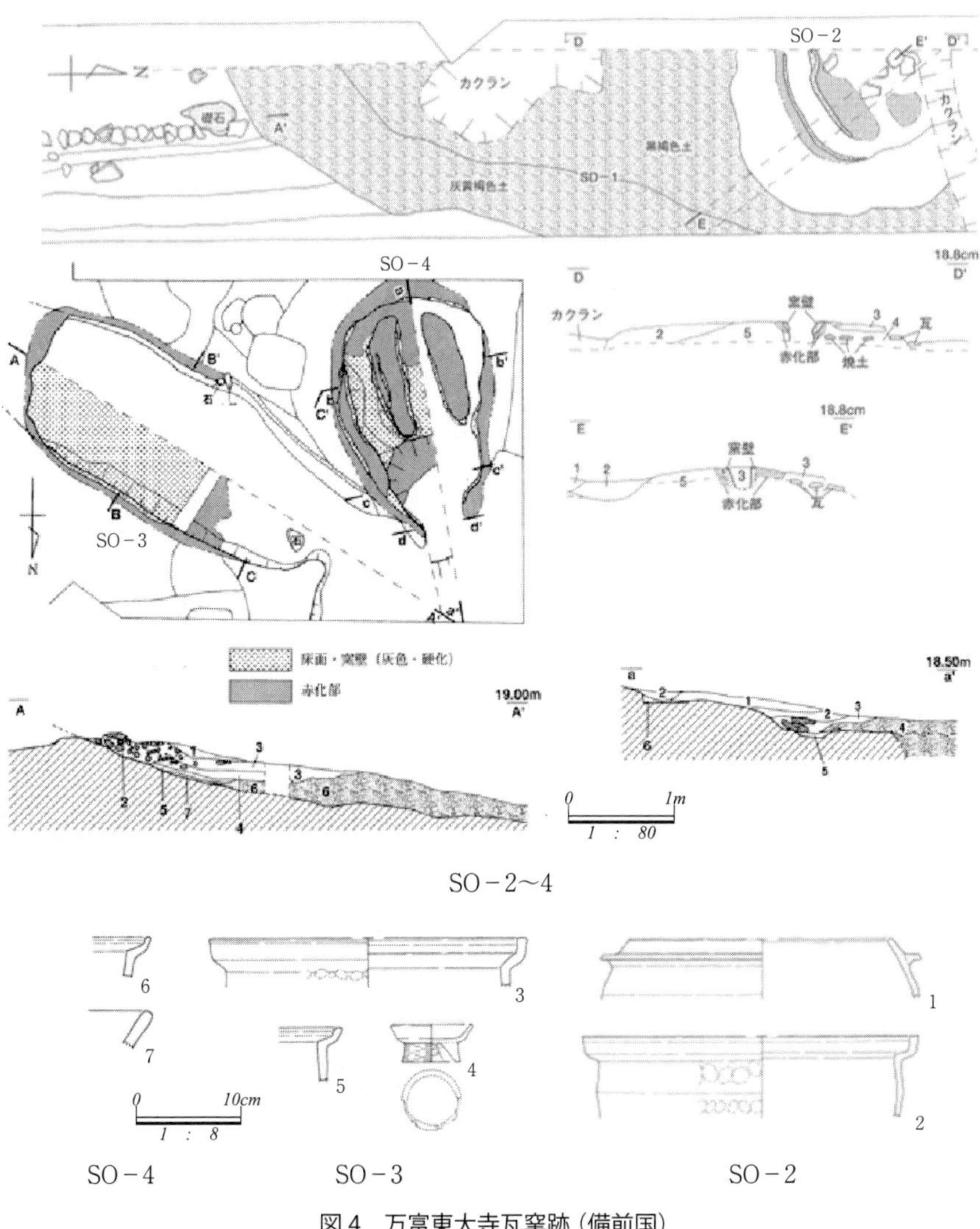

図4　万富東大寺瓦窯跡（備前国）

の段差があり、焼成室はほぼ平坦で二本の分焔牀を持つ。いずれも瓦質土器や土師質土器の鍋釜を中心に生産したとみられ、操業は十三世紀後半〜十四世紀初頭とされる。また、灰原が二ヵ所検出されており周辺にも瓦質併焼窯が存在すると考えられている。当遺跡より吉井川下流に、「福岡の市」が所在しており、生産された土器が同市などに供給された可能性がある〔古賀 二〇一一〕。

(4) 亀山窯（岡山県倉敷市）

亀山焼は中世前期に倉敷市玉島八島で生産が行われた。窯跡群は平安期の和歌に「甕の泊」と読まれた海に面していたとされる〔伊藤 一九八七〕。丘陵部周辺で二十数基の窯跡が想定されるなかで、亀山遺跡では十二世紀末頃〜十四世紀の窯跡六基・灰原一ヵ所などの調査が行われている。十四世紀までは瓦も併焼される。現状で生産窯の調査は中世前半のみのため後半の様相は不明である。

生産された中世前期の須恵器は、須恵質焼成が多いが後期に変容しており〔荻野 一九八五〕、瓦質化が進み軟質となる。生産地の調査が限られるなか、岡山県里見山中遺跡では十六世紀後葉〜十七世紀中葉の窯が一基調査されている。窯は近世が主体となるが、十六世紀の亀山焼系瓦質土器が出土していることから中世より周辺で操業が続くと想定できる。また、内耳鍋の変遷から近世大原焼が亀山焼系瓦質土器の技術を引き継いで成立したと考えられている。分布について、十四世紀前半までは生産地の位置する瀬戸内地域を中心に京都や鎌倉、九州北部・東部でも出土するが、十四世紀後半に生産地隣国のみに縮小する。以後は微増するものの、ほぼ生産地周辺の瀬戸内地域に限られる〔荻野 一九九三〕。

亀山遺跡を含む玉島道口・八島付近は富田荘に含まれ、寛治四年（一〇九〇）に京都府賀茂御祖神社（下鴨神社）へ寄進される。荘園と同社の関係は長く、貞和四年（一三四八）には富田荘の荘官（下司）の存在がうかがえる。文明年間（十五世紀後半頃）には、同荘を知行していた県主が下鴨社から処罰されている〔岡山県史 一九九〇、倉敷市史研究会 一九九九〕。

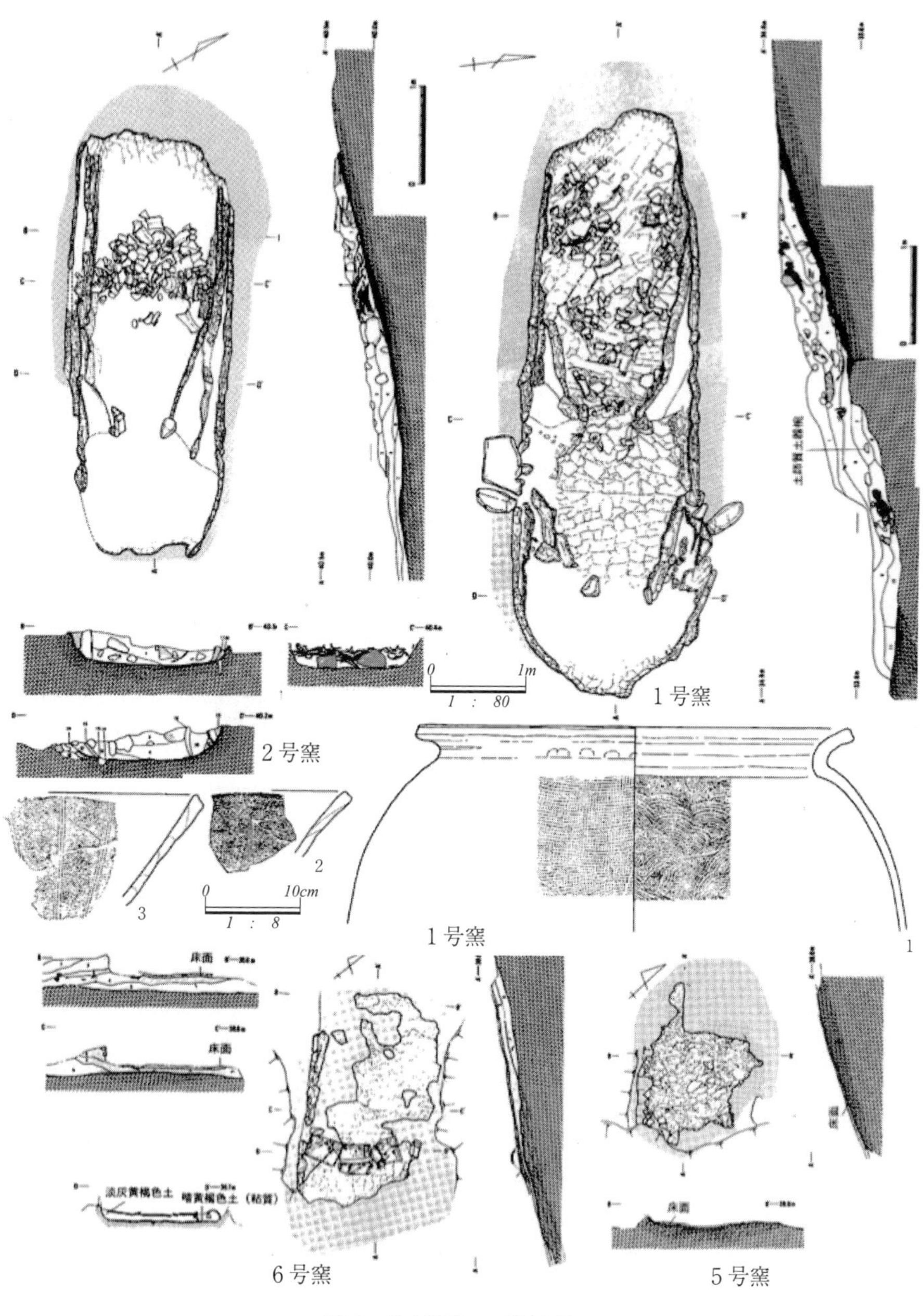

図5 亀山遺跡1（備前国）

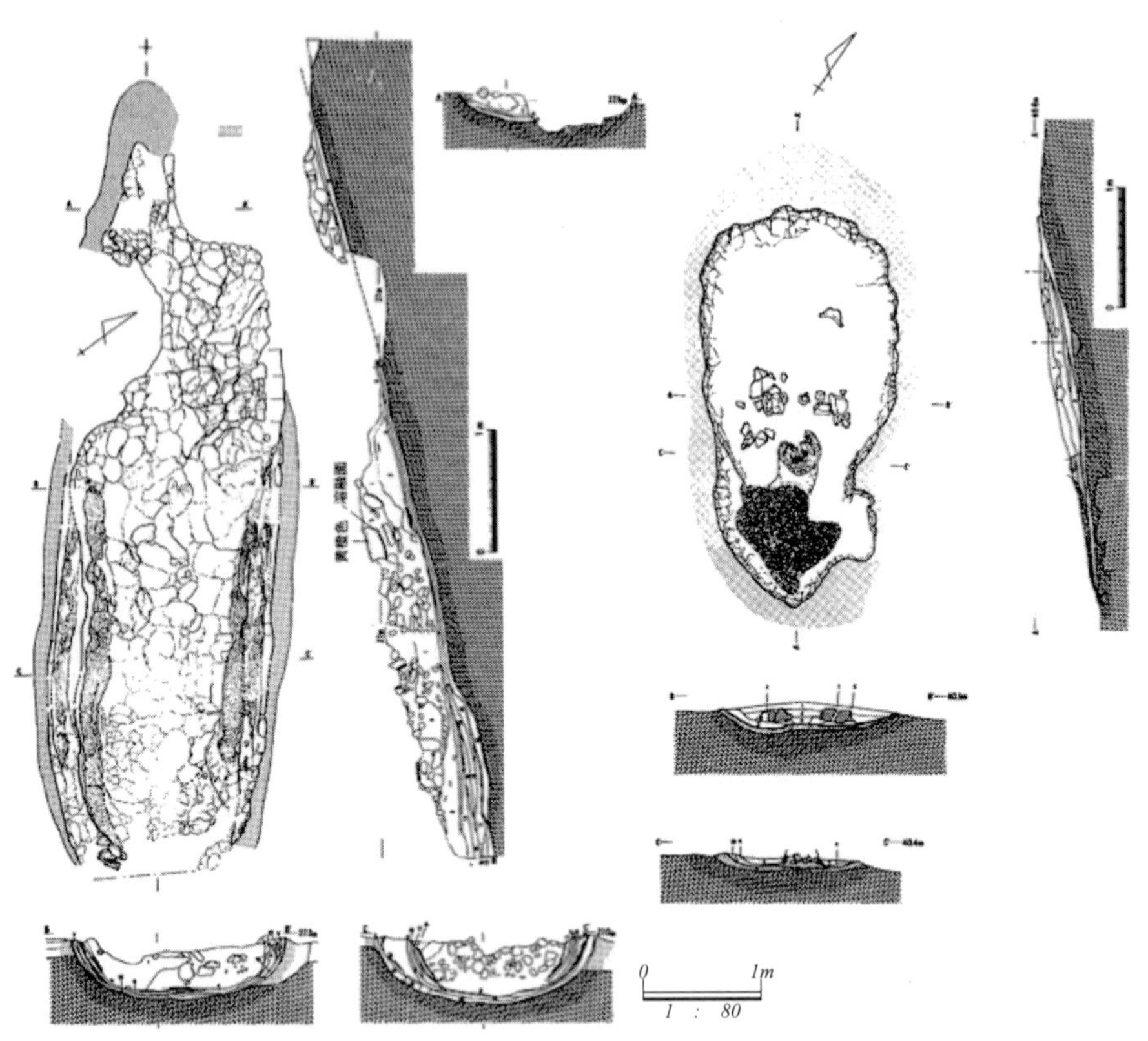

4号窯　　3号窯

図6　亀山遺跡2（備前国）

なお、富田荘は天文十七年（一五四八）まで確認できるという。このように、亀山焼開窯への関与については不明ながら、少なくとも亀山遺跡における窯の操業時には周辺が下鴨神社領であることから、両者の間に何らかの関連を想定しても良いと考える。

また、下鴨神社は石清水八幡宮や伊勢神宮などと同じく神人・供祭人を組織しており、彼らは一般的に宮司の統治下に置かれていたとされ末社への奉仕や本社へ神物貢納などの活動がみられる。そして、関・泊・渡などを自由に通行する特権を認められたため彼らは交易や流通など商業活動にも関与したとされ［稲葉一九九三］、亀山焼の流通に関与したことも想定可能であるが、現状では供祭人が流通に関係した記録はない。

十四世紀以前の亀山焼生産地は高梁川右岸約3.5キロに位置しており、その河川を利用して「兵庫北関入船納帳」(一四四五年・以下、「納帳」と表記)に記載された材木が山間部から河口部の連島へ流されたと考えられ、島から連島船で畿内へ運搬されている。同様に、東大寺領新見荘や流域の相国寺領の年貢も同島を経由して京都へ運ばれている[倉敷市史研究会 一九九九]。

このように、連島は高梁川と瀬戸内海流通の中継地として重要な役割を果たしたと捉えられ、同じく瓦質土器の流通も想定できるが「納帳」の記録は水産物が主であり、土器類の記載はみられない。このように、亀山焼の一国を超える生産・流通を可能にする下地が揃っているようにみえるものの、流通過程に関する具体的な史料や中世後期における亀山焼系瓦質土器の窯跡調査がないことから、現在のところ決定打を欠く状況である(1)。

(5) **防長型瓦質土器**(山口県防府市・美東町)

周防・長門地域で生産された土器であり、なかでも主要器種の足鍋と擂鉢が特徴的である。生産器種は足鍋・擂鉢・火鉢・釜・焙烙などがある。ほかにも当地では、十三世紀中葉に出現する周防型羽釜や、十三世紀後半が最古の資料と考えられている西長門型鍋が土師質・瓦質で生産されるが、十四世紀中葉以降に防長型足鍋が両者を駆逐していく。十四世紀中頃に瓦質焼成される足付鍋釜の生産が始まり、近世には擂鉢消失後も、土師質・瓦質・陶質土器で焼成される甕型火鉢や大甕は、佐野焼に受け継がれる[岩崎 二〇〇四・二〇一二a]。

生産場所は周防・長門両国で捉えられ、周防地域では十三世紀〜十六世紀の同一集落とされる原遺跡と岩淵遺跡で、両遺跡とも瀬戸内海の入江に面した佐波川の河口部近くにあり両遺跡間を山陽道が通る交通至便[岩崎 二〇〇七]の地である。長門地域では綾木八幡宮に隣接する十五世紀〜十六世紀の岡の台遺跡があり[美東町史 二〇〇四]、いずれも水陸の結節点との指摘がある。

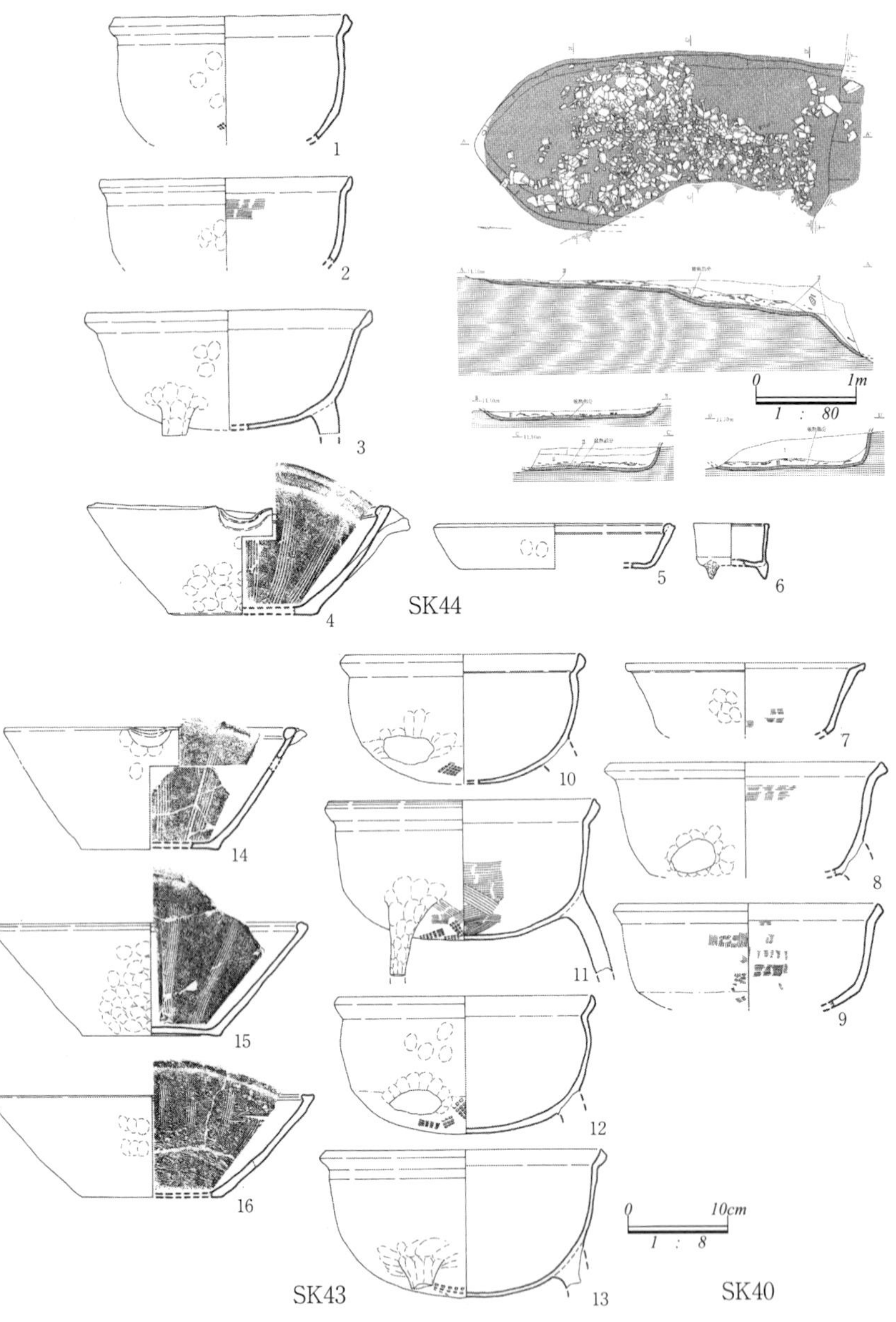

図７　原遺跡（周防国）

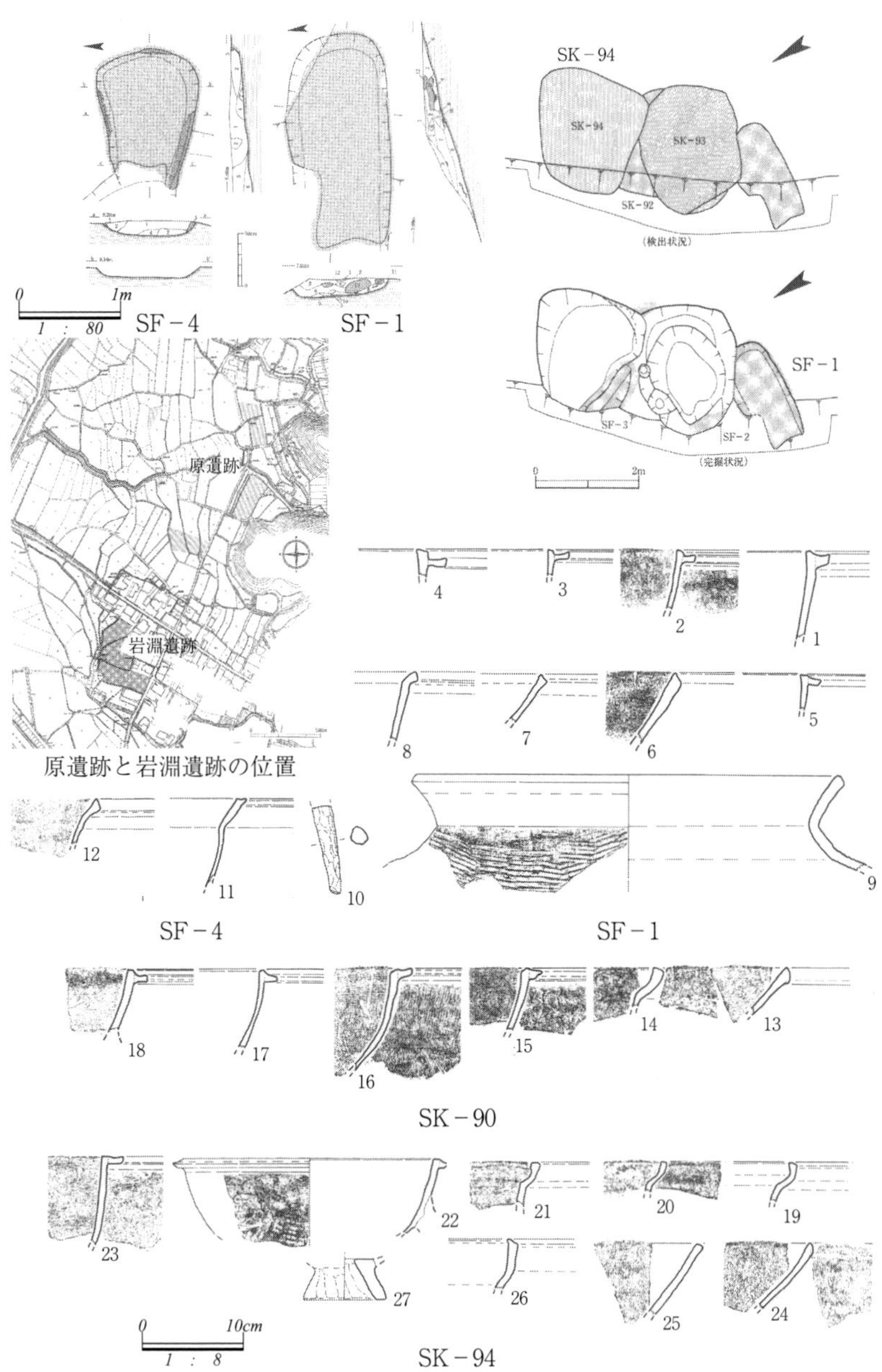
SK－94
SK－94
SK－93
SK－92
（検出状況）
SF－1
SF－3
SF－2
（完掘状況）
0
2m
0
1m
1 : 80
SF－4
SF－1
原遺跡
岩淵遺跡
原遺跡と岩淵遺跡の位置
SF－4
SF－1
SK－90
0
10cm
1 : 8
SK－94

図８　岩淵遺跡（周防国）

土器編年を行った岩崎仁志氏によると、擂鉢では形態的に東播系須恵器・亀山焼・備前焼の影響を、羽釜・鍋等の完成された平行タタキは播磨地域からの技術移入と考えている［岩崎 二〇一七・二〇一八a］。また、岩淵遺跡の北西約8キロで十四世紀中葉の備前系陶器を生産した動物愛護センター窯の存在からも備前焼の影響が想定される［岩崎 二〇一七］。

瓦質土器の分布は、周防・長門を中心に石見西部から九州北部まで広くみられる［堀苑 一九九七］。土器の分布は内容により三つに分けられ、背景や集団が異なるとされる。その存続時期や変遷については、大内氏が山口に館を移した十四世紀中葉に、この後主流となる系統の足鍋や擂鉢が成立し同氏が滅亡する十六世紀後半に足鍋も消滅することから、とくに足鍋は大内氏の象徴的な存在と想定される［岩崎 二〇二二a・b］。

「兄部家文書」によると、松崎天神（防府天満宮）門前町・宮市の兄部家が大内氏の庇護を受けて合物商人を統括し、生活物資として「足鍋」もあつかっている。文献上で同家は十四世紀前半〜十七世紀に現れ、その商圏について東は富田市、西は賀河（嘉川）市、北は得地（徳地）市や大内市の20キロ程度である。また、多数の瓦質生産窯が出土した原・岩淵遺跡の近くには、小俣市や河辺（兄部）氏が座司を勤める「魚物座」が所在している［石川 一九七一、岩崎 一九九〇・二〇一七・二〇二二a・c］。

(6) 豊前周辺地域（福岡県築上町・宇佐市）

九州北部の瀬戸内周辺では二例の調査があり、小山田川沿いに位置する小山田・スルメ田遺跡では二基の焼成遺構が検出された。いずれもスサ入り粘土ブロックや焼土、炭を多量に含んでおり、1号焼成関連遺構は平面形が円形であり、2号焼成関連遺構は二基の土坑が連結したような形でそれぞれ焼成部および焚口が想定されている。出土遺物は瓦器椀・杯・皿、土師質土器杯・皿がある。また東側の1号集石遺構が灰原とされ、瓦器椀が複数重なって出土したなかには未使用と想定されるミガキが明瞭なものや、ゆがみの著しいものを含むことから瓦器の焼成遺構と考えら

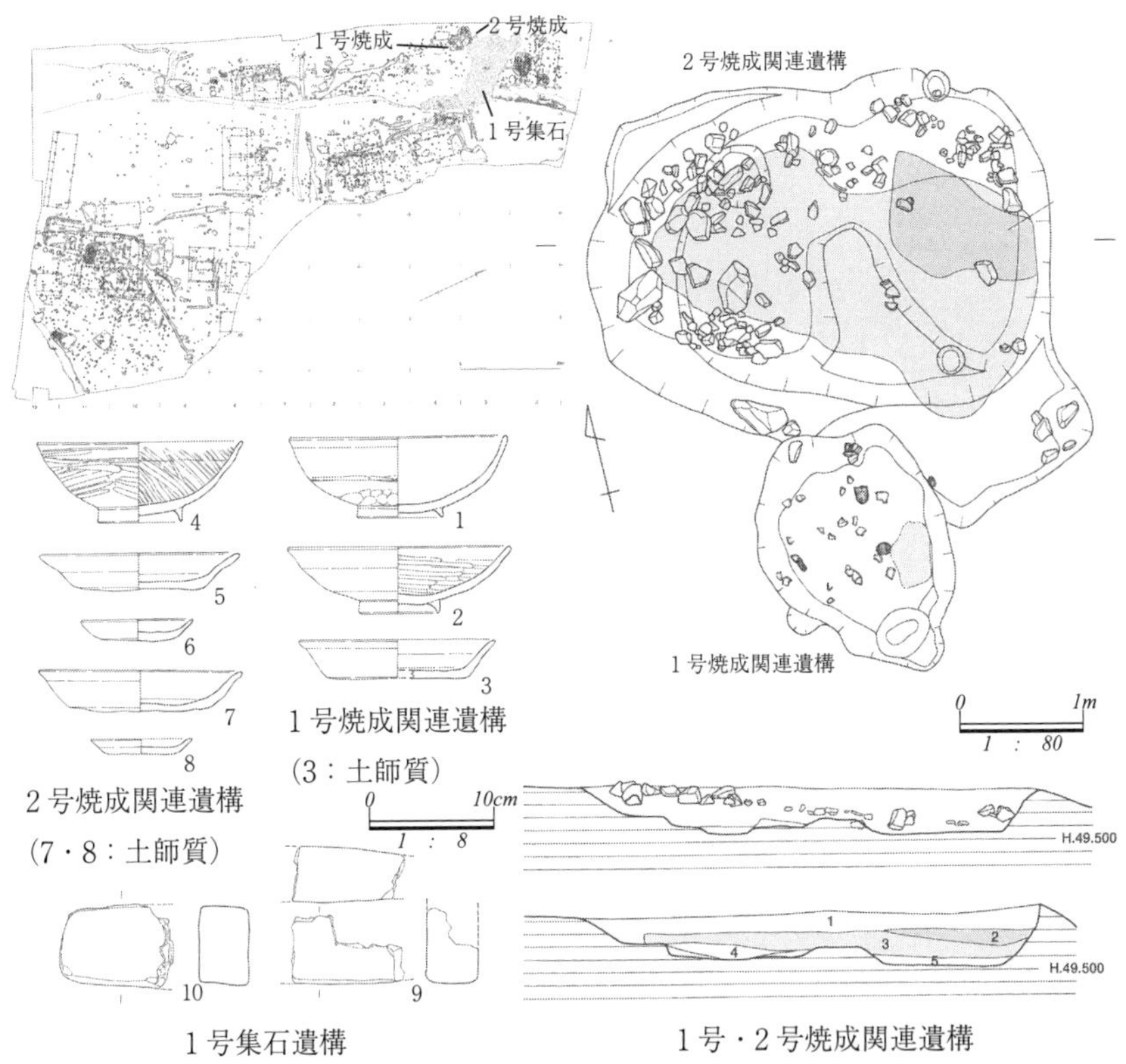

図9　小山田・スルメ田遺跡（豊前国）

れ、周辺には工房と推定される建物群や複数の土坑が検出された。遺構の時期は十二世紀中頃〜後半と報告されており、窯道具の棒状土製品（図9—9・10）も出土している。なお、遺跡を含む小山田浦は十二世紀中頃に宇佐八幡宮領となっている。

小部遺跡は駅館川河口近くの低位段丘上に立地し、瓦器椀焼成遺構が検出された。平面形が円形のＳＫ３からは多量のスサ混じり粘土塊が出土し、その下位には多くの瓦器椀のほか土師質土器杯・皿などが遺棄されていた。また床面には壁に沿う浅い落ち込みが見られる。ＳＫ４はＳＫ３と重複する長細い形状の土坑であり、両者は同一施設の可能性もあるが被熱した痕跡がないため焼成遺構との関連は不明である［古賀二〇一一］。遺構時期は十三世紀

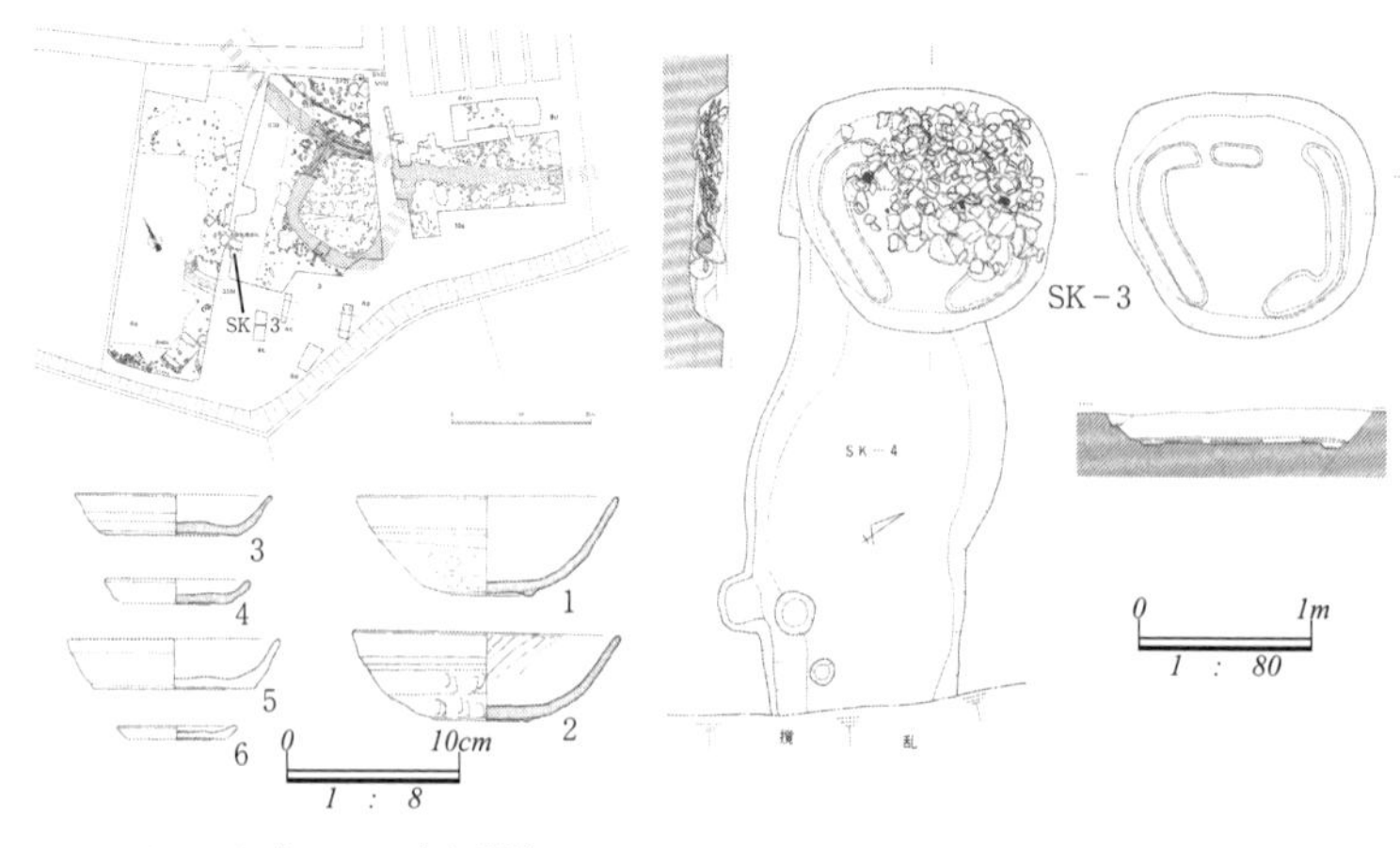

SK－3（5・6：土師質）　　SK－3・4

図10　小部遺跡（豊前国）

末～十四世紀前半である。

これらの窯で焼成された豊前型瓦器椀は十四世紀に生産が減少するが、それと入れ変わるように奈良火鉢を模倣しつつ、菊花文や七宝文などの特徴的なスタンプ文を有する瓦質土器が分布する［佐藤浩二〇〇六］。ただし生産窯は未発見である。

2　伊予における瓦質土器の変遷

生産遺跡を中心に瀬戸内地域を概観してきたが、当地の具体的な様相として、ここでは伊予に焦点を当てる。中世前期の伊予において、和泉型瓦器椀が大量搬入される中で、出土最盛期となる十三世紀中頃に今治平野と松山平野で瓦器杯が在地生産されている。四国各地でも近似した時期に、底部に糸切り痕を残す徳島県前田遺跡や胎土に在地の赤色風化礫を含む高知県光永・岡ノ下遺跡をはじめ、非典型的な瓦器椀の存在から在地生産が想定されている［山内二〇〇六、徳平二〇一一］。

伊予で特徴的な瓦器杯の生産をみると、伊予国衙の所在する今治平野において在地産土師質土器の供膳具はロクロ成形であるのに対し瓦器杯は手づくね成形が主であることから、在地の技術系譜と異なり他地域からの技術移入と考えられる。その詳細は不明とされるが、杯の形態は当初より多様性があり、法量や調整技法に大きな個体差を持ちながら推移する［山内 二〇〇六］。分布は今治平野が中心で、周桑平野でも確認できる［首藤 二〇〇九］。一方の松山平野では、一定量が集中する古照遺跡群をはじめとする宮前川流域周辺を中心に分布し、技法も手づくね成形のほか回転台成形が主体で回転糸切り痕や一部に底部押し出し技法がみられるなど、今治地域と成形技法に相違がある［中野 二〇一四、首藤 二〇一六］。

底部押し出し技法については、吉備型土師質土器椀を生産する吉備地域をはじめ十瓶山窯（西村遺跡）の讃岐地域や九州北部など瀬戸内各所と伊予の様相が類似していることは指摘できる。ただし、還元焔焼成の系譜については不明瞭であり、在地でも造瓦がみられるものの瓦質土器との技術的関連は明らかでない。両平野では十四世紀中頃を境にみられなくなるが、瓦器杯は伊予における最後の土器製椀形態を担ったことも注目できる。器形については、楠葉型輪花椀や京都系土師器皿などを模倣したと推定されるが詳細は不明である。

煮炊具の鍋釜については、鍋が古代甕の系譜を引く一方で釜が十三世紀頃に出現する。今治平野では、釜は瓦質製品が土師質より若干先行［中野 二〇〇七］するものの近似した時期に出現したと考えられ、両者は器形を共有することから同一工人集団が生産に関与していると捉えられる。また、当初より完成された形をとるため鉄釜模倣［菅原 一九八三］と考えられる。

伊予において、瓦器杯をはじめとする瓦質土器の具体的な生産状況は明らかでないが十三世紀～十四世紀中心の登畑遺跡で多量の脚部が出土し、釜の多くが未使用品とみられることから土師質・瓦質鍋釜などの生産が想定されている。焼成窯は見つかっていないが多数の不規則な形状をした土坑群が粘土採掘土坑と評価され、近くの掘立柱建物が生産工房と推定される［中野 二〇〇七］。また、ふいご羽口・鋳型・炉壁（図11―13～15）も出土しており土器生産とともに周辺で鍛冶や鋳造も営まれたと考えられる。遺跡は伊予国分寺近郊に位置し両者の関連性が注目される［首藤 二〇〇

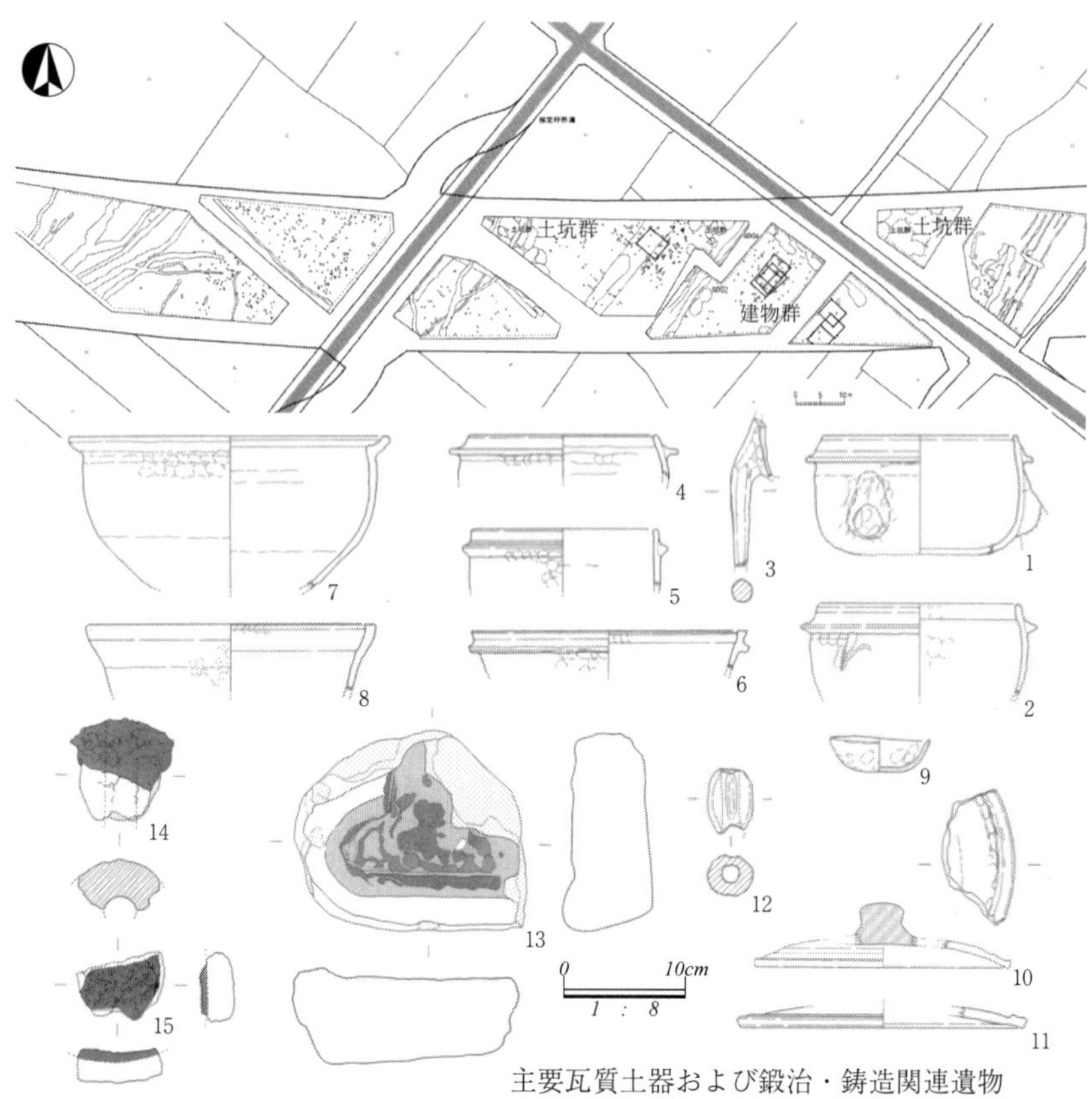

図11　登畑遺跡（伊予国）

九］。

鎌倉後期における国分寺の再興に伴い、奈良の西大寺が伊予をはじめ各地の国分寺へ関与したとされる。また、国分寺再興と近似する鎌倉末期から南北朝期に律宗は国分寺舎利塔の建立を契機として、国分寺と関わりを強めていったと考えられる［追塩 一九九六］。西大寺が国衙系技術者集団を利用して国分寺再興を行うなかで、技術者集団を組織した律宗は布教活動とともに大和のほか各地の開発を担ったとされており［大和古中近研究会 二〇〇〇］、西大寺流律宗が伊予国分寺の手工業生産にも関与した可能性を考えておきたい。

ほかに特徴的な瓦質蓋もみられ、その分布の南限が今治平野南側に隣接する周桑平野の中山川左岸までとなり、周桑平野は今治平野と同じ流通圏であると考えられる。十六世紀後半段階ではあるが、文献史料によると、当時の地域認識として今治地域から新居郡氷見高尾城までの範囲は「道前郡」と呼ばれており［川岡 二〇〇六］、同じ中世後期に日常雑器である蓋の分布範囲と類似している。このように道前郡地域圏の初源は十四世紀頃にさかのぼるのであろう。

調理具の鉢については、中世前期より東播系須恵器が主に使用されたが、備前焼の増加時期に近い十四世紀中頃には在地産と想定される土師質鉢が出現している。当初では多様性を持つと考えている。以後に一定量みられるとされる［柴田 二〇一二］。なお、鉢には擂鉢と擂り目を持たないこね鉢がある。瓦質鉢は土師質製品より若干後出する。十四世紀後半以降に堅ろうな備前焼の搬入が急増する一方で、増加した在地産が軟質な東播系須恵器と入れ替わるように役割を引き継いだと考えられる。

中世後期の火鉢・風炉類については瓦質および土師質があり、代表的な奈良火鉢のほか製品の多くがその模倣品や地域的な特徴をもつなどバリエーションが認められる。これらの多くは生産地が判明していないが、在地生産の可能性も含むほか豊前産製品［柴田 二〇一二］も確認されている。

ほかに、中世後期では亀山焼系瓦質土器が出土しており、なかでも甕は当地で最も多く島嶼部を含む東予・中予地域で主に分布し、鍋は島嶼部や東予地域を中心に確認できる。そのほか茶釜や鉢なども出土しており、甕の商品流通としての搬入や少なくとも鍋については平野部で甕に伴った搬入の可能性があることも伊予における亀山焼の特徴である。島嶼部では、流通関連の見近島城跡や海城である能島城跡で多種の亀山焼系瓦質土器のほか、広島県草戸千軒町遺跡Fタイプ釜や安芸産擂鉢、防長型擂鉢、豊後産香炉など四国側よりも多様な瓦質土器がみられ、東西方向の広域な瀬戸内海流通のほかに対岸の備中西部や備後沿岸地域との交流が指摘されている［柴田 二〇一一、田中 二〇一一］。

防長型のうち、擂鉢は島嶼部や松山平野で点的に分布している。いずれの遺跡でも出土量が限られることから、携行品的な性格が想定されている[柴田 二〇一二]。松山平野では河野氏やその家臣等と関係する遺跡を中心に出土する。伊予における瓦質擂鉢の出土は、十六世紀後半が中心となり、防長地域では大内氏に代わって毛利氏が台頭する時期であることから、同氏や防長地域と関連した新たな流通関係者との交流も想定できる。とはいえ、その活動を推定できる時期は比較的限定される。一方の足鍋は現在のところ伊予で報告例はない。擂鉢が搬入される十六世紀後半は大内氏の滅亡後にあたり、伊予における鉢の出土時期には瓦質鍋の分布が周防・長門に縮小することも影響していると考えられる。

3　まとめ

立地環境　周辺環境は多くの生産地が河川ならびに街道の結節点周辺に立地する。その中でも、比較的長期かつ一国以上の広範囲に流通した中世前期の亀山焼や中世後期中心の防長型瓦質土器については、陸路に加え海浜部近郊に立地したことも広範な流通を可能にした一因と考えられる。

また地形をみると、窯場を設けてまとまった生産域を有する国分寺楠井遺跡や亀山遺跡は丘陵斜面を利用していることから燃料等を優先した性格であり、万富東大寺瓦窯跡も同様の立地といえる。平坦部では、集落の一角や周辺に単独で窯が設けられる例が多い[古賀 二〇一二]。よって、一定量の土器生産を行う窯業地では燃料など生産的側面が重視され、短期または小規模な場合は消費地に近く消費的側面が優先されたと考えられる。

窯構造　中世前期が中心となる調査のなかで、生産窯は基本的に土師質土器と同じ煙管状窯であり、土師質土器との併焼事例も多い。しかし、瓦質土器併焼窯と土師質土器専焼窯の形状は検出された地下部分にほとんど差がないことから、一般的な構造の開放型と併焼時に必要となる閉鎖型との違いについて天井部の差が推定されている[森 一九九四]。このような瓦質土器併焼例もある土師質土器専焼の煙管状窯は、播磨地域で比較的数が多い。十三世紀には東播系須恵器窯でもみられるほか、十一世紀と報告される福岡県屏賀坂遺跡のような豊前地域をはじめとする北部九州から周防地域にも中核の一つがあるとされ、瀬戸内北岸の岡山県関戸廃寺でも十一世紀代の可能性がある生産窯が存在するなど[池澤 二〇〇四・二〇一〇、森 一九九四]、窯の系譜は複数あると考えられる。ほかに、万富東大寺瓦窯SO-4と土師質土器を焼成した国分寺楠井遺跡1号・3号窯は瓦窯の系譜と考えられるロストルを有する類似性が指摘されており[古賀 二〇一二]、焼成窯については瓦窯系譜も想定できる。

また、中世前期の亀山焼窯構造は袋状の焼成部で焚口が狭く床面傾斜が緩い須恵器系譜であり、煙管状窯は不採用である[佐藤竜 一九九八]。中世後期では近世事例からの推定となるが、里見山中遺跡より出土した窯のように煙管状の「タコ窯(風呂窯)」と呼ばれる上部開閉式の構造へ変化したと想定されている。

森隆氏によると窯構造は、瓦器椀・土師質土器皿を焼成した円形土坑状で上部に窯壁を構築した半地下式の窯、焼成室と燃焼室がトンネル部分で分かれる煙管状窯、石組みを使用した焼成室構造の窯という三種に分類されている[森 一九九四]。

工人の存在形態　工人の専業性について中世の大規模窯業地をみると、吉岡氏が珠洲窯の季節専業を推定し[吉岡 二〇〇三]、東海地方山茶碗窯を分析した藤澤良祐氏は陶工を専業度の高い「職人」と評価する[藤澤 一九九五]。また、東播系須恵器では神出窯との関連が想定される集落が隣接している[妙見山麓遺跡調査会 一九八九]。瓦器椀生産窯については大阪府平井遺跡で二つの建物群間に窯が位置しており、隣接する建物は工房が想定されている[森 一九九四]。

瀬戸内地域では、複数窯の同時操業が想定される十瓶山窯(西村遺跡)や亀山遺跡において、窯に隣接して掘立柱建物群が検出されており、窯場近くでの居住と考えられている[佐藤竜 一九九六、吉岡 二〇〇三]。小規模な土師質土器生産では、草原孝典氏が河道の肩部を利用して築窯していることから水位の下がった農閑期の生産を想定している(2)[草原二〇〇五〕。集落の縁辺部や外れに窯が築かれるため小規模生産では焼成窯周辺に工人集落が伴わないと思われる。また、焼成窯近郊には工房の建物が想定されているものの、いずれも小型かつ少数であり短期間操業と考えられる〔森一九九四〕。このように、当地域における多くの小規模生産では、季節的な生産である可能性が高く、一定規模の生産地では小規模窯よりも長く生産が継続するものの、季節的生産の可否に関しては、窯の変遷が追える調査例が限られているため詳らかではない。

技術系譜　瓦質土器の技術系譜は様々と想定されている。在地土器のほか、須恵器や瓦器椀工人、瓦生産との関連が畿内をはじめとした西日本で考えられてきた〔橋本 二〇一一〕。瀬戸内地域でも土師質土器との焼き分けや瓦工人の影響が考えられる。ほかに須恵器からの系譜も指摘されており、それは一定規模の生産が行われることもあった。九州北部の瀬戸内沿岸地域については中世前期で瓦器焼成関連遺構が調査されている。中世後期では豊後周辺で特徴的な瓦質土器の分布から当地での生産が想定され、佐藤浩司氏によると瓦器椀工人が解体・再編して瓦質土器の生産を行ったと考えられる。また、窯道具では小山田・スルメ田遺跡の瓦器焼成関連遺構より棒状土製品が出土しており、形状等が土師質土器専焼窯の資料と共通する。

瀬戸内地域への技術伝播は畿内や九州からのほか、地方窯同士のような複数の方向性がある。地方窯の例として十瓶山窯と亀山窯の関連性をみていく。佐藤竜馬氏によると、器種は貯蔵具・調理具が両窯で共通するものの亀山焼では椀皿類が欠落する。甕や鉢の製作技法に共通性が多く、窯構造では十瓶山窯で古代の須恵器窯を継承している一方で、亀山窯は十瓶山窯よりも規模が一回り大きく、窯体の改良過程が読み取れるなど差異がみられるという。これらのことから両窯間では直接的な技術伝習があったと推定されており、亀山窯の開窯にあたっては在地の土器生産を含む各生産地の技術が主体的に採用されたとみられる〔佐藤竜 一九九八〕。このように、当地では技術系譜は様々である上に複数かつ錯綜した技術的交流が捉えられ、各時期で需要に即した技術を導入している。

時期による変遷　瓦質土器の生産時期としては、十三世紀～十四世紀の例が多い。それ以前の十二世紀代に操業する十瓶山焼、亀山焼のほか東播系須恵器が相互間交流を含め、周辺地域の開窯初期には技術的に関与した可能性がある。同じく十二世紀代に開窯した十瓶山系諸窯の薬師遺跡は、十瓶山からの直接的な工人移動と報告される。小野木学氏によれば、時期により中世窯への技術移入状況が異なり、十二世紀初頭では限られた範囲での技術伝播であったが、のちに複数生産地の技術を取り入れるよう変化し、各窯での独自性が強く現れるという［小野木 一九九四］。これは瀬戸内地域でもみられる現象である。中世後期へ続く瓦質土器では、生産地が唯一判明している防長型をのぞき、火鉢・風炉などの生産遺跡について、瀬戸内地域で様相が不明瞭である。しかし、各地で多様な瓦質土器が出土しており［鋤柄 一九九五］、防長地域を含め豊後周辺［佐藤浩 二〇〇六］でも新しい装いであるスタンプを押印した器種を含む瓦質土器の生産が想定されている。

このように瀬戸内地域において十三世紀～十四世紀に生産地が増加し、以後では器種も多様化している。その背景としては、中世前期の手工業生産の多くが権門・寺社に従属していたのに対し［浅香 一九七五］、十四世紀以降に経済発展や商品流通が活発化してゆくなかで畿内の奈良火鉢のように座が発展するほか、陶工側では窯場の移動を含む淘汰・集約が進み工人再編も行われた［橋本 二〇一一、吉岡 一九九四］。複雑かつ頻繁な技術交流の要因の一つとして抑えておきたい。

生産に関わった勢力　土器生産に関連する勢力が推定された事例をみると、中世前期の亀山焼では下鴨神社との関係を推定した。伊予国分寺近郊の登畑遺跡では、同寺の復興に関連して西大寺流律宗との関連が想定される。ほかに小山田・スルメ田遺跡も宇佐八幡宮との関連が想定されている。このように、今回想定できた多くの事例で寺社との関連がうかがえることから、土器作りと宗教勢力との関連は比較的深いと考えられる。ただし、工人の自立度合いなど両者の関係性の実態については今後の課題である。中世における生産活動の特徴として、権門・寺社の関連が挙げられ[橋本 二〇一二]、瀬戸内地域でも合致することが確かめられた。ほかに土師質土器も生産した東播系須恵器窯では、開窯に際し在庁官人との関連が指摘されている[吉岡 一九九四]。また、国分寺楠井遺跡では在地領主、防長型瓦質土器では大内氏を後ろ盾にした有力商人である兄部家との関係が想定される。

このように、瀬戸内地域の土器生産には、国衙や寺院のほか在地の有力者関連など各地の事情に応じて工人が在地勢力と結びつき、生産を行ったと考えられる。あわせて集落周辺で生産を行う例があり、村落の直接的需要[古賀 二〇一二]も高いと推察される。なお在地勢力については、中世前期に市場や宿町などの管理や再開発を通じて領主層が進出してゆくとされており[高橋 二〇〇二]、流通に関わるなかで、それと不可分な生産者へも影響をおよぼすようになったと考える。

手工業生産との関連　土器生産遺跡より、ふいご羽口や鉄滓、鋳型などの鍛冶・鋳物関連遺物が窯近隣より出土する事例があり、瓦質土器を含めた土器作りだけでなく、複数の手工業生産が焼成窯周辺で行われたと考えられる。宗教関連では、当時の手工業の「座」の多くが寺社に属していたほか、大和の奈良火鉢のように寺院へ属した工人集団に寺が強く関与[佐藤亜 二〇〇九]することによって土器生産が継続した場合もあると想定される。同様に土器以外の手工業生産も寺社勢力と結びつき生産を行っていたと推察される。

登畑遺跡でも複数の手工業生産が展開しているほか、土師質土器を生産した神宮寺遺跡や岡山県ハガ遺跡では鍛冶関連遺構が窯に隣接するという[森 一九九四、古賀 二〇一二]。ほかに、防長型瓦質土器の生産を行った原・岩淵遺跡では一定量の土錘を焼成しており[古賀 二〇一二]、登畑遺跡でも同じく漁業との関連など他産業との関わりもうかがえる。

瓦質土器の流通　今回みてきたなかでは基本的に小規模な生産が多く、その流通範囲は生産地周辺地域や河川流域周辺、平野程度と想定される。他地域を参照すると、畿内の楠葉型瓦器椀は楠葉東遺跡周辺で生産され、摂関家領「殿下渡領」である楠葉牧と関連がある。当初は瀬戸内各地にも分布を広げるものの、十三世紀には10㌔程度の生産者が日帰り販売できる範囲に縮小すると想定される［橋本 一九九〇］。備前地域では備前焼椀の分布が生産地西側で25㌔圏内とされ、小杯形土師質土器は3～4㌔程の範囲を中心に周辺流域でもみられる［草原 二〇〇五・二〇一〇］。京都の手づくねかわらけは10㌔程度の分布から振売での販売と想定されている［伊野 一九九五］。

瓦質土器についても、伊予で生産が想定された蓋は、流通範囲が今治平野ならびに周桑平野の10～15㌔程度と捉えられる。国分寺楠井遺跡の製品は讃岐国のうち丸亀平野～高松平野の約35㌔の流通が報告されるが、西限については讃岐地域に隣接した川之江地域までが範囲と考えられる。ただし伊予では土師質土器のみの出土である。

一方で、中規模である亀山焼系や防長型瓦質土器は、旧国単位を超えた流通であり、後者には大内氏の関与が想定されている。防長型は、前述のように実際は兄部氏が流通に関与し、20㌔程度の流通で足鍋の高密度分布範囲と合物商の商圏が一致するという。また、津和野地域と益田地域における土器の分布状況の違いから、吉見氏と益田氏については大内氏との関係性の差異が想定されている［岩崎 一九九〇・二〇二二a・c］。亀山焼の具体的な流通構造については下鴨神社との関連も想定は可能であるものの不明瞭な点が多い。中世前期には瀬戸内地域を中心に京や鎌倉でも出土するが［荻野 一九九三］、十四世紀後半に激減したのち、製品の瓦質化と連動するように、ほぼ生産地周辺の瀬戸内地域に限られた分布となる。以上、限定された事例からの推察であるが、瓦質土器の流通には小規模のほか中規模の例があり、流通に関与した勢力の違いも影響していると考えられる。

おわりに

このように瀬戸内地域の調査事例をみていくと、瓦質土器は器種を変えながらも中世を通じて生産され、一定の需要があったと捉えられる。中世前期では供膳具・調理具・貯蔵具が主体で、後期には供膳具が欠落し火鉢類が加わるような日常雑器を中心として、瓦質土器は幅広い器種におよんでいる。生産器種の多くは同時期の土器や陶器、鉄製品など別素材でも生産されることから、強度や値段などの差別化を前提とした瓦質土器の生産であったと考えられる。また、土師質土器などで作られた主要製品が衰退すると時を同じくして土器生産が終了することも多く、安価な代替品として位置付けられていたと想定できる。その中でも一定規模の亀山焼系や防長型瓦質土器は特異な存在といえ、長期生産かつ一国以上の広域流通を特徴としている。このように、基本的に補助的な素材という性格のため生産器種が変化しやすい側面と、庇護者や当時の消費需要があった場合には生産が継続するという二面性も備えた器といえる。

そして、時代のニーズに合った器種を生産者側が選択し、ときには生産体制を変えながらも土器生産を続けたと想定される。社会情勢の変化や競合する大規模生産地の成立によってすぐ駆逐されることもあり［岩崎　一九九〇］、生産者は経済状況への早い対応が求められたと考えられる。在地土器の生産技術を基礎として瓦工人や須恵器などの技術をとり入れ、ときには他産地との技術交流を行うなど商品の改良を模索しつつ粘り強く操業を継続した姿が瓦質土器の一側面でもあると捉えられる。

今回の課題としては、消費地における使用状況や流通構造の詳細、中世後期の調査例が限られることから時期による変化について詳細な分析ができなかった。生産状況や技術伝播の詳細、工人規模・単位などについての考察も筆者の力量不足のため言及できなかった。今後に期したい。

註

（1）吉岡氏によると、同窯の工人について生産に関連した特権に対する代償として製品を備進する一種の契約関係か、荘園制に組み込まれた工人であるかは不明とし、神人・供祭人ではない百姓身分の職能民を想定している。

（2）岡山県石仏上遺跡［草原　二〇〇五］とともに福岡県屏賀坂遺跡や徳島県神宮寺遺跡でも同様に溝肩部の高低差を利用した構造の窯がみられる。

参考・引用文献

浅香年木　一九七五「中世の技術と手工業者の組織」『岩波講座日本歴史六　中世二』岩波書店
池澤俊幸　二〇〇四「中国・四国地域の古代後半期須恵器窯」『須恵器窯の技術と系譜二』窯跡研究会
石川卓美　一九七一「防府と兄部氏」『防府と兄部家』防府市教委
池澤俊幸　二〇一〇「中国・四国」『古代窯業の基礎研究―須恵器窯の技術と系譜―』窯跡研究会
伊藤　晃　一九八七「亀山焼の変遷」『岡山県の考古学』吉川弘文館
伊野近富　一九九五「土師器皿」『概説中世の土器・陶磁器』中世土器研究会編
稲葉伸道　一九九三「神人・寄人」『岩波講座日本通史第七巻　中世一』岩波書店
岩崎仁志　一九九〇「研究ノート防長型擂鉢について」『山口考古』第一九号　山口考古学会
岩崎仁志　一九九九「足鍋再考」『陶塡』第一二号　山口県埋文
岩崎仁志　二〇〇四「瓦質土器」『山口県史　資料編考古二』
岩崎仁志　二〇〇七「山陽西部における中世の土製煮炊具―周防・長門を中心に―」『中近世土器の基礎研究』二一
岩崎仁志　二〇一七「防長型擂鉢の成立と展開―防長型瓦質土器の再検討(一)―」『山口考古』第三七号　山口考古学会
岩崎仁志　二〇一八a「岩淵遺跡の火葬遺構をめぐって」『陶塡』第三一号　山口県埋文
岩崎仁志　二〇一八b「防長型足鍋の成立と展開―防長型瓦質土器の再検討(二)―」『山口考古』第三八号　山口考古学会
岩崎仁志　二〇二二a「防長型瓦質土器と石見西部」『中世石見における在地領主の動向』島根県古代文化センター研究論集第二八集
岩崎仁志　二〇二二b「防長型瓦質土器の分布とその背景」『考古学ジャーナル』No.七七五
岩崎仁志　二〇二二c「防長地域の土製煮炊具と大内氏」『陶塡』第三五号　山口県埋文
追塩千尋　一九九六「第二章中世国分寺の復興と西大寺流」『国分寺の中世的展開』吉川弘文館
岡山県史編纂委員会　一九九〇『岡山県史　第四巻　中世Ⅰ』
荻野繁春　一九八五「西日本における中世須恵器系陶器の生産資料と編年」『福井県考古学会会誌』第三号
荻野繁春　一九九〇「『財産目録』に顔を出さない焼物―西日本の擂鉢―」『国立歴史民俗博物館研究報告』第二五集
荻野繁春　一九九二「中世西日本における国産貯蔵容器の地域的様相」『福井工業高等専門学校研究紀要人文・社会科学』第二六号
荻野繁春　一九九三「西日本における国産貯蔵容器の分布」『福井県考古学会会誌』第一一号　福井県考古学会
小野木学　一九九四「初期中世窯の技術伝播について」『中近世土器の基礎研究』一〇　日本中世土器研究会
片桐孝浩　二〇〇四「経塚出土の陶磁器―四国地域の様相―」『貿易陶磁研究』No.24

川岡　勉　二〇〇六『中世の地域権力と西国社会』清文堂
草原孝典　二〇〇五「中世前期における手工業生産者の存在形態─備前・備中地域の土師質土器工人と瓦工人をケーススタディとして─」『考古学研究』第二〇四号
草原孝典　二〇一〇「灰色の椀・白色の椀・黒色の椀からみた在地の流通関係─岡山平野の中世前半期を中心として─」『岡山市埋文研究紀要』第二号
草原孝典　二〇一一「吉備地域の瓦器椀からみた中世前半期の流通関係─瓦器椀・土師質土器椀・備前焼椀─」『中近世土器の基礎研究』二三　日本中世土器研究会
倉敷市史研究会　一九九九『新修倉敷市史　第二巻　古代・中世』
古賀信幸　二〇一一「第七章焼成遺構から見た西国における土器の生産と流通」『西国における生産と流通〈日本中世の西国社会②〉』
佐藤亜聖　二〇〇九「輪花形火鉢の諸問題」『中近世土器の基礎研究』二二　日本中世土器研究会
佐藤浩司　二〇〇三「西国における在地産土器の生産と流通」『戦国時代の考古学』高志書院
佐藤浩司　二〇〇六「スタンプ文を有する瓦質土器の展開─旧豊後国大興善寺の荘厳具・調度品として─」『陶磁器の社会史』吉岡康暢先生古希記念論集
佐藤竜馬　一九九六a「国分寺楠井遺跡の成立─中世前期土器生産の変容─」『中近世土器の基礎研究』一一　日本中世土器研究会
佐藤竜馬　一九九六b「西村遺跡の再検討」『香川県埋文研究紀要』Ⅳ　香川県埋文
佐藤竜馬　一九九八「十瓶山窯と亀山窯」『香川県埋文研究紀要』Ⅵ　香川県埋文
佐藤竜馬　二〇〇〇「西村型土器椀」の系譜」『香川県埋文研究紀要』Ⅷ　香川県埋文
佐藤竜馬　二〇〇七「十瓶山窯(香川県)」『中世窯業の諸相─生産技術の展開と編年─補遺編』同実行委員会
柴田圭子　二〇〇四「中部瀬戸内の流通と交通」『中世西日本の流通と交通』高志書院
柴田圭子　二〇一一「瀬戸内海島嶼部の様相」『考古学と室町・戦国期の流通』高志書院
菅原正明　一九八三「畿内における土釜の製作と流通」『文化財論叢』奈文研創立三〇周年記念論文集刊行会
菅原正明　一九八九「西日本における瓦器生産の展開」『国立歴史民俗博物館研究報告』第一九集　国立歴史民俗博物館
鋤柄俊夫　一九九五「各地の瓦質土器」『概説中世の土器・陶磁器』中世土器研究会編
首藤久士　二〇〇九「四国における瓦質土器の変遷と流通─瓦器椀から奈良火鉢・茶釜へ─」『中近世土器の基礎研究』二二
首藤久士　二〇一六「中世前期の道後と湯築城─築城以前における道後界隈の様相─」『湯築城歴史塾要旨集』
高橋　修　二〇〇二「中世前期の在地領主と「町場」」『歴史学研究』№七六八

田中　謙　二〇一一「能島城跡出土遺物の様相─芸予諸島をめぐる南北流通に関する予察─」『考古学と室町・戦国期の流通』高志書院
徳平涼子　二〇一一「高知県における和泉型瓦器椀の様相」『中近世土器の基礎研究』二三　日本中世土器研究会
中野良一　二〇〇七「中世伊予国の煮炊具について」『紀要愛媛』第七号　愛媛県埋文
中野良一　二〇一四「松山平野出土の瓦器杯」『紀要愛媛』第一〇号　愛媛県埋文
橋本久和　一九九〇「中世成立期の土器様相─畿内を中心として─」『日本史研究』第三三〇号
橋本久和　二〇一一「考古学研究と流通」『考古学と室町・戦国期の流通』高志書院
藤澤良祐　一九九五「土に生きる「職人」─東海の山茶碗生産者について」『中世の風景を読む第三巻　境界と鄙に生きる人々』
美東町史編さん委員会　二〇〇四「岡の台遺跡」『美東町史　資料編』美東町
森　隆　一九九四「中世土器の焼成窯」『中近世土器の基礎研究』一〇　日本中世土器研究会
立石堅志　一九九五「奈良火鉢」『概説中世の土器・陶磁器』中世土器研究会編
堀苑孝志　一九九七「北部九州における周防型瓦質擂鉢の流通とその背景」『中近世土器の基礎研究』一二　日本中世土器研究会
山内英樹　二〇〇六「四国における瓦器椀の展開」『中近世土器の基礎研究』二〇　日本中世土器研究会
妙見山麓遺跡調査会　一九八九『神出一九八六─神出古窯址群に関連する遺跡群の調査─』
山口県　二〇〇四『山口県史　資料編　考古二』
大和古中近研究会　二〇〇〇『叡尊・忍性と律宗系集団』シンポジウム実行委員会
吉岡康暢　一九九四『中世須恵器の研究』吉川弘文館
吉岡康暢　一九九七「新しい交易体系の成立」『考古学による日本歴史』九　雄山閣出版
吉岡康暢　二〇〇三「中世陶器工人の存在形態」『中世諸職』シンポジウム「中世諸職」実行委員会

あとがき

本書では、中世瀬戸内海地域における生産と流通、そして港津について取り上げた。ここでは重複を避けるため、個々の論考についてあらためてまとめることはせず、残された諸課題について、文献史学の立場から述べてみたい。

陸路や河川は沿岸部の港津において海運ルートとつながるが、瀬戸内海の場合、それは畿内に向かうルートであるとともに、東アジア諸国・諸地域につながるルートでもあった。日本古代律令国家の交通体系は、本来陸路を基本とするものであったが、八世紀半ばに瀬戸内海で官物輸送が始まるなど、しだいに海・川・湖を利用する交通体系が主流となり、荘園・公領制が成立する十一〜十二世紀には、京都や奈良の荘園領主（公家や有力寺社）のもとに年貢や商品が海上輸送されるようになり、この瀬戸内海ルートは兵庫津を経て淀川をさかのぼり、京都に到達した。

陸上輸送と河川水運は密接に結びつき、それが交差する地点には多くの場合、地域市場が成立し、十三世紀末には年貢代銭納が社会に広がり、地域市場には、もともと年貢であった米や麦など穀物のほか、さまざまな商品が並べられた。地域市場で売却・換金された年貢はその後商品に姿を変えて流通するようになり、十四〜十五世紀に増加する贈与品も加わり、年貢・商品・贈与品が中世の物流を構成した。

さて「中世」は、幅広く考えた場合、前期（平安後期・鎌倉時代）と後期（南北朝・室町・戦国時代）に分けることができる（南北朝時代を前期の中に入れる考え方もある）。同じ「中世」ではあっても、流通経済の構造からすると大きな違いがある。したがって、中世前期と後期のいずれかを対象とする研究成果はあるものの、これを一貫して論じたものは近年あまり見ることがない。多くの研究は、史料が豊富な中世後期を対象としたものである。しかし、史料的には恵まれていないものの、中世前期特有の流通経済は確かに存在した。

すなわち、荘園・公領制が成立し、年貢輸送を基調とする社会経済の骨格が形成され、政治体制として天皇ではなく、「治天の君」と呼ばれた院（上皇や法皇）が政治の実権を握り、院のもとで「国家の大事」が決められ、そして院の権威を背景に急成長した武士のなかから平氏政権が誕生した。一方後期は、現地の経営を担う人々に主導権を奪われた荘園・公領の領主らが現地の直接経営を断念して、その役割を現地の地頭や荘官にゆだねるようになった結果、彼らは地域支配を強め、やがて「国人」「国衆」と呼ばれるようになる。十一世紀半ばには、渡来銭の国内大量流入によって年貢の代銭納が社会的に定着して年貢の商品化が進むこと、さらに信用経済が活発化して為替制度が誕生するといった流通経済の変化を具体的に論じた論考が近年少ない。

十一世紀後半には、商業活動の担い手として、天皇家や有力神社などに諸国自由往来の特権を保証され、広域的に活動する人々が登場する。その代表が賀茂社・鴨社供祭人であり、東国での活動もみられるが、瀬戸内海での活動が特に注目される。また、石清水八幡宮の神人も瀬戸内海沿岸のほか、山陰海岸や九州に荘園・別宮を持ち活動していた。しかも平安末期以降、山城国の淀を本拠に塩の交易を活発におこなうようになり、鎌倉時代には瀬戸内海で生産された塩を京都に販売した。さらに、油神人と呼ばれる大山崎神人は、「諸関所津料免除」の特権を得て活動し、原料の仕入れから製造・販売まで一手に引き受けるなど、活発な活動が注目される。

また公家の中にも瀬戸内海と関わりの深い者がいた。伊予国の知行国主となった西園寺公経がその代表であり、鎌倉時代を通じて伊予、特に宇和郡に強い影響力を持った。西園寺家の所領は瀬戸内海沿岸に広く分布しており、まさに流通経済を財政基盤としていた。

そして鎌倉幕府の北条氏、特に北条得宗（嫡流家）およびその関係者による交通路や流通の支配は注目される。鎌倉後期、武蔵国六浦金沢氏は、伊勢・志摩だけでなく西国の守護、そして鎮西探題（鎌倉幕府の九州統轄機関）になることで、瀬戸内海を経て九州に至る広域的な海上ルートを掌握していた。

さらに鎌倉末期には、西大寺律宗とも関係の深い得宗被官安東蓮聖が、播磨国福泊に築港して利権を得たほか、得宗領である豊後国佐賀郷や日向国志布志と深く関わり、福泊から佐賀関を経て志布志まで、つまり瀬戸内海から豊後水道を経て南九州に至るルートと密接な関係を有していた。それは応仁の乱勃発を契機として土佐に下国した一条氏も、摂津国福原荘と土佐国幡多荘を領有しており、瀬戸内海から四国土佐に下国したこのルートは、中世後期には京・堺の商人が薩摩・日向に向かう際のルートであり、やがてキリスト教宣教師の活動ルートとしてしばしば利用された。

それでは最後に、「兵庫北関入船納帳」について述べておきたい。この史料は、文献史学だけでなく考古学や歴史地理学などの分野で分析対象となり、研究成果も多いが、今なお明らかにされていないことがある。

たとえば、北関に入港する船の積載品は圧倒的に塩だが、このことをどう理解すればよいのであろうか。瀬戸内海各地で塩が生産され、それを積載した船が兵庫関に多数寄港しているが、記録者は塩のことを「備後」など地域名で記しており、当時の人々の塩の生産地に対する一種の「こだわり」をうかがうことができる。また、瀬戸内海の幹線航路の拠点港の一つである安芸厳島が船籍地として見られないこと、伊予国では島嶼部を除き沿岸部では船籍地が無いことなどが挙げられる。このように、この史料については依然として不明な点が多い。

以上、中世前期にやや力点を置いて瀬戸内海の流通・経済について述べてきたが、山陰沿岸部(西日本海沿岸部)のそれを比較した場合、どこが同じで、どこが違うのか、輸送品目やその担い手の違いなどを検討する必要がある。これも残された課題と言えよう。

二〇二五年三月

本多 博之

執筆者一覧

鈴木康之　奥付上掲載

本多博之　奥付上掲載

綿貫友子（わたぬき ともこ）　一九六二年生まれ、神戸大学大学院経済学研究科教授。［主な著書論文］『中世東国の太平洋海運』（東京大学出版会）、「中世流通の東と西—紀伊半島の意義を主に—」（柴垣勇夫編『中世瀬戸内海の流通と交流』塙書房）、「中世の交易」（深尾京司・中林真幸編『岩波講座　日本経済の歴史1　中世　11世紀から16世紀後半』岩波書店）

前田　徹（まえだ とおる）　一九七二年生まれ、兵庫県立歴史博物館学芸員。［主な著書論文］『中世後期播磨の国人と赤松氏』（清文堂出版）、「播磨・但馬の天正八年羽柴検地帳」（『織豊期研究』二三号）、「中世初期の地域社会」（荘園・村落史研究会編『中世村落と地域社会』高志書院）

大上幹大（おおうえ みきひろ）　一九九一年生まれ、私立広島学院中学校・高等学校常勤講師。［主な著書論文］「永禄・元亀年間の能島村上氏と毛利氏—備讃瀬戸・児島に注目して—」（『古文書研究』九七号）、「天文年間の能島村上氏の内訌と大内氏—十六世紀半ばの転換—」（『四国中世史研究』一六号）、「豊臣期の能島村上氏—海賊衆の変質—」（『戦国史研究』七八号）

西井　亨（にしい とおる）　一九七四年生まれ、尾道市企画財政部文化振興課文化財係長（学芸員）。［主な著書論文］「中世尾道における貿易陶磁器の変遷」（『考古学談叢』須藤隆先生退任記念論文集）、「尾道石工銘のある狛犬」（『広島県の考古学と文化財保護』松下正司先生喜寿記念論文集）、「日本遺産と尾道市民遺産—尾道市の歴史まちづくり—」（『北海道大学観光学高等研究センター叢書』10）

藤本誉博（ふじもと たかひろ）　一九七五年生まれ、一般社団法人今治文化振興会今治城学芸員。［主な著書論文］「室町後期から織田権力期における堺の都市構造の変容—自治・支配をめぐって—」（『国立歴史民俗博物館研究報告』第二〇四集）、「中世伊予府中の海岸地域と「今治津」」（『伊予史談』三九三）、「中世の港「今治津」と「小湊浦」の位置について」（『今治史談』合併号二九）

安間拓巳（あんま たくみ）　一九六七年生まれ、比治山大学現代文化学部教授。［主な著書論文］『日本古代鉄器生産の考古学的研究』（溪水社）、「安芸・備後における鉄・鉄器生産—鉄滓出土古墳の検討から—」（『広島大学考古学研究室50周年論集・文集』）、「古代・中世の鉄・鉄器生産」（『芸備』第五〇集）

亀澤一平（かめざわ いっぺい）　一九八八年生まれ、松野町教育委員会。［主な著書論文］「中世予土国境のルートと『清良記』が描く河後森城」（河後森城跡史跡指定20周年記念&第3回清良記シンポジウム『土佐側勢力との関係を考える』松野町・松野町教育委員会）、「予土国境最前線の中世山城　河後森城跡の守りとその特徴」（愛媛県歴史文化博物館令和2年度特別展図録『戦国乱世の伊予と城』愛媛県歴史文化博物館）

石井　啓（いしい　けい）　一九六二年生まれ。［主な著書論文］「窯構造の変化と生産―備前焼の場合―」（『中世陶磁器の考古学』第五巻、雄山閣）、「宮獅子のいる風景―畏怖と笑み―」（備前焼ミュージアム特別展図録『獅子十六面相』備前市）、「備前大窯を掘る　発掘調査から見えた備前焼の過去と未来」（『岡山の自然と文化』岡山県郷土文化財団）

首藤久士（すどう　ひさし）　一九八二年生まれ、愛媛県埋蔵文化財センター。［主な著書論文］「四国における柱状高台土器の様相」（『中近世土器の基礎研究』二八、日本中世土器研究会）、「ムラのなかの方形区画溝―中世伊予における平地部の一様相―」（『ソーシアル・リサーチ』第四七号、ソーシアル・リサーチ研究会）、「伊予の古代建物について 二（掘立柱建物編）」（『紀要愛媛』第一八号、愛媛県埋文）

【編者略歴】
鈴木 康之（すずき やすゆき）
1959年生まれ、県立広島大学名誉教授
［主な著書］
『中世集落における消費活動の研究』（真陽社）
『中世瀬戸内の港町　草戸千軒町遺跡』（新泉社）
『古地図で楽しむ広島』（編著・風媒社）

本多 博之（ほんだ ひろゆき）
1960年生まれ、広島大学大学院人間社会科学研究科教授
［主な著書］
『戦国織豊期の貨幣と石高制』（吉川弘文館）
『天下統一とシルバーラッシュ』（吉川弘文館）

瀬戸内の中世2 生産・流通・港津

2025年4月15日第1刷発行

編　者　鈴木康之・本多博之
発行者　濱　久年
発行所　高志書院
〒101-0051 東京都千代田区神田神保町2-28-201
TEL03(5275)5591　FAX03(5275)5592
振替口座　00140-5-170436
http://www.koshi-s.jp

印刷・製本／亜細亜印刷株式会社

Printed in Japan ISBN978-4-86215-259-6

瀬戸内の中世

1権力・城館・宗教	柴田圭子・川岡　勉編	A5・330頁／7000円
2生産・流通・港津	鈴木康之・本多博之編	A5・310頁／7000円

東海道中世史研究

1諸国往反の社会史	貴田　潔・湯浅治久編	A5・280頁／6000円
2領主層の共生と競合	岡野友彦・大石泰史編	A5・250頁／5000円

中世史関連図書

海の領主忽那氏の中世	山内　譲著	A5・250頁／2500円
中世水軍領主論	高橋　修著	A5・250頁／5000円
戦国期の交通と権力	中村知裕著	A5・250頁／5500円
九州の中世Ⅰ島嶼と海の世界	大庭康時他編	A5・186頁／2200円
九州の中世Ⅱ武士の拠点鎌倉・室町時代	大庭康時他編	A5・296頁／3000円
九州の中世Ⅲ戦国の城と館	大庭康時他編	A5・360頁／3800円
九州の中世Ⅳ神仏と祈りの情景	大庭康時他編	A5・200頁／2500円
新版中世武家不動産訴訟法の研究	石井良助著	A5・580頁／12000円
新訂白河結城家文書集成	村井章介・戸谷穂高編	A5・620頁／17000円
新版日本貨幣流通史	小葉田淳著	A5・550頁／15000円
奥大道	柳原敏昭・江田郁夫編	A5・300頁／6500円
鎌倉街道中道・下道	高橋修・宇留野主税編	A5・270頁／6000円
東北中世の城	竹井英文他編	A5・300頁／4500円
戦国の城と一揆	中井　均編	A5・250頁／3000円
中世城館の実像	中井　均著	A5・340頁／6800円
岩城氏と岩崎氏の中世	中山雅弘著	A5・300頁／6000円
中世後期の領主と民衆	田代　脩著	A5・350頁／8500円
戦う茂木一族	高橋　修編	A5・250頁／3000円
伊達稙宗	伊藤喜良著	A5・250頁／3500円
動乱と王権	伊藤喜良著	四六・280頁／3000円
平将門の乱と蝦夷戦争	内山俊身著	A5・400頁／8000円
まじなひの研究	水野正好著	A5・620頁／18000円
金山衆と中世の鉱山技術	萩原三雄著	A5・300頁／7000円
戦国期境目の研究	大貫茂紀著	A5・280頁／7000円
城と聖地	中世学研究会編	A5・230頁／3000円
琉球の中世	中世学研究会編	A5・200頁／2400円
戦国法の読み方【2刷】	桜井英治・清水克行著	四六・300頁／2500円
戦国民衆像の虚実	藤木久志著	四六・260頁／3000円

［価格は税別］